تشخيص ينفع للأبدية

للمزيد من المعلومات حول الكتاب، وللحصول على دليلٍ دراسيّ مرافق له وعلى تحديثاتٍ حول كتاب الدكتور فيمان التالي، وخطبه ولقاءات توقيع كتبه، وطلب نسخٍ شخصيّة موقّعة منه ومعلومات الاتصال به، ندعوك لزيارة موقعه على شبكة الإنترنت على العنوان:

www.goddiagnosis.com

إليكم ما قاله بعض القرّاء المحترمين عن هذا الكتاب...

كتاب «الله: تشخيص الحاجة البشريّة» هو نظرةٌ مثيرة على رحلةٍ شخصيّة لاكتشاف معنى الحياة. يشارك الدكتور ڤيمان قصّة حياته التي كانت تملك كل معطيات الحلم الأميركيّ – العلم والمال والمركز والشعبيّة والزوجة المُحِبّة والعائلة– ولكنّ جميع هذه المعطيات تركته يشعر بفراغٍ عميق وغضب كبير. وبعد أنْ رفضت نفسه طعم التديّن الفارغ وأتباعه المرائين، ها هو يشارك معنا مَا غدا أعظم اكتشافاته الطبيّة. فالفحوصات هنا شاملة، والاختبارات معقّدة، والتشخيص دقيقٌ جداً– لقد كان إنساناً ميتاً. وفيما أنتَ تقرأ هذه الصفحات، لن ترى البرهان على تشخيصه المذكور فحسب، إنما ستكتشف الدواء أيضاً. ينبغي على كل إنسانٍ يريد أنْ يجد معنى لحياته أنْ يقرأ هذا الكتاب.

ألان تي إي بنسِنْ، بكالوريوس آداب، ماجستير في الخدمة، ماجستير في اللاهوت.

هذه الشهادة الشخصية هي أكثر الشهادات التي قرأتها حتى اليوم صدقاً وإقناعاً حول إنسانٍ يبحث عن أجوبةٍ بشأن الأبدية. يصف الدكتور ڤيمان مسيرته خلال جميع مراحل رحلته بوضوحٍ وواقعيةٍ شديدين يعيشهما القارئ معه من جديد. ويتميّز السجّل الذي يجمع انطباعاته الشخصية وقصصَ حياته، وأدلة الكتاب المقدس المتّفقة والمناقضة، والمعلومات التاريخية بأنه مُحكَمٌ ومقنعٌ جداً في صحة تشخيصه النهائيّ. إنها مغامرةٌ هامة لطبيب في منتصف الثلاثينيّات من عمره، كان له اكتشافٌ غيّر حياته وأبديّته تغييراً دائماً. ومن شأن تشخيصِ الدكتور ڤيمان أنْ يغيّر حياتك أيضاً.

مايك هوكيت، عقيد متقاعد، قوى الطيران الأميركيّ.

لا بدّ من قراءة هذا الكتاب! اربط حزامك استعداداً لرحلةٍ في عالم غير مرئيّ. وانظرْ من خلال عيني مراقبٍ صاحٍ وذهنِ طبيبٍ متدرّب يتبع البرهان حيثما يقوده. هيّئْ ذهنك وقلبك سويّة لرؤية مفاتيح الحلول تترتّب معاً مثل تحريّاتٍ تجري في مشهدِ إحدى الجرائم، مع الفرق أنّ ما نتحرّاه ليس مسرح جريمة...

بِلْ دَن، ماجستير في الهندسة الفضائيّة

من شأن النهج العلمي الدقيق في الإجابة عن تساؤلات القلب أنْ يقود كلّ إنسان، رجلاً أو امرأة، في التعاطف مع الدكتور ڤيمان في بحثه عن الحقّ والبرهان... فكتاب «الله: تشخيص الحاجة البشريّة» سيقود القرّاء إلى فحص البرهان والتمسّك باستنتاجٍ يؤثّر على قلوبهم ونفوسهم إلى الأبد.

لِنْ فورتونيس، إداريّة

إنها رحلة جرّاح ناجح متمسّك بعائلته، كان له –بحسب مقاييس العالم –كلّ ما من شأنه أنْ يجعله سعيداً، ولكنه سرعان مَا اكتشف أنّ شهرته وغناه لم يتركا لحياته إلا الفراغ دون أي سلام أو معنى. فما تدرّب به الدكتور ڤيمان كباحثٍ وطبيبٍ، يستخدمه في كتاب «الله: تشخيص الحاجة البشريّة» ليضع أهمّ تشخيصٍ في حياته.

إس. دوين تِسْتِر، دكتوراه في الصيدلة، ماجستير في إدارة الأعمال

التشخيص؟ الله؟ حقاً؟ يتطلّب التشخيص أدلّة حقيقيّة يمكنك أنْ تحلّلها. أليس الإيمان هو الثقة في شيءٍ لا تستطيع إثباته؟ الطبيب هو غريغ ڤيمان، وتشخيصه سيضع إيمانك أمام التحدّي، ويجعلك تفكر في السبب الذي لأجله تؤمن، والدافع وراء ممارستك لما تؤمن به.

رِكْ إي غريفز، دكتوراه في القانون

الدكتور ڤيمان طبيب يرتدي سترته البيضاء، ويضع السمّاعة حول عنقه، وفي يده نتائج الفحوصات الكاملة وينقل إلينا تشخيصه المتعلّق بالجنس البشريّ. فهو يستنتج أننا لسنا أصحّاء روحياً،

ولسنا مجرّد مرضى، ولا حتى مصابين بمرض عضال. نحن بالفعل أموات- جثّة هامدة. وتثبت هذه الفحوصات أنّنا لا نستطيع أنْ نتحسّن من ذوّاتنا مهما كنا صالحين وبغضّ النظر عن غنى مواردنا. ويأتي التشخيص والعلاج من طبيب معروف أدرك الالتباس الذي خلّفه النجاح وراءه. إنه كتابٌ ينبغي على كل من يبحث عن الحقّ أنْ يقرأه!

توماس سي وُمبل جونير، ماجستير في اللاهوت، دكتور في اللاهوت

هذه قصّة إنسان يبحث عن الحقّ في عالم مليء بالأقنعة. بصفتي قسّاً في كنيسة، أتلقّى كتباً عديدة من مصادر متنوّعة لكي أقرأها وأراجعها، أقرّ بصراحة، إنّ معظمها لا يستأهل سوى قراءة فصلٍ أو فصلين، قبل أنْ ينتهي على رفوف مكتبتي. لكنّ كتاب غريغ كان مختلفاً لكونه صادقاً، وصريحاً ومنعشاً ومُتقَن الكتابة ويحمل روح دعابة. أسرتني قصة غريغ واختباراته وما شعر به من أحاسيس وتقييمه المخلِص لحياته. أنصح كل إنسان بقراءة هذا الكتاب.

كلاي ريتر، راعي كنيسة كالفري تشابل في ولمنغتون

تركت الأسرار المتعلّقة بهدف الحياة ومصير الإنسان الدكتور ڤيمان في بحرٍ بلا قرار، فأخذ القارئ في رحلةٍ غنيّة بالمشاعر ومغيّرة تسلك طريق النقد والشكّ والاكتشاف. «الله: تشخيص الحاجة البشريّة» هو شهادة مفصّلة ومؤثّرة لجرّاح ناجح وماهر يخضع بنفسه لعملية «زرع قلب». إنه كتابٌ فعّال يحمل تحدّياً لكل إنسان يتساءل عن وجود الله.

د. وليم جيه فنارثوس

كتاب الدكتور ڤيمان رحلةٌ مخلصةٌ ورائعةٌ من خلال استكشاف منظّم ومنطقيّ لأسس المسيحية سعياً لإبطالها وصرف النظر عنها. ويواجه خلال بحثه نسمة الله التي تعطي الحياة، ويجد الأمر الذي كان قلبه يصرخ باحثاً عنه وهو الحبّ الحيّ الحقيقيّ. هذا العمل مَوْرِدٌ مُذهِل لمن يبحث عن حياةٍ أفضل.

كيري أندروز، ممرّض معتمد

هل تنطوي الحياة على أكثر من هذا؟ هذا السؤال حيّر كثيرين على مدى التاريخ. يسافر الدكتور غريغ ڤيمان في رحلةٍ مذهلة لإيجاد الجواب الحقيقيّ عن هذا السؤال. وبعد فحصه الدقيق للحقائق يزوّدنا بالتشخيص. «الله: تشخيص الحاجة البشريّة» كتابٌ لكل إنسان يسعى لإيجاد معانٍ لأهمّ أسئلة الحياة.

القس جوني ريفيرا، كالفيري تشابل كاري

... إذا كانت لديك أسئلة أو كنت تبحث عن إجابات أو إذا كان يعوزك شيء ما في حياتك، فهذا الكتاب هو لك. لقد سار الدكتور ڤيمان في رحلة مثيرة. وها هو يجمع في كتابه «الله: تشخيص الحاجة البشريّة» ما بين أسلوبه البليغ في الكتابة وبين معرفته ومهارته كطبيب ليقدّم لنا ما آل إليه بحثه عن الأبدية. وهو ينعشك ويغنيك بالمعلومات بكتابته المشجّعة الصادقة، فهي سريعة الوتيرة تنمّ عن تفكيرٍ عميق وشامل. يقدّم الكاتب وفراً من الإيضاحات المبنيّة على بحثه الشخصي الدقيق وخبراته الشخصيّة. يوفّر هذا الكتاب منهلاً رائعاً لكل من لديه شكوك حول صحة الكتاب المقدّس لردّ الإنسان إلى الحياة التي خُلِق البشر في الأساس ليتمتّعوا بها.

ديفيد إس برادِن، بكالوريوس في التعليم المسيحي، ماجستير في اللاهوت

... «الله: تشخيص الحاجة البشريّة» يكشف عن حالة الإنسان ويوفر الجواب لها ...

كارول كاسيل

عرفانٌ بالجميل

إنني ممتنّ جداً للكثيرين ممن ساعدوني على إكمال هذا الكتاب. فقد كانت مساهماتهم وبصيرتهم وما قدّموه من وقتٍ أغلى من أنْ تقدّر بثمن. وقد قدّمت لي زوجتي روث «راعوث» الوقت والتشجيع والعزيمة حتّى أقضي ما احتجته من ساعاتٍ لا تُحْصى على مدى السنين السبع الماضية. أما بِل دَنْ فكان مرشداً وصديقاً لي، وقد قدّم لي في تحريره لكتاباتي إرشاداً وبُعداً. كما ساعدني الدكتور بل فانرثوس في التنقيح وفي ترتيب المفاهيم. أما غريغ ماك إيفن فقد حسّن كثيراً من هذا المشروع بدوره كمحرّرٍ، ووجّهني في الكتابة الخلاّقة، كما جعل الحياة تدبّ في القصة. وقد قامت كلّ من ليسلي ودي آن ويليامسون بتحرير النصّ لجهة المحتوى وقواعد اللغة وعلامات التنقيط. كما ساهم العديد من الناس بملاحظاتهم وأفكارهم قبل كتابة النسخة الأخيرة. أشكرهم جميعاً على ما قدّموه من وقتٍ واهتمامٍ ومساهمات. وأخيراً أشكر الربّ فهو المؤلف الحقيقي لحياتي والذي ألهمني في كتابة الكتاب. لقد مكّنني الله من فعل شيءٍ لم أكن لأفعله دونه.

د. غريغ ڤيمان

اللّه:
تشخيص الحاجة البشرية

رحلةُ طبيبٍ مذهلةٌ نحو الحياة ما بعد الموت

د. غريغ إي ڤيمان

ترجمة د. لميس جرجور معلوف

دار بيغ ماك للطباعة
سيلاكوغا، ولاية ألاباما

قائمة المحتويات

مقدمة	٩
١. الحلم الأميركيّ أم الكابوس الأميركيّ؟	١١
العطلة الرائعة	١٣
الأبدية الرقمية	١٦
٢. الرحلة	١٩
مجانين رحلة الثلج	١٩
الطفولة	٢١
المدرسة الثانوية	٢٢
الجامعة	٢٣
كلية الطب	٢٦
الزواج	٢٧
جزيرة ماركو	٢٨
الكنيسة	٣٣
الحيّ الجديد	٣٤
دراسة الكتاب المقدّس الأولى لروث	٣٦
العودة إلى الواقع	٣٧
الشعرة التي قسمت ظهر البعير	٣٨
٣. مرحلة البحث الأولى: العهد الجديد	٤١
الأناجيل الأربعة	٤١
الأسئلة الثلاثة	٤٦
الإجابة عن الأسئلة الثلاثة	٥٠
الرسول بولس	٥٣
المعضلة والصراع	٥٦
٤. مرحلة البحث الثانية: قيامة يسوع	٥٧
الموت	٥٨
الدفن	٥٨
القبر الفارغ	٥٩

الجسد	٦٠
الظهورات	٦١
التوقّعات الخاطئة	٦٣
أشخاصٌ تغيّروا تغيّراً جذريّاً	٦٣
الاستعداد للموت	٦٤
الموجز	٦٤
٥. مرحلة البحث الثالثة: الأسفار المقدّسة العبريّة القديمة «العهد القديم»	٦٥
المسيح	٦٦
نبوءات عن المسيح	٦٩
صور عن المسيح	٧٤
رفض المسيح	٧٧
الموجز	٧٨
٦. مرحلة البحث الرابعة: الأسفار المقدّسة العبريّة القديمة «العهد القديم»	٧٩
أساتذة الجامعة	٧٩
برهان جديد يتطلّب قراراً	٨٩
إعادة تقييم للأستاذين الجامعيّين	٩٧
الأدلة التي تربح قضية المسيح	١٠١
٧. القرار	١٠٣
٨. الصحوة	١١١
الروح القدس؟	١١١
المريض	١١٢
الجار الملاصق لنا	١١٥
الكنيسة	١١٧
الانهيار	١١٩
٩. التغيير	١٢٣
اللحظات القليلة الأولى	١٢٣
اليوم الأول من العمل	١٢٥
الليلة الأولى في المنزل	١٢٦
الأيام الثلاثة التالية	١٢٩
لسان جديد	١٣٠

الاختبارات	١٣٢
١٠. التشخيص التفريقيّ	**١٣٧**
السجّل الطبيّ والعلامات والأعراض	١٣٨
الفحص البدنيّ	١٤٠
الاختبار	١٤١
تحليل الأعراض	١٤٢
كشف الأعراض	١٤٤
التشخيص التفريقيّ	١٤٧
١١. التشخيص الأوليّ	**١٤٩**
١٢. مرض الخطيئة	**١٥٣**
طبيعة وجودي	١٥٤
مرض الخطيئة	١٥٦
١٣. أعراض الخطيئة	**١٥٩**
١٤. الشفاء من الخطيئة	**١٦٣**
آلية العلاج	١٦٤
نتائج الشفاء	١٦٥
الموجز	١٧٠
الحصول على الشفاء	١٧٠
ردّ الفعل تجاه الشفاء	١٧٢
١٥. التشخيص النهائيّ	**١٧٥**
١٦. الاعتراف بالشفاء	**١٧٧**
١٧. آثار الشفاء	**١٨١**
الله	١٨١
السماء	١٨٢
الجحيم	١٨٢
المعجزات	١٨٢
الكتاب المقدّس	١٨٣
الخداع العظيم	١٨٤
عائلتي وأصدقائي	١٨٥
١٨. الدليل على الشفاء	**١٨٧**

زينة عيد الميلاد وأضواؤه	١٨٧
المتجر المحلّيّ	١٨٨
المطاعم	١٨٨
المكتب	١٨٩
التلفزيون	١٩٠
١٩. «امرأة الكتاب المقدّس»	**١٩٣**
٢٠. العلاقة	**١٩٩**
الصلاة	٢٠١
كلمة الله	٢٠٢
العبادة	٢٠٤
الأب والابن	٢٠٥
التأمّلات الصباحية	٢٠٦
قلب متغيّر	٢٠٧
ترتيبات إلهية	٢٠٧
اتّباع الأبواب وصوت الله	٢٠٨
اتّباع السلام	٢١٠
٢١. الأولاد	**٢١١**
٢٢. العيادة	**٢١٧**
الممرّضات	٢١٧
مساعد الطبيب	٢١٩
٢٣. المريض	**٢٢٣**
الجدول الزمنيّ المطبوع	٢٢٣
قاعدة بيانات السجلّات الطبية	٢٢٤
سجلّات نظام تحديد المواعيد	٢٢٥
سجلّات المرضى الطبية	٢٢٦
محرّك البحث في سجلّات قاعدة البيانات	٢٢٩
سجلّات المختبر	٢٢٩
٢٤. التلقيح ضدّ العلاج	**٢٣٣**
صديقي الحميم	٢٣٣
شعب الكنيسة	٢٣٥

قائمة المحتويات

القس في العيادة ٢٣٧
قسيس الكنيسة ٢٣٩
ملاحظات ختامية ٢٤٥
نبذة عن الكاتب ٢٤٩

مقدّمة

عندما كنت طالباً جامعياً، شاهدت تمثيلية أثّرت في حياتي وفي مفهومي للواقع اليومي تأثيراً عميقاً. وعنوان هذه التمثيلية «بلدتنا»، أما كاتبها فهو ثرونتون وايلدر، وبطلتها إميلي غِبس، وهي شابة ماتت وهي تلد طفلها، ثم تسنّى لها أنْ تعود ثانية لترى حياتها ليومٍ واحد. واكتشفت إميلي رعب الذكريات الضائعة وعالماً بلا أبديّة لأنها كانت تنظر إلى حياتها الآن من منظارٍ جديد. وأدركت للمرة الأولى أنّ كلّ إنسانٍ مشغولٌ جداً في سعيه اليوميّ وأشغاله وأداء المهمّات الصغيرة إلى درجة أنه لا ينظر إلى الشخص الآخر ولا يتمتّع بصحبة الآخرين. وتمنّت إميلي جداً بأنْ يتوقّف أفراد عائلتها ولو لحظة لكي يتمتّعوا بالأشياء الصغيرة في الحياة، ولكنّهم لم يفعلوا. ها هي إميلي ترى أنّ معنى الحياة وجوهرها يضيعان لحظة فلحظة في بحر التشتّت اليومي. فاللحظات الثمينة لا تُقيَّم كما ينبغي، وهي غير مقدّرة بل مهدورة في الزمن إلى الأبد دون أنْ ينتبه أحد إليها. وتستنتج إميلي أنّ البشر لا يعرفون أيضاً أنهم أحياء حتّى يموتوا! فهم يقبلون الحياة كأمرٍ مسلّم به إلى أنْ تُؤخَذ منهم.

كل من يشاهد هذه التمثيلية أو يقرأ قصتها يشعر بحقّها اللاسع يتسلّل إلى أعماق القلب. فعندما شاهدتها وأنا في التاسعة عشرة من عمري أدركت بأنني عشت في «بلدتنا» (اسم التمثيليّة) طيلة حياتي ولم أنتبه يوماً إلى الأمر، لكن قلبي فيّ كان يعرف أنّ ذلك صحيح. ففي أعماقي كان يتردّد صدى الحقيقة بأنّ هناك خطأ ما في العالم الذي أعيش فيه. ولكنني سرعان ما كنت أنساه في غمرة الحياة الجامعية. وهكذا كنت أعود إلى «بلدتنا»، إلى المكان نفسه الذي لم أكن أرغب بالذهاب إليه. أفضل وصفٍ لحياتي هو أنني كنت «أعيش» لا أكثر ولا أقلّ. لم أكن لأفكّر البتة في معنى وجودي، إذ كانت الحياة والصحة والعائلة مسلّماتٍ يومية لم أكن أشعر بها مع تسارع عجلات الزمن. فقد علقت في دوّامةٍ أطارد فيها الهدف بعد الهدف. وهكذا عشت يوماً بعد الآخر أتطلّع نحو المستقبل بينما كان الحاضر غائباً عن ناظريّ.

أصبح هذا الواقع أكثر استحواذاً على قلبي وأعماقي عندما باركني الله وأعطاني زوجة وأطفالاً. فقد كانت أعظم عطلنا وأفضل ذكرياتنا تنتهي دائماً بسرعةٍ فائقة، وأدركت أنّ الحياة تمرّ بي بأسرع مما أقدر على استيعابه. لم تستطع الصور ولا أفضل الأفلام البيتية أنْ تعيد خَلق واقع حياتي أو تعيشه ثانية، إنما كانت تذكّر قلبي بمقدار سرعة مرور الزمن وشدة شوق قلبي لإيقافه أو عيشه من جديد. وانقلبت هذه المحاولات لإعادة الزمن إلى الوراء إذ

كشفت لي عجباً بأنّه لن يُتاح لي البتة التمتع بوقتٍ كافٍ مع الذين أحبّهم بالحق. فحياتي تجري بسرعة كبيرة وليس في مقدوري أنْ أفعل أي شيء حيال ذلك. لقد أيقنت في داخلي أني لم أكن أرغب لعائلتي وعلاقاتي أنْ تنقطع عنّي البتّة. فقلبي كان يتوق للأبدية ولكنّ عالم الحق النسبيّ والتطوّر جعل كل نبضة في قلبي تبدو بلا معنى أكثر فأكثر. وتجمَّعَ الضغط والإجهاد والإحباط في أعماق قلبي الذي كان يصرخ طالباً جواباً في عالمٍ يقول له إنه لا يوجد جواب. هكذا كانت «بلدتي» تحجب عنّي ألم غياب الجواب بإلهائها إيّاي المرة تلو الأخرى. كانت عائلتنا تقضي أوقاتٍ كثيرة معاً في «بلدتي» وتخبّئ نفسها عن حقيقةِ كوننا غير قادرين على الإمساك بالحبّ الذي لم نرد له أنْ ينتهي. كان من الأسهل علينا أن نصبح إميلي غبس وندَع مشاغل الحياة تحمي قلوبنا وأفكارنا. الحياة في «بلدتنا» مريحة طالما لا نعرف أين نحن، وقد عشت هناك في حالةِ خداعٍ طيلة حياتي كلها.

كنت أعرف بطريقة ما أنّ قلبي يسعى لاهثاً وراء الأبدية، ذلك المكان الذي لا يموت فيه الحب ولا ينتهي أبداً، وهذا ما قادني إلى الشفاء. كنت أظنّ أنني أعلم كل شيء ولكنني الآن فهمت أنني لم أكن أعلم شيئاً. كان العالم يقول لي إنني أملك كل شيء ولكنني لم أكن أملك شيئاً. يصعب عليّ أن أستوعب أنّ الله كان بجانبي تماماً، ومن حولي، ولا يبعد عني أكثر من زفرة واحدة طيلة أيام حياتي، مع أنّ كل ما رأيته أو سمعته في العالم كان يخبرني بأنني لا أستطيع أنْ أعرفه. كيف يمكن لواقع العالم أنْ يكون بمثل هذا الحيدان عن كل ما رأيته في حياتي؟ صار كل شيء، من مفهوم وجودي حتى معنى الحياة، مجرّد أكذوبة عندما وجدت «الله: تشخيص الحاجة البشريّة»!

د. غريغ إي ڤيمان

الفصل الأول

الحلم الأميركيّ أم الكابوس الأميركيّ؟

لم أكمل السادسة والثلاثين من العمر حتّى صار عندي كل ما طلبته في الحياة؛ وصلتُ إلى القِمّة. فقد تخرّجت طبيباً والأوّل في دفعتي في واحدةٍ من أفضل الجامعات، وكنت أمارس الطب في عيادةٍ ناجحة. تزوّجت بامرأةٍ جميلة وكان لنا ابنان. كنت أقود سيّارة جذّابة، وأرتدي ثياباً أنيقة، وعندي كلب لطيف، وأعيش في بيتٍ رائع في مدينةٍ عظيمة. لقد وصلتُ بنفسي إلى السماء على الأرض وحقّقت الحلم الأميركيّ. أنجزت كلّ ذلك، ووجدت الحلّ لمتاهة الحياة هذه.

لقد بنيتُ بُرْجيَ العاجيّ مدماكاً فوق الآخر مستنداً إلى الخطط التي زوّدني بها العالم. وتعلّمت أنّ عليّ أنْ أعتمد على نفسي وأصنع اسماً لذاتي، وأبني إمبراطوريتي لأتمتّع بحياةٍ جميلة وأوفّر الأمان لعائلتي. كنت محارباً يغمره طموحٌ أنانيّ، أجاهد يوميّاً في سبيل التقدّم الشخصي مسخّراً فضيلة ضبط النفس والتصميم الشخصيّ لغرض تحقيق الإنجازات الشخصية. كان العالم يربّت باستمرارٍ على كتفيّ مهنّئاً إيّاي على أعمالي الناجحة. وقد زاد النجاح العالمي ونمط الحياة المريح في تأكيد نظرتي إلى الحياة. ولم أُدرِك أنّني تحوّلت إلى لِبْنةً مصبوبة في قالبٍ من الكبرياء.

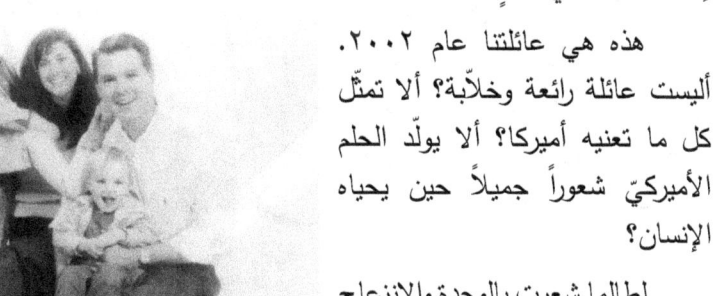

هذه هي عائلتنا عام ٢٠٠٢. أليست عائلة رائعة وخلاّبة؟ ألا تمثّل كل ما تعنيه أميركا؟ ألا يولّد الحلم الأميركيّ شعوراً جميلاً حين يحياه الإنسان؟

لطالما شعرت بالوحدة والانزعاج وعدم الاكتفاء والفراغ والمرارة والملل والارتباك. فحياتي كان ينقصها شيء ما، ولم يستطع أي من إنجازاتي أو ممتلكاتي أو اختباراتي أنْ يقدّم لي ما انتظرته منها. حاولت أن أملأ قلبي بالهوايات كالركض والسباق الثلاثيّ وشرب الخمر وركوب الدراجات الجبلية؛ والممتلكات، كالسيارات الرياضية، والبيوت الكبيرة، والمجوهرات والثياب والساعات ومعدّات الستيريو؛ ووسائل التسلية كالأفلام والإجازات والمطاعم الفاخرة؛ والناس كما في

الحفلات والمركز الاجتماعي، والأصدقاء الكثيرين. كان كل شيءٍ من هذه الأشياء يمنحني اكتفاءً مؤقتاً، ولكن سرعان ما يتلاشى رونقه وجاذبيّته، أحياناً بين ليلةٍ وضحاها أو حتى في أثناء اختبار ذلك الشيء. أمضيت سنواتٍ عديدة وأنا أتنقّل من شيءٍ إلى آخر في «لعبة المواعدة» التي كان قلبي يلعبها.

لكنّ الإحباط بدأ يتملّكني حين أدرك قلبي أنه لم يعد هناك الكثير ليجرّبه. كنت جائعاً لا شيء يشبعني، وعطشاناً لا شيء يرويني. وكلّما أكل قلبي وشرب كلما صار إلى حالٍ أردأ! وصل بي الأمر إلى درجة كرهت معها «الشيء» التالي لأنني عرفت مسبقاً بأنه لن يوفّر لي ما كنت أرجوه منه.

ذات يوم فهمت الأمر: لقد عشت على هذا النمط طيلة حياتي دون أنْ أدرك ذلك البتة. وكل ما أذكره حتى منذ نعومة أظفاري، أنّ الألعاب والهدايا التي كنت أتلقاها لم تحتفظْ بجمالها، فسرعان ما كنت أملّ وأتعب منها.

عندما كنت في الثامنة من عمري سألتني أمي، «غريغ؟ لماذا لا تلعب بماكنة الفليبرز الجديدة؟ كنت تطلب واحدة طوال السنة. وها قد حصلت عليها منذ أسبوع فقط.»

لم أجبها بشيء، بل جلست على الأرض بقرب الماكنة أقضم أظافري بانزعاج. فبكل بساطة لقد مللت منها. كان حماسي في ترقّبها أكبر منه في اللعب بها. لقد عتَقَتْ بالنسبة لي بسرعةٍ كبيرة!

لهذا السبب كنت أنتظر باستمرار اللعبة التالية. فقد تربّيت في عائلةٍ غنية وكان لا بدّ من لعبةٍ جديدة عن قريب، وهذا ما كان يجعل قلبي يواصل نبضه. فالفراغ والملل لم يسببّا لي الكثير من الأذى إذ لم يدوما طويلاً أثناء فترة الانتظار. فمن سيّارات الماتشبوكس إلى المرسيدس، ومن بيوت الليغو إلى بيوت القرميد، ومن ساعات الأبطال إلى ساعات الرولكس، ومن قمصان التيشرت المطبوعة إلى التي تحمل ماركة آرماني. أصبحْتُ الآن أعيش نسخة البالغين لحياةٍ بدأتها قبل ذلك بزمنٍ بعيد.

لكن داخلي كان أشبه بغرفةٍ قاحلة، باردة ورطبة، جدرانها مبيّضة وقد امتلأت بأماكن فارغة تردّد أصداء قلبي الصارخ بحثاً عن السلام والاكتفاء. كان الفراغ الذي عشته أشبه بهاويةٍ بلا قعر تبتلع كل شيءٍ دون أن ترحمني أو تشفق عليّ.

شعرت كمن تهجره صاحبةٌ تلو أخرى. فللحظةٍ كنت أفرح بآخر ما اقتنيته، أو بهوايةٍ أو اختبارٍ جديدين، ولكنّ بهجتي كانت تتلاشى في العدم في اللحظة التي تليها، ثمّ تتركني في العالم بلا كلمة وداع أو التفاتة. قد أكون حاضراً لإحدى الفعّاليّات الاجتماعيّة المثيرة

ومع ذلك كنت أشعر بامتعاضٍ كلّي في داخلي. وفي أكثر الأحيان لم يَحُلْ وجود العائلة والأصدقاء من حولي دون شعوري العميق بالوحدة!

تابعت تحليل ماضيّ بحثاً عن إجابات وتذكّرت شيئاً ملفتاً اختبرته في العطلات العائليّة التي كنّا نقوم بها. فقد كنا نسافر سنوياً حوالي عيد الميلاد إلى منطقة البحر الكاريبي، إلى أماكن مثل آروبا وسانت توماس وجزر البهاما. وما كان يدهشني دائماً كطفل هو أن معظم الناس هناك بائسون ومقطّبو الوجه. إنهم في إجازة في منتجعٍ جميل وما عليهم إلا الاسترخاء وتناول الطعام والنوم والمرح، ومع ذلك يظهر أنّ جميعهم تقريباً لا يقضون وقتاً طيباً. وكنت دائماً أعتقد أنّ رؤسهم مظهر خارجيّ لإحباطهم الداخليّ. وأتساءل الآن إذا ما كان يعتريهم لحظة وصولهم إلى المكان شعورٌ داخليٌّ بأنّ هذه أيضاً لن تشبع القلب. كنت على وشك أنْ أكتشف ذلك بنفسي.

العطلة الرائعة

عندما بلغ ولدانا عمر عامين وثلاثة أعوام، خطّطنا لأول عطلةٍ عائليّة في صيف عام ٢٠٠٠ إلى شواطئ ولاية كارولاينا الشماليّة. فقد بلغ ولدانا أخيراً عمراً يستطيعان معه أنْ يذهبا إلى الشاطئ للّعب دون أنْ يكون ذلك كابوساً علينا. لقد خطّطت لهذه الرحلة في ذهني لمدة ستة أشهر متوقّعاً أنْ تتمتّع العائلة بأوقاتٍ رائعة. وصرت كلما شعرت بهبوطٍ أو اكتئابٍ في داخلي أذكّر نفسي بالعطلة الرائعة القادمة، فالأمل والتوقع جعلاني أتشجّع.

قلت لعائلتي بفرحٍ وحماسٍ وكأنني مرجلٌ يكاد ينفجر، «هيّا يا شباب، لقد حان الوقت! سنتوجّه جميعاً إلى الشاطئ اليوم. إنها أول عطلة عائلية لنا!» وشعرت بدفقٍ من السعادة أدخلته إلى قلبي الهرولة وحزم الأمتعة وتحميل السيارة.

قال لي ابني البالغ من العمر سنتين، «انظر ما معي يا بابا»، قال هذا وابتسامةٌ عريضة تعلو وجهه، وهو يهرول نحو السيارة حاملاً دلواً أزرق براّقاً ومجرفة. وصلنا بسرعة ولم نشعر بالوقت مع أنّ الرحلة استغرقت ست ساعات. لم أعد أطيق الانتظار!

أخيراً بلغت مبتغاي! أو هكذا كنت أفكّر. فلدي الآن عائلة، ووظيفة جيّدة، وزوجة جميلة، وها نحن نعيش الحلم الأميركيّ. وستحمل هذه العطلة معها الإجابة عن كل ما في حياتي من فراغٍ وانزعاج، ومع أنني لم أصل إلى النهاية تماماً ولكنني شعرت أنني على وشك أنْ أفعل!

وعندما بلغنا المكان أخيراً قدنا السيارة إلى شارعٍ مسدود ينتهي بنصف دائرة يقع على طرفها المنزل الشاطئي الذي كنا قد استأجرناه. كان المنزل عبارة عن شاليه جميلة جداً

تواجه الشاطئ، ولها سقف من قصب. أنزلت شبّاك السيارة لتوّي فتناهى إلى مسمعي صوت ارتطام الأمواج على الشاطئ القريب وهي تهدر في خلفية المشهد. عبقت السيارة بنسيمٍ عليلٍ من هواء المحيط؛ فقلت في نفسي، نعم، هذا هو ما كنت أنتظره، لقد تحقّق مبتغايَ مثلما افتكرت! عندها صِحْتُ قائلاً، «هذا هو البيت. لقد وصلنا أخيراً»! كان الصبيّان متلهّفين جداً للخروج فقد كانا يغليان وهما في مقعدي الأطفال الخاصين بهما كثيران هائجة في حلبة الروديو. وأخيراً تنفّسا الصعداء.

هرعنا نحو المنزل وأفرغنا ما جلبناه من أغراض. وارتدى كل منا بسرعة لباس البحر وتوجّهنا إلى الشاطئ. واضطررت للرجوع إلى المنزل مرّتين لأحضر كل العدّة: الجرّافات البلاستيكيّة، والسطول والشِباك والشمسيّات والماء والنقرشات والمناشف والكراسي وما أحضرناه للمطالعة. كان الشاطئ خصوصياً جداً ومنظره يخطف الأنفاس. مضى يومنا الأول كحلمٍ قد تحقّق. فنهارنا امتلأ بتشييد القصور الرملية، والتمشّي على الشاطئ، ورياضة لوح الماء والبحث عن الصدف. فماذا يطلب المرء أكثر من ذلك؟

واليوم الثاني كان أفضل حالاً! فقد أطلنا النوم صباحاً ثم خرجنا لتناول الإفطار، وعملنا كل الأشياء السابقة من جديد. وبعد يومٍ طويل على الشاطئ، أخذ الصبيّان قيلولة بينما استرخيت أنا إلى جانب زوجتي على الشرفة نراقب الأمواج.

وفي اليوم الثالث بدأ قلبي ينقبض فيّ ولم أدرِ لمَ. واعتراني شيءٌ من العصبية والتذمّر، فقلت في نفسي، ما هي مصيبتي؟ لم يعد المحيط يروق لي، ولم يعد الرمل مصدر استرخاء، ولم يعد الاستجمام مصدر سلام. وإذ صار قلقي يتزايد، قلت للجميع، «دعونا نذهب لنلعب الغولف ونأكل البوظة!» وسرعان ما خفّفت هذه الفكرة من الألم الذي في قلبي. كنت أتطلّع إلى مغامرةٍ جديدة ولم أدرك أنني سقطت في فخ التشتّت الذي كنت أعاني منه سابقاً.

في اليوم الرابع استيقظت وأنا أشعر بالإحباط إذ كنت أفكّر، الرحلة تمضي بسرعة، وهي تكاد أنْ تنتهي. والوقت يمرّ بسرعة! فالأيام الثلاثة الأولى جعلتني أشعر وكأن الأسبوع أبديةٌ لا تنتهي، أما الآن فإنّي أرى النهاية تحاصرني. امتلأ رأسي بأفكار عديدة. كنت أراقب ولديّ وهما يلعبان على الشاطئ. كانا يحوّلان تلّة من الرمال إلى قلعة رمليّة من بناء الأطفال. كانت أصواتهما اللطيفة تقلّد أصوات الجرّافات الحقيقية. «عننننننن، مممممم....». حدّقت فيهما وقد امتزج في قلبي الفرح مع الحزن. يا لها من لحظة ثمينة! إلى أين ستذهب هذه الذكريات؟ هل سيزول ولداي وذكرياتهما من الوجود يوماً ما؟ هل سيتلاشيان في التراب كالمواد القابلة للتكرير؟ هل سيأتي شخص آخر بعد مئة سنة ويمشي فوق التراب الذي كان عائلتي ذات يوم؟

اكتمل بناء التلة الآن. لكن شكلها كان ممسوخاً وبالكاد تبدو أنّها قلعة. على سطحها توزّعت بعض العيدان الصغيرة لتكون بمثابة الأعلام عليها. حدّق ولداي فيها للحظة ثم أخرجا البلدوزرات من حقيبة الشاطئ. وبدآ يصدران أصواتاً جديدة وهما يهدمانها، «رررررر، رررر، خخخخخخخخ، خخخخخخخ». وهكذا تهاوى كل ما أنجزاه واستوى مع رمال الشاطئ خلال حوالي دقيقتين. لقد تلاشت القلعة، واندثرت في كمّ الرمال الواسع. شعرت بأنّ الحياة على الأرض تشبه ما جرى إلى حدّ بعيد. فمع أنّ هذه الرحلة كانت من أروع لحظات حياتي العائلية إلا أنها لم تكن كما توقّعت لها، ولست أدري السبب. كيف يمكن أنْ يكون هذا؟

بدأت الأيام تسوء تدريجياً كلما اقترنا أكثر من يوم المغادرة. كرهت اليوم السادس. لم أُرِدْ أنْ أفعل شيئاً، ولم أطق الانتظار إلى لحظة الخروج والعودة إلى البيت. صرت أدرك أنّ حياتي ليست فارغة فحسب بالرغم من أنني أمتلك كل شيء وإنّما في وسط عالم التطور، كانت حياتي أيضاً تموت ببطءٍ وتتحوّل إلى مادةٍ قابلة للتدوير. لم يعد هناك ما أرجو تحقيقه أو اختباره. صار كل ما لدي بلا معنى وبلا خلود، لا ديمومة له بما في ذلك زوجتي وأطفالي. فقد يختفون عنّي يوماً ما مع كلّ ما جمعنا من ذكريات. هكذا سرحت في أفكاري وأنا أقود السيارة في طريق العودة إلى المنزل.

كيف تواردت إلى ذهني هذه الخواطر، وما الذي ولّد عندي هذه المشاعر وأنا في أفضل عطل حياتي؟ إنها مفارقة لا يمكن تفاديها. لم أستطع أنْ أخبر أي إنسان بذلك لأنّ في الأمر شيئاً من الإحراج. ولكنني رثيت لنفسي. ففي الماضي، غالباً ما كان توقّع الأشياء الجديدة وشراؤها وتجريبها يحافظ على شعوري المزيّف والمؤقت بالقناعة. فسرعان ما كنت أعود إلى الشعور بالفراغ والإحباط بعد شراء هذه الأشياء أو اختبار ما كنت أسعى وراءه. كان الحلّ الوحيد هو مواصلة السعي وراء الأحدث والأكبر والأفضل-حتى الآن.

كانت حياتي تُختَصر بسلسلة التطلّعات التي رغبت فيها تباعاً؛ فَلِسان حالي بشكلٍ متواصل كان، ماذا لو استطعت فقط أنْ أنهي دراستي في كليّة الطب؛ لو استطعت فقط أنْ أُكمل اختصاصي الطبيّ؛ لو استطعت فقط أنْ امتلك عيادتي الخاصة؛ لو استطعت فقط أنْ انتقل إلى بيتٍ جديد؛ ولو استطعت فقط أنْ آخذ عطلة رائعة. والآن فرغت جعبتي من الـ

«لو...فقط» وشعرت كأنّني «إنسان وحيد». أحسست وكأن حبّات الرمل الأخيرة سقطت من ثقب الساعة الرملية القابع في قلبي- فالرحلة العائليّة كانت آخر ما تسرّب ولم يكن ذلك في الحسبان. لقد نفذ الرمل من قلبي الفارغ، ولم يعد بإمكاني أنْ أرقّع الثقوب بعد الآن. شعرت أنّ مفهومي للحياة يخونني فقد انتظرت الشبع الذي تأخّر قدومه لسنوات عديدة، ولم أجد شبعاً بل رعباً. هل هناك المزيد لأتطلّع إليه؟ إلى أين أذهب بحثاً عن إجابة؟

وشعرت بأنّ عجزي عن البوح بما يشغلني لأي إنسان بسبب العار والإحراج أضاف بُعداً آخر إلى الفراغ الذي لا أستطيع التعبير عنه بالكلمات. فبذور اليأس برعمت، والسخرية والمرارة والانزعاج والاضطراب والقسوة أصبحت جميعها تنمو في تربةٍ خصبة من الفراغ والشعور بالوحدة ومحدوديّة الزمن. كنت مكتئباً ومنزعجاً وفي حالة يأسٍ ساكن. وصرت أستمتع بالخمر لأنه كان يمنحني شعوراً بالسلام والصفاء الذي كنت أشتهيه. لكني أدركت بطريقةٍ ما أنّ ذلك كان مصطنعاً لأنني لم أصلْ بعد إلى ما كنت أجدّ وراءه.

شعرت أيضاً بأنني كولدٍ مدلّل ومفسد إذ وأنا أعيش الحلم الأميركي لا أشعر بالاكتفاء. فقد كانت حياتي من الناحية النظرية والظاهرية قصةَ نجاح ولكنها كانت في قلبي هاوية مخيفة وفارغة. رحت أصرخ في أعماقي، لقد اشتغلت طيلة حياتي لأصل إلى هذه المرحلة. ما الذي يحدث؟ عمَّ أبحث؟ ما الذي ألمّ بي؟

الأبدية الرقمية

عندما وصلنا البيت بعد انتهاء الرحلة الرائعة حاولت أنْ أمسك بالوقت وأوقف مسيرة الزمن التي لا ترحم، فصرت ألتقط أفلاماً بيتية وصوراً لجميع فعّاليّات العائلة التي نقوم بها. واشتريت حاسوباً من نوع أبل، وتعلّمت كيف أنسخ الأفلام وأنقلها إلى أقراص الـ دي في دي. شعرت وكأنني بذلك أوقف الجرّافات عن تحطيم قلعتي. صارت لدي الآن ذكريات عائليّة رقمية يمكن تناقلها ولن يطويها النسيان. كنت أتمنى لو استطعت أنْ أعيش تلك اللحظات من جديدٍ في أي وقت أشاء، فلن تُمحى أبداً في ما بعد! إنها في حاسوبي الآن! نعم! لقد انتصرت على الوقت! لقد حاصرته!

وهكذا فالاكتفاء بالتقاط الذكريات الغالية عزّاني لمدة عامين تقريباً، حتّى بدأت أراجعها من جديد.

ناديت زوجتي روث بحماس كبير قائلاً، «سوف نشاهد أفلامنا العائلية الليلة».

وأجابت، «حسناً، هذا رائع. سأجمع الأولاد».

تجمّع الكلّ أمام شاشة التلفزيون. وضعت الدي في دي في الجهاز. كنت متلهّفاً جداً لمشاهدة الفيلم، وجلست على الأرض مقابل الشاشة مثلما كنت أفعل لمّا كنت طفلاً.

ولما ابتدأ الفيلم بدأ قلبي يغرق في داخلي. لقد كبر الصغار جداً، نسيت كم كانوا صغاراً، فالزمن يمر بسرعة. إلى أين يمضي؟ يبدو كأنّ كل هذا كان بالأمس ولكنه حصل منذ سنتين فقط!

لم أستطع أن أحتمل المشاهدة أكثر من خمس دقائق. صُدمت وارتعبت عندما اكتشفت أنّ نتيجة مشروعي بأكمله انقلبت عليّ. فلسببٍ أو لآخر، لم تذكّرني الأفلام والصور إلا بسرعةِ مرورِ الوقت. وأضحى عجزي عن توقيف الزمن أو الإمساك به أشدّ وضوحاً ودماراً عليّ من قبل. صار جلياً الآن أنّ قلبي يحتاج إلى أكثر من إعادة خلق الذكريات رقمياً. إنه يحتاج إلى الأبدية ولكن الأبدية غير موجودة. فجأة اجتاحني الاكتئاب كموجة التسونامي. فغادرت الغرفة متّجها إلى الطابق السفلي لأتناول كأساً من الخمر أخفّف فيها ألمي. ومنذ ذلك اليوم توقّفْتُ عن تصوير الأفلام والتقاط الصور، فمن الأسهل عليّ ألا أنظر إلى الوراء.

جلست وحدي في غرفة الجلوس أحتسي النبيذ وأنا مسترخٍ على الأريكة. رحت أتأمل ملياً في صور العائلة المعلّقة على الجدران منذ عدة سنوات. أدركت أنني لا أستطيع الفرار من الحقيقة، فحياتي تولي بعيداً عني وليس بمقدوري أنْ أفعل شيئاً حيال ذلك. وربّما يكون نصفها قد انقضى بالفعل. صارت الدموع تنسكب من عينيّ وأنا أحدّق في صور العائلة على الجدار. رثيت لحالي وأنا أفكّر، ما الذي سيحدث لنا؟ إلى أين تمضي ذكرياتنا؟ لا بدّ أنّ هناك عطلاً حقيقياً في مكانٍ ما. فلم أكن أتوقع أن تسير الأمور على ما هي عليه الآن. كيف غدوت على هذا الحال؟ ما الذي ألمّ بي؟

بدأت الكأس الأولى تفعل فعلها وأنا مستغرقٌ في ذكريات الماضي أبحث عن أجوبة. وبدأ يلوح لي أنّ الله هو تشخيص الحاجة البشرية. فوجدت نفسي أتذكر واقعة غريبة من أيام المدرسة الثانوية لم أفتكر بها منذ حدوثها لي. ومن هناك بدأت أسترجع الماضي على قدر ما استطعت أنْ أتذكّر.

الفصل الثاني

الرحلة

مجانين رحلة التزلج

خلال السنة الأخيرة من سني دراستي الثانوية، ذهبت مع أحد أصدقائي في رحلةٍ للتزلج. كانت الرحلة من تنظيم جماعةٍ مسيحية، ولكنّني لم أكن أدرك ذلك. ظننت ببساطةٍ أنني كنت ذاهباً لمجرّد التزلّج، وبدا كلّ شيء طبيعيّاً حتى الليلة الأولى عندما وصلنا إلى نَزُل التزلّج بعدما قضينا نهاراً طويلاً على المنحدرات. كنا نقيم في منزلٍ خشبيّ صغير في الجبال، وكانت الثلوج تغمر الأرض والأشجار.

كنت منهكاً وأنتظر لحظة الاسترخاء بفارغ الصبر. استرعت انتباهي نارٌ مستعرة في موقدٍ حجريّ كبير. فتوجّهت إليها، واسترخيت أمامها في كرسيٍّ مريح. وخلعت قفازيّ وجزمتي. شعرت بالتنميل الشديد في يديّ الباردتين وكأن إبراً ودبابيس توخزهما. فمددْتُ يديّ وقدميّ لأدفّئهما أمام النار الحامية التي كانت شراراتها تتطاير في الموقد. وفجأة تقدّم مني خمسة أشخاص يحمل كل منهم كتاباً جلدياً أسود وأحاطوا بي. وحالما رأيتهم يقتربون عرفت أنّ هناك خطأً ما. شعرت بانزعاجٍ وخوف، ولكن لمَاذا؟ لقد عرفت لاحقاً. فقد كان يعتريني الشعور نفسه كلما فعلت شيئاً خاطئاً وأصبحت على وشك أن أُضبَط وأُدعى للمواجهة. عُدت بالذهن سريعاً إلى الماضي عندما كان والدي يصرخ منادياً، «غريغ! غريغ إدوِن ڤيمان، تعال إلى هنا»!

وكنت أجيبه بتردّد محاولاً تجنّب ما لا مفرّ منه، «لماذا يا أبي؟ أنا مشغول».

وإذ كان والدي يكرّر بحزم، «انزل إلى هنا الآن!» كان يتملّكني شعور بالخوف الشديد، فأسمع همساً هادئاً في أذنيّ، وأقول لنفسي باشمئزاز، «إنه يعلم».

استفقت فجأة من ومضة الذكريات السريعة حالما أدركت أنّ مجموعة الشبّان تقف فوق رأسي. وللتوّ تسارعَتْ دقّات قلبي مع ارتفاع منسوب الأدرينالين في جسمي. شعرت بالضغط نفسه الذي كنت أشعر به لما كان والدي يستدعيني. وصرت أفكّر في نفسي، لماذا أشعر وكأنني على وشك أن أُضبَط؟ فأنا لم أقترف أي ذنب، كما أنّي لست أعرف هؤلاء الناس.

سألتهم وأنا أستوي في مقعدي في محاولة منّي لإخفاء مشاعري، «كيف الأحوال؟» فسألني أحد الشباب قائلاً، «هل تؤمن بالله؟» بينما كان الآخرون يحدّقون في وجهي. وقبل

أن أتمكّن من الإجابة، سألتني الفتاة التي بجانبه، «هل تؤمن بيسوع المسيح؟»

صدمني الموضوع وطريقة تعاطيهم معي بشكلٍ كبير. فاعتدلت للتوّ في مقعدي وهممت للدفاع عن نفسي إذ شعرت بتوتّرٍ شديد يسيطر على كياني. وأحسست بمزيجٍ من الغضب والخوف الخارجين عن سيطرتي. كان هذا الشعور مألوفاً لديّ أيضاً ولكنّه الآن ينطوي على شيء من الغرابة. فقد خُيّل إليّ أنّني في خضمّ معركة بالأيدي! وعادت إليّ إحدى ذكريات أيام الطفولة فكأنّ أحدهم كان يقول لي، «هيّا يا جبان، ألن تردّ ضربتي لكَ بضربةٍ أخرى؟» أجبتهم ساخراً وأنا أشيح بنظري بعيداً عن تحديقهم، «لماذا تسألون»؟ لاحظت أنّ لجميعهم بصيصاً غريباً في عيونهم أزعجني. فصار قلبي يخفق بقوّةٍ ولم أشأ أنْ أبادلهم النظر. كان جلّ ما كنت أريده حينها أنْ أغادر المكان وأهرب، لكنني كنت محاصراً.

واستطردت الفتاة قائلة، «نريد أنْ نشرح لك كيف أخطأ آدم وحواء، أوّل شخصين خلقهما الله. لقد فصلتهما خطيّتهما عن الله وتسبّبت في دخول الموت إلى العالم. وكان لذلك تأثيرٌ كبير على كل إنسانٍ جاء بعدهما بمن فيهم أنا وأنت. إلاّ أنّ يسوع المسيح جاء لكي يدفع أجرة خطاياك ويُنهي حالة الانفصال». وقبل أنْ تتفوّه الفتاة بكلمة أخرى، قاطعتها على الفور وقلت، «ما هذا الذي تتحدّثون عنه؟ لقد تطوّر الإنسان عبر مليارات السنين! هل أنتم تمزحون؟ كان التوتّر واضحاً في صوتي. فأنا لم أسمع من قبل عن آدم وحواء، وهؤلاء المسيحيون المولودون ثانية يؤمنون بحرفيّة التاريخ المتعلّق بهما!

قال أحدهم وقد ظهر من حيث لا أدري، «يسوع يحبّك». ولسببٍ ما أحسست عندها بغضبٍ شديد ينتابني. فانتفخت شراييني، وشعرت بالسخونة في بشرتي، وبدأ العرق يكدّني. وصرخت ملوّحاً بيديّ في الهواء، «هل حقاً تتوقّعون منّي أنْ أؤمن بأنّ الله خلق الإنسان؟ لقد عشت ثمانية عشر عاماً ولم أسمع البتة عن هذا الأمر من أي إنسان! لقد سبق وكتبت ورقة بحث عن التطور بعنوان 'لوسي، الحلقة المفقودة بين الإنسان والقرد'«.

ركلت أقرب كرسي إليّ فارتطم ببعض المقاعد الفارغة محدثاً ضوضاء كبيرة. وغادرت المكان بانفعالٍ، فسألني صديق لي من الثانوية وكان يجلس بقرب الباب على الجانب المقابل من الغرفة، «ما المشكلة يا غريغ؟» توقفت ونظرت إليه وقلت له، «اخرس! فقط اخرس!» ثم ركلت الباب لأفتحه وأخرج بعيداً عن هؤلاء الغريبي الأطوار.

في وقتٍ لاحق من تلك الليلة اقتربوا إليّ بحذرٍ، وحاولوا أنْ يُروني أنّ هذه «الحقائق» مكتوبة في الكتاب المقدّس، ولكنني لم أتجاوب معهم، ولم أنظرْ الى الكتاب. تجاهلتهم بقية الرحلة لكنّ الاضطراب القلبي لم يفارقني لعدة أيام بعد ذلك. لم أستطع أنْ أعترف حتى لنفسي بأنّ مفهومي للحياة قد يكون كذبة. ظللت أقول لنفسي إنهم متعصّبون دينياً ومصابون

بالغباء. فلو كان الإنسان مخلوقاً وليس نتيجة لعملية التطوّر، لكنت سمعت عن ذلك بكلّ تأكيد، فلم يذكر أحدٌ موضوع الخلق البتة عندما درسنا عن التطوّر في المدرسة. وحاولت أنْ أقنع نفسي بأنه لا خطأ فيّ. وبقيت أطمئن نفسي بحقيقة كوني لم أسمع عن هذا طيلة حياتي.

ومع ذلك يبدو أنّ هناك خطأ ما، فلماذا شعرت بكل هذا الاستياء؟ لمَ انتابني شعور بالذنب وكأنني أخطأت في أمرٍ ما؟ سألت نفسي ذلك عدة مرات وأنا في طريق العودة بالحافلة إلى المدينة. وجدتني أحدّق من النافذة، وتمنّيت لو استطعت الابتعاد عن هؤلاء الناس، فقد خرّبوا عليّ رحلتي.

عندما وصلت إلى المنزل ورأيت والديّ كنت لا أزال مستاءً ومضطرباً جداً. كانت يداي ترتجفان وتتعرّقان بعض الشيء وأخبرتهما بما حدث فنصحاني بألاّ أدع الأمر يقلقني، وقالا لي، «نحن بخيرٍ يا ولدي. بعض المسيحيّين متعصبون، انْسَهم! أنتَ بخير». وبحلول اليوم الثاني كان الأمر قد انتهى، ونسيت كل ما يتعلّق بالله لفترةٍ طويلة. لم يكن ذلك صعباً لأنني نادراً ما سمعت عنه طيلة حياتي.

كنت لا أزال مستلقياً على الأريكة أحلم أحلام اليقظة، ومن هنا عادت بي الذكريات إلى البداية، ووجدت نفسي أستعرض حياتي كلها، وأركّز على المرات القليلة التي كان لله علاقة فيها.

الطفولة

ولدت في مدينة ويلمنغتون في ولاية ديلاوير عام ١٩٦٧. وكنت الطفل الوحيد في عائلةٍ جميلة، ولكنّ الله لم يكن جزءاً من حياتنا بأي شكلٍ من الأشكال. كانت لوالديّ خلفيات دينية ولكنهما اختارا ألا يقرّرا عني ما أؤمن به وأنْ يدعاني أقرّر ما أشاء أنْ أؤمن به لاحقاً في الحياة. وكان والدي قد نفرا من الدين بسبب بعض جوانب الرياء، وهكذا نشأتُ دون أنْ أسمع عن الله أو أفكّر فيه أو في أي إله. لم نكن نحضر الكنيسة أو نناقش الكتاب المقدّس أو نتحدّث عن الله، فهو مجرّدٌ وبعيدٌ ومجهولٌ وليست له علاقة بحياتنا اليومية. وكان العالم من حولي بكل جوانبه يشهد عن ذلك.

كان كلّ ما عرفته عن الله عرضياً، ومن خلال جدتي والدة أمي، ولكنّه كان غير ذي أهميّة ولم يحملْ معنىً حقيقيّاً بالنسبة لي. كانت جدّتي تصلّي قبل الأكل خلال الأعياد إلى «الأب السماويّ»، ولكن من هو هذا الشخص؟ كان لديها كتاب مقدّس في بيتها، وقد تصفّحْتُه عدة مرات، ولكنني لم أعرف ما كان يحتويه. كانت جدّتي تتحدث أحياناً عن

«الرب»، ولكنني لم أفهمْ ما كانت تقوله. عندما كنت أسيء التصرّف كانت تقول لي، «سوف يعاقبك الرب الصالح». ولا أذكر أنني ذهبت إلى الكنيسة مرّة، بل كنت أعتبر عدم الذهاب إلى الكنيسة أمراً طبيعياً لأن هذا هو كلّ ما كنت أعرفه. كانت جدّتي تذهب إليها دائماً، أما نحن فكنا نبقى في المنزل صباح يوم الأحد.

وعندما بلغت الحادية عشرة من عمري كان العالم قد طَبَع قلبي بطابعه. إليكم ما كتبته في أحد واجباتي المدرسية عن سيرة حياتي عندما كان عمري أحد عشر عاماً :

أتمنى أنْ يصبح لي منزل جميل محاط بأشجارٍ كثيرة من حوله. أخطّط لأنْ أتزوّج وننجب الأطفال، وأخطّط ليكون لي الكثير من المال. إذا صار لديّ الكثير من المال فسأتبرّع ببعضه للأعمال الخيرية والفقراء. وأخطّط أنْ تكون لي حياة ناجحة، وأنْ تؤول أموري للخير. وعندما أتقاعد أودّ أنْ أرحل إلى ولاية فلوريدا وأعيش هناك حتّى أموت. أودّ أنْ أسافر حول العالم لأرى كيف يعيش الناس وكيف يكسبون رزقهم. كما آمل أنْ أموت بسبب الشيخوخة وليس بسبب مرضٍ ما. لست أريد أنْ أتألّم. وأظنّ أنّ الحياة سوف تؤول إلى ما توقّعته نوعاً ما. أظن أنها ستكون حياة لطيفة وممتعة وسعيدة.

كانت طفولتي رائعة وكان لي العديد من الأصدقاء، وبيتٌ جميل، وأبوان رائعان، وعشت الحلم الأميركيّ. ولم يكن الله ظاهراً في الأشياء التي سمعتها أو رأيتها أو تعلّمتها من العالم باستثناء جدّتي وبعض الحوادث العشوائية. كل ما كان يعنيه لي عيد الميلاد هو سانتا كلوز (بابا نويل) والهدايا، وكان عيد الفصح وقتاً للحصول على الحلوى والعثور على البيض.

المدرسة الثانوية

تخرجت من المدرسة الثانوية عام ١٩٨٥ في سن الثامنة عشرة. كان أعزّ أصدقائي يهوداً ولم نكن نناقش الدين. لا أظنّ أننا تطرّقنا إلى الدين أو إلى الله خلال سني المدرسة ما عدا في رحلة التزلّج تلك. كنا مشغولين جداً في الدراسة، والمرح، وحياتنا اليومية. أما في المدرسة فالله يُعتبَر غير منطقيّ لأنه لم يكن جزءاً من أحاديثنا أو ما تلقّيناه من تعليم.

كنت أعرف بعض الناس ممّن يذهبون إلى الكنيسة، ولكنّني لم أسمعْهم يتحدّثون عن يسوع المسيح أو الكتاب المقدّس. لم أرَ شخصاً واحداً في المدرسة يقرأ الكتاب المقدس أو يمسكه. إذا كان يسوع جزءاً من حياتهم فهو لم يرد ذكره في أي من الأحوال العامة، ولم يكن هناك أي نقاش بشأنه. فالموضوع كان ينحصر بـ «الذهاب» إلى الكنيسة، وهذا يشمل أيضاً الأولاد الذين كانوا يذهبون إلى مدارس مسيحية. فلم يكن باستطاعتي رؤية أيّ فارقٍ بين حياتهم وحياتنا نحن. لم تظهر أية علاقة بين الكنيسة والحياة اليومية. فكل ما كانوا يفعلونه

ويقولونه خلف الأبواب المغلقة لم يكن ليُظهر نوع السلوك الذي كنتُ أتوقّعه من شخصٍ يزعم أنه يؤمن بإلهٍ أخلاقي، أيّاً كان هذا الإله.

كثيراً ما كنت أذهب خلال العطلة الصيفية إلى مخيّم صيفيّ يُفترَض بأنه «مسيحيّ»، ولكن لم يكن هناك أيضاً أي ذكر للدين أو حديث عن الله. لا أذكر أنّنا تحدّثنا عن الكتاب المقدس ويسوع المسيح البتة. وكان المخيّمون يحضرون على مضضٍ خدمةَ العبادة العامة يوم الأحد. أمّا الكلمات البذيئة، والشرب، والتدخين واللقاءات الجنسية السرية فكانت أموراً تحصل بكثرة.

الجامعة

التحقت بجامعة ولاية بنسلفانيا، ولكني انتقلت بعد فصل دراسيّ واحد إلى جامعة ولاية ديلاوير لأكون أقرب إلى البيت بعد أنْ شعرت بما يشبه «النوبة القلبية». ولأسبابٍ لم أكن أفهمها آنذاك ولم أفهمها إلا قبل بضع سنوات، عانيت من حالة سيئة من قلق الانفصال. وظهر ذلك عندما التحقت بالجامعة لأول مرة. فقد باغتني من حيث لا أدري قلقٌ وخوفٌ وأحاسيسُ مفاجئة بالمصير القاتم، الأمر الذي ترك قلبي وأعصابي في حالة دمارٍ كامل، لم أكن أعرف سببها.

علم الأحياء الجزيئية الخلوية

سارت الأمور على نحوٍ أفضل عندما صرت أقرب إلى البيت. كان اختصاصي في علم الأحياء لأنّي كنت أخطط للالتحاق بكلية الطب. لم أفكّر بالله حتى خلال ذلك الوقت الصعب من حياتي.

لكن حدث معي أمرٌ في أثناء السنة الثالثة من دراستي الجامعية جعلني أفكّر خلاله في الله. كنت أحضُر صفاً لمادّة علم الأحياء الجزيئية الخلوية، وأدرس عن شكل بدائيّ من تنظيم جينات الحمض النوويّ في البكتيريا.

وبينما أنا أنظر الأستاذ وهو يشرح النظام صدمتني فكرة مزعجة: يبدو أنّ هندسة هذا التصميم المعقّد والمسارات المنظّمة قد تمّت بذكاء! فقد حلّلتُ ما كنتُ أشاهده عن قرب وذهلت من استنتاجٍ آخر وصلت إليه: هناك عدة أجزاء مترابطة وليست لأحدها وظيفة دون الأجزاء الأخرى. ولو فُقِد جزءٌ واحد منها فقط لَفَشِلَ النظام بأكمله. فكيف يمكن أنْ يكون هذا إذا كانت الحياة ناجمة عن التطوّر؟ فنظرية التطوّر تعلّم أنه ببطءٍ وعلى مدى ملايين

السنين، تؤدي الطفرات إلى تغييراتٍ جديدة تختارها الطبيعة لأنها مفيدة، إلا أنّ أمامنا هنا نظامٌ متكاملٌ بجملته، ولا يمكن أنْ يتطوّر بشكلٍ متتابع.

أدركت أيضاً أنّ الحمض النووي يحتوي على معلومات. كيف يمكن ترميز هذه المعلومات في مورّثاتنا عن طريق المصادفة مع مرور الزمن؟ عندما أرى كتاباً فإنني أدرك أنّ شخصاً ما كتبه. إذا رأيت ساعة أعرف أنّ أحداً ما صنعها. استمرّت هذه الأفكار تقضّ مضجعي، وصار قلبي يشير عليّ، «إنه التصميم الذكي»، ولكن ذلك يعني أنّ كل ما تعلّمته كان خاطئاً! كان ذهني يقاوم مدّعياً أنّ هذا غير ممكن!

حلّلت الأمور بشكل أعمق وتوصّلت إلى الفكرة القائلة بأنّ الله ربما كان موجوداً في مكان ما بطريقة مجرّدة. ولربما أنّه قد أبدأ الحياة ثم سمح للتطوّر بأنْ يُعنى بالباقي تحت قيادته. وعاد مجانين رحلة التزلّج إلى ذهني، ولكنني قرّرت أنّ الله لا يُمكن أن يكون معروفاً أو شخصياً أو فاعلاً في عالمنا اليوم وإلا لأخبرني بذلك شخصٌ ما غير أولئك المتعصّبين دينيّاً، مثل معلميّ أو والديّ أو الأخبار أو إنسان آخر. شعرت بالقلق والإحباط في داخلي، ولكنني تمكنّت من دفن هذه الأفكار المتضاربة بسبب الخوف من الآثار المترتّبة عليها.

الكنيسة

في وقتٍ لاحق من دراستي الجامعية، ذهبت إلى الكنيسة مرّة واحدة برفقة صديقتي وعائلتها. شعرت بأنني لا أمتّ للمكان بِصلة، وأردت أنْ أخرج من هناك مثلما حدث لي في رحلة التزلّج. لم أعلم كيف كان الجميع يعرفون ما ينبغي قوله أو ترتيله في الوقت نفسه. لقد ذهبت بكل ببساطة لأكون مع صديقتي، وصبرت حتى نهاية الخدمة وهو ما كان يجب فعله، وكنت أحترم أباها وعائلتها. لاحظتُ أنّ العديد من الشباب بدوا مشتّتي الفكر، وكان بعضهم يحدّق في السقف، أو يتململ أو ينام أو يعلك سراً دون أي اهتمامٍ بالقس، وهذا ما أراحني نوعاً ما.

الرجل والصليب

ذات يوم، وقف رجل أشعث الشعر في وسط المركز التجاري الرئيسي في الحرم الجامعي في الممرّ المؤدي إلى الصفّ. كانت لحيته طويلة بلونٍ بنيّ مائل إلى الرمادي، وفيها أوساخ وعقد. وكان يهزّ رأسه إلى الأمام ثم إلى الخلف، وهو يحمل على كتفيه صليباً خشبياً كبيراً، ويحدّق في جمهور الطلّاب المتجّهين إلى الصفّ. كان يصرخ منادياً الطلاب

بحماس، «توبوا! دعوا المسيح يخلّصكم من خطاياكم ومن جهنّم! تعليمكم الجامعيّ لا يساوي شيئاً من دون يسوع المسيح. أنتم مخدوعون! ليس هذا العالم ما يهمّ! توبوا! لم يصغِ إليه أحد فقد كان مجنوناً، وأظن أنّ رجال شرطة الحرم الجامعي أمسكوا به وأبعدوه عن المكان.

بلدتنا

خلال السنة الأخيرة الجامعية، سجّلت في بعض صفوف الدراما فقد كان المسرح اختصاصي الثانوي، وكنت أستمتع به كثيراً. كان عليّ أن أشاهد إحدى المسرحيات كواجبٍ تابع لهذا الصفّ، وذهبت إليها لوحدي. لقد كتب ثورنتون وايلدر مسرحية «بلدتنا» وبطلتها إميلي غبس، وهي امرأة شابة تموت خلال ولادتها لطفلها ثم يتسنّى لها العودة إلى الحياة ومراقبة حياتها ليومٍ واحد. وتكتشف إميلي رعب الذكريات الضائعة، وعالماً لا أبديّة له، وهي تراقب حياتها الآنَ من منظورٍ جديد. وتدرك إميلي للمرة الأولى أنّ كل إنسان يبدو مشغولاً جدّاً ويدور في حلقة مفرغة في العمل وأداء المهمات الصغيرة دون أن ينظر الواحد إلى الآخر أو يتمتّع بصحبته. وتتمنى من كل قلبها لو أنّ عائلتها تتوقف ولو للحظة واحدة لتفرح بالأمور الصغيرة في الحياة وتتمتع بها، ولكن العائلة لا تفعل ذلك أبداً.

وتحزن إميلي لأن معنى الحياة وجوهرها يضيعان لحظة بلحظة في بحرٍ من الملهيات. وأدركت إميلي عندها أنّ اللحظات الثمينة لا تحظى بتقديرٍ حقيقيّ، واستنتجت أنّ البشر لا يدركون أنهم أحياء إلى أن يموتوا، فهم يقبلون الحياة كأمرٍ مسلّم به حتّى تُنتزع منهم في نهاية المطاف.

تأثرت بشدة من هذه المسرحية، وقد لمست قلبي لأنني أدركت أنني عشت في «بلدتنا» طيلة الحياة ولم أعرف ذلك. ابتدأت عيناي تغرورقان بالدموع ولم أستطع أنْ أمنعهما. وقلتُ لنفسي، هل أنتَ تبكي؟ أتمزح؟ انفضْ عنك ذلك أيّها الضعيف! وبعدما تمالكت نفسي فكّرت متسائلاً، هل تنطوي الحياة على أكثر مما أعرفه؟ هل إميلي غيبس على حقٍّ بشأن الحياة؟ شعرت في أعماقي أنّ هناك خطأ ما في العالم الذي أعيش فيه، ولكنني سرعان ما تناسيت ذلك في معمعةِ حياتي الجامعية.

الحياة الجامعيّة

كان اثنان من الطلاب الذين يسكنون معي خلال الدراسة الجامعية يذهبان إلى الكنيسة بانتظام، ولكننا لم نكن نناقش تفاصيل إيمانهما. كانا مُخلصَيْن ومحترمَيْن، ولكنني ببساطةٍ

وضعت حاجزاً بيني وبينهما. كان الله مهمّاً بالنسبة لهما، ولم أكن لأفهم ذلك. ولم يحاولا الضغط عليّ أيضاً، الأمر الذي أعجبني. لم أفكّر كثيراً في مسألة حضورهما للكنيسة، فمعظم الناس يقضون أيام الآحاد ليستريحوا من مشغوليّاتهم السابقة. كنت لا أزال مشغولاً بحياتي وأقضي وقتاً ممتعاً وأنا أحضّر لدراسة الطبّ.

في أحد الفصول الدراسية، سجّلت مساقاً حول فلسفات الأديان. درسنا عن العديد من مشاهير الفلاسفة ومؤلّفاتهم حول الدين، ولكن لم ندرس عن المسيح أو الكتاب المقدّس. تعلّمنا أنّ الإنسان وضع نظرياتٍ عديدة حول الله للتعامل مع حقائق العالم المؤلمة. وفكرة «الله» هي مجرّد جوابٍ من الإنسان ليتجنّب مواجهة ألم الموت والأمراض والمآسي. تعلّمنا أنه لا يوجد جواب صحيح عن الله وينبغي أنْ نحترم جميع الأديان بما تحمله من محتوى.

خلال سني دراستي الجامعية كنت أقضي فصل الصيف على الشاطئ. اشتغلت كمنقذٍ سباحة، وكمديرٍ لحفلات الرقص. وكنت أحضر الحفلات والشرب وألاحق النساء، وأشتغل في وقت الفراغ. كان كل شيء يتمحور حول نفسي. أتممْتُ دراستي الجامعيّة بنجاحٍ، وتخرّجت بامتيازٍ، والتحقت بكلية الطب عام ١٩٨٩.

كلية الطب

لم تترك السنوات الثلاث الأولى من دراسة الطب كثيراً من الوقت لنمط الحياة الجامح الذي كنت أتمتّع به قبلاً. فقد كنت منغمساً في الكتب أربعاً وعشرين ساعة في اليوم، وسبعة أيام في الأسبوع. برعتُ في دراسة الطبّ، فقد كانت لديّ ذاكرة جيّدة، وتمكّنت من القراءة السريعة. وتخرّجت في المرتبة الأولى في صفّي.

كنت أتعلّم عن جسم الإنسان وكيف يعمل. وكان هذا رائعاً ومذهلاً للغاية، ولكنه لم يحرّكْ أفكاري عن الله لأنني كنت أؤمن بالتطوّر. فالدراسات الطبية تتعلّق جميعها بجسم الإنسان، ولكن ليس هناك ذكرٌ لله أو الخليقة في أي شيء تعلّمته أو قرأته. لو كان لله أيّ دور في جسم الإنسان فإنه كان منسيّاً في المكان الوحيد الذي توقّعته أنْ يكون معروفاً فيه. فَسنوات الصمت الكامل بشأن أي دورٍ لله في الحياة نحتَتْ في قلبي نقوشاً لم أدركْ عظمتها أو تأثيرها.

أتذكر اختباري في تشريح الدماغ البشري. أمسكت الدماغ لأول مرةٍ بدهشةٍ وعجب، ففي يدي دماغ كان يتمتّع بحياة وعائلة وذكريات. أين تذهب هذه؟ هل ولّت بلا رجعة؟ كيف يمكن لهذه الكتلة الهلامية البيضاء أنْ تحتوي على الحبّ والمشاعر والعواطف؟ أدركت أنّ

هذه المادة هي نفسها في داخلي، فدماغي هو تماماً كتلك المادة! وهكذا صار الأمر شخصياً بالنسبة لي. فأين تمضي ذكرياتي؟ هل هي مجرّد نقاط اشتباك عصبيّ ومواد كيميائية؟ أرعبتني هذه الفكرة، وتسابقت كل هذه الخواطر في ذهني دون إجابات لها. فعندما أموت ذات يوم، هل سيضيع حبّي لزوجتي وأطفالي مع تلك المواد المتحلّلة؟ هل هذا هو المصير الذي أتجّه نحوه؟ أدركت أنّ هناك شيئاً لا معنى له. لذا صرتُ كلّما حضرت هذا الصف أشعر بقلبي يغور فيّ، وبمعدتي تنقبض، وفرحت لما انتهينا منه.

كانت الدراسة تشغل حياتي بأكملها. ومع أنّي كنت وحيداً لكنّني كنت ألتهي باستمرارٍ بأعباء العمل التي لا تنتهي. عندما خسرت صديقتي في الجامعة شعرت بوحدةٍ أكثر من ذي قبل، لكن مع ذلك كان الله آخر من يخطر على بالي. فإنّني لم أرَ أو أختبر شيئاً في أعوام حياتي الأربعة والعشرين يجعلني أتوق للتفكير بالله أو بضرورة وجوده.

رشفت رشفة أخرى من كأس النبيذ الذي كنت أحتسيه، وواصلت رحلتي على درب الذكريات. لم يسبق لي أنْ راجعت حياتي من هذا المنظور قبلاً.

الزواج

التقيت في السنة الثالثة في كلية الطب بروث «راعوث»، التي صارت زوجتي في ما بعد، وتزوّجنا في الكنيسة بعد أكثر من سنة بقليل عام ١٩٩٣. التقينا بالقس مرتين لكي يعطينا «دروس الزواج». كان القس رجلاً لطيفاً جداً، ولم تكن الكنيسة بالنسبة لي أكثر من مكانٍ نتعلّم فيه دروساً عن الحياة. لم يكن القس مهتماً بعلاقتي مع الله أو انعدام هذه العلاقة، الأمر الذي أكّد لي فكرتي بأنّ الله غير ذي أهميّة في القضايا الحقيقية للحياة. لم أخبر خطيبتي، ولكنني ظللت أنتظر اللحظة التي يحشرني القس فيها بسؤاله لي عن يسوع، ولكنه لم يفعل. فرحت لذلك جداً! فلو كان يسوع حيّاً ويمكن معرفته وهو ذو أهمية كبيرة كما ادّعى مجانين رحلة الثلج سابقاً فَلِمَ لمْ يخبرني القس في الوقت الذي اتضّح فيه من أجوبتي خلال الدروس بأنني لم أكن أؤمن بالله؟ لقد أكّد لي بِصَمْتِهِ صدقَ نظرتي للعالم.

بدأت سنةً من التدريب الداخليّ في اختصاص الطب الباطنيّ في مستشفى جامعة بنسلفانيا. كنت منهكاً لسنة كاملة وأنا أركّز على العمل ولا سواه. ومع أننا كنا نرى دائماً مرضى في الرمق الأخير من الحياة إلاّ أنني لم أَشهد نقاشاً بشأن الله أو الآخرة بين الأطباء أو الممرّضات. فالميت في المستشفى هو ميت.

كانت معظم تجاربي المتعلقة بالله لغاية الآن سلبية، وحتى القس لم يفلح في الحديث عمّا يتعلّق بالله معي. كنت على ما يرام سائراً في طريق النجاح، ولدي زوجة رائعة وعائلة.

كان والداي فخوريْن بي، والحياة ممتازة. وبالطبع لم يكن المجتمع ليكترث بالله أو يجعلني أشعر بأنه حقيقيّ وحيّ. علّمتني الجامعة أنه لا يوجد حقّ مطلق؛ فالحقّ يتناسب مع نظام إيمانك.

أصبحت طبيباً مقيماً في قسم طبّ الأمراض الجلدية في المركز الطبيّ لجامعة دوك عام ١٩٩٤. واشتغلت بجدٍّ لمدة ثلاث سنوات، وكنت مكرّساً بالكامل لتعلّم الأمراض الجلدية ولزواجي. كانت زوجتي مشغولة بعملها في الصيدلة، وسار كل شيء حسب المخطّط، فبرنامج حياتنا كان أنْ ننجح ونعمل قدر استطاعتنا، وهذا بالضبط ما فعلناه.

انتقلنا خلال فترة اختصاصي إلى مدينة أيِكس (Apex) بولاية كارولينا الشمالية عام ١٩٩٥، واشترينا منزلاً هناك. تربّت روث في بيتٍ «مسيحي» ولكنها لم تكن تذهب إلى الكنيسة منذ أن التقينا. حاولت أنْ تجعلني أذهب معها في عيد الميلاد وعيد الفصح، ولكنني رفضت. ولم تكن مهتمة بالله، في حدّ ذاته، ولكن بالأحرى في حضور الكنيسة بشكل عرضيّ في المناسبات الخاصة. وبدا واضحاً لنا أنّ الناس الذين يذهبون إلى الكنائس هم مجرّد متديّنين، وهذا غير مُجدٍ بالنسبة لي. فباستطاعتي أنْ أفعل شيئاً أكثر إفادة في أيام الآحاد مثل الاستغراق في النوم تعويضاً عن السهر، والركض، وركوب الدرّاجة الجبلية.

ذات يوم تعرّفت روث على امرأة دعتها إلى الكنيسة فمضت، أما أنا فبقيت في البيت. وفي الأسبوع التالي، تلقّت روث اتصالاً من المرأة التي التقت بها هناك، وعبّرت المرأة عن رغبتها في زيارة زوجتي، وانتهى بهما المطاف أنْ ذهبتا معاً في نزهةٍ إلى الغابة القريبة. خلال النزهة، باغتت المرأة روث بسؤالها لها عن إيمانها بيسوع المسيح. فشعرت روث بالانزعاج، وعادت إلى البيت في أسرع وقت. قلت لها، «لقد قلت لك. إنهم مجموعة مجانين». هذه الحادثة جعلتها تنفر من الموضوع أيضاً.

تخرجتُ من جامعة دوك عام ١٩٩٧ وانضممت إلى هيئة التدريس كجرّاح وزميل في سرطان الجلد. وبعد سنةٍ فتحْتُ أنا ومرشدي عيادةً خاصة في مدينة كاري، بولاية كارولاينا الشماليّة. وانطوى هذا المشروع على كمٍّ هائل من العمل، ولحسن الحظّ شغلني كثيراً. والآن صرت مواطناً كامل العضوية في «بلدتنا». في تلك السنة نفسها ولد ابننا الأول.

جزيرة ماركو

عندما صار عمر طفلنا الأول حوالي السنة، ذهبنا في رحلة لزيارة أهل روث في جزيرة ماركو بولاية فلوريدا. كان والداها مسيحيّين وأرادا لطفلنا أنْ يتعمّد.

عندها قلت لزوجتي، «ما الذي يحقّقه تعميد الطفل يا حبيبتي؟»

أجابت بتردّدٍ وعدم يقين قائلة، «لست متأكدة. أظنّ أنّه إنْ لم يكن الطفل معمّداً، ومات في وقتٍ مبكّر، فهو لا يذهب إلى السماء».

صررت بأسناني وقد ارتسمت ملامح الغيظ على وجهي، وصرخت قائلاً «هذه سخافة! أريد أنْ ألتقي بالقس الذي يعرفه والداك، وأتناقش معه بشأن هذا الهراء! لن يعلّمني أحدٌ شيئاً بخصوص ابني الصغير!»

قرّرت أنْ أذهب لمواجهة القسّ على الفور. كنت متوتراً وتوقعت أنْ يكون النقاش حامياً. لم أكن أحبه فقد أغاظني قبل أنْ ألتقي به، ولكن الغريب أنني شعرت بأحاسيس مماثلة لتلك التي شعرت بها خلال رحلة التزلّج. فقد اعتراني الغضبُ والخوف والشكّ والعجز وعدم الانضباط. وصرت أتساءل، لماذا أشعر بالقلق وعدم الاستقرار في كل مرةٍ أواجه فيها المسيحية؟

وصلنا إلى فلوريدا، والتقيت في اليوم التالي بقسيس كنيسة والدي زوجتي. كنت حادّ المزاج طيلة الصباح قبل الاجتماع. كان يجلس في الجزء الخلفيّ من مقهىً صغير وراء مائدة مستديرة، وهو يحتسي بهدوء فنجانَ قهوةٍ ساخن. فوجئت بأنْ أراه شخصاً لطيفاً ذا ابتسامةٍ مشرقة وسلوكٍ هادئ.

سألته بجفاءٍ، «نودّ أنْ نعرف لماذا يجب أنْ نعمّد طفلنا». ودُهشت من ردّه إذ أوضح لي بأنّ ذلك غير ضروريّ، وأنّ المعمودية لا «تخلّص» الطفل على أي حال. وقال إنّ فكرة الخلاص عن طريق المعمودية هي غير كتابية تماماً، ولكنها سوء فهمٍ شائع. ثم شرح أنّه يمكن استخدام تلك المعموديّة كعلامة خارجية على التكريس لتربية الطفل تربية مسيحية. ونصحنا بألا نعمّد الطفل إنْ لم نكن مسيحيّين مكرسين. تنفّست الصعداء، وشعرت عندها بارتياحٍ أكبر. لم أكن أتوقّع منه هذا الجواب على الإطلاق.

أردت أنْ أسأله بعض الأسئلة الأخرى التي كانت تزعجني. كان يحتسي قهوته بهدوءٍ مقابلي على الجانب المقابل من الطاولة.

سألته بنبرةٍ ساخرة نوعاً ما، «وماذا عن ملايين الناس حول العالم الذين لا يؤمنون بيسوع المسيح؟ هل تؤمن بأنهم على خطأ وأنتَ على حق؟ هل هم في طريقهم إلى الجحيم»؟ وتوقّفْتُ قليلاً أتوخّى التأثير عليه، ثم أضفت بكل ثقة، «إني مقتنع بأنّ 'الله المحبّ' لن يدين هؤلاء الناس. أظن أنّ جميع الناس محقون ولكن بطرقٍ مختلفة. هذا ما علّمني إيّاه المجتمع. ألسنا جميعاً نعيش في عصرٍ من التسامح»؟ واتكأت إلى الخلف في كرسيّ متيقّناً بأنّني قد أربكته.

نظر إليّ بعينين دافئتين، وأمسك بلحيته البيضاء الكثيفة وقال، «يسوع هو الطريق الوحيد إلى السماء لأنه الله، ولا يمكن لأحدٍ سوى الله أنْ يموت ليدفع أجرة خطايا الإنسان. الديانات الأخرى ليس فيها مخلّص أو جواب عن مسألة الخطية. ما لا تعرفه أو لا تسمع به هو أنّه يوجد آلاف المرسلين في شتى بلدان العالم. فالله يخلّص جموعاً كبيرة من الناس حول العالم بواسطة يسوع في كل يوم». ثم حوّل الأمر لي وأضاف، «لماذا أنت مستاءٌ لأنه يوجد طريق واحد عوضاً عن أنْ تفرح أنه يوجد على الأقل طريقٌ واحدٌ مضمونٌ إلى السماء، وأنّ السماء موجودة فعلاً»؟

لم أجد ما أتفوّه به وشعرت بشيءٍ من الارتباك. فلم أكن قد فكّرت في الأمر على هذا النحو. وكنت مثل معظم الناس، أخاف من الموت، ولم يعطني التطوّر أي تعزية في ما يختصّ بالموت.

أردت أنْ أنهي المناقشة وأترك المكان، فقلت له على عجلٍ، «حسناً، شكراً لك يا سيدي». كنت أودّ أنْ أبتعد عنه، ولم أعرف لماذا. انتابتني مشاعر القلق والانزعاج والذعر على نحوٍ لا يمكن تفسيره، ولكنها كانت مألوفة بشكل مخيف. ها هو أبي يصرخ في مخيّلتي من جديد، «غريغ إدون فيمان، انزلْ إلى الطابق السفلي على الفور!» عرفت أنّ هذه المشاعر ستزول إذا غادرنا المكان، وهذا ما حدث. فبعدما انصرفنا، انصرفت هي أيضاً عنّا. فتنفّست الصعداء! لكن لم أكن أعلم أنّ والد زوجتي كان يخطّط للجولة الثانية.

أخبرني حموي في وقتٍ لاحق من ذلك المساء أنّ اثنين من أعضاء كنيسته سيزوراننا للتحدّث معنا. وقلت في قلبي، «ما الذي يجري؟». وبعد حوالي الساعة سمعت قرعاً على الباب. استرقت النظر من الزاوية المقابلة، ورأيت الباب ينفتح، ودخل رجلٌ وزوجته، وكلاهما في الستّينيّات من العمر. وفجأة أحسستُ بأهمية هذا الاجتماع، وشعرت بهيبة حضورٍ غريب، وكأن شخصاً غير مرئيّ دخل معهما، ولم تكن لي قدرة للسيطرة على مشاعري. تحيرت لهذا وفكّرت في داخلي، لمَ أشعر بهذا الشعور؟ ما هي مشكلتي؟ لِمَ أشعرُ بسلامٍ في الغرفة؟ ينبغي أنْ أكون غاضباً ومنزعجاً.

لم أختبرْ سلاماً كهذا إلا عندما كنت أتناول الكحول. كنت مرتبكاً ولكن منبهراً. حدث كل هذا خلال بضع ثوانٍ، وبالتأكيد لم يستطعْ أحدٌ أنْ يشعر بما كنت أفكر وأشعر به. جلسنا سوية على كنبةٍ بيضاء من طراز كنبات فلوريدا، وبادر الزوجان يقولان بأدبٍ، «نودّ أنْ نخبركم عن يسوع المسيح». أجابت روث، «تفضّلا». وكدت أنخزها بكوعي لولا خشيتي بأنْ يروني.

شرح الزوجان لي ما أسمياه بـ «الإنجيل»، وهو قصة خطة الله لتخليص البشر من خطاياهم. استغرقهما الأمر حوالي خمس عشرة دقيقة، واستمعْتُ بانتباه. وما قالاه باختصار هو أنّ يسوع مات من أجل خطاياي، وأخذ مكاني، وحمل العقاب عني على الصليب. وإذا وضعت ثقتي في يسوع، وتُبْتُ عن خطاياي فإنّ الله سيغفر لي ويعطيني حياة أبدية. بدا الأمر سهلاً. وانصدمت لأن القضية بدت منطقية لا بل جذابة، ولكنها بدَتْ بعيدة المنال تفوق حدّ التصديق. وفسّرا لي أنني في ورطةٍ دون يسوع، ولكنهما لم يذكرا الجحيم تحديداً. وفيما هما يتكلّمان تساءلت مفكّراً، لِمَ لمْ أسمع بهذا من قبل خلال ثلاثين عاماً مضت ما خلا رحلة التزلّج؟ لو كان الأمر صحيحاً، أما كان الناس يتحدّثون عنه؟ أشعر بأنني على ما يُرام في حياتي اليومية، فكيف يمكن أنْ يكون بي عيبٌ ما؟

كانت الأفكار في ذهني تتسابق فيما بينها، وقلبي يخفق بقوّة استطعت معها على سماعه، وباغتني شعورٌ بعدم الارتياح من جديد. كان في هذا المرة مشابهاً لأول مرةٍ يركب فيها المرء في أفعوانيّة ضخمة، عندما تنتظر أنْ تجتاز العربة الأولى فوق القِمّة قبل أنْ تسقط وتنحدر إلى أسفل بأقصى سرعة. استمعت إليهما ولم أقُلْ شيئاً، ثم شكرناهما وغادرا. أعتقد أنهما شعرا أنني لم أكن مهتماً لطرح الأسئلة، فقد كنت مرتعباً من هبوط تلك الأفعوانية وانحدارها السريع وتحطّمها في الأسفل، لم أكن أعلم ماذا يوجد بعد تلك القمّة، ولم أرد أنْ أعرف ذلك أيضاً.

بعدما غادرا المكان، ظللت أشعر بوجودٍ ما، وبحالةٍ من السلام، وبقيت أفكّر في ما قالاه لي. شعرت بالانزعاج لأنني لم أكن أعلم ماهيّة هذا الوجود الذي لم أقدر على التخلّص منه. فكّرت في نفسي قائلاً، لا أستطيع أن أخبر روث وإلا ستظنّ أنني مجنون. ولم أقدر أنْ أنزع الرسالة التي تكلّما بها من ذهني. شعرت بشيء يجذبني إلى دراسة الكتاب المقدّس مع أنني لم أرد ذلك! بدا قلبي كأنّه يتغيّر ويلين أيضاً. ما هذا الأمر الذي أنا أفكر فيه؟ فأنني لا أستطيع أنْ أقرأ الكتاب المقدّس وإلا سيضحك الناس عليّ. لم يكن ذلك يتّفق مع شخصيّتي.

بعد ثلاثة أيام قفلنا عائدين إلى بيتنا بالسيّارة. وكنت أفكّر بالأمر طوال الطريق. إذا كانا على حقٍ، فكلّ ما أعرفه وأفكّر به عن الحياة هو كذب. إنه أمر غريب فعلاً. عندما أوينا إلى الفراش تلك الليلة سألت روث قائلاً، «هل تظنّين أنه ينبغي لنا أنْ نقرأ الكتاب المقدّس»؟ وكنت أفكر في داخلي، لا أصدّق أنني قلت هذا لها.

فوجئت بجوابها وسررت عندما قالت لي، «أجَل، سوف أشتري واحداً في الغد. دعنا نقرأه معاً كل ليلة قبل النوم».

وعادت روث إلى المنزل في اليوم التالي ومعها كتاب مقدّس جديد. وشعرت بارتياحٍ

لأنني لم أرد أنْ أشتري كتاباً بنفسي، فهذا يحرجني جداً.

بدأنا القراءة باجتهاد لثلاث ليالٍ على التوالي. كنّا نقرأ فصلاً واحداً كل ليلة. وفي اليوم الثالث، قرأنا عن آدم وحوّاء وما يسمى بـ «سقوط الإنسان» عندما أخطأ كلاهما إلى الله. كانت القصة صعبة القبول عليّ جداً فقلت لزوجتي، «روث، هذا غباء. أنا عالم وطبيب، وقد درست جسم الإنسان أحد عشر عاماً. لا يمكن أنْ يُخلَق شخصان من العدم. ربما هذه القصّة مثلٌ يعلّمنا عن الحياة، ولكنها ليست قصة حرفيّة. ووافقتْ معي وتوقّفنا عن القراءة. وغضبْتُ واستأتُ من جديد، ولم أكن أعرف السبب. انزعجت من غضبي، الأمر الذي جعلني أكثر غضباً!

عندما أويت إلى الفراش في الليلة التالية كانت روث نائمة. تسلّلْتُ تحت الأغطية ورأسي يطلّ إلى الخارج، فلمحتُ الكتاب المقدّس على الطاولة المجاورة للسرير. قد يبدو ما أقوله جنوناً ولكنني شعرت وكأنّ الكتاب يحدّق في وجهي. لم أستطع أنْ أزيل تلك القصص الساذجة من ذهني. وما فعلته بعد ذلك هو أنني أخذت الكتاب، وبدأت أقرأه من جديد. قلت في نفسي، لماذا يا ترى أشعر أنني مشدودٌ لقراءة هذا الكتاب الدينيّ الساذج الذي يحتوي على حكاياتٍ خرافية؟ وعدت أغضب من جديد. وانزعجت أكثر لأنني وجدت أنّ الكتاب يصوّر آدم وحوّاء على أنهما شخصان حقيقيّان، وأنّهما أنجبا أولاداً، ويذكر الكتاب شجرة نسبهما. ثم بعد عدّة مقاطع من ذلك، قرأت أنّ الناس كانوا يعيشون لمئات من السنين، فضحكت بصوت عالٍ، وقلت في نفسي، «نعم أكيييد، والحمير أيضاً تطير».

وبقيت على هذا المنوال لمدة ثلاث ليال على التوالي. لكنّ الشعرة التي قسمت ظهر البعير هي قصة فلك نوح. تمتمْتُ في داخلي، «كفى. لقد انتهيت من هذا الـ.......»، ورميت الكتاب المقدّس على الأرض بانزعاجٍ مما أحدث ضجيجاً عالياً.

أفاقت زوجتي وتمتمت وهي تجلس في السرير، «ما الذي يحدث؟» قلت لها، «إنه هذا الكتاب الـ.... إنه مليءٌ بالقصص التي لا يمكن أنْ تكون صحيحة. لقد اخترعه أناس بسطاء جهلاء منذ آلاف السنين وهذا أفضل ما يعرفونه».

فأجابتني بتعقّل، «حسناً، ولكن لمَ أنتَ غاضب جداً؟ اهدأْ واخلدْ للنوم».

قلت لها، «لا أريد أنْ أنام»، ثم ضربت بقبضة يدي على السرير.

ومن جديد عاد قلبي إلى الصراع، فأحسست بأني أتوجّه إلى الطابق السفليّ لمواجهة والدي بما أذنبت فيه! وحدّقت في زوجتي وقلت لها بحزم، «إنّ رَجل عام ١٩٩٨ الذكي يعرف على وجه اليقين أنّ هذه القصص مستحيلة. عندي البرهان وليس لديهم أي

شيء. ليس من أدلّة البتّة. أغبياء! لديّ العلم بجانبي، وليس لهم أيّ شيء ما خلا الإيمان الأعمى!»

كان واضحاً أنّ روث لم ترد أنْ تحدّثني في الموضوع. لكنها هزّت رأسها وقالت والتعب بادٍ عليها، «اذهب إلى النوم وانسَ الأمر. أنا متعبة»، ثمّ استدارت بعدما تمتمت بتلك الكلمات، وخلدت إلى النوم ثانية، أما أنا فبقيت في غلياني لمدّة ثلاثين دقيقة إضافية.

الكنيسة

شجّعني جارنا يوم السبت التالي على الذهاب إلى الكنيسة وقال «الكنيسة جيدة لك. ستلتقي بالناس وتجري بعض الاتصالات المفيدة لنجاح عملك».

أجبته، «لا أعتقد ذلك. فهي لا تروق لي». ثم أخبرتني روث في وقتٍ لاحق من ذلك النهار أننا سنذهب إلى كنيسة اقترحتها صديقتها، وهي من الطائفة نفسها التي تربّت فيها. وافقت على الذهاب معها، ولم أرَ في الأمر ما يضرّ.

كنت في حالة تأمل ونحن في الطريق، ولم أتحدّث كثيراً، ثم دخلت الكنيسة بجفاءٍ واعتزاز. تطلّعت إلى الناس من حولي، وقلت في نفسي، «يا لهم من جماعة من الضعفاء يحتاجون إلى العكازات. انظرْ إلى رجالهم كأنّهم أنصاف الرّجال، وزوجاتهم كألعاب هولي هوبي. لقد سقمت ابتساماتهم الغبية وفرحهم الآليّ.

عندما دخلنا الكنيسة كانت الخدمة قد بدأت. وكان في الداخل ثلاثة أقسام فيها مقاعد منجّدة، في كل منها حوالي ١٥ صفاً تواجه المنصة المركزية. كان الجميع وقوفاً يرنّمون. كنت أكره الغناء حتى خارج الكنيسة. نظرت حولي فرأيت كثيرين يرفعون أيديهم في الهواء وأعينهم مغلقة. همست في أذن زوجتي، «مزيد من المجانين». احتملنا حتى نهاية الخدمة وانسحبنا من هناك تاركين وراءنا كل ما بدا دينيّاً. لا مزيد من قراءة الكتاب المقدس، ولا الذهاب إلى الكنيسة أو التفكير في القصص الخرافية الغبية. شعرت بارتياحٍ أنّنا قررنا سوية الابتعاد عن كل ما هو دينيّ.

كنت متيقّناً من أنني اتّخذت القرار الصحيح. فقد وجدت مزيداً من الغريبي الأطوار، ومن الحكايات الخرافية الغريبة بشأن المعجزات، وأشخاص يظنّون أنهم يعرفون الله ويختبرونه. كفى! أعلم أنّني على حق! فأنا طبيب وفي المرتبة الأولى في صفي، كما أنّي عالمٌ وباحثٌ وأعرف أكثر من هؤلاء الأغبياء. لن أجلس في كنيسة لكي أبدو صالحاً، ولن أتبع تعريف المجتمع للبرّ. لن أفعل ذلك لمجرّد التعرّف على الناس أو إجراء الاتّصالات التجارية مع أنّ

كثيرين شجّعوني على ذلك لهذا السبب نفسه. لست بحاجةٍ إلى الفوائد الجانبية الشريفة وغير المعلَنة الآتية من جماعة الكنيسة. أعرف هؤلاء الناس وكيف يتصرّفون في نهاية الأسبوع، فهم يقولون ويفعلون الأشياء نفسها التي أقولها وأفعلها.

فالحقيقة أنني كنت وزوجتي ناجحين في العمل ونحصّل دخلاً جيّداً، ولدينا بيتٌ جميلٌ، وابنٌ، ولكلٍّ منا عملٌ ممتاز. لم نكن بحاجةٍ إلى الكنيسة أو الدين ولا سيما أنّ كل اختباراتنا معهم كانت غريبة. لقد تذوّقنا الدين وخيّب أملنا، ولطالما غضبت واضطربت بسببه، لذلك لا معنى للاستمرار في شيءٍ يجعلني بائساً.

كان لدينا بعض الأصدقاء الذين وجدوا كنيسة أكثر «طبيعيّة» ورسالتها أبسط، ولكننا لم تكن لنا رغبةٌ فيها البتّة. فنحن أناس صالحون، نعيش في حيٍّ جميل، وكنت مشغولاً جداً في بدء عيادةٍ خاصة، وتربية ابننا الصغير. لقد انتهينا من الأمر ولكم سرّني هذا التفكير، يا لها من راحة!

الحيّ الجديد

انتقلنا عام ١٩٩٩ إلى منزلٍ أكبر من السابق بكثير، فالمال لم يكن يشكّل عقبةً في طريقنا، والحياة ليس فيها جهدٌ ما خلا التعامل مع الأولاد. صار لدينا ابنٌ ثانٍ، وغدَتْ حياتنا مشغولة بتدبير أمر ولدينا الصغيرين. فالهدف هو العمل الجادّ وتوفير أكبر قدر من المال للتقاعد والعائلة. كنت أؤمن أنّ المال يشتري الأمن وقدراً ما من السيطرة على الحياة. لقد أحرزت ما علمنا إياه المجتمع بأنه هدف الحياة الرئيسيّ: الحلم الأميركيّ.

كان الحيّ الذي انتقلنا إليه مختلفاً بعض الشيء، فقد كان الجميع في الحيّ القديم ودودين، يتحدّثون في الخارج، ويتفاعلون الواحد مع الآخر مثل أسرةٍ كبيرة، ولكن لم يكن الحال كذلك هنا. كان معظم الجيران يتجاهلوننا، أو بالكاد يسلّمون علينا.

كنت أدردش ذات مرة مع جارةٍ جديدة أمام البيت، وإذا بامرأة لم ألتقِ بها من قبل تقف معنا، وبدأت تتحدّث مع المرأة التي كنت أتكلم معها، وتجاهلتني وكأنني لم أكن موجوداً. قلت في نفسي، هل تتظاهر هذه المرأة بأنها لا تراني؟ ما خطبها؟ انتظرت عدة دقائق إلى أنْ أصبح الوضع محرجاً وغادرت. كنت أغلي في طريقي إلى البيت بسبب حالاتٍ من مثل هذه في الحيّ الجديد، واستمرّت الحال على هذا المنوال لعدّة أسابيع.

دخلت البيت والتقيت بروث في المطبخ وصرخت قائلاً، «أكاد لا أصدّق هذا الحيّ! ما مشكلة هؤلاء الناس؟ لمَ هم جميعاً غريبو الأطوار؟

أخبرت روث بما حدث وقالت، «أتعلم، لقد سمعت أنّ هذا الحيّ مليء بالمسيحيّين المولودين ثانية».

فقلت متعجّباً، «حسناً، لكنّ هذا لا يفيدهم البتة، فقد كان حينا القديم طبيعياً» ثم ابتسمت وأضفت، «لقد حذّرني البعض أنه كلما ارتفع ثمن البيت كلما أصبح الحيّ أكثر غرابة، وإذا ما أضفنا هؤلاء المسيحيين الغريبين نحصل على حديقة حيوانات بالفعل!»

كانت الأمور طبيعية في العمل على الأقل. فإنّ أحداً لم يتحدّث عن يسوع باستثناء شخص واحد وهو امرأة كانت تعمل في المختبر، وتقرأ كتابها المقدّس دائماً وتتحدّث عن «الرب» وعمله في حياتها. يبدو أنّ هذه المرأة الكتابية، تامي، لم تحترم حريّتنا الدينية في هذا البلد.

سألت مدير المختبر، «مهلاً، ما هو أمرها؟»

أجاب، «إنها مجرد متديّنة ليس إلا».

سألته، «لماذا تقرأ الكتاب المقدّس طيلة الوقت؟»

أجاب، «نعم، إنّ الأمر على درجةٍ من السخافة، أليس كذلك»؟ وضحكنا سوية.

كانت تامي لطيفة وطيبة جداً، ولديها سلام. بدت أمورها الدينية غريبة بالنسبة لي، ولكنها من الواضح أنها كانت حقيقية بالنسبة لها بشكلٍ لم أرَ مثله من قبل. وسألت نفسي، كيف يمكن أنْ تتحدّث عن الربّ وعمله لأشياء في حياتها؟ أي ربّ؟ هل هي تعني أنّ الله يعمل في حياتها شخصياً؟ وتعجّبت، كيف يمكن لإنسانٍ ما أنْ يصبح متديّناً جداً حتى يؤمن بالحق بأنّ الله يتكلّم معه؟ راقبتها بانتباهٍ مدة أسابيع، وتوّصلْتُ إلى نتيجةٍ: ما لديها، مهما كانت طبيعته، يفيدها.

كنت أحب المزاح في المختبر خلال العمل. فعندما يحطّ إعصار في نورث كارولاينا كنت أقول، «سأبني فلكاً»!

وكانت تامي تجيب دائماً، «لا، لن يفعل الله ذلك مرة ثانية. فهو قال كذلك». والغريب في الأمر أنّ هذا هو كل ما قالته، كيف عرفت ذلك؟ هل كانت حقاً تؤمن بفلك نوح؟ يا للسخافة!

وذات يوم هبّ إعصارٌ كبير، وصارت الأمطار تهطل بغزارةٍ حتى إنّ صوت المطر سُمِع من خلال سقف المختبر. وقرّرت أنْ أحشر تامي من جديد، وقلت بفخرٍ، «سوف أعود إلى البيت راكضاً الليلة».

وحذّرتني قائلة، «يجب ألا تخرج في هذا الطقس».

فأردفت ساخراً، «لا يستطيع حتى الله نفسه أن يخرجني إلى هناك».

جفلت تامي، وأدركتُ بسرعةٍ أنها لم تسترحْ لما قلتُه. أذهلتني نظرتها لي إذ كان فيها إنذارٌ محسوس، وارتفع حاجباها بعض الشيء دليلاً على اعتراضٍ مبطّن. وللتوّ عادت إليّ مشاعر رحلة التزلّج. ما الذي قلتُهُ؟ لماذا تنظر إليّ بهذا الشكل. هل كانت تظنّ أنّ الله سيسحقني بسبب قلة احترامي له؟

دراسة الكتاب المقدس الأولى لروث

في ربيع عام ٢٠٠٣، فاجأتني روث عندما قالت لي، «أعتقد أنني سأباشر الذهاب إلى اجتماعٍ لدراسة الكتاب المقدّس».

سألتها بازدراء، «ماذا؟ لم تودّين أنْ تفعلي ذلك»؟

أجابت ببساطةٍ، «لقد دُعيت وأظنّ أنني أريد أنْ أذهب».

أجبتها مستهزئاً، «حسناً، اذهبي إلى درس الكتاااااب». كنت مغتاظاً ولكنني نفضت الأمر عني باشمئزاز وأردفت قائلاً، «إنما لا تصبحي متديّنة غريبة الأطوار»، وبعد ذلك غيّرْتُ الموضوع.

ما لم أكن أعرفه، ولكنني عرفته لاحقاً، هو ما حدث مع روث قبل بضعة أسابيع. فعندما كانت في محلّ لبيع القماش ذات يوم، اقتربت إليها امرأة، وناولتها ورقة صغيرة، ثمّ ابتعدت عنها. كان مكتوباً على الورقة، «كيف تعرف أنك ماضٍ إلى السماء»؟ رمت الورقة في السيّارة على مقعد الراكب، واستوت خلف المقود تتّجه نحو البيت. لكنّ تلك الورقة على المقعد ابتدأت تزعجها. وأول ما فعلته لدى وصولها إلى البيت هو أنّها تفقدت البريد. وفي اليوم نفسه وجدت في البريد دعوة إلى حضور دراسة للكتاب المقدس. وهذا ما أربك روث فصارت تتساءل إن كان الله يحاول أنْ يشدّ اهتمامها. ثم قرّرت أنْ تذهب إلى اجتماع درس الكتاب المقدس لعلّ الأمر كذلك، وعلى كل حال فقد تربّت تربية مسيحية، ولا بأس من ذلك.

واظبت روث على حضور اجتماعات درس الكتاب المقدس لبضعة أشهر، ثم قالت لي ذات يومٍ من غير سبب، «يسوع آتٍ ثانية وأنت ماضٍ إلى الجحيم». كانت روث دائماً صريحة وتبوح بما في قلبها، ولكن هذا الأمر كان ضرباً من الجنون.

واصلت مسيري وصعدت الدرج متجاوزاً إيّاها، ثم قلت بنغمةٍ ساخرة وفي صوتي

شيء من الضحك، «نعم أكيييييد هو آتٍ». فكّرت أنه ربما كانت تلك النساء يشربن الخمر، أو يتعاطين شيئاً ما خلال اجتماعات «درس الكتاب» هذا. وفي الحقيقة شعرت أنّ الأمر سخيف إلى حدٍ لا يمكنه أنْ يقلقني أو يتسبّب بأي توتّر في زواجنا. وظننت أنّ روث تجتاز في مرحلة مضحكة وغير ضارة. فقد كانت طبيعية في باقي الأوقات تتركني في حالي.

وفي الحقيقة، لم تتركني في حالي بالكامل؛ بل اشترت لي كتاباً اسمه «برهان جديد يتطلّب قراراً» لكاتبه جوش ماكدويل. كان كتاباً كبيراً. ونظرَتْ إليّ بهدوء ولكن بحزمٍ وقالت، «أريدك أنْ تقرأ هذا الكتاب. هذا الرجل لم يكن يؤمن بيسوع، وحاول أنْ يثبت بطلان ذلك، لكنه أصبح مؤمناً. إنه كتاب عقلانيّ جداً».

أخذت الكتاب وحوّلت عينيّ بازدراء، ثم وضعته على الطاولة المجاورة للسرير بجانبي، متمتماً بهمسٍ، «أوف».

العودة إلى الواقع

انتهى مشواري على درب الذكريات لما نادتني روث من الطابق العلويّ، «غريغ! غريغ؟ أين أنت؟ هل أنت في الطابق الأسفل؟ ألم يكن من المفترّض أنْ نشاهد الأفلام كعائلة؟ ماذا تفعل»؟

أيقظتني من سباتي لأعود إلى الواقع فأدركت أنني لم أشعر بمرور الوقت وأنا أحتسي النبيذ وأفتكر في حياتي، وسرعان ما أجبتها بأعلى صوتي، «سأصعد في الحال». بلعت ما بقي في الكأس وتركتها على الطاولة وصعدت بسرعة، وقد أدركت أنّ روث على وشك الغضب.

قالت وفي صوتها شيء من الحدّة، «ماذا كنت تفعل هناك؟ لقد تركتنا»

«كنت في حاجة لأن أختلي بنفسي فأسبوع العمل كان طويلاً، وأنا سعيد أنّ نهاية الأسبوع قد أتت»

«تبدو حزيناً، هل كل شيء على ما يرام»؟

«نعم. كل شيء بخير. هل لاحظتِ كيف أنّ الصور وأفلام الفيديو القديمة تجعلك تدركين كم الحياة قصيرة»؟

«نعم، ولكن لماذا كلّ هذه المشاعر الليلة بالذات؟»

«لست أعلم، إنّ الأمر يقلقني منذ مدة. لا تكترثي، أريد أنْ أذهب إلى الفراش فأنا منهَك».

الشعرة التي قسمت ظهر البعير

في اليوم التالي ساءت أمورنا مع الجيران، وبلغت أقصى حدّها. فقد قال لي ابناي البالغان خمس سنين وست سنين، «بابا، أولاد الشارع لا يريدون أنْ يلعبوا معنا، فهم يتجاهلوننا». قالا ذلك وهما يبكيان ويخبطان الأرض بأرجلهما داخلين من باب المرآب.

سألتهما غاضباً، «ماذا تقصدان»؟

أجاب أحد ولديّ متأتئاً وهو يتنهّد، «لا أظنّ أنّ باقي صبيان الحيّ يريدون أنْ يلعبوا معنا»

وأكمل ابني الثاني، «كلما ذهبنا لنلعب معهم يتظاهرون بأننا لسنا موجودين. ولا يطلبون منّا أن نلعب معهم البتة» ثم أضاف، «يا بابا، إنّ واحدة من البنات قالت لبنتٍ ثانية إنّها ليست مسيحية حقيقية».

استشطت غضباً! صار الآن أطفال شارع المسيحيين يأتون بمثل هذ الهراء! صرخت بصوتٍ عالٍ وقلت أمام الطفلين، «كفى! لقد شبعت من هذا الـ...! تعبت من الشعور بالاستبعاد عني والتغريب وعدم الترحيب بي» ثم التفتّ إلى زوجتي وقلت لها، «سأشتري كتاباً مقدساً. سوف أثبت أنّ هؤلاء المرائين المسيحيّين مزيّفون»! أغلقت الباب بقوةٍ حتى اهتزّ الإطار والزجاج.

في اليوم التالي في العمل شاركت مع موظفي المختبر ما يجري في حيّنا. رفعت تامي، وهي المرأة ذات الكتاب المقدس، حاجبيها ولكنها لم تعلّق. قلت لهم، «إذا كنت أنا وأولادي موضع الحكم فإنني أريد أنْ أعرف على أي أساس. سأقصد المكتبة المسيحية لأشتري كتاباً مقدّساً». نظرت تامي في وجهي مباشرة وقد توهّجت عيناها. وأفتكر أنّي رأيتها تحاول إخفاء ابتسامتها، ولكنّها مع ذلك لم تقل شيئاً. فكّرت في نفسي، «لم لا تشعر بالقلق إذ إنني سأفضح إيمانها؟ إنها تبدو في الواقع وكأنها سعيدة بكل ما حدث»!

مضيت إلى المكتبة المسيحية بعد العمل، واشتريت كتاباً مقدساً آخر لأنّنا لم نعثر على الكتاب الأول في أي موضعٍ من المنزل. ولما اقتربت من المحل صار قلبي يخفق بشدّة، وشعرت بالخوف. لم أشأ أنْ يراني أحد في مكتبة مسيحية، ولا سيما وأنا أشتري كتاباً مقدساً. أوقفت سيارتي قبل محل المكتبة بثلاث محلات حتى لا أبدو مقابلها تماماً. وضعت على رأسي قبعة بيسبول، ونظارة شمسيّة للتمويه. ونظرت حولي ماسحاً المنطقة في لحظةٍ من الزمن لأتأكد من أنني لا أرى شخصاً أعرفه، ثم دخلت المحل. شعرت بأنني غريب، وخرجت من المكان بأسرع ما يمكن. وعندما وصلت إلى البيت، أدركت شيئاً، فالكتاب المقدّس له

شكل مميز! لم أفكّر بذلك عندما اشتريته. ينبغي ألا يراني أحد وأنا أقرأه، لذلك يجب عليّ أنْ أعاود الروتين كله مرة ثانية.

استخدمت الاحتياطات السرية في المكتبة المسيحية كما فعلت من قبل. إلا أنني هذه المرة اشتريت نسخة لدراسة الكتاب المقدس على الحاسوب لأنني كنت خجلت من أنْ يراني الناس وفي يدي نسخة مطبوعة من الكتاب المقدس. كنت أستخدم نسخة الكومبيوتر لكيلا يرى أحد ما كنت أفعله، فكثيراً ما كان المرضى يجلبون مواد القراءة معهم إلى المكتب، ولم يكن أي منهم يقرأ الكتاب المقدس، فإن كانوا يقرأون كل شيء ماعدا الكتاب المقدس، فإنني بالتأكيد لا أريد أنْ يراني أحد وأنا أقرأه.

قرّرت أنْ أبدأ في العهد الجديد لأنني أخفقت في اختباري مع العهد القديم. لم أعرف البتة ما سوف أقرأه سوى قصة يسوع ومريم والمجوس. بدأت أقرأ بلا أحكامٍ مسبقة، ولم تكن لدي أية فكرة عن المحتوى. كنت في مهمة شخصية أبحث عن ذخيرة دون أدنى اهتمامٍ في المسيحية نفسها. أردت أنْ أقرأ الوثيقة القانونية لأعرف بنودها التي تدعم قضيّتي. بدأتُ أقرأ ولم أكن أدري ما الذي ينتظرني. الله هو تشخيص الحاجة البشرية!

الفصل الثالث

مرحلة البحث الأولى:

العهد الجديد

الأناجيل الأربعة

متى ومرقس

بدأت بقراءة السفرين الأولين من العهد الجديد، متى ومرقس في أربعة أيام. شغّلت الدماغ الذي تحلّيت به أيام دراسة الطبّ، فقد تعطّل عن العمل لفترةٍ من الزمن. فالطالب يقرأ طوال الوقت طوال فترة دراسة الطب. ولحسن الحظّ، عادت إليّ قدرتي على استيعاب الكثير من المعلومات، ورجعَتْ بملء طاقتها.

يتشابه متى ومرقس كثيراً في قصصهما، ولم أدرك السبب في سرد القصة نفسها مرتين. تسمى أول أربعة أسفارٍ في العهد الجديد أناجيل، وهي تصف حياة يسوع. كنت أظنّ أنّ الإنجيل هو نوع من الموسيقى، وبعد أنْ بحثت قليلاً في الكتاب المقدّس الدراسيّ وجدت أنّ كلمة الإنجيل تعني حرفياً «الأخبار السارّة».

نشأ يسوع في بلدة صغيرة في شمال إسرائيل اسمها الناصرة. وكان أبواه من عامة الشعب الاعتياديّين. وبدت حياته طبيعية لا تميّزها أحداث معيّنة حتّى بلغ الثلاثين من عمره وباشر تعاليمه. لا تذكر الأناجيل الكثير عن حياته المبكرة ولكن يُذكَر فيها أنّه كان نجّاراً.

ليس هناك شبهٌ البتة بين يسوع وأيّ شخص قرأت عنه. فالكتاب يُصوِّره على أنّ له سلطاناً على الطبيعة والمرض والخليقة والخطيئة والحياة والموت. وكنت أدرك أنّه لا يمكن لأحدٍ أن يكون له سلطان على كل جانب من جوانب الحياة إلا لله. يصرّح الكتاب المقدّس بأنّ يسوع كان يعرف أفكار الناس، وقد سامحهم على خطاياهم، وأنه شفى خادم قائد المئة دون أن يرى الشاب الذي شفاه. وإذا كان ذلك صحيحاً فهذا يعني أنّ يسوع له سلطان على جسم ذلك الخادم ومرضه مع أنّ الخادم بعيدٌ عنه مسافة كيلومترات عدّة. هل يمكن لأيّ أحد أنْ يفعل هذا سوى الله؟ وهكذا ثارت حشريّة الطبيب الذي في داخلي بشأن شفاءات المسيح الطبية مع أنني لم أكن أؤمن بها.

دُهشتُ أمام معجزة شفاء الرجل المقعَد حسبما سجّلها متى في الفصل التاسع، وتحيّر

دماغي الطبي كثيراً بسببها. فقد أمر يسوع ذاك الرجل بكلّ بساطةٍ أنْ ينهض ويمشي، وهذا ما فعله! فأنا طبيب، وأعرف أنّ الشلل مشكلة معقّدة تتضمّن الأعصاب والعضلات معاً. ولا شكّ أنّ عضلات الرجل قد ضمرت بشكل كبير عبر السنين نظراً لعدم استخدامها مما جعلها ضعيفة ومهملة وقاسية. ولكي يتمكّن الرجل من المشي، ينبغي شفاء أعصابه وعضلاته معاً وعلى الفور. وهذا ما يتطلّب ظهور عضلات جديدة ونسيج عضلي جديد في ومضة عين. ولا يستطيع أحد أنْ ينجز أمراً كهذا إلا الله، إذا ما وجد.

تعلن الأناجيل أنّ يسوع هو الله، كما أنّ يسوع يصوّر نفسه على أنه الله، وهذا هو السبب الرئيسيّ الذي جعل الناس المتديّنين يريدون قتله لأنّهم اعتبروه تجديفاً أنْ يدعو أحد نفسه إلهاً في ذلك العصر. والمقطع التالي يوضح هذه النقاط:

فقد قال له رئيس الكهنة، «أَسْتَحْلِفُكَ بِاللهِ الْحَيِّ أَنْ تَقُولَ لَنَا: هَلْ أَنْتَ الْمَسِيحُ ابْنُ اللهِ؟ قَالَ لَهُ يَسُوعُ: أَنْتَ قُلْتَ! وَأَيْضًا أَقُولُ لَكُمْ: مِنَ الآنَ تُبْصِرُونَ ابْنَ الإِنْسَانِ جَالِسًا عَنْ يَمِينِ الْقُوَّةِ، وَآتِيًا عَلَى سَحَابِ السَّمَاءِ. فَمَزَّقَ رَئِيسُ الْكَهَنَةِ حِينَئِذٍ ثِيَابَهُ قَائِلاً: قَدْ جَدَّفَ! مَا حَاجَتُنَا بَعْدُ إِلَى شُهُودٍ؟ هَا قَدْ سَمِعْتُمْ تَجْدِيفَهُ! مَاذَا تَرَوْنَ؟ فَأَجَابُوا وَقَالُوا: إِنَّهُ مُسْتَوْجِبُ الْمَوْتِ» (مت ٢٦: ٦٣-٦٦).

أسرني إعلان يسوع بأنه الله. فمن خلال أحداث الإنجيل، بدا لي يسوع مشابهاً لباقي البشر، ولم يلاحظ أحد أنّ لديه شيئاً مختلفاً من جهة المظهر. فكيف يمكن له أنْ يكون إنساناً وإلهاً في الوقت نفسه؟ لم أصدّق تصريحه ولكنّه استرعى انتباهي. فأنا لم أعرف عن أي شخصٍ عظيم في أي نظام ديني سبق له فأكّد أمراً غريباً كهذا. وهذا ما أبقاني في حالة من الحيرة، هل يمكن أنْ يكون الأمر صحيحاً؟

أذهلني عددٌ كبير من الأمثال التي علّمها يسوع. والمثل هو قصةٌ قصيرة أو إيضاح يهدف إلى تعليم حقيقة ما أو درس أخلاقيّ. فأمثال يسوع كانت عميقة، ووجب عليّ أنْ أتأنّى وأفكّر مليّاً في معانيها. يبدو أنّ يسوع كان ملمّاً بالطبيعة البشرية بشكلٍ غير اعتيادي. وخالجني شعور عميق بأنّ تعليمه قد يكون بالفعل صحيحاً، ولم أكن أعلم السبب. واصلت القراءة بشكل سرّي. فمع أنني كنت أعلنت نواياي لزوجتي وأولادي وموظفي المختبر العاملين معي، ولكنني لم أرد أنْ يعرف أحد أنني كنت أقرأ الكتاب المقدّس.

لوقا

إنجيل لوقا هو السفر الثالث في تسلسل أسفار العهد الجديد. فالقصة الأساسية نفسها تعاد مرة جديدة! لقد لفتت انتباهي عدة أشياء هذه المرة. كان لوقا كاتب السفر طبيباً مثلي

ويقال عنه إنه مؤرّخ ممتاز، ولذلك أجريت بعض البحث حوله. تعلّمت أنّ لوقاً كان دقيقاً جداً في تسميته للمدن والبلدان والحكام في كتاباته. وفي الحقيقة أثبت علما الآثار والجغرافيا في الآونة الأخيرة دقة كتابات لوقا من الناحية التاريخية.[١-٦] وقد دُهِشتُ من كثرة الكتابات التي تثبت ذلك، فالمؤرّخون المعاصرون يمدحون كتابات لوقا لدقّتها ومنافستها الطبيعيّة لأكثر كتابات القدماء شهرة. كتب السير وليَم رَمساي، وهو مؤرّخ وعالم آثار شهير:

«يُعتبر لوقا مؤرّخاً من الدرجة الأولى؛ وليست تصريحاته جديرة بالثقة فحسب وإنما كان يمتلك حساً تاريخياً حقيقياً.... وباختصارٍ، يجب وضع هذا الكاتب في مستوى أعظم المؤرّخين».[٧]

تأمّلْ في التصريح القويّ للوقا في بداية الفصل الأول:

«إِذْ كَانَ كَثِيرُونَ قَدْ أَخَذُوا بِتَأْلِيفِ قِصَّةٍ فِي الأُمُورِ الْمُتَيَقَّنَةِ عِنْدَنَا، كَمَا سَلَّمَهَا إِلَيْنَا الَّذِينَ كَانُوا مُنْذُ الْبَدْءِ مُعَايِنِينَ وَخُدَّامًا لِلْكَلِمَةِ، رَأَيْتُ أَنَا أَيْضًا إِذْ قَدْ تَتَبَّعْتُ كُلَّ شَيْءٍ مِنَ الأَوَّلِ بِتَدْقِيقٍ، أَنْ أَكْتُبَ عَلَى التَّوَالِي إِلَيْكَ أَيُّهَا الْعَزِيزُ ثَاوُفِيلُسُ، لِتَعْرِفَ صِحَّةَ الْكَلاَمِ الَّذِي عُلِّمْتَ بِهِ» (لوقا ١:١-٤).

أعلن لوقا بوضوحٍ أنّه قد بحث في روايات شهود العيان عن يسوع. فقد اجتذب يسوع حشوداً هائلة بسبب تعاليمه وما صنعه من معجزات. وتعرّض لمراقبة شديدة من قِبَل الحكّام الدينيّين الذين أرادوا تشويه سمعته. وقد قابل لوقا أولئك الذين عاينوا هذه الأمور بأمّ أعينهم، أو تأكد من قصصهم في أثناء زيارته لإسرائيل. كان الأطبّاء في تلك الأيام يتدرّبون في تسجيل التاريخ جيداً. وقد وضع لوقا هذه المهارات موضع التطبيق في أبحاثه عندما كتب قصة يسوع، وهذا ما أثار فضولي حقاً وجعل قلبي المشكّك يزداد تردّداً. شعرت بأنني قادر على أنْ أثق بطبيبٍ وزميلٍ لي.

ينطوي العديد من المعجزات التي وصفها لوقا على شفاء حالاتٍ صحية. وبالنسبة لي، لا يمكن أنْ يوجد محقّق أفضل من الطبيب، وقد ذُهلت لأنّ الأطباء عادة يعارضون المعجزات بشكل قاطع! وكل طبيب سوف يطرح أسئلة محدّدة للتأكد من صحة روايات شهود العيان. كان بمقدور لوقا أنْ يقابل الأشخاص الذين حصلوا على الشفاء أو الذين رأوا المعجزات، وأنْ يمتحنهم ويفحصهم. شهد لوقا بأنه تحرّى كل معجزة سجّلها في إنجيله، وعرف أنّ جميع المعجزات حقيقية! وهذا ما أعطى سجلّه مصداقيّة أكبر بحسب ذهني العلميّ.

أصبت بالذهول عندما قرأت عن إقامة يسوع لطفلة صغيرة من الأموات. فقد جاء والدها يايرس إلى يسوع في حالةٍ من الذعر، لأنّ فتاته الصغيرة كانت تحتضر، إلا أنّ يسوع تأخّر بسبب حادثةٍ أخرى، وماتت الفتاة الصغيرة. إليكم ما يسجّله لوقا:

«فَلَمَّا جَاءَ إِلَى الْبَيْتِ لَمْ يَدَعْ أَحَدًا يَدْخُلُ إِلاَّ بُطْرُسَ وَيَعْقُوبَ وَيُوحَنَّا، وَأَبَا الصَّبِيَّةِ وَأُمَّهَا. وَكَانَ الْجَمِيعُ يَبْكُونَ عَلَيْهَا وَيَلْطِمُونَ. فَقَالَ:«لاَ تَبْكُوا. لَمْ تَمُتْ لكِنَّهَا نَائِمَةٌ». فَضَحِكُوا عَلَيْهِ، عَارِفِينَ أَنَّهَا مَاتَتْ. فَأَخْرَجَ الْجَمِيعَ خَارِجًا، وَأَمْسَكَ بِيَدِهَا وَنَادَى قَائِلاً:«يَا صَبِيَّةُ، قُومِي!». فَرَجَعَتْ رُوحُهَا وَقَامَتْ فِي الْحَالِ. فَأَمَرَ أَنْ تُعْطَى لِتَأْكُلَ. فَبُهِتَ وَالِدَاهَا. فَأَوْصَاهُمَا أَنْ لاَ يَقُولاَ لأَحَدٍ عَمَّا كَانَ» (لوقا ٨:٥١-٥٦).

أسرتني هذه القصة، وصار قلبي يعتصر بسببها بشكلٍ لم يسبق لي أنِ اختبرته من قبل. فقد شعرت مع الأب لأنّ لدي ولدين صغيرين. سألت نفسي مراراً وتكراراً، هل حدث هذا بالفعل؟ أدركت أنّ لوقا ربما قابل الفتاة عند كتابة روايته هذه. ومع أنني لم أكن متأكداً مما إذا كانت الفتاة على قيد الحياة وقت كتابة السفر، إلا أنّ مقابلته لها كانت بلا شك مدهشة. فالطبيب سيحقّق في ادّعاءٍ كهذا تحقيقاً شاملاً. فمعجزة الشفاء أمرٌ، والقيامة من الموت أمرٌ آخر. ومع أنني لم أؤمن بذلك بعد إلا أنّ شيئاً في داخلي أراد أنْ يكون الأمر صحيحاً، ربما لأنه كان لديّ ولدان وأخشى أنْ أموت، وأخشى عليهما من الموت. وأيقنت أنه إنْ كانت هذه القيامة صحيحة، فسوف تفسّر أموراً كثيرة.

كنت أخشى دائماً أنْ يحدث لعائلتي شيء ما لأنّ ما تعلّمته في التطوّر أننا لسنا أكثر من حساءٍ عضويّ متطوّر. ولم يشأ قلبي البتة أنْ يكون ذلك صحيحاً، ولا سيما الآن بعد أنْ صارت لي عائلتي الخاصة بي. كم وددت لو يوجد للموت جواب. لقد أعطتني قصة يايرس رجاءً مع أنّ القصة بدت بعيدة المنال. وصار قلبي يحلّل الأمر، فإنْ كانت القصة صحيحة فالحياة الأبدية أمرٌ محتمل. أدركت أخيراً أنّ الحياة الأبدية هي ما يتوق قلبي إليه، فقد أطفأ التطوّر أشواق قلبي للحياة الأبدية وجعلها أمراً مستحيلاً. لم أستطع أنْ أفهم ما يقوله قلبي لأنّ مخطّطي الحياتيّ جعل كلمات الأبدية غير مفهومة. فإذا كانت الحياة الأبدية أمراً حقيقيّاً، فسوف تجيب عن شكوكي بشأن مستقبل عائلتي وذكرياتي. وإنْ كان لذكرياتي أي معنى فينبغي أنْ تتجذّر في الأبدية وأنْ تكون دائمة وأبدية لأنه لا يوجد وقتٌ كافٍ نقضيه مع الأشخاص الذين نحبّهم. هذا الفكر تركني مفتوناً!

عند هذا الحد، نسيت مآربي بشأن جيراني المسيحيّين. لم أكن حتى أفكّر في العثور على أدلةٍ تثبت رياءهم، وانهمكت بالتمام في البحث عن يسوع. وعندما كنت أجد مرجعاً جديراً بالاهتمام كنت أشتري الكتاب من خلال موقع أمازون، وصرت أستهلك كل وقت فراغي في قراءة أي شيء أجده والبحث فيه.

يوحنا

السفر الرابع في العهد الجديد هو إنجيل يوحنا، وقد كتبه الرسول يوحنا الذي عاش مع يسوع لمدة ثلاث سنوات. كان الرسول يوحنا أحد أتباع يسوع المقربين، وقد شهد معجزاته، ورآه ولمسه بعد قيامته. اختار يسوع الرسل بشكلٍ محدّد، وانتدبهم ليبشّروا برسالة الخلاص. انجذبت لتوّي إلى معنى النص، وبدأت أركّز على الكلمات التي تفوّه بها يسوع بشكل خاص.

إنّ المفهوم القائل بأنّ يسوع هو الله في شكل إنسان مفهومٌ رائع. ويحدّد يوحنا بوضوح أنّ يسوع هو الله الذي يقوم بزيارة لخليقته المدعوة «الأرض». فكّرت في نفسي قائلاً، يا للعجب! لو كان هذا حقاً لكان أعظم حدثٍ في التاريخ البشريّ. وقد نطق يسوع أيضاً ببعض التصريحات العميقة التي جعلتني أفكّر فيها لأيام. وإليكم أحد من الأمثلة على ذلك:

«قَالَ لَهُ فِيلُبُّسُ: «يَا سَيِّدُ، أَرِنَا الآبَ وَكَفَانَا». قَالَ لَهُ يَسُوعُ: «أَنَا مَعَكُمْ زَمَانًا هذه مُدَّتُهُ وَلَمْ تَعْرِفْنِي يَا فِيلُبُّسُ! اَلَّذِي رَآنِي فَقَدْ رَأَى الآبَ، فَكَيْفَ تَقُولُ أَنْتَ: أَرِنَا الآبَ؟ أَلَسْتَ تُؤْمِنُ أَنِّي أَنَا فِي الآبِ وَالآبَ فِيَّ؟ اَلْكَلاَمُ الَّذِي أُكَلِّمُكُمْ بِهِ لَسْتُ أَتَكَلَّمُ بِهِ مِنْ نَفْسِي، لكِنَّ الآبَ الْحَالَّ فِيَّ هُوَ يَعْمَلُ الأَعْمَالَ. صَدِّقُونِي أَنِّي فِي الآبِ وَالآبَ فِيَّ، وَإِلاَّ فَصَدِّقُونِي لِسَبَبِ الأَعْمَالِ نَفْسِهَا.» (يوحنا ١٤:٨-١١).

كان يسوع يقول للتلاميذ ما مفاده أنهم ينظرون الله وجهاً لوجه، فهو يعلن لهم بأنّه تمثيلٌ صريح لله في الجسد. وتعلّمت أنّ هذا الأمر يشار إليه بتعبير «الله المتجسّد». ذهلت لذلك تماماً ولكنني لم أقتنع بعد لغاية الآن. لقد جعلتني الآيات التالية أقف وأتأمّل:

«قَالَ لَهَا يَسُوعُ: «أَنَا هُوَ الْقِيَامَةُ وَالْحَيَاةُ. مَنْ آمَنَ بِي وَلَوْ مَاتَ فَسَيَحْيَا، وَكُلُّ مَنْ كَانَ حَيًّا وَآمَنَ بِي فَلَنْ يَمُوتَ إِلَى الأَبَدِ. أَتُؤْمِنِينَ بِهذَا؟»» (يوحنا ١١:٢٥-٢٦).

لقد أعلن يسوع بوضوح أنه يمتلك الحياة الأبدية. لم أكن أفهم الكثير عن الدين، ولكنني لم أعرف ديناً آخر يدّعي أنّ الله نفسه أتى إلى الأرض معلناً عن حيازته لقوة الحياة الأبدية. لقد استأسر ذهني وعدُ الحياة بعد الموت، وبثَّ الأملَ في قلبي. لم أكن مستعدّاً للاستسلام بعد، ولكنّ هذا المفهوم كان رائعاً ويستحقّ أنْ أتأمل فيه مليّاً.

وبينما أنا أبحث في هويّة يسوع، بدأت ألاحظ فرقاً في موقفي ودوافعي. فقد كنت غاضباً وباحثاً عن أدلة ضد الرياء المسيحيّ في البداية، ولكن الآن زال كل هذا، وصرت أبحث عن إجاباتٍ عمّا في قلبي من أسئلةٍ لم أكن أعلم حتى بوجودها إلى أنْ بدأت بقراءة الكتاب المقدس. يبدو أنّ الكلمات كشفت بعضاً من أعمق ما لديّ من أشواقٍ حول الحياة. لقد جعلتني هذه القصص أفكّر في أشياء لم أُعِرْها اهتماماً من قبل.

كلّما واصلت القراءة اكتسبتِ الكلماتُ حياة. وأصبحَتْ دقّاتُ قلبي تتسارع، والقشعريرة تظهر على ذراعيّ مع إحساسٍ بالتنميل، فصرت أتساءل، ما الذي يعتريني يا ترى؟ إنّ هذا الكتاب يهزّني هزاً ولست أعرف السبب. يبدو أنه يتحدّث معي بشكلٍ مباشر. شعرت أنّه ضربٌ من الجنون أنْ أفكر بهذا الشكل، ولكنني عرفت بالحس الباطني أنّ الكلمات تتحدث لي شخصياً. وهكذا لم أستطع التوقف عن قراءة الكتاب المقدس الدراسي على الكمبيوتر.

في اليوم التالي، وأنا في رحلة بالطائرة إلى ولاية نيو أورليانز، واصلت قراءة سفر يوحنا. فقد صرت الآن مسبياً بهذه الأفكار الجديدة ولم أعد أعبأ إذا كان الآخرون يرونني أقرأ الكتاب المقدّس. وفي الحقيقة، بينما كنت أقرأ سفر يوحنا اغرورقت عيناي بالدموع فجأة. ارتعت من الأمر فأنا في مكان عام ومع ذلك كان الدمع يملأ عينيّ بل يفيض منها. لمَ كنت أبكي؟ ما هي مشكلتي؟ حوّلت وجهي نحو النافذة وأنا في مقعدي خشية أنْ يراني الرجل الجالس بجواري. هززت رأسي ولطمت وجهي على الخدّين قائلاً لنفسي، «استيقظ»! كان الرجل بجانبي يحدّق بي وعلى وجهه نظرة حيرة شاعراً أنّ هناك مشكلة ما.

كانت الكلمات تعمل في أعماق كياني بطريقة لم أكن أفهمها. كانت تشدّني إليها وتسألني أنْ أفكّر فيها. تعجّبت من عمق مستوى الفهم للسلوك البشريّ في هذه القصص! ظللت أسأل نفسي، أي إنسانٍ يستطيع أنْ يأتي بكلمات أو دروس أو إعلانات كهذه؟ واضطررت لأنْ أتوقّف وأفكّر في الكلمات التي قرأتها شاعراً أنّ شيئاً ما يدوي صداه في قلبي بشكل عميق.

الأسئلة الثلاثة

مع أنّ الأناجيل الأربعة جميعها تسرد حادثة صلب المسيح إلا أنّ عدداً من الأشياء أدهشني خلال قراءتي لهذا الحدث في إنجيل يوحنا. وأردت أنْ أحصل على أجوبةٍ عن الأسئلة التالية بشكلٍ خاص:

١. ***إذا كان يسوع هو الله فلماذا لم يُعطِ الجميع حياة أبدية؟ لماذا لم يقدر الله أنْ يغفر للجميع بكل بساطة؟***

٢. ***إذا كان يسوع هو الله فلماذا صُلِب؟ لماذا وَجب أنْ يموت ليعطي الحياة الأبدية؟ هل كان موت يسوع ضرورياً حقاً؟***

٣. ***لماذا لم يضع الله عدة طرق إلى السماء عوضاً عن طريق واحد فقط؟***

تأمّلت بهذه الأسئلة لفترةٍ طويلة. لقد غفلت، لسببٍ ما، عن أهمية الصلب عندما قرأت

الأناجيل الثلاثة الأولى. يجب عليّ أنْ أعثر على إجابات قبل أنْ أكمل قراءة العهد الجديد. لقد تضمّن كتابي المقدّس الدراسيّ على الكومبيوتر تفسيراتٍ مطوّلة للمساعدة في شرح بعض الآيات والمقاطع المحدّدة، ولذلك بدأت منها بحثي.

تعلّمت أولاً أنّ الكتاب يعتبرني إنساناً خاطئاً. فكّرت في الأمر لدقيقةٍ من الزمن واضطررت للإقرار بصحّة هذا الأمر. فقد كذبت وسرقت وغشَشْت وفعلت أشياء سيّئة كثيرة، وهذا ما فعله أيضاً كل إنسان أعرفه. إذاً أنا خاطئ. لكن ماذا إذاً؟

تعلّمت أيضاً من الكتاب المقدّس أنّ أجرة الخطيئة هي موت- موت أبديّ. عندها فهمت الأمر. وعادت إليّ ذكريات رحلة التزلّج وجزيرة ماركو. إذا كان الله بلا خطيئة وكاملاً وطاهراً فهو لا يستطيع أنْ يحتمل أية خطيئة في محضره، حتى ولا واحدة. ولا يمكن للحياة الأبدية مع الله أنْ تتحقّق إلا إذا كنت بلا خطيئة. وإذا كانت الحياة الأبدية تُنفَق مع الله فالموت الأبديّ يُنفَق بدونه. هل هذا ما يعنيه الذهاب إلى الجحيم؟ هذا يعني أنّ الموت ليس نهاية المطاف مثلما علّمني التطوّر لكنه بداية مرحلة الخلود.

بدأت أربط الأمور بعضها ببعض. فخطاياي تفصلني عن الله إلى الأبد ما لم توجد هناك وسيلة لإزالتها بالتمام. وكيف يمكنني أنْ أفعل ذلك؟ علّمني الكتاب المقدّس أنني لا أستطيع لكنّ الله يوفّر لي طريقة من خلال ابنه يسوع. وجدت آية كتابية تلخّص هذا كله في جملة واحدة:

«لأَنَّهُ جَعَلَ الَّذِي لَمْ يَعْرِفْ خَطِيَّةً، خَطِيَّةً لأَجْلِنَا، لِنَصِيرَ نَحْنُ بِرَّ اللهِ فِيهِ» (٢ كورنثوس ٢١:٥).

هذه الآية تعلّمّ أنّ الله يستطيع أنْ يعطي الإنسان الخاطئ أنْ يقف أمامه بلا خطيئة بسبب ما فعله يسوع على الصليب. فيسوع الذي هو بلا خطيئة، صار خطيئة بطريقةٍ ما، وحمل عقاب الخطيئة لكي يدفع ثمن الخطيئة. يا له من مفهوم عجيب! ولكن فيه نقطة مهمة، فهو لا يحدث تلقائياً وإنما عليّ أن أؤمن بيسوع كابن الله، وأقبل ذبيحته، وأتوب عن خطاياي.

كان يلزمني بعض الوقت لهضم تلك الفكرة. وبدأت الأشياء تتوضّح أمامي بشكلٍ أفضل، ولكنّ الفكرة أصعب من أنْ تُستوعَب بسهولة. ووضعت نصب عينيّ أنْ أفهم التعليم المسيحيّ بأفضل ما أستطيعه قبل أنْ أقرّر رفضه من عدمه.

أذهلني ما تعلّمته لتوّي عن العلاقة المحتملة بين الخطيئة والموت. كنت متآلفاً جداً مع مفهوم الموت الجسديّ، وخفت منه أيضاً مثل معظم الناس. ولطالما تعلّمت أنّ الموت

جزءٌ طبيعيّ من الوجود البشريّ، والقوة الدافعة وراء التطوّر. وبحسب هذا السيناريو، ينتقي الموت بشكلٍ طبيعيّ أشكالَ الحياة الأضعف والأقل قدرة على البقاء في عالمٍ متطوّر: «بقاء الأصلح». فالموت والعشوائية هما «الخالقان» في هذا العالم.

لا بد لي أنْ أقرّ في البداية أنّ التطوّر والموت لم يكونا منطقيّين في نظري البتة. فلمَ نتطوّر ثمّ نموت بكل بساطة؟ ولمَ تتطوّر حياة الإنسان إلى درجةٍ يمتلك فيها الحبّ والذكريات والعائلات لمجرّد أنْ يراها تفنى وتضمحلّ إلى العدم؟ هل نحن حقاً كائناتٌ على درجةٍ عالية من التطوّر إذا كان حبّنا لا يزيد عن كونه لحظةً عابرة من التفاعلات الكيميائية التي تتلاشى ببطءٍ منتهية بالتفاعل النهائيّ الذي هو الموت؟ لم يسترح قلبي البتّة لهذا التفسير للموت على الرغم من كونه علميّاً. وقد استأسرتني جدّاً فكرة وجود تفسيرٍ للموت وأصله. والكتاب المقدّس يقول إنّ الخطيئة هي أصل الموت وسببه.

كان هذا المفهوم صعباً عليّ لأنه حتى العهد الجديد يؤكّد أنّ الموت دخل الجنس البشريّ من خلال خطيئة آدم الأولى. شعرت وكأنني عدت إلى مواجهتي مع مجانين رحلة التزلّج، ولكنني قبلت بهذه الفكرة لأنها قدّمت لي تفسيراً لسبب وجود الموت في عالمنا. كنت أيضاً شديد الحشرية لأنّ قصة آدم وحوّاء تفترض أنّ الإنسان لم يُخلَق في الأصل ليموت. فقد خُلِق الإنسان، بحسب الكتاب المقدّس، ليعيش إلى الأبد. وهذا يعني أنه يوجد خطأ ما في عالمنا الحاليّ وفي حالة الوجود. فالموت ليس أمراً «طبيعياً» ومجرّد «جزء من الحياة»، أو وسيلة لتقدّم التطوّر حسبما تعلّمت بل هو نتيجة مأساة حصلت عندما أخطأ الإنسان الأول ضدّ الله.

راق ذلك لي جداً لأنّ الأبدية كانت مكتوبة في كل زوايا قلبي. لم أرد أنْ أموت وأترك عائلتي، ولم أشعر بأنّ فكرة الموت صحيحة أو طبيعيّة بالنسبة لي. وتساءلت، هل هذا هو السبب؟ هل يبدو الموت لي سيّئاً ومؤلماً جداً لأنه ببساطة ليس مفترضاً أنْ يكون كذلك؟

رجعت بالذكريات إلى يوم وفاة جدّي لما كنت في الثامنة من عمري. فقد دخلَتْ والدتي إلى غرفتي وهي تنتحب. كان تغطّي عينيها بيدها لتخفي الدموع المنهمرة على وجهها. وقالت بحشرجة، «مات جدّك».

وسألتها، «ماذا تعنين بهذا»؟

أجابت، «لقد غادرنا. توفيّ الليلة الماضية في نومه».

كانت الرحلة بالسيارة إلى منزل جدتي طويلة جداً، وكان الجميع صامتين. ولم أشعر بمعنى الموت إلاّ عندما وصلنا إلى البيت. كان جدّي أقرب شخصٍ إليّ يموت، وعندما

اقتربنا بدأت أدرك الأمر، فقد بدا البيت الأبيض القديم ذو السياج الخشبي فارغاً. تعوّدتُ على سماع التحيّة من جدّي حال وصولي إلى البوابة ولكن لم يكن أحدٌ هناك. وعندما اقتربنا لم أرَ سترته على كرسيّ الحديقة ولا نَعْلَيْه قرب الباب. بدا كل شيء بارداً وفارغاً وقاحلاً. لم أفهم إلى أين ذهب جدي ولِماذا ولّى.

عندما دخلنا البيت كانت جدّتي في المطبخ، وأجهشت بالبكاء حالما شاهدتنا. لم أرَ كرسيّ جدّي المتحرك قرب الراديو، ولم أسمع صوت قدميه وهو قادم ليحيّيني. دخلت إلى غرفة المعيشة وبدأت أتنهّد. تألّمت جداً لأن جزءاً مني ومن ذكرياتي قد سُلِخ عني ورُمِي في مكان مجهول وضائع. لم تكن هناك إجابات أو تفسيرات. لم تستطع ملاحظات الجميع أن تُدخِل العزاء إلى قلبي، فهذا يقول، «عاش حياة طويلة جيّدة» وذاك يضيف، «مات بسلام». كلا! هناك شيء خاطئ على نحوٍ مروع. لم أعرف طريقة أعبّر فيها عما في قلبي سوى الدموع والآهات. لقد أردت أنْ يعود جدّي إليّ، واشتقت إلى معانقته وإلى سماع صوت شخيره مرة ثانية.

أدركت أيضاً أنني لم أودّعه، ولم أقل له مرة إنّني أحبّه. فقد اعتبرت جدّي حقيقة واقعة عندما كان متواجداً بيننا. وكثيراً ما تركته يفعل أمور المسنّين الروتينية دون أنْ أجلس معه، أو ألعب معه، أو أتحدث معه، وها قد ولّى الآن دون رجعة. كنت أفترض دائماً أنه سيبقى. وضعتني جدتي في حضنها وقالت لي إنه «في مكان أفضل»، ولكن أين هو هذا المكان؟ بدت كلماتها لي كأنها أفكارٌ جميلة مفبركة لتجعلني أشعر شعوراً أفضل.

في اليوم التالي ذهبنا بالسيارة إلى مكان الجنازة. وشعرت أنّ قلبي يغرق في داخلي، فالجميع يرتدون بدلات رسمية، ومعظمهم يلبسون ثياباً سوداء. دخلنا وجلسنا في المقدمة، وكان النعش مفتوحاً وفيه أرى أنف جدي خارج الكفن. ألقى أحد الأشخاص خطاباً، ولكنني لم أسمعه، لأنني كنت أحدّق في الكفن، وأركّز اهتمامي عليه. وأخيراً عندما مشينا بالقرب من الكفن لكي «نقدّم الاحترام اللائق» شعرت بالرعب والخوف والحزن، وبانقباضٍ في القلب في الوقت ذاته. فقد بدا جدّي شاحباً وصامتاً وجامداً. وبقيت أنتظره حتّى يجلس ولكنّه لم يفعل.

كيف يمكن أن يكون هذا هو جدّي؟ كيف يمكن أن يكون قد رحل؟ لماذا؟ إلى أين ذهب؟ ماذا يعني كل هذا؟ شعرت أنّ الموت قد مزّق حياتي المثاليّة.

توقّفت أفكاري عند هذا الحدّ لفترة من الزمن، ثمّ عندما رجعت إلى الحاضر أدركتُ أنني كنت أبكي وأنا أفكّر فيه. وآلمني ذلك أكثر في المرة الثانية لأنّ لديّ الآن عائلة. هل سيجتاز أولادي وأحفادي في الألم نفسه يوماً ما؟ هل تستحقّ الحياة مثل هذا العناء؟ لم يعد بمقدوري أنْ أحتمل وزر هذه الأسئلة أكثر فأجبرت نفسي على الخروج من دائرة التفكير هذه.

عمّ كنت أتحدّث؟ رجعتُ إلى ما كنت أفتكر به في محاولة مني لنسيان الألم.

كنت أفكّر في الخطيئة كسبب ممكن للموت، ولكن هذا يشمل آدم وحوّاء. فالكتاب المقدّس واضح بأنهما خُلِقا، وكنت أعرف أنّ ذلك ليس مجرّد مثل أو قصة، لأنّ يسوع ذكرهما وذكر ابنهما كأشخاص حقيقيين في العهد الجديد. وصرت أفكّر، هل يمكن أنْ أكون أنا أيضاً مخلوقاً؟ فقد كان الخلق يبدو لي أمراً غريباً ومستحيلاً عندما كنت في الثامنة عشرة من عمري، أما الآن فهو يجذبني بعض الشيء. فلا عزاءَ في كون المرء حدثاً عشوائياً في الزمن وُجِد لذاته وليس له شيء يتطلّع إليه سوى العدم! فإنْ كنت مخلوقاً فهذا يعني أنّ الله خلقني، وهذا يعني ضمناً أنّ الله يراني ذا قيمة ومعنى. فالله بالطبع لن يخلق أشياء تافهة! كان قلبي يتوق إلى المعنى، ولكن ذهني رفض الفكرة بسرعة مذكّراً إيّاي بالعواقب. إذا كان الأمر صحيحاً فإنني سوف أقدّم لله حساباً لأنني خليقته، وهذا ما لم أكن أريده! ساورتني تلك الأفكار الغريبة، ولكن تمنّيت أنْ أعرف لو كان هناك أي احتمال بعيد لصحة كل هذه الأمور.

الإجابة عن الأسئلة الثلاثة

أصبحت الآن قادراً على الإجابة عن ثلاث مجموعات من الأسئلة. كنت أتوّقع أنْ أجد إجابات مبهمة أو دينيّة غير منطقيّة مبنية على أمورٍ إيمانية تافهة وجوفاء، ولكنني كنت مخطئاً. فقد وجدت أنّ الإجابات كانت ذات معنى، وصرت قادراً على فهم المنطق الذي تُبنى العقيدة عليهن ولكنّي لم أكن مستعداً لقبوله.

١. ***إذا كان يسوع هو الله فلماذا لم يستطع أنْ يعطي الجميع الحياة وحسب؟ لماذا لا يغفر الله للجميع وحسب؟***

قرأت توضيحاً شيّقاً قدّم لي الجواب. فإذا كان متوجّباً عليّ دفع غرامة للمحكمة فالقاضي لن يتغافل عنها لمجرّد أنّه إنسانٌ لطيف وقاضٍ مُحِبّ. والله ينبغي أنْ يعاقب الخطيئة لكونه قاضياً باراً، وهو لا يقدر أنْ يصرف قضية كل إنسان. وخطر ببالي أيضاً أنه إذا كان أحد مديوناً لي بالمال وطلب مني أنْ أسامحه على دينه وفعلت ذلك فإنني أنا الذي يدفع، والتكلفة تبقى موجودة وأنا أتكبّدها. بدا ذلك منطقياً في عينيّ وساعدني للإجابة عن السؤال الثاني.

٢. ***إذا كان يسوع هو الله، فلماذا صُلِب؟ لماذا كان عليه أنْ يموت ليوفّر لي الحياة الأبدية؟ هل كان موت يسوع ضرورياً حقّاً؟***

تعلّمت أنّ الله ينبغي أنْ يعاقب الخطيئة باعتباره قاضياً باراً، ولكنه يريد أنْ يخلّص الخطاة لأنه الله المحبّ. فهو يطالب بدفع الغرامة ولكنه دفعها من خلال يسوع بموته على الصليب. إذا كانت أجرة الخطيئة هي الموت والانفصال عن الله فيجب أنْ يكون بديلي إنساناً آخر يموت مكاني. كان على الله أنْ يصبح إنساناً، ويموت لكي يأخذ مكاني بالتمام والكمال.

أدركت أنه لا يمكن لإنسانٍ خاطئ آخر أنْ يأخذ مكاني، ناهيك عن أمكنة جميع الناس الذين عاشوا قبلي. فلا يمكن إلا لله المنزّه عن الخطيئة والكامل أنْ يقدر على الموت مرةً من أجل خطايا العالم كله، الماضية والحاضرة والمستقبلة. فإذا كان الموت من أجل شخصٍ آخر لدفع ثمن خطاياه ممكناً فلا يمكن إلا لله أنْ يكمل هذه المهمة الخلاصيّة.

كما اكتشفت أنّ شرط دخول السماء هو سببٌ آخر لضرورة كون الله هو الذبيحة. فإذا كان الإنسان الخاطئ بحاجةٍ إلى أنْ يكون نظير الله في مستوى الكمال والبرّ حتى يعيش معه في السماء، فمن المنطقيّ أن يكون الله وحده هو القادر أنْ يوفّر له ذلك. ومع أنني لم أكن أؤمن بكل هذا ولكنّي وجدت أنّ التفسيرات كانت منطقية ومنسجمة حدسياً.

٣. *لماذا لم يضع الله عدّة طرق إلى السماء بدلًا من طريقٍ واحد فقط؟*

هذا هو الموضوع الذي كان يجعلني أغضب عادة. ففكرة وجود «طريق واحد للسماء» كانت تزعجني. لقد فهمت الفكرة قبلاً بأنّ الله كان عليه أنْ يأتي كإنسانٍ ويموت، والسبب في ذلك هو أنه لا يمكن إلا لله وحده أنْ يكون ذبيحةً تامةً بلا خطيئةٍ وبديلةً عن كل البشرية لتفي بأجرة الخطيئة أي الموت. فإذا لزم أنْ يصبح الله إنساناً ويموت فلا يوجد عندها سوى «طريق واحد» بحكم التعريف. وإذا كان يسوع هو الله والموت هو أجرة الخطيئة فلا بدّ أنْ يكون هو الطريق الوحيد. كان عليّ أنْ أعترف لنفسي بهذا. ومرة أخرى، يفترض هذا أنّ يسوع هو الله، وأنّ سبب الموت هو الخطيئة.

بدأ قلبي يلين فيّ إذ أخذت أتعجّب كيف أنّ الله، إذا كان موجوداً حقاً، قد ضحّى بابنه الوحيد! ذُهِلتُ من أنّ الله قد أخضع نفسه لآلامٍ وقيودٍ لا تُحتمَل عندما أرسل يسوع إلى الأرض بهدف أنْ يموت على الصليب من أجل الخطيئة. وإذا كان هذا صحيحاً فالله قد فعل كل شيء يمكن تخيّله لإنقاذ البشرية. و«الطريق الوحيد» الذي كان يجعلني غاضباً من قبل هو خيارٌ إلهيٌّ بعيدٌ عن الاستقصاء. وإذا فعل الله هذا بالحقيقة، فإنّ حبّه اللامحدود قد أنجز أعظم وأروع مهمةٍ إنقاذيةٍ على الإطلاق.

تأمّلت في هذه القصة، وبدت لي أغرب من أنْ يحلم بها إنسان، أو يخترعها في ذهنه. فمن يقدر أنْ يتصوّر قصة مثل هذه؟ فاحتمال إنقاذ الله–الإنسان للبشريّة عن طريق الموت

قصةٌ رائعة، ومن المفارقة أنها بدت لي قابلة للتصديق أكثر من قبل. فربما لم يخترعها الناس. هل يمكن أنْ تكون من الله حقاً؟

بقيت في حالة من الذهول أمام الفرضيّة بأنّ الله مات عنّي لتخليصي من خطاياي ومن انفصالي الأبدي عنه. فيسوع جاء مخلّصاً للإنسان من الخطيئة والجحيم. بدأت الرسالة المسيحية بأكملها تظهر لي أكثر فأكثر كمهمةِ إنقاذٍ مهداة من السماء، عوضاً عن طقوسٍ دينية زائفة وحزازير يوم الأحد حسبما ظننت قبلاً. أخيراً بدأ المعنى الحقيقي والقوّة الحقيقيّة وراء شخص «المخلّص» يؤثّران عليّ. ففكرة وجود الله على الأرض في الجسد أذهلتني، ولكن وجود الله على الأرض كمخلّصٍ شخصيّ لي كان أمراً لا يسبر غوره. كنت لا أزال مزعوجاً بعض الشيء، وأشعر بالإهانة قليلاً أمام فكرة احتياجي إلى من يخلّصني، ولكنني واصلت التقدّم في قراءتي. شعرت بصراعٍ كبيرٍ في داخلي، لأنّ كل ما اكتشفته لغاية الآن كان منطقيّاً. كان بمثابة «أخبار سارّة» لي، وشيئاً طالما أراده قلبي، ولكن فكري لم يكن مستعدّاً لأنْ يتقبّل شيئاً كان غائباً إلى هذا الحدّ عن العالم الذي تربّيت فيه.

واصلت قراءة الصفحات القليلة الأخيرة من إنجيل يوحنا. وفوجئت بالملاحظة الثاقبة في الختام عندما كتب يقول:

«وَآيَاتٍ أُخَرَ كَثِيرَةً صَنَعَ يَسُوعُ قُدَّامَ تَلاَمِيذِهِ لَمْ تُكْتَبْ فِي هذَا الْكِتَابِ. وَأَمَّا هذِهِ فَقَدْ كُتِبَتْ لِتُؤْمِنُوا أَنَّ يَسُوعَ هُوَ الْمَسِيحُ ابْنُ اللهِ، وَلِكَيْ تَكُونَ لَكُمْ إِذَا آمَنْتُمْ حَيَاةٌ بِاسْمِهِ... هذَا هُوَ التِّلْمِيذُ الَّذِي يَشْهَدُ بِهذَا وَكَتَبَ هذَا. وَنَعْلَمُ أَنَّ شَهَادَتَهُ حَقٌّ.» (يوحنا ٢٠: ٣٠-٣١، ٢١: ٢٤).

غار قلبي في داخلي، فيوحنا كان يقول ما معناه، «كنت هناك، رأيت الله ولمسته ومشيت معه. الحياة الأبدية موجودة بسبب ما فعله يسوع. لقد رأيته مقاماً من الموت». ظللت أفكر في هذا الإعلان، إذا كان ذلك صحيحاً، فيوحنّا إذاً سار مع الله وعاش معه وتكلّم معه أيضاً! هذه الفرضيّة تركتني في حالة من الذهول. لم تكن لديّ أدنى فكرة عن احتواء الأناجيل لمثل هذه المعلومات! لِمَ لمْ أكن أعرف شيئاً عنها من قبل؟ فحقيقة كونها سجلاً عن شاهدِ عيانٍ فعليّ أثّرت بي كثيراً.

لقد جعلت أسفار العهد الجديد الأربعة الأولى ذهني يترنّح. فقد وجدت فيها قصصاً لم أكن أتوقعها، وتفسيراتٍ فاجأتني. وهي تحتوي على رسالة الأمل الحقيقية الوحيدة التي لم أسمع لها مثيلاً قطّ. أدهشني الكتاب المقدّس وشعرت بغرابة لكوني «متمتّعاً» في قراءته، فقد كنت أقرأه في أي لحظة توفّرت لي. لا يزال هناك الكثير من أسفار العهد الجديد التي لم أقرأها بعد، ولم أرد أنْ أتخذ أي قرار متسرّع، فتابعت القراءة.

الرسول بولس

السفر الذي يلي إنجيل يوحنا هو سفر أعمال الرسل. ويصف السفر ما وقع من أحداث بعد قيامة يسوع من بين الأموات. وهو السفر الخامس في تسلسل أسفار العهد الجديد ويخبر قصة نشر المهتدين الأوائل لبشارة الإنجيل. فقد ابتدأوا يجتمعون معاً ثمّ أسسوا الكنائس في نهاية المطاف.

يتضمّن سفر الأعمال قصة رجلٍ يُدعى شاول، وهو قائد متديّن يهوديّ كان يضطهد المسيحيّين. كان العديد من القادة الدينيّين اليهود يعتقدون أنّ تعاليم يسوع تتناقض مع الشرائع الدينية التي قبلوها من الله. وقد آمنوا بذلك بشدة حتى إنهم كانوا يلقون المسيحيّين في السجن ويقتلونهم. كان شاول موفقاً في كل شيء في الحياة. فقد تلقى تعليماً عالياً، وتحلّى بمركزٍ على شيء من الصدارة والسلطة، وكان مكرّساً جداً لقيادته الدينية، لكنّ حياة بولس تغيّرت تماماً عندما التقى بيسوع المقام.

أذهلني الانقلاب الشامل الذي جرى لشاول بعد التقائه بيسوع. فقد تحوّل من كارهٍ وقاتلٍ للمسيحيّين إلى مدافعٍ عن الإيمان المسيحيّ ومبشّرٍ به. ويُعتبر الإعلان المفاجئ لقائدٍ يهوديّ متديّن بأنّ يسوع هو الله بمثابة انتحار وظيفيّ في ذاك اليوم. لم أستطع أنْ أفكر في أي سببٍ منطقيّ يشرح سلوك شاول. ولم أرد أنْ أواجه السبب الواضح الذي يشرح تغيّره. يصرّح سفر الأعمال بأنّ يسوع أعلن نفسه لشاول بشكلٍ مباشر وشخصيّ خلال رحلة شاول في مهمّةٍ لقتل المسيحيّين. فإذا كان هذا صحيحاً وقد التقى فعلاً بالله يصبح عندي بالتالي تفسير رائع لانقلاب سلوك شاول رأساً على عقب، ولكن إنْ لم يكن صحيحاً فليس لديّ أي تفسيرٍ لتغيّره الذي دام طيلة حياته، وهذا ما أزعجني فعلاً.

تابعت القراءة وتعلّمت أنّ اسم شاول تغيّر بعد ذلك بقليلٍ إلى بولس، وأنه كتب جزءاً كبيراً من العهد الجديد. وواصلت قراءتي للعهد الجديد ومعظم كتابات بولس. فأذهلتني غيرة هذا الرجل ليسوع، ولم أستطع أن أفكّر في أيّ سبب منطقيّ لسلوك بولس سوى أنه رأى فعلاً يسوع المقام الذي كلّفه مباشرة بنشر الأخبار السارة، تماماً كما يذكر الكتاب المقدّس.

ثمّ في مكانٍ لاحقٍ من العهد الجديد كشف بولس عن قلبه بشكل أكبر وعن تكريسه ليسوع. كان بعض تصريحات بولس على قدرٍ كبير من العمق الروحي. فقد كتب على سبيل المثال رسالة إلى كنيسةٍ في مدينةٍ اسمها فيلبي قال فيها ما يلي:

«لأَنَّ لِيَ الْحَيَاةَ هِيَ الْمَسِيحُ وَالْمَوْتُ هُوَ رِبْحٌ. وَلكِنْ إِنْ كَانَتِ الْحَيَاةُ فِي الْجَسَدِ هِيَ لِي ثَمَرُ عَمَلِي، فَمَاذَا أَخْتَارُ؟ لَسْتُ أَدْرِي! فَإِنِّي مَحْصُورٌ مِنَ الاثْنَيْنِ: لِيَ اشْتِهَاءٌ أَنْ

أَنْطَلِقَ وَأَكُونَ مَعَ الْمَسِيحِ، ذَاكَ أَفْضَلُ جِدًّا. وَلكِنْ أَنْ أَبْقَى فِي الْجَسَدِ أَلْزَمُ مِنْ أَجْلِكُمْ». (فيلبي ١:٢١-٢٤).

ما الذي يمكن أنْ يجعل هذا الرجل يقول إنّ وجوده على الأرض هو الحياة ليسوع؟ كان بولس واثقاً كلّ الثقة بأنه ذاهبٌ إلى السماء. وعرف أنّه إذا مات فسوف يكون مع يسوع. وكان يرغب في قلبه فعلاً في الموت لأنه عرف كم ستكون السماء أفضل. لم يسبق لي أنْ سمِعتُ عن يقينٍ كهذا بشأن الموت، وهذا ما أدهشني بالفعل.

لم يكن بولس مجرّد رجلٍ سمع عن دينٍ ما وقرّر أنْ يتحوّل إليه. كان أحد أركان المسيحية، وشاهِدَ عيانٍ صرّح بأنه التقى شخصيّاً بيسوع المقام، وتلقّى منه تعليماتٍ مباشرة. فقد أعلن بولس أنه تلقى معلوماتٍ من الله مباشرة، وأنّ الله اختاره كرسولٍ أوّليّ للإيمان المسيحيّ. ولو أنّ بولس لم يرَ يسوع فعلاً لكان قد بنى حياته على أكذوبةٍ عن معرفة، لكن النظريّات الفكرية أو حتى أكثر المعتقدات الدينية غيرة لا تجعل إنساناً ما يتغيّر بشكلٍ دائمٍ، ويحافظ على قناعته، إذا كان يعلم بأنها من اختلاقه. يضحّي العديد من الناس المتديّنين بأنفسهم في سبيل ما يؤمنون به، ولكنّهم لا يعرفون ما إذا كان ذلك كذباً أو اعتقاداً خاطئاً. فهم في الحقيقة يؤمنون بشغفٍ بما يفعلونه.

ولكن إذا كان بولس قد رأى يسوع فإن سلوكه في الحقيقة منطقيٌّ جداً لأن عالمه يكون قد انقلب رأساً على عقب. فقد انقلب مفهومه للحياة بشكل كامل. نعم، كنت مضطراً للموافقة، بأنني أنا أيضاً لو حدث لي ما حدث له لكنت قد تركت كلّ شيء وتبعت الله.

وبعد ذلك بقليل وفي رسالة فيلبي ذاتها كتب بولس ما يلي:

«مِنْ جِهَةِ الْخِتَانِ مَخْتُونٌ فِي الْيَوْمِ الثَّامِنِ، مِنْ جِنْسِ إِسْرَائِيلَ، مِنْ سِبْطِ بِنْيَامِينَ، عِبْرَانِيٌّ مِنَ الْعِبْرَانِيِّينَ. مِنْ جِهَةِ النَّامُوسِ فَرِّيسِيٌّ. مِنْ جِهَةِ الْغَيْرَةِ مُضْطَهِدُ الْكَنِيسَةِ. مِنْ جِهَةِ الْبِرِّ الَّذِي فِي النَّامُوسِ بِلاَ لَوْمٍ. لكِنْ مَا كَانَ لِي رِبْحًا، فَهذَا قَدْ حَسِبْتُهُ مِنْ أَجْلِ الْمَسِيحِ خَسَارَةً. بَلْ إِنِّي أَحْسِبُ كُلَّ شَيْءٍ أَيْضًا خَسَارَةً مِنْ أَجْلِ فَضْلِ مَعْرِفَةِ الْمَسِيحِ يَسُوعَ رَبِّي، الَّذِي مِنْ أَجْلِهِ خَسِرْتُ كُلَّ الأَشْيَاءِ، وَأَنَا أَحْسِبُهَا نُفَايَةً لِكَيْ أَرْبَحَ الْمَسِيحَ، وَأُوجَدَ فِيهِ». (في ٣: ٥-١٠).

صُعقتُ أمام منظور الحياة هذا. فقد كان بولس ناجحاً في شتّى ميادين الحياة وإذا به فجأة يحسب كلّ شيءٍ نفاية لا قيمة لها؟! مِنْ قاتلٍ للمسيحيين إلى هذه الحال؟ لم يكن بولس يبحث حتّى عن يسوع أو عن أجوبةٍ بشأن الوجود قبل رحلته المصيرية التي التقى فيها بالمسيح. فقد اخترق يسوع حياة بولس، واستحوذ اهتمامه. وكانت قصة يسوع بأكملها حول ما شرع الله يفعله لخلاص الإنسان. فالمسيحية تظهر على أنّها سعي الله نحو الإنسان.

لقد راعني هذا الفكر لساعات عديدة، وغمرت الأسئلة ذهني. فإذا كان الله هو المبادر، فهل تجاهلتُ دعوته لي أو رفضتها في الماضي؟ هل كانت جدتي، ومجانين رحلة التزلج، ومجنون الحرم الجامعي الذي يحمل الصليب، والبيولوجيا الجزيئية الخلوية، وجزيرة ماركو، ومسرحيّة «بلدتنا» كلّها محاولات منه للفت انتباهي؟ وإذا كان الله حقيقيّاً، فهل ما يزال يعمل اليوم؟

يصف بولس شيئاً آخر لفت انتباهي:

«فَإِنَّنِي سَلَّمْتُ إِلَيْكُمْ فِي الأَوَّلِ مَا قَبِلْتُهُ أَنَا أَيْضًا: أَنَّ الْمَسِيحَ مَاتَ مِنْ أَجْلِ خَطَايَانَا حَسَبَ الْكُتُبِ، وَأَنَّهُ دُفِنَ، وَأَنَّهُ قَامَ فِي الْيَوْمِ الثَّالِثِ حَسَبَ الْكُتُبِ، وَأَنَّهُ ظَهَرَ لِصَفَا ثُمَّ لِلاثْنَيْ عَشَرَ. وَبَعْدَ ذلِكَ ظَهَرَ دَفْعَةً وَاحِدَةً لأَكْثَرَ مِنْ خَمْسِمِئَةِ أَخٍ، أَكْثَرُهُمْ بَاق إِلَى الآنَ. وَلكِنَّ بَعْضَهُمْ قَدْ رَقَدُوا. وَبَعْدَ ذلِكَ ظَهَرَ لِيَعْقُوبَ، ثُمَّ لِلرُّسُلِ أَجْمَعِينَ. وَآخِرَ الْكُلِّ كَأَنَّهُ لِلسِّقْطِ ظَهَرَ لِي أَنَا». (١ كورنثوس ١٥:٣-٨).

صرّح بولس أنّ أكثر من خمسمائة شخص رأى يسوع المقام في الوقت نفسه، وهذا ما فاجأني كثيراً. ظننتُ بعد قراءة أسفار العهد الجديد الأربعة الأولى التي وصفت حياة يسوع أنّ عدداً قليلاً فقط هم الذي شاهدوا يسوع المقام في وقتٍ معيّن. لذلك فإنّ وجود خمسمائة شخص شاهدوه دفعة واحدة هو تصريح جريء.

وعلاوة على ذلك، فإنّ هذا التصريح كُتب في وقت كان يمكن فيه رفض هذا الادّعاء أو دحضه ولكن ذلك لم يحصل. وأعرف أنّ مثل هذا التصريح لم يكن ليصمد في ظلّ التدقيق والاضطهاد في العصر الذي عاش فيه بولس لو لم يكن الأمر صحيحاً. فلا يمكن للإنسان أنْ يختلق مثل هذه القصة دون حساب. ولمَ يصرّح بمثل هذا البيان لو لم يكن صحيحاً؟ لمَ المجازفة؟ ما الذي يكسبه بولس من الكذب؟ لقد سبق فدمّر مهنته وحياته برمّتها كقائد دينيّ يهوديّ بارز. فلمَ يجعل نفسه أضحوكة ويُدعى كاذباً؟ لمَ يصبح أيّاً من ذلك، وهذا مقنع جداً.

حيّرتني جرأة بولس وحماسه ودوافعه في سبيل هذا التغيير الكامل. كان دائماً يتعرّض للضرب، والزجّ في السجن، والاضطهاد بسبب رسالته عن يسوع، وبسبب إعلانه بأنّ يسوع هو الجواب. وهذا ليس ديناً جذاباً ينضمّ المرء إليه أو يختلقه، ومع ذلك تخلّى بولس عن كلّ شيء في سبيله ولم يلقَ إلا المقاومة. لِمَاذا؟ ظلّت رسالته الملتزمة وحياته المتناسقة معها تزعجني.

المعضلة والصراع

تابعت قراءتي للأسفار، وأكملت العهد الجديد برمّته. وصارت تواجهني الآن معضلة. فالعهد الجديد يصوّر يسوع على أنه الله الوحيد الذي لم يخلقني فحسب، لكنه جاء أيضاً ومات من أجلي لكي يخلّصني من الخطيئة لأنه أحبني. لم أسترح البتة لفكرة رفض يسوع بشكلٍ صريح دون مزيدٍ من التفكير أو البحث. سألت نفسي، ماذا لو كان ذلك صحيحاً. هل هناك أي أمر سلبيّ في هذه الرسالة؟ كان عليّ أنْ أعترف بأنه من خلال ما قرأته حتى الآن، فالجواب هو لا. فكلّ ما اكتشفته كان إيجابياً ولكنّ شيئاً ما كان يمسكني. فقلبي يقول لي «نعم» وذهني يقول، «لا، هذا مستحيل».

لم أستطع حتّى أنْ أعود للإيمان باعتقادٍ شائع قرأت عنه على شبكة الإنترنت، مفاده أنّ يسوع لم يكن أكثر من معلّمٍ أخلاقيّ عظيم أو رجل حكيم. فبحسب هذا التوجّه الفكريّ فإنّ يسوع بالطبع لم يصنع معجزات حقيقية، ولم يكن حقاً ابن الله، لكنه كان مجرّد إنسان صالح، ونبيّ دينيّ. إلا أنني بعد أنْ قرأت العهد الجديد بأكمله ودرسته أدركت يقيناً أنّ هذه الأفكار خاطئة تماماً. فقد اتّضح لي تماماً أنّ يسوع أعلن أنّه الله الحالّ في الجسد، وإذا كان معلّماً أخلاقياً عظيماً فلِماذا يكذب بشكل صريح عن هويّته؟ أي نوع من المعلّمين الأخلاقيّين العظماء يفعل هذا؟ هل سيغار تلاميذه له بعد مماته إذا كان قد كذب عليهم صراحةً؟ هل الأطباء الذين يكذبون على مرضاهم بشأن تشخيص حالاتهم لإعطائهم شعوراً أفضل هم أطباء جيّدون؟

ارتبكت جداً لأنني كنت أجد أجوبة مقنعة تجيب عن العديد من الأسئلة المحيّرة، وتوضح الكثير مما كنت أشعر به وأختبره في الحياة. كان الصراع مستعراً في داخلي لأنّ الإجابات بدت جذريّة، وصاعقة جداً، ورائعة لدرجةٍ يصعب معها تصديق صحّتها. فعادة، إذا كان شيء ما رائعاً لدرجة يصعب معها التصديق، فالأمر ليس صحيحاً. كنت أعرف أنّ الأشياء التي أقرأها وأتعلّمها ليست مفاهيم السواد الأعظم، ولم يستطع عقلي أن يحتمل مثل هذه الأفكار مع أنّ قلبي كان يبحث عن الإجابات. كنت مضطراً إلى مواصلة التقدّم، فإما كل شيء أو لا شيء.

الفصل الرابع

المرحلة الثانية من البحث:

قيامة يسوع

كنت أتوق إلى الحياة الأبدية، إذا كانت موجودة. أذكر أنني قلت لنفسي، هذا هو السؤال الأكثر أهمية سن جميع الأسئلة التي حاولت الإجابة عنها طوال حياتي. فإذا كان يسوع قد قام من الموت، عندها تكون القيامة الإثبات النهائيّ بأنّ يسوع هو الله. فالقيامة تثبت صحة إتمام يسوع لمهمّة الموت من أجل خطايا العالم، وهذا الحدث يبرهن عن وجود الحياة الأبدية. ويكون يسوع الطريق الوحيد لأنه مات كإلهٍ عن خطايا البشر. لكنّ السؤال الوحيد المتبقّي هو، هل باستطاعتي أنْ أؤمن بذلك حقاً؟ فكل شيء الآن يتوقّف على حقيقة قيامة يسوع. هل حدث هذا فعلاً؟ قرّرت أنْ أفحص القيامة بالتدقيق، فإذا كان كل شيء يتوقّف على إثبات ألوهيّة يسوع، يكون هذا هو الامتحان.

تذكّرت الكتاب الذي كانت زوجتي قد أعطتني إياه. فهرعت إلى الطابق العلويّ. ووجدته موضوعاً على الطاولة الصغيرة بالقرب من السرير في المكان الذي تركته فيه لأشهرٍ خلَتْ. كان الكتاب مصدر إزعاجٍ صامت لي كلّ تلك المدّة بسبب عنوانه، برهان جديد يتطلّب قراراً، لكاتبه جوش ماكدويل.[٨] ففي عقلي الباطن كانت كلمة «يتطلّب» تضايقني. «أحقّاً يتطلّب»، فكّرت في نفسي هازئاً حين تركت الكتاب دون التفاتة منّي إليه. ردّدت في قلبي عندها، لن تقدري أنْ تجعليني أقرأه، لكن لسخرية القدر، ها إنّي الآن أطلب قراءته.

تقدّمت نحو الطاولة ووقفت أمامه متردّداً، لكنني أمسكته بعد قليلٍ بكلتا يديّ وتفحّصت العنوان ثانية. تساءلتُ في نفسي، عن أيّ برهانٍ يتحدّث؟ فوجئت بضخامة الكتاب بعدما صار بين يديّ الآن، فقد ذكّرني بكتب دراسة الطبّ. قلّبت صفحاته فوجدته كتاباً يجمع الحقائق والآراء من كمٍّ كبير من المصادر. وقد تضمّن الكتاب قسماً كاملاً عن قيامة يسوع، وكان محمَّلاً بالمراجع.

بحثت عن جوش ماكدويل على شبكة الإنترنت فوجدت أنّه مسيحيّ معروف في دفاعه عن الإيمان المسيحيّ. وللتوّ خشيت من مسألة التحيّز لكنني أردت أنْ أقرأ ما في الكتاب أولاً. ثم اشتريت كتباً أخرى ورد ذكرها فيه.[٩-١١] لم أقلق كثيراً لفكرة التحيّز لأنه بإمكاني أنْ أتخذ قراراتي الخاصة من قراءتي للأناجيل الأربعة.

بدأت تحريّاتي المكثفة بشأن الأدلّة على قيامة يسوع من خلال البحث عن الحقائق التاريخية. ما هي الحقائق التي يمكن أنْ أجدها بشأن قصة قيامة يسوع؟ أردت أنْ أبدأ بالحقائق السهلة وغير المثيرة للجدل. ولكوني طبيباً فقد بدأت بمظاهر الصلب الطبية.

الموت

هل مات يسوع حقاً؟ صادفت أثناء قراءتي أحد التفاسير لما حدث ليسوع على الصليب ويُعرف بـ «نظرية الإغماء».[١٢] وهو يفترض أنّ يسوع لم يمت بالفعل على الصليب وإنما بقي حياً واستطاع أنْ ينجو من القبر، وهذا ما يفسّر إلى حدٍ ما ظهوراته. وبدا لي هذا الاحتمال على الفور غريباً ولكنني أردت أنْ أدرس كل الاحتمالات بنفسي.

اتّضح لي بعد ساعات قليلة من الدراسة أنّ هذه النظرية غير مقبولة. فقد تعرّض يسوع للضرب المبرّح، ثم صُلِب، وطُعِن في جنبه بحربة. فلا شكّ أنّه عانى من نزيفٍ داخليّ شديد، ومن انهيارٍ رئوي، وجفافٍ شديد، وإذا أردنا أنْ نعدّد بعض المضاعفات الأخرى، فلربما تعرّض على الأقل لانثقابٍ في القلب، وصدمةٍ بسبب فقدان الدم. وبحسب إنجيل يوحنا (١٩:٣٢-٣٣)، لم يكسر الحرّاس الرومان ساقيه لأنهم رأوه قد مات. فمن الواضح جداً أنّ الحراس الرومان والزعماء الدينيّين اليهود كانوا يطلبون الموت ليسوع، ولا شكّ في أنّهم تأكّدوا من حقيقة موته قبل أنْ يتركوه.

فوجئت عندما عثرت على مقالة حديثة عن صلب يسوع في مجلّة الجمعية الطبية الأميركية.[١٣] فقد استطاع زملائي الأطباء باستخدام التحاليل الطبية الحديثة أنْ يؤكّدوا أن يسوع لم يكن من الممكن له أنْ يبقى على قيد الحياة بعد ما جرى له في أثناء عملية الصلب. صرت الآن مقتنعاً، مع زملائي، بأنّ يسوع مات على الصليب، هذه هي الحقيقة الأولى.

الدفن

الأناجيل الأربعة هي سيرة حياة يسوع، وقد كتبها متى ومرقس ولوقا ويوحنا، وتذكر جميعها أنّ يسوع دُفِن في القبر الذي كان ملكاً ليوسف الراميّ وهو أحد القادة الدينيّين اليهود البارزين وهو عضو في المجمع القضائي (السنهدرين). والسنهدرين هو مجلس الحكم الديني الذي أدان يسوع خلال محاكمتهم له. وكان يوسف، بحسب لوقا، تلميذاً سريّاً ليسوع ولم يوافق على قرار المجمع مع أنه كان عضواً فيه. وقد مضى يوسف إلى بيلاطس البنطيّ، وطلب منه جسد يسوع لكي يتمكّن من دفنه. وساعده في ذلك نيقوديموس الذي كان قائداً دينياً يهودياً أيضاً، إذ لفّا جسد يسوع بالأكفان والأطياب. فلِماذا يصرف المرء وقتاً وجهداً ومالاً

ليلفّ جسد يسوع إنْ لم يكن سيُدفَن؟ هذا ما يبيّن وجود شاهدين غير متوقّعين في مكان دفن يسوع، وبإمكانهما التأكيد بأنّ يسوع مات فعلاً ودُفِن.

لقد بدا واضحاً لي أنّ هذه لم تكن بقصة يختلقها المسيحيّون الأوائل لو لم تكن صحيحة. فوجود اثنين من قادة اليهود الدينيّين يدفنان يسوع يُعتبر أمراً فاضحاً خلال الظروف الحرجة المواكبة لموت يسوع. فقد كان من الممكن دحض هذا الموت وإثبات زيفه بشكل علني لو لم يكن الأمر صحيحاً.

يسجّل الكتاب أيضاً أنّ الحراس الرومانيّين أُقيموا خارج القبر، ووُضِع حجرٌ كبير على مدخله. كان القبر في تلك الأيام يُختَم بدحرجةِ حجرٍ كبير أمام مدخله، ويزن الحجر عادة من طنٍ واحد إلى ثلاثة أطنان. وبهذا يُضاف شاهدان على الأقل على مكان الدفن لتأكيد تاريخيّته. بالإضافة إلى هؤلاء الشهود الأربعة فإنّ المرأتين اللتين ذهبتا إلى القبر، والتلميذين اللذين ذهبا إلى هناك أيضاً من شأنهم رفع عدد الشهود إلى ثمانيةٍ على الأقل. فلو لم يجرِ دفن يسوع لكان باستطاعة كثيرين دحض الادعاء بدفنه، ولكنّ أحداً لم يفعل ذلك البتة. لقد اقتنعت بأنّ يسوع دُفِن في القبر مثلما يصرّح الكتاب المقدّس. كانت هذه هي الحقيقة الثانية بالنسبة لي.[١٤]

القبر الفارغ

أردت بعد ذلك أنْ أتثبّت من أنّ قبر يسوع كان بالفعل فارغاً في الأحد الذي يتبع يوم دفنه. ومن الغريب أنّ إثبات صحة هذا الأمر كان أسهل مما توقّعت. فإثبات كون القبر فارغاً هو حقيقة تاريخيّة لا يمكن حتى الاختلاف بشأنها.[١٥] فلو لم يكن القبر فارغاً لانتهت المسيحيّة في غضونِ أيام قليلة، ولسارعَتِ السلطات الدينيّة لكشف جسد يسوع، وإنهاء الخدعة في زمانها ومكانها عينيهما. علاوة على ذلك فإنّ الأناجيل تنصّ على أن القادة اليهود دفعوا مالاً للجنود للادّعاء بأنّ الجسد سُرِق من القبر. ما هي ضرورة قول ذلك لو كان الجسد لا يزال موجوداً في القبر؟ لم أستطع أنْ أعترض على هذا المنطق.

كان أول الشهود على القيامة من النساء، الأمر الذي لم أعبأ به كثيراً حتّى أدركت أنّ شهادة النساء لم تكن تُعتبَر في المجتمع اليهوديّ، ولم تكن مقبولةً في المحكمة.[١٦] وهذا تفصيلٌ لافت في الأحداث المحيطة بقصة القيامة لا يمكن لكاتب القصّة أنْ يجد مبرّراً لاختلاقه.

ولو أنّ النساء والتلاميذ بطريقة ما ذهبوا عن طريق الخطأ إلى قبرٍ آخر لكان جسد

يسوع بقي في القبر الصحيح، ولما كان انقضى وقتٌ طويل قبل أنْ يُكشف عن جسد يسوع، ويستُعرِض في شوارع أورشليم لتدمير الرسالة المسيحيّة. وهكذا اضطررت إلى الاعتراف بأنّ قضية القبر الفارغ لم تعد موضع جدلٍ يُذكَر، بل كانت حقيقة ثالثة سهلة.[١٧-١٨]

الجسد

إذا كان القبر فارغاً، ينبغي أنْ يكون الجسد في مكانٍ آخر. لكنّ الحقيقة التاريخيّة هي أنّ أحداً لم يَكشف عن وجود جسد يسوع في مكانٍ ما. فأين يمكن للجسد أنْ يكون قد اختفى؟ هناك واحدٌ من ثلاثة احتمالات. الأول، يمكن لتلاميذ يسوع أنْ يكونوا قد أخذوا جسده من القبر. ثانياً، يمكن لأعداء يسوع أنْ يكونوا قد أخذوا جسده (الرومان مثلاً أو القادة الدينيّون اليهود). والاحتمال الثالث هو أنّه يمكن أنْ يكون يسوع قد قام من بين الأموات.

بدايةً، هل عَمَد التلاميذ إلى سرقة جسد يسوع كجزءٍ من خدعة القيامة؟ أعجبتني هذه الفرضيّة في البداية لأنني أعرف من خلال مشاهدتي للتلفزيون أنْ المتديّنين قد يفعلون أشياء غريبة أحياناً، إلا أنّ الفرضية انهارت حالما بدأت أتفحّصها بالتدقيق.[١٩]

فلقد كانت سرقة جسد المسيح تستلزم أنْ يتجاوز التلاميذُ الحرّاسَ الرّومان بطريقةٍ ما، وأنْ يرفعوا الحجر الذي كان يزن عدة أطنانٍ من على باب القبر دون أنْ يدرك أحدٌ ما كان يحدث. ونعلم أنّه في حال أخفق الحرّاس الرومان في حراسة الجسد بحسب الأوامر المعطاة لهم، فإنّهم سيواجهون عقوبة الإعدام.[٢٠] علاوة على ذلك فإنّه لم تكن للتلاميذ أية دوافع أو افتراضات مسبقة تدعوهم لاختلاق فكرة القيامة. فقد كانوا مصدومين ينوحون على موت يسوع. ومع أنه كان قد أخبرهم عن عودته، فإنهم لم يفهموا ذلك، ولم يكونوا يتوقّعون أي شيء. فسرقة جسده للتظاهر بأنه قام أمرٌ لا معنى له بالنسبة إليهم. هكذا اضطررت للموافقة على أنّ هذا السيناريو غير قابلٍ للتصديق.

بالمقابل، كان ممكناً لأعداء يسوع أنْ يكسبوا تعاون الحرّاس الرومان معهم بسهولة، وأنْ يأخذوا جسد المسيح. ولكنني استنتجت أيضاً أنه ليس لديهم أي دافع لفِعل ذلك. ولو كان أعداء يسوع قد أخذوا جسده، لكانوا أظهروه مباشرة، واستعرضوه في جميع أنحاء أورشليم عندما بدأت المناداة بقصة القيامة، ولكان هذا العمل قد قضى على المسيحية مرة وإلى الأبد. وافقتُ أيضاً على أنّ هذا التفسير غير محتمل.

تسجّل الأناجيل أيضا أنّ الأكفان المستخدمة في لفّ جسد يسوع وتحنيطه تُركت في القبر. وكان المنديل الذي يلفّ رأسه مطوياً وحده في موضعٍ منفصلٍ. وإذا كان شخصٌ ما قد سرق الجسد فلمَاذا يتوانى حتى يحلّ جميع الأكفان؟ يسجّل يوحنا أنّ واحداً من التلاميذ

رأى الأكفان فآمن حالاً (يوحنا ٢٠:٨). ويصرّح لوقا بأنّ بطرس تعجّب عندما نظر داخل القبر (لوقا ٢٤:١٢). لِمَاذا؟ لا بدّ أنّ هذين الرجلين رأيا شيئاً غريباً لا يمكن تفسيره في ترتيب الأكفان وثياب الدفن، فلو أنّ أحداً حلّ بكل بساطة هذه الأكفان بعد ثلاثة أيام، لما أمكن إعادة ترتيبها من جديد.

عند هذا الحدّ خطرت لي فكرة غريبة. إذا كان المسيح قد أقيم من الموت، فالله إذاً ترك الأكفان بالضبط كما كانت ملفوفة في الأصل ولكن بدون الجسد في داخلها. وإذا كان هذا ما حصل بالفعل، فكيف يمكن لأي إنسانٍ أنْ يُفسّر كيف رُفِع الجسد من وسط طبقاتٍ عديدة من الأكفان دون بعثرتها؟ لا شكّ أنّ الأمر يُعتبر معجزة من شأنها أنْ تفسّر دهشة التلاميذ أمامها. لا شك أنّ قادة الرومان واليهود فحصوا القبر ولكنهم بقوا صامتين. أذهلني هذا التحليل، ولم يبقَ أمامي سوى الاحتمال الأخير لتفسير القبر الفارغ: «القيامة». فحصْتُ بعد ذلك جميع الأقوال التي صرّحت بأنّ القيامة حدثت فعلاً.

الظهورات

تسجّل الأناجيل الأربعة جميعها مناسباتٍ منفصلة رأى فيها عددٌ من الأشخاص يسوع المقام ولمسوه فعلاً. وهناك العديد من الشهادات المستقلة عن ظهوراته، بما فيها وثائق كتبها الرسول بولس. فعلى سبيل المثال، يؤكّد كلٌّ من بولس ويوحنا ولوقا بأنّ يسوع ظهر لباقي التلاميذ. ويشهد كلٌّ من يوحنا ومتى عن النساء اللواتي وصلن أولاً إلى القبر. وكما ذُكِر سابقاً، فإن بولس يوثّق في رسالته إلى أهل كورنثوس في العهد الجديد بأنّ يسوع ظهر لأكثر من خمسمئة شخصٍ في آنٍ واحد. ويذكر أيضاً أنّ العديد من هؤلاء الأشخاص كانوا لا يزالون على قيد الحياة في ذلك الوقت اللاحق الذي كتب فيه بولس سجلّه. ومجموع ما ذُكِر عن المسيح المقام في العهد الجديد هو خمس عشرة مرة.[٢١]

لم أتمكن من العثور على أية وثيقة يعارض فيها أحدٌ ظهور يسوع لأتباعه. فقيامة المسيح أمرٌ لم يقاومه اليهود أو يحتجّ عليه أي من معارضي المسيح على الإطلاق.[٢٢] وقد أذهلني صمتهم المطبق، فإذا كانت القيامة كاذبة، فلماذا لم يعترض عليها أحدٌ؟

وجدت نفسي بعد ذلك مضطراً لفحص المزاعم بظهورات المسيح ونشوء المسيحية من العدم. وتساءلت في نفسي، هل يُحتمَل أن يكون التلاميذ قد أقنعوا أنفسهم، لا أكثر، بأنهم رأوا يسوع عن طريق الهلوسة أو الخيال الحيّ؟ طبياً، يمكن للناس المدمنين على المخدّرات أو ذوي الأمراض العضوية في الدماغ أنْ يعانوا من الهلوسة. إلا أنني قرّرت بسرعة أنّ هذه النظرية غير معقولة. فهي لا تشرح ما حدث للجسد أو تبرّر سلوك التلاميذ؛ وهي لا

تتماشى مع الهلوسة النموذجية أو الخيالات.[٢٣] فعلى سبيل المثال، كان ينبغي أنْ يصاب العديد من الناس بالهلوسة في آنٍ واحد، وأنْ يتخيّلوا الأمر نفسه في الوقت ذاته. ولم يوحِ لي سلوك التلاميذ بأيّ ضربٍ من التخيّلات أو الهلوسة، فهم لم يكونوا ليكسبوا أي شيء عن طريق اختلاق قصةٍ كهذه. والكتاب المقدّس واضح في أنّ التلاميذ رأوا يسوع المقام نفسه في الجسد، ولمسوه وحتى أنهم أكلوا معه. فلا يمكن جسّ الخيال أو الروح أو الشبح أو تناول الطعام الحقيقي معه.

إذا لم تكن القيامة ضرباً من الهلوسة أو الخيال، فهل يمكن لأتباع يسوع، الذين أرادوا أنْ يتابعوا خدمته أنْ يختلقوا قصة القيامة عمداً؟ هل يمكن أنْ يكون يسوع خرافة أو أسطورة؟

لو كان ذلك قد حدث بعد موت يسوع مباشرة، لكانت المشاكل المتعلّقة بسرقة التلاميذ لجسد يسوع قد واجهتهم هي نفسها مرّة أخرى، لأنه كان عليهم أنْ يتخلّصوا من الجسد. لكن لا يوجد أي إثبات بأنهم سرقوا الجسد، أو حتى مجرّد احتمال لذلك. ولِمَاذا يختارون النساء ليشهدن بأنهنّ أول من رأى القبر الفارغ في الوقت الذي كانت فيه شهادة النساء غير مقبولة في المحكمة؟ فلو إنّهم حاكوا مؤامرة بشأن القيامة لكانوا قد أكثروا من التفاصيل التي تصبّ في مصلحتهم عوضاً عن تضمين حقائق محرجة مثل وجود النساء في طليعة الشهود عن القيامة. ثمّ ما عساه يدفعهم إلى المؤامرة؟ فلو كان يسوع ميتاً، ولو لم يقم من الأموات، لما كانت لخدمتهم أية قوة أو إقناع، لكن ما حدث في الحقيقة هو عكس ذلك تماماً.

إذاً هل يُحتمَل أنْ تكون قصة يسوع وقيامته قد أصبحت تدريجيّاً وعلى مدى سنوات عديدة أسطورة صدّقها الكثيرون؟ هذا الطرح أيضاً غير معقول بحسب السجلات الكتابية. فهو أولاً لا يفسّر القبر الفارغ، ولا ظهور المسيحية المفاجئ بعد الصلب مباشرة. ولو كان أتباع يسوع اللاحقون قد أضافوا قصصاً مختلقة، لكانت قد انتشرت في الوقت الذي كان فيه الشهود المعادون لهم أحياءً، ولكان بالتالي من السهل الإثبات بأنّ القيامة أسطورة مبتدعة أو خدعة. فقد جرى تدوين تفاصيل كثيرة متعلّقة بالأمر، وكان من السهل على القادة الدينيّين اليهود إثبات بطلانها لو لم تكن صحيحة. ويشهد لوقا في سفرَيْ لوقا وأعمال الرسل أنه قابل شهود عيان، وبنى سجلاته خلال حياته.

شردت بالذهن أفكّر بجميع هذه السيناريوهات، لكنّي لم أرَ أيًّا منها منطقياً أو متلائماً مع الحقائق. فلا شكّ أنّ شيئاً ما جعل حركة المسيحية تتوقّد وتواصل اشتعالها حتى في وجه المقاومة الشرسة. وهذا ما حيّرني ولم أستطع فهمه. فحتّى قادة اليهود الدينيّون توقّعوا أنْ تتلاشى الحركة تدريجياً– ما لم تكن بالحقّ من الله.

«فَقَامَ فِي الْمَجْمَعِ رَجُلٌ فَرِّيسِيٌّ اسْمُهُ غَمَالاَئِيلُ، مُعَلِّمٌ لِلنَّامُوسِ، مُكَرَّمٌ عِنْدَ جَمِيعِ

الشَّعْب، وَأَمَرَ أَنْ يُخْرَجَ الرُّسُلُ قَلِيلاً. ثُمَّ قَالَ لَهُمْ:« أَيُّهَا الرِّجَالُ الإِسْرَائِيلِيُّونَ، احْتَرِزُوا لأَنْفُسِكُمْ مِنْ جِهَةِ هؤُلاَءِ النَّاسِ فِي مَا أَنْتُمْ مُزْمِعُونَ أَنْ تَفْعَلُوا. لأَنَّهُ قَبْلَ هذِهِ الأَيَّامِ قَامَ ثُودَاسُ قَائِلاً عَنْ نَفْسِهِ إِنَّهُ شَيْءٌ، الَّذِي الْتَصَقَ بِهِ عَدَدٌ مِنَ الرِّجَالِ نَحْوُ أَرْبَعِمِئَةٍ، الَّذِي قُتِلَ، وَجَمِيعُ الَّذِينَ انْقَادُوا إِلَيْهِ تَبَدَّدُوا وَصَارُوا لاَ شَيْءَ. بَعْدَ هذَا قَامَ يَهُوذَا الْجَلِيلِيُّ فِي أَيَّامِ الاكْتِتَابِ، وَأَزَاغَ وَرَاءَهُ شَعْبًا غَفِيرًا. فَذَاكَ أَيْضًا هَلَكَ، وَجَمِيعُ الَّذِينَ انْقَادُوا إِلَيْهِ تَشَتَّتُوا. وَالآنَ أَقُولُ لَكُمْ: تَنَحَّوْا عَنْ هؤُلاَءِ النَّاسِ وَاتْرُكُوهُمْ! لأَنَّهُ إِنْ كَانَ هذَا الرَّأْيُ أَوْ هذَا الْعَمَلُ مِنَ النَّاسِ فَسَوْفَ يَنْتَقِضُ، وَإِنْ كَانَ مِنَ اللهِ فَلاَ تَقْدِرُونَ أَنْ تَنْقُضُوهُ، لِئَلاَّ تُوجَدُوا مُحَارِبِينَ للهِ أَيْضًا». فَانْقَادُوا إِلَيْهِ. وَدَعَوْا الرُّسُلَ وَجَلَدُوهُمْ، وَأَوْصَوْهُمْ أَنْ لاَ يَتَكَلَّمُوا بِاسْمِ يَسُوعَ، ثُمَّ أَطْلَقُوهُمْ.» (أع ٥:٣٤-٣٩).

لفت انتباهي شيءٌ آخر بشأن التلاميذ الأوائل الذين يُفترَض بأنهم رأوا يسوع المقام. من الغريب أنه كان يتوجّب إقناعهم بأنّ يسوع كان حياً بالفعل. فهم لم يصدّقوا في البداية! كان التلاميذ منهارين وخائفين وغير متوقّعين قيامة يسوع البتّة، فقائدهم مات وهم مكتئبون. لقد دُفنت أحلامهم بعد الصليب مع دفن يسوع المصلوب.

التوقّعات الخاطئة

لماذا لم يكن التلاميذ يتوقعون قيامة يسوع من بين الأموات؟ إذا نظرنا إلى الوراء في التاريخ اليهودي نرى أنّ الشعب اليهودي كان يتوقّع قائداً عسكرياً يظهر في إسرائيل، وينقذهم من الظلم الرومانيّ. وقد دعوا هذا الشخص المسيح، ومعناه مخلّص. واكتشفت أنّ بعض قادتهم الدينيّين لم يكونوا يؤمنون بالقيامة، أما الذين آمنوا بها فاعتقدوا أنها ستحدث بعد انتهاء العالم. لم يكن التلاميذ يتوقّعون موت ابن الله من أجل خطايا العالم، وقيامته في نهاية المطاف. لم تتطابق حياة يسوع مع فكرتهم عن المسيح، وكانت قيامته بعيدة عن معتقداتهم وتوقّعاتهم الدينية، حتى إنهم كانوا يتجادلون فيما بينهم بشأن أدوارهم في «المملكة المقبلة» المفترَضة، التي ظنوا أنها على وشك الظهور.

أشخاصٌ تغيروا تغيراً جذرياً

تغير التلاميذ تغيراً جذرياً بعد قيامة يسوع المفترضة من بين الأموات.[٢٤] فبطرس كان قد أنكر يسوع قبل القيامة ثلاث مرات حين أُلقِي القبض عليه، وتشتّت باقي التلاميذ مثل الغنم الخائفة. لكنّهم تحوّلوا من أشخاص محبَطين وخائفين بلا إيمان إلى أشخاصٍ في غاية الشجاعة ينادون بالحياة الأبدية. فقد ظهروا في سفر الأعمال وهم يكرزون بقيامة يسوع بكل جرأة على الرغم من السجن والتهديدات بالقتل والضرب الذي تلقّوه، وقد نبذهم المجتمع اليهودي السائد. فلماذا يجتاز أي إنسان في كل هذه المعاناة إذا كان يعلم أنّ القيامة خدعة

وأنه هو ابتدعها؟ لم أستطع أنْ أجد وسيلةً لشرح السبب وراء انقلاب هؤلاء الرجال المفاجئ، ونشرهم لقصةٍ غير يهودية، وغير محتملة، ولم يسبق لها مثيل.

الاستعداد للموت

اكتشفت حقيقة عميقة أخرى وهي أنّ عشرة من رسل يسوع الباقين، بمن فيهم بولس، ذاقوا العذاب، وماتوا ميتة قاسية لأنهم آمنوا بأنّ يسوع هو الله، ونادوا بأنّه قام من الموت.[٢٥] لم أستطع التخلّص من الحقيقة بأنّه لو لم يكن المسيح قد قام حقاً من القبر لكان هؤلاء الرجال قد ماتوا وهم يعلمون أنّ هذا كذب.[٢٦] لكن بالرغم من ذلك لم يتراجع أيّ منهم عن إيمانه، حتى تحت وطأة التعذيب الهائل والألم والضغط والموت.[٢٧] لم أستطع أنْ أتخيّل أنّ أحداً منهم بإمكانه أنْ يحتمل هذا كله لو كان يعلم أنّ الأمر كذبة. هذا ما أقنعني أكثر من أي شيء آخر.

قد يموت الكثيرون من أجل كذبة ما، لكنهم لا يعرفون أنها كذلك.[٢٨] أما التلاميذ فكانوا سيعرفون أنها كذبة لو كانوا قد اختلقوها. تساءلت في نفسي، من يستطيع أنْ يفعل شيئاً كهذا؟ لو لم يكن يسوع قد قام، لكانت كل آمالهم قد تلاشت على الصليب. ولكانت كل مواعيد يسوع عن الحياة الأبدية والسماء وغفران الخطايا لاغية وباطلة لو كان المسيح ميتاً. فلن يكون لقصة مزوّرة عن نجّار يقوم من الموت أية فائدة لهم. ولم أستطع أنْ أرى لتزوير القصّة أي معنى بالنسبة لأي منهم.

الموجز

لقد أظهرت الحقائق التاريخية أنّ يسوع مات، ودفن في قبرٍ وُجِد فارغاً بعد ثلاثة أيام دون أي تفسيرٍ لما حدث للجسد. وبعد ذلك مباشرة، بدأ عددٌ من الناس يرون يسوع المقام، ويتفاعلون معه، الأمر الذي أدى إلى ظهور المسيحية المفاجئ. بدأ تلاميذ يسوع من اليهود ينادون بهذا الدين الجديد مع أنه كان يتعارض مع معتقداتهم الدينية السابقة وتوقّعاتهم بشأن المسيح المنتظر.

إنّ قيامة المسيح هي التفسير المنطقي الوحيد لما حصل. وهي أفضل تفسيرٍ للأدلة استناداً إلى الحقائق، ولكن ذلك ينطوي على معجزة المعجزات. وجدت صعوبة في تقبّل الأمر قياساً على ذهني العلميّ مع أنني لم أجد أي تفسيرٍ آخر. كان قلبي فرحاً، وأمّا ذهني فكان لا يزال مشكّكاً. وتواصلت الحرب بين قلبي وذهني فشعرت بأنني ممزّقٌ ومحبَط لأنه لا يوجد لديّ أي تفسيرٍ طبيعي أفضل. وعندما راجعت الحقائق في ذهني أدركت بأنني أغفلت عن أداةِ تحقيقٍ مهمة وهي أداة جاءت نتيجة سنواتٍ كثيرة من تدريبي الطبيّ.

الفصل الخامس

مرحلة البحث الثالثة

الأسفار المقدسة العبرية القديمة

«العهد القديم»

ناديت الممرضة قائلاً، «هذا المريض بحاجةٍ إلى تخطيطِ قلبٍ كهربائي، وتحليل أنزيمات القلب! فهو ربما يتعرّض لنوبة قلبية»!

«حسناً دكتور ڤيمان. سأطلب له ذلك الآن، وسآتي بجهاز الرصد وأنادي الفريق».

وفي الواقع أكّدت الفحوصات الثانوية على التشخيص الأولي للنوبة قلبية. نادراً ما أعتمد، كطبيب، على دليل واحد لوضع التشخيص. فقد قضيت وقتاً طويلاً في قسم أمراض القلب عندما كنت أتدرب في كلية الطبّ. وعندما نجري تشخيصاً بنوبة قلبية فإننا نعتمد على عدة فحوصاتٍ مستقلة أحدها عن الآخر. يقيس التخطيط الكهربائي للقلب ما فيه من تغييرات كهربائية، بينما تقيّم فحوصات الدم ما يلحق من أضرار بخلايا القلب. وعندما يكون الاختباران إيجابيّين فإنّ تشخيص النوبة القلبية يكون شبه مؤكد.

وعندما فكّرت في تلك اللحظة التي لا تُنسى خطر ببالي أنّه ربما توجد مجموعة أخرى من الأدلة بشأن يسوع مستقلة عن الأناجيل الأربعة وشهادات شهود العيان التي قرأتها. وإذا كان هذا في الحقيقة قابلاً للتحقيق فسيصبح احتمال كون القيامة حدثاً تاريخياً صحيحاً على مستوى جديد من المصداقية.

شعرت بضرورة متابعتي للبحث من أجل معرفة الحقيقة كاملة، وكان هذا بلا شكّ أهمّ تحقيق في حياتي من حيث فائدته المستقبليّة. كان يستحقّ منّي كلّ جهد لأنّ الأبدية كانت على المحكّ. ومع أنني شعرت بنوعٍ من الإحباط والكسل إلا أنني أدركت أنني في الماضي قضيت أوقاتٍ أطول بكثير أحلّل سوق الأوراق المالية وأبحث في الاستثمارات، فكيف يمكنني الآن أنْ أتوقّف إنْ كانت هناك طريقة منطقية لإثبات وجود الله بحقٍ مطلق؟

المسيح

شكّلت القيامة بحسب الرسل دليلاً رئيسيّاً على أنّ يسوع هو مخلّص العالم، ولكنّها لم تكن الدليل الوحيد الذي استخدموه لإقناع الناس. فقد لجأ الرسل بشكلٍ كبير إلى تحقيقِ نبواتِ العهدِ القديم العبري كدليلٍ آخر على أنّ يسوع هو الله. فمع أنّه لم يتسنَّ لمعظم الناس أنْ يروا بأمّ العين يسوع المقام، إلاّ أنّه كان بالإمكان إعلان الكتب المقدّسة لكل إنسان. لذا اقتبس الرسل النبوات مباشرة من العهد القديم، وربطوها بأحداث ميلاد يسوع وحياته وصلبه ودفنه وقيامته المذكورة في العهد الجديد. وصرّحوا بأنّ يسوع حقّق جميع هذه النبوّات. كانت هذه إحدى النقاط الرئيسية التي ساهمت في إقناع الكثيرين بمن فيهم اليهود على الاهتداء إلى المسيحيّة. لمَاذا كان الأمر كذلك؟ وجب عليّ أنْ أعرف.

ورحت أتساءل ما هي هذه النبوءات من الكتاب المقدس. فأجريت بعض الأبحاث وعرفت الجواب بسهولة. فكتب العهد القديم العبرية هي تجميعٌ لما كتبه العديدون من كتاباتٍ قديمة على مدى فترةٍ تقارب ألف عام من الزمن. ويؤمن اليهود أنّ هذه الكتابات جميعها هي كلمة الله. وبكلامٍ آخر، فقد أوحى الله مباشرة لرجالٍ محدّدين لكي يسجّلوا الرسالة التي أعطاهم إيّاها ويدوّنوها. كانوا ينظرون إلى أسفار العهد القديم على أنها مقدّسة، وقد حفظها على مدى آلاف السنين رجالٌ كرّسوا حياتهم برمّتها لنسخها باجتهاد، وصيانتها بدقةٍ للجيل القادم. وتتضمّن الأسفار المقدّسة قصة إسرائيل وسلاسل النسب وفرائض ممارسة الشعائر المقدّسة، وكتابات الأنبياء، والترانيم والمزامير. ودوِّنَ آخر ما جُمِع في العهد القديم العبريّ حوالي عام ٤٠٠ قبل الميلاد.

ما لم أدركه هو أنّ الشعب اليهودي كان فعلاً ينتظر مسيحاً يخلّصهم. وقد آمنوا بذلك لأنّ كتبهم القديمة احتوت على نبوّاتٍ مباشرة تصف وجوهاً عديدة لهذا المسيح. كان ذلك جزءاً أساسيّاً من تاريخهم، وقد ألمّ به اليهود، بمن فيهم رسل يسوع، كفكرٍ شائع. وكانوا ينتظرون ظهور المسيح كشخصٍ عظيم يخلّصهم من أعدائهم الرومان في تلك الأيام.

خلال قراءتي الأولى للعهد الجديد، رأيت إشاراتٍ لا تعدّ ولا تُحصى إلى هذه الكتب النبوية، ولكنّني مررت عليها مرور الكرام دون اهتمام يُذكَر. وتذكّرت أنّ الملك هيرودس تشاور مع قادة اليهود الدينيّين عندما جاء المجوس إلى أورشليم يبحثون عن «المولود ملك اليهود». وأجابه القادة الدينيّون، نعم ينبغي أنْ يولد المسيح في بيت لحم حسب الكتب. واقتبسوا في متى ٢:٦ من أحد كتب العهد القديم هذه مباشرة، من ميخا ٥:٢، ليثبتوا للملك هيرودس ما يؤمنون به بشأن المسيح. وقد أشار كتّاب العهد الجديد بشكلٍ متواصل إلى كيفية تتميم يسوع لما كتب عن المسيح في الأسفار المقدّسة العبرية قبل مئات وحتى آلاف السنين.

وحتى يسوع نفسه أعلن بأنه يتمّم النبوّات.

لَا تَظُنُّوا أَنِّي جِئْتُ لأَنْقُضَ النَّامُوسَ أَوِ الأَنْبِيَاءَ. مَا جِئْتُ لأَنْقُضَ بَلْ لأُكَمِّلَ. (متى ٥:١٧)

وقال أيضاً إنّ الكتب المقدّسة العبرية القديمة قد كُتِبت عنه.

فَتِّشُوا الْكُتُبَ لأَنَّكُمْ تَظُنُّونَ أَنَّ لَكُمْ فِيهَا حَيَاةً أَبَدِيَّةً. وَهِيَ الَّتِي تَشْهَدُ لِي. (يوحنا ٥:٣٩)

وقد صرّح يسوع أيضاً بشكل مباشر بأنه هو المسيح.

قَالَتْ لَهُ الْمَرْأَةُ: «أَنَا أَعْلَمُ أَنَّ مَسِيَّا، الَّذِي يُقَالُ لَهُ الْمَسِيحُ، يَأْتِي. فَمَتَى جَاءَ ذَاكَ يُخْبِرُنَا بِكُلِّ شَيْءٍ». قَالَ لَهَا يَسُوعُ: «أَنَا الَّذِي أُكَلِّمُكِ هُوَ». (يوحنا ٤:٢٥- ٢٦)

لكن لم تكن لديّ أية فكرة بأنّ هذه الأسفار هي العهد القديم المسيحي نفسه. تشكّل هذه الأسفار اليهودية اليوم مجموع الكتب المقدّسة التي يؤمن بها اليهود. فكتابهم المقدّس يحتوي على الأسفار ذاتها بترتيب مختلف ويدمج بعضاً منها معاً، ولكن النص نفسه هو تقريباً مماثل. هذا شيء لم أعرفه ووجدته غريباً جداً.

لم أكن أعرف الكثير عن الدين، ولكن كنت متأكداً من أنّ المسيحية واليهودية دينان منفصلان في عالمنا اليوم. فمعظم اليهود ومعلّميهم لا يؤمنون بيسوع. ولذلك لم أتوقع أنْ أجد أيّ شيء يتعلّق بيسوع في الأسفار المقدّسة العبرية (العهد القديم)، ولا سيما لأنّ العهد القديم أُكمِل قبل ميلاد يسوع بأربعمئة عام. وتوقعت ألا أجد في هذه الأسفار القديمة شيئاً عن يسوع أو أيّ إشارة إليه، مباشرة أو غير مباشرة ما لم يكن هو فعلاً المسيح حسبما تنبّأ.

فهمت الآن لماذا لا تدّعي المسيحية أنها دين «جديد» وإنما تتمة اليهودية القديمة. وبكلمةٍ أخرى، يؤمن المسيحيّون في جميع الأسفار المقدّسة العبرية بأنها كلمة الله. ويؤمنون أنّ إله اليهود هو الله الحقيقي الوحيد والحيّ. وينصّ الإيمان المسيحيّ على أنّ يسوع هو المسيح الذي كان اليهود ينتظرونه والمُتنَبّأ عنه في الكتاب المقدس. فوجئت عندما عرفت أنّ المسيحيّين الأوائل كانوا في معظمهم يهوداً! كان جميع الرسل بمن فيهم بولس يهوداً. وقد كُتِب العهد الجديد برمّته ما خلا سفرَي لوقا وأعمال الرسل على الأرجح بواسطة يهود.

ومن الواضح أنّ لهذه النبوءات القدرة على دعم الحجة المسيحانيّة إمّا لصالح يسوع أو ضدّه. ففي حال تضمّن العهد القديم نبوءات لا لُبسَ فيها تحقّقت في يسوع، فإنّ هذا سيشكّل دعماً مقنعاً لكون يسوع هو خطة الله لخلاص البشرية. كنت أعرف أنه من المستحيل على شخصٍ ما أنْ يدوّن بدقّة تفاصيل مستقبليّة تتعلّق بحياة شخصٍ ما، ومن ثمّ تسير حياته تماماً كما هو مُتنبَّأ عنها ما لم توجد يدٌ إلهية في الأمر. وهذا يؤكّد أيضاً الوحي الإلهي وراء تدوين الكتب المقدسة وحفظها.

وإذا نظرنا إلى الوراء إلى النبوات، نرى أنّ تعليم يسوع في العهد الجديد، ومفهوم الخلاص من الخطية لم يكن مفهوماً جديداً. فتلاميذ يسوع لم يبتكروا ديناً جديداً، بل كانوا شهوداً على الإعلانات الخاصّة بمعتقداتهم اليهودية وتحقيق نبوّاتها. ومن الصعب جداً أنْ نؤمن بأنّ يسوع هو مجرّد أسطورةٍ أو خرافة إذا كانت الأسفار العبرية القديمة كلها، كما يسجّل كتّابها، قد تنبّأت عن حياته.

استأسرني هذا الفكر على الفور لأنني أدركت أنّ اليهود الذين زعموا أنهم يعرفون الله الحي الحقيقيّ وحده آمنوا بأنّ لديهم إعلاناً من الله بأنّ المسيح سيأتي. فمجيء شخصٍ ما إلى الساحة يدّعي أنه المسيح هو أكثر من مصادفةٍ تاريخيّة. ولكنّ الأمر التبس عليّ أيضاً لأنني اكتشفت أنّ معظم الشعب اليهودي لم يؤمنوا بأنّ يسوع كان ذلك المسيح المنتظر.

فالأسئلة الحقيقية إذاً كانت كالتالي: ما الذي تقوله الأسفار المقدّسة عن المسيح الآتي؟ ما هي النبوات المسيحانيّة، وكم كان عددها، وهل حقّق المسيح بعضاً منها أم جميعها أم لم يحقق أياً منها؟ وإذا كانت هذه النبوات من الله، وكان يسوع هو الله، فينبغي أنْ يكون قد حقّقها جميعاً. أردت أنْ أعرف أيضاً لماذا رفض اليهود يسوع كالمسيح إذا كان قد تمّم أسفار العهد القديم.

وقبل أنْ أتمكن من إصدار الأحكام في هذا الشأن، شعرت بحاجتي لأنْ أفهم ما هي النبوءة حقاً. تعلّمت أنّ النبوءة وصفٌ مباشر لحدثٍ مستقبليّ. وقد كتب النبوءات ونادى بها رجال عُرفوا بالأنبياء. وكانت هذه إحدى وظائفهم المتعدّدة. انصبّ همّي على اكتشاف حقيقةٍ هامّة وهي، هل كانت الأسفار العبرية القديمة، التي كُتِب بعضها قبل ألف سنة من حياة المسيح، تحتوي على تفاصيل معيّنة بشأن حياته؟

ومن الواضح، أنه كانت هناك أيضاً «صور» عن يسوع في سائر أنحاء العهد القديم. والصورة هنا هي عبارة عن تجسيد غير مباشر لحدثٍ مستقبلي بواسطة حدث في الماضي، أو بالإمكان القول إنّها سلسلة من الظروف والأحداث التي تصف مُسبَقاً، بشكل غير مباشر، حدثاً مستقبلياً. وهناك عبارة أخرى للدلالة عليها وهي «ظل الحقيقة المستقبليّة»، ذلك أنّها تبيّن الحدث المستقبليّ بطريقةٍ تصويرية، تماماً كما أنّ الظل هو رسمٌ تصويريّ لشكل ماديّ حقيقي.

تفحّصت النبوءات في البداية، لأنّه من المفترض أنّها إشاراتٌ مباشرة إلى المسيح. وهي موجودة في سائر أسفار العهد القديم، وقد دوّنها كتّاب متنوّعون خلال حقباتٍ مختلفة من تاريخ إسرائيل. ويُفترض أنْ تكون النبوءات قد وصفت ولادة المسيح وحياته وموته وحتى

قيامته. ووجدت في كتابي المقدّس الدراسيّ جدولاً للعديد من هذه النبوءات. وقرّرت أنْ أقبلها كما هي بحسب التقليد المسيحيّ أولاً، ومن ثمّ أفحصها من الجانب الآخر.

نبوءات عن المسيح

بدأت بنبوءة تصف مكان ولادة المسيح. وقد كتبها النبيّ ميخا حوالي سنة ٧٠٠ قبل الميلاد.

«أَمَّا أَنْتِ يَا بَيْتَ لَحْم أَفْرَاتَةَ،
وَأَنْتِ صَغِيرَةٌ أَنْ تَكُونِي بَيْنَ أُلُوفِ يَهُوذَا، فَمِنْكِ يَخْرُجُ لِي
الَّذِي يَكُونُ مُتَسَلِّطًا عَلَى إِسْرَائِيلَ،
وَمَخَارِجُهُ مُنْذُ الْقَدِيمِ،
مُنْذُ أَيَّامِ الأَزَلِ» (ميخا ٥:٢)

كان ينبغي أنْ يولد المسيح في بيت لحم، وأنْ يكون أزلياً وأبدياً (موجوداً منذ الأزل ويبقى إلى الأبد). وقد وُلِد يسوع في بيت لحم وصرّح بأنّه هو الله، الأزليّ الوجود. وهذا ذكّرني بآيةٍ قرأتها في إنجيل يوحنا. فيوحنا يصف يسوع بأنه «الكلمة» وقد كتب يقول:

فِي الْبَدْءِ كَانَ الْكَلِمَةُ، وَالْكَلِمَةُ كَانَ عِنْدَ اللهِ، وَكَانَ الْكَلِمَةُ الله.
وَالْكَلِمَةُ صَارَ جَسَدًا وَحَلَّ بَيْنَنَا، وَرَأَيْنَا مَجْدَهُ، مَجْدًا كَمَا لِوَحِيدٍ مِنَ الآبِ، مَمْلُوءًا نِعْمَةً وَحَقًّا. (يوحنا ١:١، ١٤)

كان يوحنا يصف يسوع بأنه الله الذي صار إنساناً. فقد حقّق يسوع هاتين النبوءتين، ولكنني بقيت أراهما غامضتين بعض الشيء.

كتب نبيّ يسمى إشعياء حول طريقة ولادة المسيح حوالي عام ٧٠٠ قبل الميلاد:

وَلكِنْ يُعْطِيكُمُ السَّيِّدُ نَفْسُهُ آيَةً: هَا الْعَذْرَاءُ تَحْبَلُ وَتَلِدُ ابْنًا وَتَدْعُو اسْمَهُ «عِمَّانُوئِيلَ». (إشعياء ٧:١٤).

وقد لفتتني هذه الآية. فالمسيح بحسبها سيولَد من عذراء، وسوف يُدعى عمانوئيل الذي معناه «الله معنا». اعتدلت في كرسيّ، وأخذت نفساً عميقاً حين أدركت أنّ يسوع كان يُفترَض أنْ يولد من مريم التي يصرّح الكتاب المقدّس بأنّها كانت عذراء. وإذا كان يسوع هو الله فذلك يعني أنّه حقّق حرفيّاً عبارة، «الله معنا».

كانت هذه نبوّة رائعة لذا رحت أحلّلها بدقةٍ أكبر. لقد كتبت أسفار العهد القديم باللغة العبرية، ولكنني كنت أقرأها في الترجمة الإنكليزية. فهل تقول الجملة العبرية فعلاً، «عذراء»

بما أنّها الجزء الأكثر أهمية في النبوءة؟ الجواب هو أنّ اللغة العبرية لا تحتوي على كلمةٍ محدّدة تقابل كلمة «عذراء». والكلمة العبرية هنا قد تعني عذراء أو شابّة. إلاّ أنّ الأسفار العبرية ترجمها علماء يهود إلى اللّغة اليونانية قبل مجيء المسيح بمئات السنين. وتُسمّى هذه الترجمة بالسبعينيّة. وتحتوي اللغة اليونانية على كلمةٍ محدّدة لا يمكن أنْ تعني إلا عذراء. وأردت أنْ أعرف ما الذي فهمه المترجمون اليهود من الكلمة عندما ترجموها قبل مجيء المسيح بمئات السنين. كنت أشكّ في أنّ المسيحيّين افترضوا بأنّ الكلمة تعني عذراء لتتناسب مع عقيدتهم. لكنّ الترجمة السبعينيّة أعطتني جواباً غير متحيّز. فقد صُدِمتُ عندما علمت بأنّهم اختاروا الكلمة التي لا تعني سوى «عذراء» فقط. لكنّه لا توجد طريقة لإثبات كون يسوع قد وُلِد من عذراء حقاً.

كان ينبغي أنْ يولد المسيح أيضاً من نسل الملك داود. كان الملك داود أكثر ملوك اليهود شهرة، وقد عاش قبل المسيح بحوالي ألف سنة. وقد عرف اليهود من أسفارهم المقدّسة بأنّ المسيح سيولَد من نسل داود. ثمّ تذكّرت أنّ لوقا ومتى ذكرا كلاهما سلسلة نسب يسوع. وقد تتبّع متى نسبه من يوسف أبيه، أما لوقا فحدّد نسبه من مريم. وكان كلا أبويه من نسل الملك داود. والآن فهمت ما الذي كان هؤلاء الكتّاب يودّون أنْ يفعلوه. كانوا يحاولون إثبات أنّ يسوع هو المسيح المُتنبَّأ عنه بإظهارهم إيّاه أنّه من نسل الملك داود.

واصلت قراءة النبوّات إلى أنْ وصلت إلى النبوءة التالية التي كُتِبت حوالي سنة ١٠٠٠ قبل الميلاد:

ثَقَبُوا يَدَيَّ وَرِجْلَيَّ؛
أُحْصِي كُلَّ عِظَامِي،
وَهُمْ يَنْظُرُونَ وَيَتفَرَّسُونَ فِيَّ.
يَقْسِمُونَ ثِيَابِي بَيْنَهُمْ،
وَعَلَى لِبَاسِي يَقْتَرِعُونَ. (مزمور ٢٢:١٦-١٨).

أُصِبت بالصدمة لكون الكاتب النبويّ يصف علاماتٍ مماثلة لما حدث خلال عمليّة الصلب ولكن قبل أنْ تُخترَع وسيلة الصلب كطريقةٍ لتعذيب الناس وقتلهم بزمانٍ كبير! ففي الآية إشارةٌ إلى ثقب اليدين والقدمين قبل أنْ يُصبح هذا الأمر قيد الممارسة. واكتشفت أنّ نبيّين آخرين أيضاً قد ذكرا عملية ثَقب جسد المسيح. فكيف يمكن أنْ يكون هذا؟ لم أستطع أنْ أفكّر في طريقة أخرى سوى الصلب. صار ذهني على يقين بأنّ هؤلاء الكتّاب وصفوا شيئاً لم يكن حتى موجوداً في يومهم.

وقد وصفت هذه النبوءة بالذات كيف أنّ ثياب المسيح ستقسَّم ويُقترَع عليها. اضطررت إلى الاعتراف بأنّ هذه الأشياء الثلاثة جميعها حدثت ليسوع بعد ألف سنة من ذلك. وهذه أشياء لم يكن ممكناً أنْ يتلاعب المسيح فيها، أو أنْ يتسبّب في حدوثها بطريقة سحريّة.

ثُمَّ إِنَّ الْعَسْكَرَ لَمَّا كَانُوا قَدْ صَلَبُوا يَسُوعَ، أَخَذُوا ثِيَابَهُ وَجَعَلُوهَا أَرْبَعَةَ أَقْسَام، لِكُلِّ عَسْكَرِيٍّ قِسْمًا. وَأَخَذُوا الْقَمِيصَ أَيْضًا. وَكَانَ الْقَمِيصُ بِغَيْرِ خِيَاطَةٍ، مَنْسُوجًا كُلُّهُ مِنْ فَوْقُ. فَقَالَ بَعْضُهُمْ لِبَعْضٍ:«لاَ نَشُقُّهُ، بَلْ نَقْتَرِعُ عَلَيْهِ لِمَنْ يَكُونُ». لِيَتِمَّ الْكِتَابُ الْقَائِلُ:

«اقْتَسَمُوا ثِيَابِي بَيْنَهُمْ،

وَعَلَى لِبَاسِي أَلْقَوْا قُرْعَةً».

هذَا فَعَلَهُ الْعَسْكَرُ. (يوحنا ١٩:٢٣-٢٤).

يقتبس الكاتب في العهد الجديد من الأسفار العبرية مباشرة ويصرّح بأنّ هذه الأمور أكملت الكتب. وقد وجدْتُ اقتباساتٍ مباشرة من الأسفار العبرية كهذه في سائر أنحاء العهد الجديد. وأذهلني هذا ولكنني بقيت مشكّكاً. أردت المزيد، وأردت شيئاً يثبت لي حقاً أنّ هذه النبوءات كانت حقيقيّة.

ثمّ وجدت ضالتي المنشودة في النبوءة التالية، وقد كتبها النبيّ إشعياء حوالي عام ٧٠٠ قبل الميلاد، وقد أذهلتني بشكل تامّ.

لكِنَّ أَحْزَانَنَا حَمَلَهَا،

وَأَوْجَاعَنَا تَحَمَّلَهَا.

وَنَحْنُ حَسِبْنَاهُ مُصَابًا

مَضْرُوبًا مِنَ اللهِ وَمَذْلُولاً.

وَهُوَ مَجْرُوحٌ لأَجْلِ مَعَاصِينَا،

مَسْحُوقٌ لأَجْلِ آثَامِنَا.

تَأْدِيبُ سَلاَمِنَا عَلَيْهِ،

وَبِحُبُرِهِ شُفِينَا.

كُلُّنَا كَغَنَمٍ ضَلَلْنَا.

مِلْنَا كُلُّ وَاحِدٍ إِلَى طَرِيقِهِ،

وَالرَّبُّ وَضَعَ عَلَيْهِ إِثْمَ جَمِيعِنَا.

وَهُوَ حَمَلَ خَطِيَّةَ كَثِيرِينَ

وَشَفَعَ فِي الْمُذْنِبِينَ. (إشعياء ٥٣:٤-٦، ١٢).

لقد وُصِف المسيح هنا بأنه شخصٌ سيتألّم كذبيحة خطية عن الآخرين. وسيتعرّض للضرب بالسياط ويتلقّى جلدات. وعندما قرأت هذه الآيات شعرت وكأنني أقرأ مقطعاً من العهد الجديد. فأوجه الشبه ليسوع قريبة إلى درجة تبدو معها وكأنها تزويرٌ مقصود، ولكنّ هذا مستحيل لأنّ النبوّة كُتِبت قبل مئات السنين من ولادة يسوع.

خلاصة الأمر أنّ المسيح كان ينبغي أنْ يولَد في بيت لحم من عذراء من نسل داود. وكان ينبغي أنْ تُثقَب يداه ورجلاه، وأنْ يصبح ذبيحة خطية بديلية عن الخطاة. وُجوده وجودٌ أزلي، وسوف يُدعى «الله معنا». وقد حقّق يسوع بكل وضوحٍ كلاً من هذه النبوءات، بحسب العهد الجديد. أصبحْتُ الآن فضولياً ومتحمّساً في الوقت نفسه. فهل يمكن أنْ يوجد المزيد؟

النبوءة التالية التي تأمّلت فيها كانت من سفر دانيال. وكانت تعطي حسابات لتوقع يوم دخول المسيح إلى أورشليم. وفكّرت أنّ هذا سيكون ذات أهميّة. وذهلت بعدما أدركت أنّ يوم الشعانين الذي دخل فيه يسوع إلى المدينة مقدّماً نفسه على أنه المسيح، يطابق تلك الحسابات بدقة.[٢٩] إنه اليوم المتنبّأ عنه بالضبط! بدا ذلك دقيقاً جداً إلى درجة أنه لا بدّ أنْ يكون الأمر ملفّقاً، ولكنه لم يكن كذلك.

وقد تنبّأ دانيال بأنّ المسيح سوف يموت.

«وَبَعْدَ اثْنَيْنِ وَسِتِّينَ أُسْبُوعًا
يُقْطَعُ الْمَسِيحُ وَلَيْسَ لَهُ» (دانيال ٩: ٢٦)

وكان ذلك على درجةٍ من الأهميّة لأنّني لم أتوقع أنّ «مخلّصاً» ما سيموت. ولم أكن وحيداً في تفكيري هذا، فاليهود لم يكونوا يتوقّعونه أيضاً، ولكنّ ذلك موجود في الكتاب المقدّس. وتشير الكلمات أيضاً إلى أنّ المسيح سوف يموت من أجل الآخرين وليس من أجل نفسه. ساورتني مشاعر غريبة عندما قرأت ذلك، وغار قلبي، ودُهشت أمام نبوّة دانيال الدقيقة عن زمن مجيء المسيح وموته، ولكن ليس من أجل نفسه. كم هو عدد الرجال الذي يطابقون هذا الوصف في التاريخ كله؟ اعترتني دهشة كبيرة.

كنتُ كلّما انتهيت من دراسة إحدى النبوءات أشعر بالرغبة في دراسةِ نبوءةٍ جديدة. ووجدت يسوع في كل مرة مطابقاً للمسيح المُتنبّأ عنه. وربما استطعت أنْ أعزو بعضاً منها للمصادفة، ولكن مع مرور الوقت اضطرتّي العدد الواسع من النبوّات إلى الإذعان. فقد كان ذهني يحاول المقاومة بقوله، «هذا مستحيل. إنها مجرّد مصادفات. لا يمكن أنْ تشير هذه المقاطع جميعها إلى يسوع»، لكنّ قلبي كان مذُهولاً أمام عدد الإشارات المباشرة وغير المباشرة إلى المسيح في مجموعة من الآيات الكتابيّة مدوّنة قبل ولادة يسوع بمئات السنين، وتنطبق عليه بشكل تام.

توقّفت عن البحث بعد فترة من الزمن، فالنبوءات كثيرة جداً. وتوجد أكثر من ثلاثمئة نبوّة مكتوبة عن المسيح. وتُعتبَر إحدى وستون آية منها رئيسية.[٣٠] وقد حقّق يسوع كلّ واحدة منها. أمّا الاحتمال الإحصائي لأنْ يحقّق أي إنسان ثمانية نبوءات رئيسية فقط هو احتمال خارج نطاق الإمكانية. وقرأت في كتاب جوش مكدويل أنّ الرقم هو في الواقع ١ من $١٠^{١٧}$ أي ١ من ١٠٠,٠٠٠,٠٠٠,٠٠٠,٠٠٠,٠٠٠!!!![٣١]

«والآن، إمّا أن تكون هذه النبوءات موضوعةً بوحي من الله أو أنّ الأنبياء كتبوها حسبما ظنّوا أنها ستكون. وفي هذه الحالة فإنّ للنبيّ احتمالاً يعادل واحد من $١٠^{١٧}$ حتّى تتحقّق نبوءاته بدقّةٍ في مطلقِ أيّ إنسان، ولكنها تحقّقت جميعها في المسيح. وهذا يعني أنّ تحقيق هذه النبوءات الثمانية وحدها يثبت أنّ الله أوحى بكتابة هذه النبوءات على درجةٍ من الدقّة لا يعوزها سوى احتمال واحد من أصل $١٠^{١٧}$ حتّى تصبح مطلقة».[٣٢-٣٣]

وبحسب هذه المقولة فإنّ الاحتمالية الإحصائية لتتميم إنسانٍ ما لثماني نبوءات فقط، مع العلم بأنّ يسوع حقّق جميع النبوءات الثلاثمئة، كانت قليلة جداً لدرجة تثبت معها وبشكل أساسي أنّ الله قد أوحى بكتابة تلك النبوّات. لم أعرف بمَ أفكّر، لقد أدركت أنه لا يوجد من يستطيع أنْ يعطي تفاصيل كثيرة عن حياة إنسانٍ ما قبل أنْ يعيش، سوى الله نفسه، إنْ كان يوجد حقاً.

عند هذا الحدّ أصبت بدهشةٍ كبيرة، ولم يكن عندي تفسيرٌ لكلّ ما وجدته. فقد بدا لي الأمر كله أغرب من أنْ يُصدّق. فالنبوءات كثيرة جداً، وسرعان ما فكّرت أنّ يسوع ربما حاول أنْ يتمّم النبوءات جميعاً عمداً إلى أنْ أدركت أنّ كثيراً منها كانت خارج نطاق سيطرته. وصعب عليّ أنْ أتقبل العدد الكبير من النبوءات ومستوى دقتها. بدا لي كأنّي في واحد من تلك الأوقات التي تمرّ بها عندما تشعر في داخلك بصحة شيءٍ ما لكنك لا تريد أنْ تعترف به لنفسك.

بحثت على الإنترنت عن آراء أخرى، ووجدت مجموعةً كبيرة من الانتقادات للنبوءات عن المسيح والحجج الرافضة لها. يدّعي بعضهم أنها مأخوذة خارج سياقها، بينما يشير آخرون إلى أنّ بعضاً منها لم يُقصَد لها أنْ تكون نبوءاتٍ في الأصل. كان الكثير من النقاط المثارة قيّماً ومقنعاً بمفرده. ودهشت لرؤية الآراء التي تقف على طرفي النقيض بشأن النبوءات ذاتها.

عند هذه النقطة لم أعد أعرف بمَ أفكّر. تهّربت من اتّخاذ القرار بحجّة إكمال البحث الذي بدأته عن طريق فحص بعض «الصور» المسيحانيّة.

صور عن المسيح

الصورة، كما ذكرت سابقاً، هي ظلال الحقيقة أو «تمثيل سابق» لوقائع مستقبلية من خلال أحداث تجري في الماضي. فالحدث المستقبلي يوصف بشكل غير مباشر قبل وقوعه عن طريق سلسلة من الظروف والأفعال التي تشير إليه. والصور هي فعلياً نبوءات بحد ذاتها لأنّها تصف ما الذي سيحدث في المستقبل وتمثّله. إذا كانت الأسفار العبرية تحتوي على صورٍ عن ذبيحة يسوع في قصص إسرائيل القديمة فهذه شهادةٌ قوية عن أنها من مصدرٍ إلهيّ. ولكي تكون النبوءات مقنعة، ينبغي أنْ يوجد عددٌ منها محدّد ومشابه لما يوصف في العهد الجديد بشكلٍ لا يقبل الجدل.

نظام الذبائح اليهوديّ

نظرت أولاً إلى نظام الذبائح اليهودي الذي يُفترَض أنْ يكون الله قد أعطاه. ففي نظامهم الدينيّ، يُستخدَم الموت ودم حيوانٍ بريء للتكفير عن الخطيئة. وموت الحيوان يأخذ مكان الخاطئ. تذكّرت كلمات الزوجين اللذين تكلّما معي في جزيرة ماركو حين قالا: «كان يسوع باراً وبلا خطيئة. وقد مات عوضاً عنك، ودمه يغفر لك خطاياك إذا كنت تؤمن به وتتوب وتثق به». والفكرة هي أنّ جميع الذبائح الحيوانية كانت صورة عن يسوع تقود الإنسان إليه على أنه الذبيحة الحقيقية الأخيرة. وهذا يتطابق تماماً مع تعليم العهد الجديد. فهناك على الأقل أساسٌ متين لفكرة الذبيحة التي تدفع ثمن الخطيئة، وليس الأمر شيئاً مستحدثاً. لم تكن لدي فكرة بأنّ اليهود كانوا معتادين جداً على الموت البديليّ ودفع الدم ثمناً مقابل الخطيئة. وشعرت أنّ المثال وأوجه الشبه كثيرة جدّاً بين الدينين.

الفصح

الفصح هو أحد الأعياد الدينيّة التي تحمل رموزاً قوية تربطه بالمسيح. والشيء الوحيد الذي كنت أعرفه عن هذا العيد اليهوديّ هو أنّ أصدقاء طفولتي لم يكونوا يأكلون الخبز العادي طوال أسبوع كامل، بل كان عليهم أن يأكلوا خبز المصّة عوضاً عنه، وكنت بحاجة لأنْ أعرف المزيد عن هذا العيد. وجدت الوصف في الفصل الثاني عشر من سفر الخروج، وهو السفر الثاني من العهد القديم.

الفصح هو أوّل أعياد اليهود وأبكرها، وما زال اليهود يحتفلون به في أيامنا هذه. وقد تأسّس هذا العيد عندما قاد موسى الشعب المستعبد، الذي سيُعرَف لاحقاً باسم اليهود أو

العبرانيّين، خارج مصر في الطريق نحو «أرض الموعد». وقد عاشوا في مصر أسرى أو عبيداً مدة أربعمئة سنة. ثمّ أرسل الله موسى ليقول لفرعون، «أطلقْ شعبي» ولكن فرعون رفض. ثم أرسل الله بعد ذلك تسع ضرباتٍ على أرض مصر، ومع ذلك رفض فرعون أنْ يحرّر العبيد. وأخيراً أخبر الله موسى أنّ ضربةً أخيرةً واحدةً ستقنع فرعون بأنْ يطلق الشعب أحراراً. سوف يموت جميع الأبكار في الأرض في ليلة الدينونة تلك. وهذا بالطبع يشمل أي إنسان يعيش في الأرض، بمن فيهم اليهود.

لكنّ الله أعطى موسى تعليماتٍ مفصّلة عن كيفية إنقاذ شعبه المستعبد من الدينونة. فإذا اتبعوا بالإيمان وصايا الله لهم فسوف ينجّي أبناءهم من الموت. وهكذا وجب عليهم أنْ يقدّموا ذبيحةً وهي حملٌ بلا عيبٍ، ويضعوا من دمه على قائمتي باب بيتهم. كان عليهم أنْ يؤمنوا أنّ دم هذه الذبيحة سوف يخلّصهم. وإذا وضعوا من الدم على قائمتي الباب فإنّ ملاك الموت الذي يرسله الله سوف يعبر عن بيوتهم ولن يؤذي أبكارهم. ومن هنا جاء اسم عيد الفصح (يفصح أي يعبر).

تأمّلت ملياً في هذه الصورة، فدم ذبيحة الحيوان الذَكَر من شأنه أنْ يخلّص الأبكار بالتمام من دينونة الله. لم يفُتني أبداً التشابه القائم بين هذا العيد والتعليم المسيحيّ الأساسي ولم أستطع تجاهله، ففي المسيحيّة يخلص الناس من دينونة الله باعتمادهم على موت المسيح البار وذبيحته.

تذكّرت قول يوحنا المعمدان، «هُوَذَا حَمَلُ اللهِ الَّذِي يَرْفَعُ خَطِيَّةَ الْعَالَمِ» (يوحنا ١:٢٩). فقد كان يشير إلى يسوع كالذبيحة النهائية، وهو صورة عن حمل الفصح المذبوح الذي سيقدّم الثمن عن خطايا العالم. ولم أقدر سوى أنْ أعترف بأنّ يسوع هو حمل الفصح الحقيقي، ثم فوجئت لما عرفت أنّ يسوع صُلِب في عيد الفصح، وبدا لي الأمر كأنه مصادفةٌ غريبة فعلاً.

ويعترض المشّككون بقولهم إنّ حمل الفصح ليس ذبيحةَ خطية. ثم يضيفون أنّ الحملان التي كانت تُقدّم للفصح كان ينبغي أنْ تكون بلا عيب، ويشيرون إلى أنّ يسوع تعرّض للضرب المبرّح والتشويه قبل أنْ يُصلَب.

ومع أنّني فهمت وجهة نظرهم لكنّني لم أوافق معهم. فالعهد الجديد يصرّح بأنّ يسوع كان إنساناً كاملاً بلا خطيئة في حياته على الأرض. وكما أنّ الحملان كانت «بلا عيب» هكذا كان يسوع. ولم تكن لطريقة الموت علاقة بحالة خلوّ الحملان من العيب قبلاً، وشعرت أنّ المحتجّين كانوا يدّعون ذلك. لكن في رأيي أنّ الجَلد الذي تعرّض له يسوع، والتمزّق في جسده، لم يحولا دون اكتمال هذه الصورة فيه. وينطبق الأمر نفسه على موته الذي يخلّص، بحسب الديانة المسيحيّة، من دينونة الله عن طريق غفران الخطايا.

وعندما تفحّصت هذا العيد بإمعانٍ اكتشفت أيضاً أنّ الله أعطى اليهود طريقةً دقيقة لوضع الدم على قوائم أبواب بيوتهم. كان يجب عليهم أنْ يضعوا دم الحملان في الطّست على مدخل الباب. والطّست كان عبارة عن حفرة في الأرض مصمّمة لإبقاء المطر خارجاً. وكان ينبغي استخدام حزمة من أعشاب الزوفا بشكل يشبه استخدام فرشاة الدهان. وقد أوصاهم أنْ يغمسوا الحزمة في الدم في الطّست، ثم يمسّوا بها أعلى قائمة الباب أولاً، وبعد ذلك كل جانب من قائمتي الباب.

كاد يُغمى عليّ عندما أدركت أنّ حركة وضع دم الحمل على الباب تشبه رسم الصليب! لقد كانوا يدهنون الصلبان بدم حملٍ ذكرٍ بلا عيبٍ غدا موته ودمه سبباً في خلاصهم من دينونة الله المحتّمة! وبدا لي ذلك أمراً خارقاً! فكيف يمكن لهذه الرمزية أنْ تتجسّد في العيد الوطنيّ للشعب اليهودي، وتؤسَّس قبل أكثر من ألف سنة من ولادة يسوع؟ أدهشني ذلك جداً. وبينما كنت أفكّر بذلك في مكتبي ذات ليلة قلت بصوت مسموع، «ما هو عدد الرموز المشابهة التي يمكن أنْ تكون موجودة أيضاً؟ هذا ضربٌ من الجنون».

إبراهيم وإسحق

والصورة الثانية التي وجدتها تركتني في حالة من الدهشة. فقد أوصى الله رجلاً يدعى إبراهيم في الفصل الثاني والعشرين من سفر التكوين أنْ يأخذ ابنه الوحيد إلى جبل يُعرف باسم المريا ويقدّمه ذبيحة. صعد الابن إلى الجبل، وهو يحمل الخشب على ظهره، تابعاً والده. لقد حسب إبراهيم ابنه كأنه ميت لمدة ثلاثة أيام، لكن في اللحظات الأخيرة هيّأ الله كبشاً ليحلّ مكان إسحق.

وبعد شيء من البحث اكتشفت أنّ هذا الحدث جرى في المكان نفسه التي صُلِب فيه يسوع، المكان الذي يُعرَف اليوم باسم الجلجثة. فقد حمل يسوع صليباً من خشب إلى قمة جبل المريا كابن الله الوحيد. كان يسوع يعمل إرادة أبيه، الله، تماماً مثلما كان إسحق يتبع أباه إبراهيم. مات يسوع ثلاثة أيام وكان ذبيحة للآخرين.

وخطرت في ذهني آية أخرى كنتُ قد قرأتها،
لأَنَّهُ هكَذَا أَحَبَّ اللهُ الْعَالَمَ حَتَّى بَذَلَ ابْنَهُ الْوَحِيدَ، لِكَيْ لاَ يَهْلِكَ كُلُّ مَنْ يُؤْمِنُ بِهِ، بَلْ تَكُونُ لَهُ الْحَيَاةُ الأَبَدِيَّةُ. لأَنَّهُ لَمْ يُرْسِلِ اللهُ ابْنَهُ إِلَى الْعَالَمِ لِيَدِينَ الْعَالَمَ، بَلْ لِيَخْلُصَ بِهِ الْعَالَمُ» (يوحنا ٣:١٦-١٧).

قبل أكثر من ١٤٠٠ عام من موت المسيح، كان إبراهيم وإسحق يعيشان صورة تعكس

حقيقة ما جاء في العهد الجديد عن خطة الله للخلاص في الموقع نفسه الذي ستتحقّق فيه لاحقاً! وربما لم تكن الصورة كاملة لأنّ إسحق نفسه لم يمت فعلاً، ولكن مبدأ الموت البديليّ كان موجوداً بوضوح في كون الله هيّأ كبشاً ليأخذ مكان إسحق، والكبش مات بالفعل.

لقد ناقشت بعضاً منها فقط هنا. ودُهِشتُ عندما اكتشفت وجود الكثير منها في الأسفار العبرية. حاولت أنْ أفكر في شيء يمكن أنْ يفسّر هذه الرموز الظلالية المذهلة بطريقةٍ ثانية، ولكنني لم أفلح. كنت منزعجاً ومتحمّساً في الوقت نفسه. شعرت كمن أدرك أنّه صار محصوراً في زاوية.

لم تكن هذه النبوءات والصور تعميماتٍ غامضة قد تنطبق على مطلق إنسان، لكنها كانت أوصافاً حية، دقيقة، مباشرة وغير مباشرة، تنطبق بالضبط على حياة يسوع. لم يكن أمامي خيار نقض هذه النبوءات لاعتبار أنّها كتبت بدافع التحيّز الدينيّ أيضاً. ففي البداية، كُتِبت قبل وقوع الأحداث، وتوجد نسخ منها متوفّرة ومؤرّخة قبل ولادة يسوع بزمن. من جهة ثانية، إنّ حقيقة كون اليهود لم يؤمنوا بأنّ يسوع هو المسيح تنفي فكرة احتمال تغييرهم أو تحريفهم لأسفارهم المقدّسة لجعلها تتوافق مع المسيح. فعدم إيمانهم برهانٌ قويّ على أنّ أسفارهم المقدّسة حُفِظت بدقة.

من المستحيل أنْ تكون هذه الصور ناتجةً عن تلفيقٍ متعمد. فكيف يمكن لإبراهيم وإسحق أنْ يمثّلا هذا المشهد في المكان عينه، وأنْ يُتّهما بمعرفة ما سيجري بعد أكثر من ألف سنة؟ لقد دوّن عدد كبير من الكتّاب هذه النبوءات والصور قبل ولادة المسيح على امتداد ألف سنة، ولم يكن أحدهم يعرف الآخر. وقد تمّم يسوع كثيراً من النبوءات بشكلٍ خارج عن إرادته. فمن المستحيل له مثلاً أن يتمّم عمداً النبوءة المتعلّقة بمكان ولادته.

رفض المسيح

سألت نفسي، إذا كانت الأدلة الموجودة في الأسفار العبريّة مذهلة، فلماذا رفض اليهود يسوع كالمسيح؟ والجواب هو أنهم لم يرفضوه، أو على الأقلّ لم يرفضه الجميع. فالذين رفضوا يسوع بشكل رئيسيّ هم قادة اليهود الدينيّون لأنهم كانوا ينتظرون ملكاً يحكم على الأرض، وينقذهم من ظلم الرومان. لم يكن لديّ وقت للغوص في كل التفاصيل، ولكن من الواضح أنّ هؤلاء القادة أساؤوا فهم بعض النبوءات، وكانوا يحمون سلطتهم وسيطرتهم على الناس، الأمر الذي قاومته تعاليم المسيح وكشفته.

ويؤكّد العهد الجديد بوضوحٍ أنّ العديد من اليهود آمنوا بيسوع كالمسيح المنتظر، بمن فيهم عددٌ قليل من القادة الدينيين. فيوسف الرامي، على سبيل المثال، كان قائداً دينياً

رفيع المرتبة، وهو الذي دفن يسوع. وكان نيقوديموس قائداً دينياً آخر آمن بالمسيح. وتألفت الكنيسة الأولى من اليهود بالكامل تقريباً، ومن الواضح أنّ المسيحية بدأت بين اليهود.

الموجز

شكّلت أدلة العهد القديم عبئاً إضافيّاً أثقل على قلبي وذهني ممّا سبق ورأيته. فيسوع لم يأتِ مطابقاً لهوية المسيح وحسب، بالرغم من صعوبة الاحتمالات الكبيرة، ولكنني وجدت أيضاً أنّ أساس العقيدة المسيحية في الصلب هو جزء لا يتجزأ من ممارسات اليهود الدينية.

حاولت أنْ أتحقّق ممّا إذا كنت قد أسأت تفسير هذه النبوءات بشكلٍ أو بآخر. هل كنت أقرأ شيئاً لم يكن موجوداً؟ هل كان المشكّكون على حقٍّ في ادعائهم بأنّ المسيحيّين أعادوا صياغة الأسفار المقدسة العبرية بحيث توفّر لهم وجود أوجه عديدة للشبه مع العهد الجديد؟ تفحّصت كل شيء بعنايةٍ، واضطررت للاعتراف بأنّ الجواب هو لا. وقد شغلتني الحقيقة التالية إذ صرت أتساءل، لماذا توجد أشياء كثيرة في الأسفار العبرية تتطابق مع حياة يسوع ويمكن لأي باحث دؤوب أنْ يجدها فيها؟ كيف يمكنني أنْ أفسّر الصور العديدة التي لا تقبل أي تفسير أخر لها؟

كنت أرغب في إيجاد مخرج ما في حال قررت أنْ أتوقف عن متابعة بحثي. شعرت كما لو كنت أعيش أحد الأفلام السينمائية. داخلني شعور غريب جداً إذ وجدت مثل هذه الشهادة الدامغة لحقيقة وجود الله في كتاب عمره أكثر من ألفي عام– وهو الكتاب الذي لم أعطه أية مصداقية معظم أيام حياتي، ولم أرَ أحداً من حولي يقرأه. هل يمكن أنْ يكون هذا حقيقةً؟ كيف يمكن أنْ يكون هذا الأمر؟ من الناحية المنطقية، شعرت أنني ملزم بالإذعان بسبب ثقل الأدلة، ولكن جزءاً ما في داخلي لم يقدر على استيعاب الترّدات المحتملة لذلك علّي وعلى عائلتي والعالم الذي ترعرعت فيه.

لم أكن أتوقع ذلك عندما أخذت على عاتقي أنْ أجد سلاحاً أحارب به جيراني المسيحيين. صار العهد الجديد الآن وحتى العهد القديم لهما وزن ساحق من الأدلة التي تدعم صحتهما. ولكن إذا كان ممكناً لي أنْ أؤسّس معتقداتي بالله على هذه الوثائق، فأنا بحاجةٍ للتحقيق في الوثائق نفسها.

الفصل السادس

مرحلة البحث الرابعة:

الأدلة التاريخية للعهد الجديد

أساتذة الجامعة

قرّرت أنْ أفحص تاريخيّة العهد الجديد. وبما أنني طبيب، وقد أجريت أبحاثاً علمية، فقد ابتدأت في تحليل الكتاب المقدّس كوثيقةٍ تاريخية كما لو بواسطة المجهر. حان الوقت لوضع العواطف جانباً! هل الكتاب المقدّس وثيقةٌ يمكن الاعتماد عليها تاريخياً؟ هل يمكنني أنْ أثق بما كُتِب قبل ما يقرب من ألفي سنة؟ هل الكتاب المقدّس الذي أقرأه اليوم هو بالضبط ما كتبه متى ومرقس ولوقا ويوحنا في الأصل؟ هل كتب هؤلاء حقاً هذه الوثائق؟

تلقّيت في اليوم عينه إعلاناً بريدياً من شركة تبيع محاضراتٍ صوتية لمساقاتٍ جامعية في جامعاتٍ كبرى. وفوجئت أنْ أجد فيها جزءاً يختصّ بالكتاب المقدّس. كان فيها مساقان عن العهد الجديد فقط يقدّمان في جامعتين مختلفتين. وافتكرت، هل هناك أفضل من الاستماع إلى محاضراتٍ عن الكتاب المقدّس من أساتذةٍ جامعيّين في جامعاتٍ كبرى. كان الأستاذان رئيسَيْ أقسام ولديهما درجات علمية عديدة، ومنشورات كثيرة في مجال عملهما. كنت متفهّماً لما لديهما من خلفية أكاديمية، ومتأكداً من أنّ أي إنسان يحمل شهادة الدكتوراه في العهد الجديد سيعرف الحقائق ويقول الحقّ.

بدأت الاستماع إلى كل منهما على الآي بود، ولكنني سرعان ما شعرت بنوعٍ من اليقين الداخلي بأنهما لا يؤمنان بأنّ العهد الجديد يصف الأحداث التاريخية الحقيقية. وكنتُ كلما استمعْتُ ازددْتُ اكتئاباً. صار قلبي يفقد الأمل في الحصول على جوابٍ لبطلان هذا العالم، إلّا أنّ ذهني كان مزهوّاً. كان جزءٌ مني يشعر بالاشمئزاز الداخلي، لكن، ومن باب الغرابة، كان جزءٌ آخر فيّ يشعر بالبهجة. وهكذا استعرَتْ معركةٌ غريبة في داخلي لم أستطع السيطرة عليها.

لم يكن ذهني يرغب في تحمّل المسؤولية التي ستترتّب على الإيمان بخالق، في الوقت الذي كان قلبي يتوق فيّ للحصول على إجاباتٍ قد يأتي بها الإيمان. شعرت بعطشٍ في قلبي للحياة الأبدية، أما ذهني فكان يتمسّك بالحياة المتركزة على الذات. ولكن ذهني وجد من يقف بجانبه وهو بَطَل الأوزان الثقيلة، الخوف. كنت أخاف من الآثار المترتّبة على الإيمان

المطلق بحسب ما هو مبيّن في الكتاب المقدّس لأنني نشأت في ثقافةٍ تتغنى بعدم وجود تلك الحقيقة المطلقة.

وقال واحد من الأستاذين إنّ الأدلة التاريخية على وجود يسوع شحيحة. وأكّد بشدة أنه لم يُكتَب أيٌّ من الأناجيل الأربعة (متى، مرقس، لوقا، ويوحنا) بواسطة شهودِ عيانٍ وإنّما بواسطة أناسٍ عاشوا في وقتٍ لاحق، واخترعوا هذه القصص لتحويل الناس إلى المسيحية. وأشار إلى أنّ الوثائق الحقيقية المبكرة لا تحتوي على أسمائهم، وأنّ العناوين مثل «الإنجيل بحسب متى» هي إضافات لاحقة لا تظهر إلا في الكتب المقدّسة المعاصرة.

ثم بدأ يسرد الاختلافات الكثيرة بين الأناجيل الأربعة بشأن قصة موت المسيح وقيامته. فعلى سبيل المثال، يذكر لوقا أنّ النساء رأين رجلين في القبر الفارغ ليسوع، بينما يذكر متى أنه كان رجلاً واحداً. وتابع في سرد ما لا يقل عن عشرة إلى خمسة عشر مثلاً من مثل ذلك. وشعرت أن كل واحدٍ منها كان أشبه بطلقة ماغنوم من عيار ٩ ملم تصيبني في قلبي.

وقال أيضاً إن المؤرّخين لا يستطيعون سوى نقل ما حدث على الأرجح في الماضي، وبحكم التعريف فإنّ المعجزة هي التفسير الأقل احتمالاً. نتيجة لذلك لا يمكن للمؤرّخين أن يدّعوا باحتمال حدوث معجزة. وذكر أنّ معجزات الكتاب كانت تعتمد على الله، في حين أنّ المؤرّخين لا يعرفون أيّ شيء عن الله.

شعرت كما لو أنني تعرّضت في حلبة المصارعة لضربةٍ قاضية، والحَكَم يعدّ ١–٢–٣. بدا المحاضِر وكأنه يهدم مصداقيّة العهد الجديد بالإشارة إلى التناقضات، وإظهاره بأنّ المعجزات غير خاضعةٍ للتحليل التاريخي. كان قلبي يتمزّق في داخلي لأنني كنت فعلاً أبحث عن جواب لهذا العالم والموت والتطوّر العديم المعنى، أما ذهني فكان في حالةٍ من المعارضة.

خالجني شعور داخلي يقول، *لا شكّ أنّ هؤلاء الأساتذة يعرفون الحقّ. فقد أحرزوا درجاتٍ علمية، ولديهم منشورات، وسنوات من الخبرة في العهد الجديد. فلا يمكن أن يكونوا مخطئين فيما يتعلّق بيسوع والكتاب المقدّس. لاشكّ أن كتبة الكتاب المقدس كانوا مُخْلِصين ويصدّقون ما يكتبونه، ولكن هذا لا يعني أنّ تلك الأحداث وقعت فعلاً!*

واصلت الاستماع للشرائط المسجّلة، وقرّرت أنْ أجرّب الأستاذ الثاني. وكانت امرأة، واستغربت أنها قدّمت شخصيّات العهد الجديد كما لو أنّها شخصياتٌ خياليّة، وقد وصفَتْها كما لو أنّها تمثّل أناساً مختَلَقين في سياق قصصٍ لطيفة اخترعها المتديّنون. بعض جوانب حياتهم كانت حقيقية، أما الجوانب الأخرى فقد دخلتها الشوائب على مرّ السنين مع التغيير

الذي حصل للقصص. لم أسترح في داخلي لتصريحاتها، وتساءلت، هل هذه مشاعري الشخصيّة فقط؟ كيف عرفَتْ ما هو صحيح وما هو خطأ؟

توقفت عن الاستماع لها بسبب الإحباط الذي شعرت به، وعُدْتُ إلى الرجل الأول، مبتدئاً من حيث توقفت. ولاحظت أنّ أسلوبه مال الآن إلى شيءٍ من السخرية. ولمست ذلك من نبرة صوته وطريقته في تقديم تصريحين. شعرت أنّ لديه بعض الدوافع الخفية، ولكن لم أكن أعلم سببها. كانت دوافعه مبطّنة، لكنّي تيقّنت منها، وأصبت بالدهشة عندما أحسست بها. فقد كان كلامه ينضح بالتحيّز وظهر لي بوضوح أنّ حديثه يتضمّن برنامجاً خفيّاً. بحسب مفهومي إنّ التاريخ ينبغي أنْ يكون مكاناً سهلاً لتقديم الحقائق دون تحيّزٍ أو عواطف.

لقد علّم هذا الأستاذ في إحدى محاضراته حقيقة اعتبرها جوهريّة وهي أنّ يسوع لم يصرّح بأنّه الله. وللتوّ فكّرت في نفسي، لماذا يقول الأستاذ شيئاً خاطئاً تماماً ويمكن التحقّق منه بسهولة؟ شعرت في تلك اللحظة براية الخطر وهي ترتفع بوضوح، وانتفض قلبي في داخلي من هول الصدمة فصِحْتُ قائلاً، «هذا ليس صحيحاً، وأنتَ تعرف ذلك!» وكان صراخ قلبي يستهدفني ويستهدف الأستاذ في الوقت عينه. كنت أعلم أن ما يقوله غير صحيح، وتأكّدت من أنّه لا عذر للأستاذ في إخفاقه بهذا الشأن. وحضر في ذهني ما قرأته مرة في الكتاب المقدّس:

«أَبِي الَّذِي أَعْطَانِي إِيَّاهَا هُوَ أَعْظَمُ مِنَ الْكُلِّ، وَلاَ يَقْدِرُ أَحَدٌ أَنْ يَخْطَفَ مِنْ يَدِ أَبِي. أَنَا وَالآبُ وَاحِدٌ.

فَتَنَاوَلَ الْيَهُودُ أَيْضًا حِجَارَةً لِيَرْجُمُوهُ. أَجَابَهُمْ يَسُوعُ: «أَعْمَالاً كَثِيرَةً حَسَنَةً أَرَيْتُكُمْ مِنْ عِنْدِ أَبِي. بِسَبَبِ أَيِّ عَمَل مِنْهَا تَرْجُمُونَنِي؟»

أَجَابَهُ الْيَهُودُ قَائِلِينَ: «لَسْنَا نَرْجُمُكَ لأَجْلِ عَمَل حَسَنٍ، بَلْ لأَجْلِ تَجْدِيفٍ، فَإِنَّكَ وَأَنْتَ إِنْسَانٌ تَجْعَلُ نَفْسَكَ إِلهًا». (يوحنا ١٠: ٢٩-٣٣)

لم أجد مشكلة في عدم إيمان الأستاذ شخصياً بأنّ يسوع هو الله حقاً، ولكن لماذا كان يؤكّد على أنّ يسوع لم يتفوّه بهذا التصريح البتة؟ لماذا لا يُعلن هذا الأمر الواضح في الكتاب ويدع الناس يقرّرون لأنفسهم؟

كانت هذه الأفكار خطيرة لأنني كنت على وشك الأخذ بها. ولكن شعرت بشيءٍ مريب، وشككت بوجود دافعٍ خفيّ لدى الأستاذين. وهكذا قرّرت أنْ أبحث عن المعلومات في مكانٍ آخر. لقد أثيرت بعض النقاط القيّمة التي تتطلّب إجابات، ولكن هل كانت لديّ كل الحقائق؟ قرّرت أنْ أعيد النظر في المسألة بمزيدٍ من التفصيل عندما يصبح لديّ مزيدٌ من المعلومات.

برهان جديد يتطلّب قراراً

ماذا عن ذلك الكتاب الكبير الذي كتبه جوش ماكدويل، برهان جديد يتطلّب قراراً؟ لقد سبق فوجدت فيه الكثير من المعلومات الهامة حول قيامة يسوع مع أنني لم أقرأ حتى ربعه. لم يبهرني الأكاديميّون وتحليلهم للعهد الجديد، وأحببت أنْ أعرف ما هو البرهان الجديد الذي يتحدّث عنه كتاب ماكدويل. أردت أنْ أحصل على الحقائق والتحليل التاريخي الصحيح.

واصلت البحث على الإنترنت، واكتشفت أنّ محتويات الكتاب ومراجعه واستنتاجاته لم تسلم من الطعن هي الأخرى. فقد وجدت على شبكة الإنترنت مواقع بأكملها مخصّصة لدحض كل جانب تقريباً من جوانب هذا الكتاب. وبدا العديد من المعلّقين غاضبين تماماً في ردودهم مما جعلني أشكّ في دوافعهم، وقرّرت أنْ أستمرّ في القراءة بذهنٍ مفتوح لكلا الجانبين من هذا الجدل.

وفي ما يلي ملخص لما تعلمته من كتاب جوش ماكدويل، ومن النقاد على شبكة الانترنت.

إذا كان العهد الجديد قد وَصَف بالحقيقة تاريخاً فعلياً فينبغي تقييمه مثل سائر أمور التاريخ.

فما هي الاختبارات التي تجرى على الوثائق التاريخية لتحديد ما إذا كانت دقيقة أو موثوقاً بها؟ تعلمت أنّه توجد ثلاثة اختبارات للمصداقيّة: اختبار المراجع المعتمدة، واختبار الأدلة الداخلية، واختبار الأدلة الخارجية.

اختبار المراجع المعتمدة[٣٤]

إنّ المخطوطات الأصلية للعهد الجديد غير متوفّرة لدينا الآن. وليس بين أيدينا اليوم سوى نسخٌ عن النسخ. واختبار المراجع المعتمدة يحاول الإجابة عن السؤال التالي: «ما هو مقدار الاعتماديّة لهذه النسخ»؟ ويستند الجواب إلى معلومتين: ١. إجماليّ عدد النسخ الموجودة. ٢. الفاصل الزمنيّ بين النسخ الأصلية وأبكر النسخ المتوفّرة. وبكلمةٍ أخرى، إذا كان إنجيل متى قد كُتب عام ٦٠ للميلاد، وكانت أقدم نسخةٍ لدينا مؤرّخة على أنها من العام ٢٠٠ للميلاد، فالفاصل الزمنيّ يكون ١٤٠ عاماً. وتعتبر الوثيقة القديمة أكثر اعتماديّة إذا وجد العديد من النسخ عنها مع فاصلٍ زمنيّ قصير. فوجود العديد من النسخ يسمح بالمقارنات بينها للبحث عن التغييرات، وتحديد مقدار المحافظة على دقة النص. وكلّما قل الزمن بين النسخ والأصل، قلّت الفرصة لحصول تغييرات وأخطاء تتكاثر مع مرور الزمن.

أُصِبتُ بالذهول لمّا اكتشفت أنّ العهد الجديد هو أكثر الكتب القديمة على مرّ العصور من حيث الموثوقيّة التاريخيّة، حتى إنه حرفياً يفوق جميع الكتابات الأدبية القديمة بقفزاتٍ كثيرة، لا بسبب وجود عدد من النسخ أكبر بكثير من النسخ المتوافرة لسائر الكتابات التاريخية القديمة فحسب، بل لأنّ الفجوة الزمنية أيضاً بين المخطوطات الأصلية والنسخ المنقولة عنها هي أقصر بكثير!

واكتشفت أن هناك أكثر من ٢٠٠٠٠ نسخة من مخطوطات العهد الجديد. لم أستطع أن أصدق ذلك، **عشرين ألف!**[٣٥] وثاني مخطوطة من الأدب القديم لجهة عدد النسخ هي الإلياذة ولها ٦٤٣ نسخة فقط![٣٦] ومعظم الكتابات القديمة المقبولة اليوم، بوصفها حقيقة تاريخية، ليس لها حتى ١٠٠ نسخة عنها! فضلاً عن أنّ النسخ المتوافرة لمعظم الأعمال التاريخيّة الأخرى منفصلة زمنيّاً بحوالي ألف سنة على الأقلّ عن الأحداث التاريخية الفعلية التي تصفها. أما الفاصل الزمني لمخطوطات العهد الجديد فيرقى حتى إلى ٦٠ سنة من زمن الأحداث.[٣٧] بعد أن قرأْتُ هذه الأشياء شعرت بالاستهجان لما كنت قد سمعته، وصرخت بصوتٍ عالٍ في مكتبي، «لماذا لا يُعرَّف بهذه الحقيقة، ولا يجري الإعلان عنها؟ لم لا تُعلَّم في المدارس»؟ فهذه البيانات بمفردها دقيقة جداً حتى يكاد يبدو المجتمع الحديث أنه يتستر على الأدلة أو يحجبها عمداً.

اكتشفت أيضاً أنّ الأسفار المقدّسة للعهدين القديم والجديد قد حُفِظت عبر الزمن بدقةٍ تبلغ ٩٩,٥٪.[٣٨-٣٩] نعم، كانت هناك بعض الأخطاء في النسخ، وربما بعض التغييرات المتعمدة على مرّ السنين، لكن لم يؤثّر أيٌّ منها على الرسالة الرئيسية على الإطلاق، بل لا يمكن حتى ملاحظة الغالبية العظمى منها في الترجمة.

لقد ادّعى منتقدو ماكدويل أنه لا توجد أية نسخ أصلية مكتوبة بخط يد المؤلف الأصلي، والكتّاب الفعليون هم غير معروفين، وتوجد فجوة زمنية مدّتها ثلاثمئة سنة بين توقيت أبكر مخطوطات الإنجيل الكاملة والوقت المفترَض أن تكون قد كُتِبت فيه. وأشاروا أيضاً إلى أنّ المعدل الصغير للأخطاء لا يؤكّد بالضرورة في حدّ ذاته الدقة التاريخية.

وكان هناك اعتراضٌ آخر رئيسي على العدد الكبير من مخطوطات العهد الجديد التي تعوزها شهادةٌ مؤيدة مستقلة، لأنّ العديد من النسخ هي مجرّد نسخ عن سابقاتها.

وكانت هذه النقاط صحيحة وأخذْتُها على محمل الجدّ، ولكن عندما قارنتها مع السجلات التاريخية الأخرى كان عليّ أنْ أعترف بأنّ الكتاب المقدّس تجاوزها جميعاً بشكلٍ واسع. ولو سار الناس حسب معايير النقّاد لتوقّفوا عن إعطاء مساقاتٍ في التاريخ القديم.

اختبار الأدلة الداخلية [٤٠]

من الملفت أنّ اختبار المراجع المعتمدة أثبت لي أنّ النسخ الموجودة اليوم هي قريبة بشكلٍ كبير للنص الأصلي الذي دوّنه كاتبو العهد الجديد. فقد حُفِظَتْ بشكل جيد، وهي تكاد لا تحمل أي تغيير، حتى بعد مرور ألفي سنة عليها. لذا يمكنني الآن أنْ أثق بأنّ ما أقرأه وأحلّله اليوم في العهد الجديد الذي بين يديّ مشابهٌ جداً لما كُتِبَ في الأصل.

إذا كان العهد الجديد الذي أقرأه قد حُفِظ بشكلٍ جيد فما هو مقدار موثوقية المعلومات نفسها؟ يحدّد الاختبار التالي مصداقيّة الوثائق التاريخية. وإذا كانت المعلومات التاريخية غير دقيقة أو موثوقٍ بها، فلا يهمّ عدد النسخ التي تمتلكها، ولا حُسن الحفاظ عليها. فالنسخ المحفوظة جيداً عديمة الفائدة إذا كانت المعلومات التاريخية التي تحتويها خالية من المصداقية.

يحدّد اختبار الأدلة الداخلية مدى المصداقية من خلال تحليل الكتّاب أنفسهم، وقدرتهم على قول الحقيقة، وإمكانية تزويرهم للمعلومات، والأخطاء الداخلية المحتملة، أو التناقضات، أو الحقائق التي قد تكون ببساطةٍ كاذبةً في المعلومات المسجّلة. وهنا يوجد مبدأٌ هامٌ يُدعى بمقولة أرسطو، «يجب أنْ تعود فائدة الشكّ على الوثيقة نفسها، ولا يطالب بها الناقد لمصلحته الخاصّة».[٤١]

١. *الأخطاء والتغييرات وأوجه التباين*

أظهر اختبار المراجع المعتمدة بوضوحٍ كبير أنّ العهد الجديد قد حُفِظ بشكل جيّد، على الرغم من احتوائه على أخطاءِ نَسْخٍ طفيفة، وربما بعض التغييرات المتعمّدة. ومعظم هذه التغييرات لم تعُدْ ملحوظة بعد الترجمة، أما ما بقي منها فلم يؤثّر على التعليم الذي يقدّمه العهد الجديد. غير أنه كان هناك الكثير من النقاش حول هذا الموضوع، فبعض النقّاد المعتبرين صرّحوا أنّ بعض هذه التغييرات حاول تأليه المسيح. لكنني بعد أنْ حلّلتُ العديد منها لم أجد نفسي متّفقاً معهم في ذلك. فحتى لو أُضيفت هذه الآيات أو تغيّرت أو حتى لو أزيلت تماماً فإنّ عقائد العهد الجديد الأساسية تبقى ثابتة بشكلٍ موحد في العديد من الأماكن المختلفة.

ولكن ماذا عن أوجه التباين؟ لقد أشار الأستاذان الجامعيّان إلى وجود اختلافات كثيرة بين الأناجيل الأربعة في وصفها للحدث نفسه. إذا كانت هناك اختلافات وجيهة ومتعددة، فالعهد الجديد قد لا يجتاز الاختبار. ولا تنطبق مقولة أرسطو إذا كان هناك سببٌ قويٌّ للشكّ

في العمل الذي هو قيد الفحص.

رُحت أبحث في كل حالةٍ من حالات التباين التي ذكرها الأستاذ في محاضرته. وحلّلتها بنفسي، واستخدمت أيضاً كتاباً مدرسياً يتعامل مع هذا الموضوع بالذات[٤٢]، وفوجئت إذ وجدت أنّ العديد منها له تفسيراتٌ بسيطة جداً. ففي كثيرٍ من الأحيان، عندما يضع أربعة أشخاص مختلفون تقريراً بشأن الحدث ذاته فإنهم سيصفونه بشكل متباين، وسيختارون أنْ يضمّنوا في وصفهم أو يستثنوا منه تفاصيل مختلفة.

يقول متى، على سبيل المثال، إنّ النساء اللواتي وصلن أولاً إلى القبر الفارغ ليسوع رأين ملاكاً واحداً. ويذكر لوقا إنهنّ رأين رجلين «بثياب برّاقة». فأيهما هو الصحيح، رجلان أم ملاك واحد؟ وسرعان ما أدركت أنه يمكن أنْ يكون الاثنان معاً. أي ملاكان بثياب برّاقة عند القبر الفارغ ليسوع، وقد اختار لوقا ألا يستخدم كلمة ملاك مع أنه أشار إليها عندما وصف ثيابهما بأنها «براقة». ومن ناحية أخرى، ربما اختار متى أنْ يركّز ببساطةٍ على الكلمات التي تفوّه بها أحد الملاكَيْن. ولم يحدّد أبداً أنه كان يوجد ملاك واحد فقط.

اكتشفت أيضاً أنّ أوجه التباين هذه لم تكن موجودة في جوهر القصّة، وإنما تناولت تفاصيل جانبيّة صغيرة. واتضّح لي الآن أنّ الأستاذ الجامعيّ كان يعرض جانباً واحداً فقط من القصة. فقد كان يسرد أوجه التباين التي لم تؤثّر على القصة دون أنْ يقدّم لها أية تبريرات محتملة، ثم يستخدمها لكي يطعن في الرسالة الرئيسية. بدا لي كما لو أنه كان يبحث عن سببٍ لرفض العهد الجديد. فلماذا كان يفعل ذلك؟ فلو استمع شخصٌ ما لهذا الأستاذ دون إجراء بحثٍ في الموضوع، لقَبِلَ على الأرجح طَرْحَه بكل بساطة.

كان سيمون غرينليف أستاذاً شهيراً في كلية الحقوق بجامعة هارفارد، وكتب كتاباً يبحث في موثوقية الأناجيل الأربعة من خلال تطبيق قواعد الأدلّة المستخدمة في نظام المحكمة. وبعد أنْ فحص أوجه التباين الموجودة في السير الأربعة لقصة حياة يسوع صرّح بما يلي:

> ***هناك ما يكفي من التباين للاستنتاج بأنّه لم يكن بينهم اتفاقٌ مسبق؛ وفي الوقت عينه هناك ما يكفي من التوافق ليبيّن أنهم كانوا جميعاً رواة مستقلين يتحدّثون عن القضية العظيمة ذاتها.***[٤٣]

كانت أوجه التباين في الواقع تفاصيل إضافية زادها الرواة المختلفون، ويمكن تفسيرها بسهولة. وعلّق قائلاً، إنّه لو كانت الأناجيل الأربعة متشابهة تماماً في تفاصيلها لكانت اتُّهمت بالتواطؤ أو بالنَسْخ بعضها عن بعض.

وهكذا لم تصمد حجّة الأستاذ الجامعي بأنّ التباين بين الأناجيل الأربعة يدعونا للشك في صحّة تأليفها وأصالتها. وبصراحة لم أرَ مشكلةً في هذا الجزء من اختبار الأدلة الداخلية.

أما الجانب التالي الذي كان يجب تقييمه فيتعلّق بكتّاب العهد الجديد أنفسهم وقدرتهم على نقل الحقيقة، واحتمال تزويرهم للمعلومات.

٢. *كُتّاب الأناجيل الأربعة*

يعلّق النقّاد أهمية كبيرة على هويّة المؤلّف الأصلي لمطلق أية وثيقةٍ تاريخية. ما مدى قدرته على نقل الحقيقة؟ ما مدى قربه من الأحداث التي كان يصفها؟ إنّ شهادات شهود العيان هي بالطبع أفضل من غيرها، لأنّها من الناحية التاريخيّة أقرب ما يمكن من الأحداث التي دارت كما أنّها سبب رئيسي في قبول شرعية النصوص التاريخيّة المدوّنة بشأنها.

هكذا فالسؤال الحاسم بالنسبة للعهد الجديد هو، «هل كانت الأناجيل الأربعة بالحقيقة شهاداتٍ لشهود عيان؟» يعلن العهد الجديد بأنّه مكتوبٌ من قبل شهودِ عيانٍ أو أشخاص مثل لوقا الذي جمع اختبار أقوال شهود العيان، ولكن الأستاذ الجامعيّ تحدّى هذا الادّعاء بشدة. كنت بحاجةٍ أيضاً إلى معرفة الجواب لسؤالنا، «هل كان كتّاب العهد الجديد متحيّزين بسبب معتقداتهم الدينية؟ وهل دوّنوا يا ترى قصص حياة يسوع بطريقةٍ مزيّفة من أجل كسب الأتباع ونشر دينهم الجديد؟» فإذا كانت القصص ملفّقة ومعدّلة من قبل بعض المتديّنين فإنّه لا يهمّ عندها عدد النسخ الموجودة منها، ولا كيف أنّها حُفِظت بشكلٍ جيّد، أو حتى لو كانت متناغمة داخلياً.

كان هذا الأمر شديدَ الأهميّة بالنسبة لي. فالنصوص التي كنت أتعامل معها تتحدّث عن شخصٍ يصرّح بأنه الله، ويحمل معه الأجوبة بشأن الأبديّة. لذا كان لزاماً عليّ أنْ أتمكن من الوثوق بمتى ومرقس ولوقا ويوحنا على أنّهم هم أنفسهم مسؤولون عن تدوين الأناجيل المنسوبة إليهم تدويناً دقيقاً. لقد صرّح أستاذ الجامعة بأنّ أيّاً من الأناجيل الأربعة لم يتضمّن اسم المؤلف، وادعى أنّ هذه أضيفت في وقتٍ لاحق. فما هي الأدّلة التي تدعم أو تدحض صحّة تدوينهم لتلك الأسفار؟

شهادة الكنيسة الأولى

وجدت في أبحاثي أنّ الكنيسة الأولى شهدت بأنّ هؤلاء الرجال كانوا بالحقيقة كتّاب الأناجيل، وقد ضمّنت ذلك في وثائقها بوضوح.[٤٤] لم يكن هذا هو الدليل الأخير على كونهم الكتّاب، وإنما كان توثيقاً لهذا الواقع. فقد ذكر عددٌ من آباء الكنيسة الأوّلين أسماء كتّاب

العهد الجديد في كتاباتهم. إلا أنّ هؤلاء الرجال كانوا مسيحيّين، ويمكن أنْ يتّهمهم بعض الناس بالانحياز.

بعد ذلك وجدت حقيقةً مثيرة للاهتمام تبيّن بأنّ هؤلاء المسيحيّين الأوائل لم يقبلوا مطلق أية كتاباتٍ على أنها أسفارٌ مقدّسة حتى ولو كانت تصرّح بأنّ كاتبها هو رسولٌ ليسوع المسيح. فمن الملفت أنّ الكنيسة الأولى فنّدت كتاباتٍ عديدة أخرى تزعم أنّ الرسل كتبوها، وكانت أسماؤهم الفعلية ملصقة بها، ورَفَضَتْها لأنّ المؤمنين الأوائل قرّروا أنّ هذه الأسفار غير أصيلة.[٤٥]

وجدتُ هذا الأمر على شيءٍ من الغرابة. فالكنيسة قبلت الأناجيل الأربعة كما كتبها متى ومرقس ولوقا ويوحنا مع أنّ أسماءهم لم تُذكّر على كتاباتهم، ولكنّها رفضت «الأناجيل» الأخرى التي كانت أسماؤهم مكتوبة عليها. لذا تُعتبر هذه شهادة قوية على أنّ الكنيسة كانت حذرة وحريصة جداً في قبول مطلق أي ادّعاء بالتأليف على أنّه أصيل. ولكن تبقى فرصة الانحياز موجودة ومع ذلك شعرت بارتياحٍ أكبر الآن من جهة هذه الأسفار.

واكتشفت أيضاً أنه لم يوجد في التاريخ ما يناقض ذلك الادّعاء. فلم يكن هناك جدل قائم بشأن مؤلّفي الأناجيل الأربعة. ولم يشكّك أحدٌ في تلك الفترة في هويّة كاتبيها. وشعرت أنه من الغريب ألا يوجد أي تفنيد لتأليف الأناجيل الأربعة أو شرعيّتها لأنّ المسيحية كانت مثيرة للجدل وقد لقيت معارضة شرسة.

وإذا كان متى ومرقس ولوقا ويوحنا لم يكتبوا هذه الأناجيل فإنّ المتآمرين لم يحسنوا اختيارهم للكتّاب المزوّرين. فلا شكّ أنّ كثيرين من الناس كانوا يكرهون متى، جابي الضرائب لأنّ جباة الضرائب كانوا محتقَرين حتى من قبل اليهود زملائهم، فلمَ اختياره ككاتب؟ كما كان مرقس تلميذاً لبطرس ويُفترَض أنه كتب سِجّل بطرس لحياة يسوع. ولوقا لم يكن معروفاً خلال حياة يسوع، ولم يكن يهودياً على الأرجح. فلمَ لا يختار أتباع يسوع بطرس الذي يحمل اسمه وسمعته وزناً وشهرة كبيرين؟ إذا كانوا سيزوّرون الكتابات فلم لا يضعون أيضاً اسم المؤلف ضمن النصّ؟ فهذا سيكون بمثابة دافع وأسلوب أفضل، ويجعل التزوير أحسن.

شهادة شهود العيان

لم أعثر حتى الآن على أي سببٍ واضح لرفض أصالة التأليف للأناجيل الأربعة. ففي التاريخ توثيقٌ واضح بأنّ هؤلاء الكتّاب الأربعة كانوا المؤلّفين ولا يوجد ما يؤيّد عكس ذلك. كما أنّ متطلّبات التزوير لا تتناسب مع الكتّاب المفترضين. وقد ذكر كاتبا إنجيل لوقا

وإنجيل يوحنا بشكلٍ مباشر بأنهما كانا نفساهما شاهدَيْ عيان أو تلقّيا تصريحات من شهود عيان. وكاتب إنجيل يوحنا، على سبيل المثال، ينصّ بوضوح على أنه كان شاهد عيان.

وَآيَاتٍ أُخَرَ كَثِيرَةً صَنَعَ يَسُوعُ قُدَّامَ تَلاَمِيذِهِ لَمْ تُكْتَبْ فِي هذَا الْكِتَابِ. وَأَمَّا هذِهِ فَقَدْ كُتِبَتْ لِتُؤْمِنُوا أَنَّ يَسُوعَ هُوَ الْمَسِيحُ ابْنُ اللهِ، وَلِكَيْ تَكُونَ لَكُمْ إِذَا آمَنْتُمْ حَيَاةٌ بِاسْمِهِ.

هذَا هُوَ التِّلْمِيذُ الَّذِي يَشْهَدُ بِهذَا وَكَتَبَ هذَا. وَنَعْلَمُ أَنَّ شَهَادَتَهُ حَقٌّ (يوحنا ٢٠: ٣٠- ٣١؛ ٢١: ٢٤).

كما أكّد يوحنا في إحدى رسائله التي كانت أيضاً جزءاً من العهد الجديد بما يلي:

اَلَّذِي كَانَ مِنَ الْبَدْءِ، الَّذِي سَمِعْنَاهُ، الَّذِي رَأَيْنَاهُ بِعُيُونِنَا، الَّذِي شَاهَدْنَاهُ، وَلَمَسَتْهُ أَيْدِينَا، مِنْ جِهَةِ كَلِمَةِ الْحَيَاةِ. فَإِنَّ الْحَيَاةَ أُظْهِرَتْ، وَقَدْ رَأَيْنَا وَنَشْهَدُ وَنُخْبِرُكُمْ بِالْحَيَاةِ الأَبَدِيَّةِ الَّتِي كَانَتْ عِنْدَ الآبِ وَأُظْهِرَتْ لَنَا. الَّذِي رَأَيْنَاهُ وَسَمِعْنَاهُ نُخْبِرُكُمْ بِهِ، لِكَيْ يَكُونَ لَكُمْ أَيْضًا شَرِكَةٌ مَعَنَا. وَأَمَّا شَرِكَتُنَا نَحْنُ فَهِيَ مَعَ الآبِ وَمَعَ ابْنِهِ يَسُوعَ الْمَسِيحِ. وَنَكْتُبُ إِلَيْكُمْ هذا لِكَيْ يَكُونَ فَرَحُكُمْ كَامِلاً. (١ يوحنا ١: ١- ٤).

ويصرّح بوضوح كاتب الإنجيل الذي يحمل اسم لوقا، في الجمل القليلة الأولى، أنّه استخدم روايات شهود عيان، وتأكّد منها شخصياً.

«إِذْ كَانَ كَثِيرُونَ قَدْ أَخَذُوا بِتَأْلِيفِ قِصَّةٍ فِي الأُمُورِ الْمُتَيَقَّنَةِ عِنْدَنَا، كَمَا سَلَّمَهَا إِلَيْنَا الَّذِينَ كَانُوا مُنْذُ الْبَدْءِ مُعَايِنِينَ وَخُدَّامًا لِلْكَلِمَةِ، رَأَيْتُ أَنَا أَيْضًا إِذْ قَدْ تَتَبَّعْتُ كُلَّ شَيْءٍ مِنَ الأَوَّلِ بِتَدْقِيق، أَنْ أَكْتُبَ عَلَى التَّوَالِي إِلَيْكَ أَيُّهَا الْعَزِيزُ ثَاوُفِيلُسُ، لِتَعْرِفَ صِحَّةَ الْكَلاَمِ الَّذِي عُلِّمْتَ بِهِ». (لوقا ١: ١- ٤).

صحيح أنّ ما سبق لم يحدّد لي من كتب هذه الأسفار بالفعل، ولكن كان يمكن للخصوم أنْ يتحقّقوا من هذه الكتابات بسهولةٍ إبّان الوقت الذي كُتِبت فيه. فإذا كان يسوع قد صنع فعلاً في فلسطين جميع هذه المعجزات التي سجّلها العهد الجديد، فإنّ أعداداً كبيرة من الناس قد شُفيت وعاينت خدمته، مما جعل ذلك أكبر حدثٍ في كل تاريخ البشرية.

فلو كانت هذه الكتابات مفبركة وكاذبة لكان تصريح لوقا غبياً ولا يصمد في أيام الكنيسة الأولى التي كانت تواجه المقاومة. لا شكّ أنّ لوقا الطبيب سافر مع بولس، وكانت له فرصة كافية للسفر إلى فلسطين وإجراء أبحاثه ومقابلاته. فقد لاحظ لوقا أنّ العديد من الناس بدأوا بكتابة رواياتٍ عن حياة يسوع، وهذا يعني أنه بحث ووجد الكثير من المواد التي يتعيّن فحصها. لقد كانت هذه روايات شهود عيان تناقلوها بدءاً من الأوائل الذين كانوا تلاميذ ليسوع والناس الذين عاينوا يسوع. وإذا كان يسوع قد فعل هذه المعجزات حقاً، وكان فعلاً هو الله، فلا شكّ أن عشرات الأشخاص أرادوا أنْ يوثّقوا ما حدث. وكان من السهل عليّ أنْ أتخيل نفسي مكانهم وأدرك أنّ هذا هو الشيء الطبيعي الذي يُعمَل.

لغة لوقا الطبية

لو كان لوقا هو الذي كتب إنجيله وسفر أعمال الرسل مثلما تعتقد المسيحية، فإنّ المرءِ يتوقّع أنْ يكون قد استخدم مصطلحاتٍ طبية. ولكوني طبيباً فإنني أعلم أننا نرغب في استخدام المصطلحات الطبية، حتى في حياتنا اليومية، لأنها يمكن أنْ تكون وصفية للغاية ومعبّرة. وتبيّن لي أنّ رجلاً يُدعى وليم كيرك هوبارت كتب عام ١٨٨٢ كتاباً بعنوان «لغة القدّيس لوقا الطبية».[٤٦] وأظهر أنّ سفري لوقا وأعمال الرسل مليئان فعلاً باللغة الطبيّة التي لا توجد في أي مكانٍ آخر في العهد الجديد.

فقد استخدم لوقا، على سبيل المثال، الكلمة اليونانية autoptes في الآية الثانية من الفصل الأول، وهي تُترجَم «شاهد عيان». والكلمة مصطلح طبّي يُستخدَم لوصف شخص ما يرى الأمور بنفسه عن طريق الملاحظة المباشرة. ومن تلك الكلمة اليونانيّة تأتي الكلمة الإنكليزيّة، «autopsy» (أي «تشريح»). ويمتلئ سفرا لوقا وأعمال الرسل بشكل فريد بكلماتٍ مماثلة لهذه لا تُستخدَم في أي مكان آخر في العهد الجديد. وترد هذه الكلمات في هذين السفرين فقط.

هذا لم يثبت لي أنّ لوقا كتب فعلاً هذين الكتابين، ولكنه أثبت لي أنه من كتبهما كان على الأرجح طبيباً. وبدا احتمال كون ذلك مصادفةً احتمالاً مستبعداً. وهذا جزءٌ هام من الأدلة الداخلية للعهد الجديد. ولن يتمكن أحدُ الكتّابِ اللاحقين من النجاح في محاولةِ تزويرِ القصص أو ابتكارها بدافع الانحياز الديني.

٣. يسوع – *هل هو أسطورة أم اختراع دينيّ؟*

لم أتمكّن من العثور على أي دليلٍ يُعتمَد عليه للقول بأنّ الأناجيل الأربعة لم يكتبها متى ومرقس ولوقا ويوحنا. وفي الواقع، تثبت الظروف والحقائق أنهم هم الذين كتبوها. أمّا الناحية الأخيرة التي بقي عليّ فحصها فتتعلّق بمحتوى الأناجيل الأربعة. هل اخترع كتّاب الأناجيل الأربعة تعليم القيامة والمسيحيّة؟ هل كان يسوع نتاج الأساطير والقصص التي تناقلها الناس المتديّنون، مثلما أكّد أستاذ الجامعة؟ هذا الموضوع على شيءٍ من الأهميّة لأنه حتى لو كان المؤلّفون شهود عيان أصيلين، وشهادتهم صحيحة، فلن تنجح الأناجيل في اختبار الأدلة الداخلية إذا زوّر الكتاب معلوماتهم.

يقترح ماكدويل وآخرون أنه من غير المحتمل أن يتمكّن شخصٌ من النجاح في تمرير الكذب بشأن الحقائق، لأنّ أسفار متى ومرقس ولوقا كُتِبت في الفترة التي كان فيها شهود

العيان على الأحداث الموصوفة لا يزالون على قيد الحياة، بمن فيهم شهود العيان الذين كانوا يرغبون في القضاء على المسيحية. فلو حدث ذلك لكان معارضو المسيحية قادرين على دحض المعلومات المكتوبة في الأناجيل وتكذيبها. فقد رأى كثيرون من الناس في فلسطين معجزات المسيح، وسمعوا تعاليمه، وكانوا في موقعٍ يمكّنهم من التحقّق مباشرة مما كتب أو تحدّيه.

في الحقيقة توقّعتُ أنْ أجد بعض الأدلة لدى معارضي المسيحيّة تتحدّى ما أكّده رسل يسوع، ولكنني لم أجد أياً من ذلك! لم أجد أية أدلةٍ على تعرّض تأليف الأناجيل الأربعة أو محتواها لتحدّي أيّ إنسانٍ أو طعنه فيها. فالتاريخ صامتٌ بهذا الشأن، وهذا ما أثار دهشتي، إذ إنّ الأناجيل الأربعة سجّلت المعجزات المفترض حصولها بالإضافة إلى قيامة يسوع المسيح. وهذه الحوادث لم تكن أحداثاً تاريخية يومية طبيعية. ويتوقّع المرء وجود نوع من التحدّي أو الدحض لهذه المزاعم إذا كانت مغايرة للحقيقة التاريخيّة.

إلا أن الرسل ذهبوا إلى ما هو أبعد من ذلك، فقد واجهوا خصومهم مؤكّدين أنهم كانوا على إلمام بصحّة هذه الأمور.

«أَيُّهَا الرِّجَالُ الإِسْرَائِيلِيُّونَ اسْمَعُوا هذِهِ الأَقْوَالَ: يَسُوعُ النَّاصِرِيُّ رَجُلٌ قَدْ تَبَرْهَنَ لَكُمْ مِنْ قِبَلِ اللهِ بِقُوَّاتٍ وَعَجَائِبَ وَآيَاتٍ صَنَعَهَا اللهُ بِيَدِهِ فِي وَسْطِكُمْ، كَمَا أَنْتُمْ أَيْضًا تَعْلَمُونَ». (أعمال ٢:٢٢)

كان عليّ أنْ أقرّ بأنّ العهد الجديد يؤكّد على أنّ القادة الدينيين اليهود عاينوا شخصياً معجزات يسوع وامتحنوها. فقد أجروا مقابلة مع الرجل الذي وُلِد أعمى وشفاه المسيح وردّ له بصره. وكذلك استجوبوا والديه ليتأكّدوا من أنه وُلِد أعمى.[٤٧] ويسجّل إنجيل يوحنا أنّ اليهود أرادوا أن يقتلوا لعازر بعد قيامته من الموت لأنّ قيامته سبّبت إيمان الكثيرين من اليهود بالمسيح.[٤٨] ويروي سفر أعمال الرسل قصة شفاء الرجل المُقعَد على باب الهيكل على يد الرسولين بطرس ويوحنا.[٤٩] وقد ألقاهما القادة الدينيّون في السجن وقالوا ما يلي:

«فَلَمَّا رَأَوْا مُجَاهَرَةَ بُطْرُسَ وَيُوحَنَّا، وَوَجَدُوا أَنَّهُمَا إِنْسَانَانِ عَدِيمَا الْعِلْمِ وَعَامِّيَّانِ، تَعَجَّبُوا. فَعَرَفُوهُمَا أَنَّهُمَا كَانَا مَعَ يَسُوعَ. وَلكِنْ إِذْ نَظَرُوا الإِنْسَانَ الَّذِي شُفِيَ وَاقِفًا مَعَهُمَا، لَمْ يَكُنْ لَهُمْ شَيْءٌ يُنَاقِضُونَ بِهِ. فَأَمَرُوهُمَا أَنْ يَخْرُجَا إِلَى خَارِجِ الْمَجْمَعِ، وَتَآمَرُوا فِيمَا بَيْنَهُمْ قَائِلِينَ: «مَاذَا نَفْعَلُ بِهذَيْنِ الرَّجُلَيْنِ؟ لأَنَّهُ ظَاهِرٌ لِجَمِيعِ سُكَّانِ أُورُشَلِيمَ أَنَّ آيَةً مَعْلُومَةً قَدْ جَرَتْ بِأَيْدِيهِمَا، وَلاَ نَقْدِرُ أَنْ نُنْكِرَ. (أعمال ٤:١٣-١٦).

كان يمكن الطعن بشدةٍ في بيانٍ من هذا النوع، وفضح كذبه، لو كانت القصة مختلَقة.

كان بمقدور القادة الدينيّين اليهود أن يزعموا بسرعةٍ أنّ هذا الأمر لم يحدث أبداً، ولكنّهم لم يفعلوا ذلك. أيقنتُ أنّ صمت القادة الدينيّين مثيرٌ للاهتمام. وأدركت أنّ صمتهم يسهل تفسيره إذا كانوا حقاً قد شاهدوا معجزات المسيح. لم يسبق لي أنْ فكّرت في هذه الأحداث في الكتاب المقدّس بهذه الطريقة إلى أنْ سلّط جوش ماكدويل عليها النور. وكان هذا دليلاً قوياً ضدّ احتمال احتواء الأناجيل الأربعة على معلوماتٍ مزوّرة أو مبالغ فيها، ولكنني لم أكتفِ بهذا.

ما كان بلا معنى أيضاً هو اتّهام المسيحيّين اللاحقين باختلاق عقيدة القيامة، فما الفائدة التي تُجنى أو الهدف من وراء ذلك الادّعاء؟ وما الدافع له؟ فعقيدتهم تجزم بأنّ القيامة ركن أساسي لها، ويؤكّد الرسول بولس نفسه أنه إن لم يكن المسيح قد قام من الأموات فالمسيحية باطلة.

فَإِنْ لَمْ تَكُنْ قِيَامَةُ أَمْوَاتٍ فَلاَ يَكُونُ الْمَسِيحُ قَدْ قَامَ! وَإِنْ لَمْ يَكُنِ الْمَسِيحُ قَدْ قَامَ، فَبَاطِلَةٌ كِرَازَتُنَا وَبَاطِلٌ أَيْضًا إِيمَانُكُمْ، وَنُوجَدُ نَحْنُ أَيْضًا شُهُودَ زُورٍ للهِ، لأَنَّنَا شَهِدْنَا مِنْ جِهَةِ اللهِ أَنَّهُ أَقَامَ الْمَسِيحَ وَهُوَ لَمْ يُقِمْهُ، إِنْ كَانَ الْمَوْتَى لاَ يَقُومُونَ. لأَنَّهُ إِنْ كَانَ الْمَوْتَى لاَ يَقُومُونَ، فَلاَ يَكُونُ الْمَسِيحُ قَدْ قَامَ. وَإِنْ لَمْ يَكُنِ الْمَسِيحُ قَدْ قَامَ، فَبَاطِلٌ إِيمَانُكُمْ. أَنْتُمْ بَعْدُ فِي خَطَايَاكُمْ! إِذًا الَّذِينَ رَقَدُوا فِي الْمَسِيحِ أَيْضًا هَلَكُوا! إِنْ كَانَ لَنَا فِي هذِهِ الْحَيَاةِ فَقَطْ رَجَاءٌ فِي الْمَسِيحِ، فَإِنَّنَا أَشْقَى جَمِيعِ النَّاسِ. وَلكِنِ الآنَ قَدْ قَامَ الْمَسِيحُ مِنَ الأَمْوَاتِ وَصَارَ بَاكُورَةَ الرَّاقِدِينَ. (١ كورنثوس ١٥:١٣-٢٠).

كما إنّ بولس لم يهتدِ إلى المسيح عن طريق مسيحيين آخرين، ولم يكن شخصاً آمن بقيامة المسيح بطريقةٍ ساذجة استناداً على تقاليد سمعها، وإنما صرّح بأنه قد رأى يسوع المقام في الجسد. لذا رحت أتساءل، لو لم تحدث القيامة، فما الذي كان يدعو بولس للادّعاء بأنّ يسوع أقيم من الموت، ومن ثمّ ينادي بأنّ المسيحية باطلة بدون القيامة.

ثم طرأ لي خاطر آخر وهو أنّ الكنيسة المسيحية الأولى لم يصبح لديها العهد الجديد كما نعرفه اليوم إلاّ بعد سنوات عديدة. و»الكتاب المقدّس« الذي كان بين أيديهم هو الأسفار المقدّسة العبرية القديمة التي تحدّثنا عنها سابقاً. ويسجّل العهد الجديد أنّ العديد من الناس آمنوا بيسوع المسيح بناءً على تتميمه لنبوءات الأسفار المقدّسة العبرية عن المسيّا. وبكلام آخر، فإنّ العديد من الناس اهتدوا للمسيح دون أنْ تكون الأناجيل الأربعة بين أيديهم ليقرأوها ويدرسوها ويحلّلوها. وعندما أخبرهم آخرون عن يسوع، فإنما علّموهم من الأسفار المقدّسة العبرية.

أي إنّ الأسفار المقدّسة العبرية كانت الحجة المقنعة والشرعية للجيل الأول من المهتدين. وقد رأيت بنفسي كيف أنّ هذه النبوءات عن المسيّا تحقّقت بشكلٍ فريد رغم كل

صعوبات الاحتمالات. وقد كانت قوية جداً لأنها دوّنت بشكل مستقل عن قصص العهد الجديد، وقبل أربعمائة سنة على الأقل. وهذا يتناقض بشكل مباشر مع فكرة الأستاذ الجامعيّ بأنّ عقيدة المسيحية هي نتيجة لخرافةٍ وأسطورة أنشأها المتديّنون على مدى سنوات عديدة.

إذا كان المتديّنون قد اخترعوا عقيدة المسيحية بعد سنوات عديدة، فكيف يمكن أنْ أفسّر كون هذا المذهب الأساسيّ نفسه موضوع النبوّات والصور الرمزيّة في جميع أجزاء الأسفار العبرية؟ كان الأمر سيختلف تماماً لو ادّعى الناس، من دون أي أساسٍ كتابيّ، بأنّ الله زار الأرض، ومات من أجل خطايانا، ثم أقيم من الأموات. ولكان هذا الدين الجديد المفاجئ أكثر شبهة لو لم يكن له أي أساسٍ أو خلفية على الإطلاق.

ولكنّ ما عرفته وتحقّقت منه بنفسي هو أنّ المسيحية يمكنها، وبشكل مقنع، أنْ تجد أصولها وجذورها في سائر أجزاء الأسفار المقدّسة العبرية لأنّ شخصيّة يسوع تتطابق تماماً مع هوية المسيح المتنبأ عنه فيها. حتى إنّ رموز ذبيحة الخطية البديليّة موجودةٌ جميعها في الأسفار المقدسة العبرية. وهكذا فإنّه مغالطة كبيرة أنْ نقول إنّ يسوع كان خرافة أو أسطورة تشكّلت على مدى سنوات عديدة.

ينصّ العهد الجديد على أنه يستند بكامله على النبوءات والصور الرمزيّة الموجودة في الأسفار المقدّسة العبرية القديمة. وقد شهِدَ المسيحيّون الأوائل استعلان الذي كتب عنه الأنبياء قبل أكثر من أربعمئة سنة من مجيئه. ولأني كنت قادراً على التحقّق من صحة هذه النبوءات والصور، وشرعيّتها، والطريقة الفريدة التي بها تمّمها يسوع، استبعدت نظرية الخرافة أو الأسطورة التي قد تكون تشكّلت عبر السنين. فلا يمكنك أنْ تقول عن شيء ما أنه مختلَق بعد سنوات عديدة عندما تكون القصة الأساسيّة والتعليم الرئيسي اللذين تنتقدهما قد جرى التنبؤ عنهما قبل مئات السنين من حدوثهما.

واتّضح لي تماماً أنّ الأستاذين تجنّبا مناقشة أي شيء من هذا، وتصرّفا وكأن هذه النظريّات والعقائد ظهرت فجأة بعد موت المسيح بسنين عديدة، وتفوّها بتصريحاتٍ كهذه دون أي أساس، ولكنني صرت مقتنعاً بعد كل الذي أجريته من تحاليل بأنّ العهد الجديد لا يمكن عزله عن الأسفار المقدّسة العبرية (العهد القديم) في الوقت الذي يدّعي فيه العهد الجديد أنه يستند كلياً على تحقيقها. فهذان الأستاذان تجاهلا الأدلة من الأسفار المقدّسة العبرية تماماً.

«فَإِنَّنِي سَلَّمْتُ إِلَيْكُمْ فِي الأَوَّلِ مَا قَبِلْتُهُ أَنَا أَيْضًا: أَنَّ الْمَسِيحَ مَاتَ مِنْ أَجْلِ خَطَايَانَا حَسَبَ الْكُتُبِ، وَأَنَّهُ دُفِنَ، وَأَنَّهُ قَامَ فِي الْيَوْمِ الثَّالِثِ حَسَبَ الْكُتُبِ» (١ كورنثوس ١٥: ٣-٤).

لقد صرح المسيحيّون الأوائل بأنّ موت المسيح وقيامته كانا «حسب الكتب». وأدركت

أنّ بولس كان دائماً يستشهد بالأسفار العبرية القديمة حين يتحدّث للناس عن المسيح. فقد كتب بولس سفراً في العهد الجديد دُعِيَ باسم رومية (روما) يعتبره كثيرون أهمّ الأسفار التعليميّة في الكتاب المقدّس. واقتبس بولس من العهد القديم ٧٢ مرة في هذا السفر. وفي العهد الجديد بأكمله ما لا يقلّ عن ٣٤٣ اقتباس من العهد القديم و٢٣٠٩ تلميحات لها، ومع ذلك فإنّ الأستاذين الجامعيين ادّعيا بأنّ المسيحية هي نتاج أسطورةٍ وقصة تروى![٥٠] إنّ مجرد اقتباس الأسفار المقدسة لا يثبت بالضرورة أي شيء، ولكنه من الواضح أنّ تعليم الرسل كان مرتبطاً ارتباطاً وثيقاً بالعهد القديم.

لا بدّ لي من الاعتراف بأنّني دهشت لما وجدت في النبوءات كل التفاصيل تقريباً عن المسيح ما خلا اسم يسوع. ولم أستطع أنْ أبيّن أنّ المسيحيين كانوا يقرأون في هذه الأسفار ما أرادوا أنْ يروه لأنّ النبوءات والصور كانت دقيقة وواضحة. فاتهامهم بأنّ تعليمهم هو نتاج أسطورةٍ وروايةٍ قصصية هو اتهامٌ بلا معنى.

لقد صرّح يسوع أنه هو إله اليهود المكتوب عنه في الأسفار العبرية!

«فَقَالَ لَهُ الْيَهُودُ: «لَيْسَ لَكَ خَمْسُونَ سَنَةً بَعْدُ، أَفَرَأَيْتَ إِبْرَاهِيمَ؟» قَالَ لَهُمْ يَسُوعُ: «الْحَقَّ الْحَقَّ أَقُولُ لَكُمْ: قَبْلَ أَنْ يَكُونَ إِبْرَاهِيمُ أَنَا كَائِنٌ». فَرَفَعُوا حِجَارَةً لِيَرْجُمُوهُ. أَمَّا يَسُوعُ فَاخْتَفَى وَخَرَجَ مِنَ الْهَيْكَلِ مُجْتَازًا فِي وَسْطِهِمْ وَمَضَى هكَذَا. (يوحنا ٨:٥٧-٥٩)

تعلّمت من كتابي المقدّس الدراسيّ أن تعبير «أنا هو» هو اسم الله الذي أعطاه لموسى.

فَقَالَ مُوسَى للهِ: «هَا أَنَا آتِي إِلَى بَنِي إِسْرَائِيلَ وَأَقُولُ لَهُمْ: إِلهُ آبَائِكُمْ أَرْسَلَنِي إِلَيْكُمْ. فَإِذَا قَالُوا لِي: مَا اسْمُهُ؟ فَمَاذَا أَقُولُ لَهُمْ؟» فَقَالَ اللهُ لِمُوسَى: «أَهْيَهِ الَّذِي أَهْيَهْ». وَقَالَ: «هكَذَا تَقُولُ لِبَنِي إِسْرَائِيلَ: أَهْيَهْ أَرْسَلَنِي إِلَيْكُمْ». (خروج ٣:١٣-١٤).

قال يسوع لليهود إنه هو «أهيه» (أكون) العظيم، أي إلههم، ولهذا السبب حاولوا أنْ يرجموه. ومع أنّني لم أعتبر القول صحيحاً أو أقتنع بالموضوع لمجرّد تصريح يسوع به، إلاّ أنّني لم أستطع أنْ أتجاهل الاتصال الحميم بين العهد الجديد والأسفار العبرية القديمة. هذا قضى نهائياً على احتمال كون تعليم العهد الجديد قد جاء نتيجة لأسطورةٍ أو روايةٍ تشكّلت على مدى سنواتٍ عديدة.

مع أنّني لم أكن على وشك أنْ أصبح متعصّباً دينيّاً، إلاّ أنّني في الوقت نفسه لم أشأ أنْ أتخلى عما لديّ من منطقٍ متجاهلاً الحقائق.

أزعجني الأستاذان الجامعيّان لأنهما كانا يعلّمان موضوعاً ينطوي على نتائج أبدية ولا يقدّمان جميع الأدلة والحقائق. فإذا كانا يرغبان في إثارة هذه الأسئلة الصعبة فلمَ لا يقدّمان

أيضاً إجابات محتملة؟ لا شكّ أنهما كانا يتوقّعان الاعتراضات، وقد حضّرا الردود عليها. ومع أنني لم أحصّل درجة في الدراسات الدينية، إلا أنني وجدت الكثير من الحقائق الرئيسية والتفسيرات البديلة التي أهملاها بشكلٍ يناسبهما.

باختصارٍ، وجدت أنّ العهد الجديد اجتاز اختبار الأدلة الداخلية. وكان هذا غريباً بالفعل لأنني كلما تحرّيت أكثر أصبحت القضية مقنعةً أكثر، وهذا ما لم أكن أتوقّعه على الإطلاق. ففي البداية، بدا العهد الجديد لي مثل القصص الخيالية الدينية ولكنني كنت أكتشف أنه مؤسّس فعلاً على أسسٍ تاريخية وتحليلية ثابتة جداً. لم تكن الأخطاء والتغييرات كبيرة، ولم تكن التناقضات تناقضاتٍ حقيقية على الإطلاق، بل إنّ النبوءات والصور أثبتت وجود تناغمٍ مذهل بين الأسفار العبرية والعهد الجديد.

لم أتمكن من العثور على أية أدلةٍ موثوق بها للادّعاء بأنّ الأناجيل الأربعة لم يكتبها متى ومرقس ولوقا ويوحنا. لم يكن هناك أي دليل يؤيّد نقيض ذلك، وإنما حججٌ دامغة، لم أقدر أن أغفل عنها، على تأليفهم لهذه الأناجيل. ولم يصمد احتمال تزويرهم لقصصهم بدافع التحيّز الديني أمام الامتحان، مع أنّ الأمر بدا للوهلة الأولى تفسيراً واضحاً. وما غدا مقنعاً هو غياب الدافع المنطقيّ لفعل ذلك، ووجود شهودٍ من الأعداء الذين ظلّوا صامتين، حتى عندما تحدّاهم الذين أرادوا هم تدميرهم. كما وتضمّنت الأناجيل الأربعة بعض التفاصيل التي كان لا بدّ لمؤلّفٍ سرّي أنْ يتجنّبها، بشكل طبيعيّ، مثل اكتشاف النساء للقبر الفارغ.

وهكذا انهارت نظرية أستاذ الجامعة التي تدّعي بأنّ هذه الروايات الأربعة عن حياة المسيح هي نتيجة أسطورةٍ وقصصٍ تشكّلت على مدى سنوات عديدة. وكان عليّ أنْ أواجه الحقيقة بأنّ يسوع ليس مطابقاً لهوية المسيح المكتوب عنه قبل أكثر من أربعمئة سنة وحسب، ولكنّ تعليم العهد الجديد مؤسّسٌ أيضاً على تلك الأسفار نفسها. كان صعباً عليّ أنْ أتقبّل ذلك لأنه كان يبدو مستحيلاً. ثم انتقلت أخيراً إلى الاختبار النهائي.

اختبار الأدلة الخارجية [٥١]

يبحث هذا الاختبار النهائيّ عن المصادر التاريخية الخارجية التي إمّا تؤكّد الأحداث المسجّلة في وثيقةٍ تاريخية معيّنة أو تنفيها. فما هي المصادر التاريخيّة الأخرى الموجودة والتي تحمل مدلولات بشأن أصالة الكتابات قيد السؤال ودقتها؟ هل ذُكِر يسوع في التاريخ خارج العهد الجديد؟ هل يمكن لعلم الآثار وللكتابات القديمة الأخرى أنْ تؤكّد أسماء الأشخاص المذكورين في الكتاب المقدس وأماكنهم؟ بدت لي هذه الأسئلة أنّها ممتازة.

١. *علم الآثار*

أوّل ناحيةٍ فحصتها هي علم الآثار. فوجئت عندما وجدت أنّ هناك كتباً بكاملها توثّق كيفية تأكيد علم الآثار لعددٍ لا يُحصى من الوقائع والأشخاص والأماكن التي ورد ذكرها في الكتاب المقدس.[٥٢-٥٣] واعترتني الدهشة إذ علمتُ أنّه لا يوجد على الإطلاق أي اكتشافٍ أثريّ معروف يثبت خطأً في مرجعٍ في الكتاب المقدس.[٥٤]

وتوجد الآلاف من هذه الاكتشافات! لقد سبق فتعلّمت أنّ لوقا معروف بأنه مؤرّخ ممتاز، والآن رحتُ أتعمّق في دراسة كتاباته.

يُفترَض أنْ يكون لوقا الطبيب قد كتب إنجيل لوقا والسفر الخامس من العهد الجديد المسمّى أعمال الرسل. ويذكر في كتاباته العديد من الأماكن والتواريخ وأسماء الحكام. وقد أكّد علم الآثار كتاباته، وصادق عليها.[٥٥]

فقد كان السير وليام رمساي قد هيّأ نفسه لدحض كتابات لوقا عن طريقة دراسته الشخصية لعلم الآثار، والبحث في النواحي التي ذكرها لوقا. وانتهى به الأمر بأنْ انقلب رأيه تماماً، لا بل أظهر عدداً من الاكتشافات الجديدة التي تدعم النصّ التاريخي الذي دوّنه لوقا. فقد كان عمل لوقا شديد الدقة والتفصيل، الأمر الذي أكّد أنّه كان بلا شكّ معاصراً للأحداث التي كان يصفها.[٥٦]

قرأت عن عدة حوادثٍ شكّك فيها المؤرخون بالنصّ الذي كتبه لوقا وحكموا على عمله بأنه لا يمكن الاعتماد عليه، ولم يؤمنوا ببعض الحقائق التي لم يكن ممكناً إثباتها آنذاك. ولكن في نهاية المطاف، أثبتَتْ اكتشافات علم الآثار اللاحقة صحةَ لوقا، وجعلت المؤرّخين المعاصرين يعكسون مواقفهم، كما أنّ علم الآثار المعاصر أثبت وقائع أخرى في الكتاب المقدس سجّلها كتّاب آخرون.

فعلى سبيل المثال، لم يعتقد كثيرون أنّ بيلاطس البنطيّ، الرجل الذي حكم على يسوع بالصلب، كان شخصية تاريخيّة حقيقية في أيام يسوع. ولكن عام ١٩٦١ عُثِر على حجرٍ منقوش عليه اسمه مما أكّد وجود بيلاطس ولقبه في ذلك الإطار الزمنيّ.[٥٧]

شعرت بالراحة لأنّ علم الآثار يدعم العديد من حقائق الكتاب المقدس. وهو لم يثبت صحّة العقيدة الدينية ولكنه أكّد على أنّ الكتاب دقيقٌ وصادقٌ في توثيقه للناس والأماكن والتواريخ.

٢. *كتابات قديمة أخرى*

انتقلت بعدها إلى الكتابات القديمة الأخرى. فبحثت في الكتابات المسيحيّة أولاً لأرى ما الذي كان متوفراً على الرغم من الاحتمال البديهي بوجود تحيّزٍ فيها. وجدت أنّ عدة نصوص من القرن الثاني تؤيّد صحّة تأليف متى ومرقس ولوقا ويوحنا للأناجيل الأربعة. وقد ذكر بابياس الذي كتب حوالي عام ١٣٠ للميلاد من هيرابوليس (تركيا المعاصرة) أنّ مرقس سجّل معلومات بطرس، وأنّ متى أيضاً كتب أحد الأناجيل.[٥٨]

أما إيريناوس، الذي تعلّم على يدي رجل يدعى بوليكاربوس، الذي كان يعرف الرسول يوحنا شخصياً، فقد دوّنَ اعترافاتٍ قويّة مختصّة بتأليف الأناجيل الأربعة. وصرّح إيريناوس بأنّ «هذه الأناجيل تقوم على أساس ثابت حتى إنّ الهراطقة أنفسهم يشهدون لها».[٥٩] ولا يثبت أيّ من هؤلاء الرجال حقيقة تأليف الأناجيل ولكنهم يوثّقون أنه لم يكن هناك سؤال بشأن صحة هذه الأناجيل آنذاك.

يَرِد اسم يسوع أيضاً في الكتابات القديمة غير المسيحية. فالكتابات اليهودية القديمة المسمّاة التلمود تتّهمه بأنّه كان يمارس الشعوذة، وهذا بحدّ ذاته تأكيد على أنّ يسوع كان يفعل شيئاً فائقاً.[٦٠] كما يدوّن التلمود أنّ يسوع صُلِب يوم الفصح وأنّ القادة الدينيّين أرادوا أن يقتلوه. وتعتبر هذه المعلومة مقنعة بشكلٍ خاص لأنّها كُتبت بيد أناسٍ لم يؤمنوا بأنّ يسوع هو المسيح.

ويذكر تاسيتوس، وهو مؤرخ رومانيّ، حادثة صلب يسوع على يد بيلاطس البنطيّ. ويسجّل أيضاً أنّ المسيحيّين كانوا يؤمنون بـ «خرافة متهوّرة»، المرجّح أنّها إشارة إلى قيامة يسوع من بين الأموات.[٦١] أما يوسيفس، وهو مؤرّخ يهودي عاش في القرن الأول الميلاديّ، فقد كتب الكثير من الكتابات التي تؤكّد تفاصيل تاريخيّة من الكتاب المقدس.[٦٢] وبليني (Pliny) الأصغر، وهو مؤلّفٌ رومانيّ وحاكم في آسيا الصغرى من القرن الأول، يذكر المسيحيين على أنهم كانوا يعبدون يسوع باعتباره الله.[٦٣] وكتب لوسيان، وهو كاتب يونانيّ من القرن الثاني، يتحدّث بسخرية عن المسيحيّين الذين يؤمنون بخلودهم، وعن قائدهم الذي صُلِب.[٦٤]

أمّا منتقدو ماكدويل فقد تحدّوا العديد من هذه المراجع وموثوقيتها. كانت حججهم طويلة ومشبوهة نوعاً ما في نظري. وبدا لي كأنهم كانوا يحاولون أنْ يجدوا أية حجة ممكنة لينالوا منه، ومع ذلك فقد سررت بقراءة وجهات نظرٍ بديلة حول هذا الموضوع.

لقد اجتاز العهد الجديد بحسب تقييمي هذا الاختبار النهائي. فقد وجدت مصادر من

علم الآثار، ومصادر غير مسيحية تدعم دقة نص العهد الجديد، والوصف العام ليسوع، والعقيدة الأولى للمسيحية. وشعرت بانزعاجٍ بسبب التباين بين كمية المعلومات المتاحة بسهولة، بالمقارنة مع عدد المرات التي تعلّمت فيها عنها خلال حياتي، والتي تقارب الصفر. شعرت بأنّه كان ينبغي أنْ يلقّنني أحدٌ هذه المعلومات في مرحلةٍ ما من مراحل دراستي. ولم أسترح لهذا الأمر. لقد أذهلتني هذه المعلومات مع أنني لم أكن مسيحياً. ورحت أتساءل في نفسي، لمَ لا يتحدّث المسيحيون عن هذا الأمر ولمَ لا ينادون به؟ هل هم يعرفون هذه الأمور؟

إعادة تقييم للأستاذَين الجامعيين

اجتاز العهد الجديد بوضوحٍ كافة الاختبارات المستخدمة في التاريخ العاديّ، بل إنه تجاوز الوثائق التاريخية القديمة الأخرى بطريقةٍ مذهلة ومثيرة للدهشة. كان من الغريب بالنسبة لي أنّ ما لدينا من وثائق حول حياة يسوع وأحداثه يفوق ما هو متوفّر عن أي شخص آخر في التاريخ القديم بما لا يقاس. كان الأمرُ صحيحاً بكل تأكيد مع أنّ ذلك لم يبدُ متوقّعاً.

لذلك عزمْتُ في خطوتي التالية على إرسال بريدٍ إلكتروني لأحد الأستاذين الجامعيّين المختصّين بالعهد الجديد اللذين استمعت لهما، واللذين لم يكونا مؤمنين بأنّ العهد الجديد ينطوي على حقيقةٍ تاريخية. فقد صرت الآن أعرف أكثر بكثيرٍ من قبل، وأردت أنْ أرى ماذا ستقول لي الأستاذة الجامعيّة. سألتها، «لماذا لا تؤمنين بالعهد الجديد بأنه صحيح حرفياً كما هو مكتوب»؟ وكانت الأستاذة لطيفة، وأجابتني عن أسئلتي.

ادّعت في جوابها أن كتّاب العهد الجديد لم يكونوا موضوعيّين. وقد أثّرت معتقداتهم الدينية على وجهة نظرهم للحقائق التاريخية. وهذا أدهشني لأنّ تلاميذ يسوع لم تكن لديهم أي فكرة عما سيحدث. وقد تحطّمت معتقداتهم الدينية عندما صُلِب يسوع، فقد كانوا يتوقّعون من المسيح أنْ يكون قائداً عسكريّاً ينقذ إسرائيل من حكم روما، ولم يتوقّعوا أنّ الله في الجسد سيكون ذبيحة عن خطايا العالم. لم يكن تركيز التلاميذ على موضوع الخطية والحياة الأبدية، وإنما على حياتهم الحاضرة. فإذا كانت لديهم أية معتقداتٍ دينية فقد انقلبت رأساً على عقب. فإعلان يسوع بأنه الله كان تجديفاً بالنسبة للنظام الدينيّ اليهوديّ. لذا فإنّ تصريحها هذا لم يكن له أي معنى، ولم ينسجم مع الحقائق.

عند ذلك سألت الأستاذة، «بماذا تؤمنين؟» فقالت إنّه لا يمكن لها أنْ تعرف لأنها لم تكن هناك، ولكن المشكلة هي أنّها لا تدرّس العهد الجديد كمن لا يعرف. فهي لم تَعرِض جميع الحقائق في محاضراتها. أدركْتُ بعدها أنّ موقفها الذي يُختصر بقولها «لا أستطيع أن أعرف» يُدعى اللاأدرية. ويؤمن اللاأدريّون بشكلٍ رئيسيّ بأنهم لا يستطيعون أنْ يعرفوا

الحقيقة عن الله، وهذا ما بدا لي غريباً جدّاً. فإذا كان العهد الجديد مشهوداً له أكثر بما لا يقاس من أية وثائق تاريخية قديمة، فلماذا لا تؤمن الأستاذة به؟ فإذا اعتمدنا الأساليب والمعايير نفسها المستخدمة في توثيق الأحداث التاريخية الأخرى وطبّقناها على العهد الجديد فيتحتّم عندها على أي شخصٍ خبير في هذا المجال أنْ يقرّ بصحّة العهد الجديد. فمعظم الأشياء نقبلها على أنها حقائق عندما تتعلّق باليونان أو روما القديمتين على سبيل المثال، مع أنّ كمية المعلومات والوثائق الداعمة لها محدودةٌ مقارنة بالعهد الجديد، ومع ذلك فإن تلك الأحداث التاريخية لا يُشكِّك أحد فيها.

لدينا على سبيل المثال، عشر نسخ فقط عن حروب قيصر الغالية، وأقدمها كانت بعد تسع مائة سنة من وقوع هذه الأحداث.[٦٥] كتب بروس متزغر «Bruce Metzger»، وهو خبيرٌ في العهد الجديد، *«لقد حُفظت أعمال عدة مؤلّفين قدماء عن طريق النقل لنسخ قليلة جدّاً.... وفي المقابل... يشعر الناقد النصيّ للعهد الجديد بالإحراج بسبب غنى مادته».*[٦٦]

فمن الواضح أنّ المعايير المستخدمة تتغيّر عندما تستخدم لتقييم تاريخ الكتاب المقدّس. لماذا؟ لأنّ تاريخ العهد الجديد يصف الله ومعجزاته وأشياء أخرى كثيرة لا يريد الناس أنْ يؤمنوا بها. وهذا ما جعلني أزداد ارتياباً لأنني قد أيقنت لتوي كيف أنّ توثيق العهد الجديد يفوق بأشواطٍ توثيقَ أي نص آخر من التاريخ القديم.

دعونا ننظر في ادعاء الأستاذة الجامعيّة بأنه لا يمكنك معرفة الحقيقة إذا لم تكن موجوداً هناك. وإليك مثال على ذلك: كيف مات يوليوس قيصر؟

أ. شنق نفسه.

ب. تعرّض لنوبة قلبية في سريره.

ج. طُعِن حتى الموت في مجلس الشيوخ الروماني.

د. تعرّض لحادث عربة.

الجواب الصحيح هو ج، أما الإجابات أ، وب، ود فليست صحيحة. والإجابة الصحيحة تستثني الإجابات الأخرى. نحن كمجتمع لا نقول، «لا يوجد جواب صحيح معروف»، أو «حسناً أن تعتقد أنت أن الجواب هو «أ» وأنْ أعتقد أنا أنّ الجواب هو «د» وأنْ يظنّ آخر أنه «ب»، وحسنٌ أنْ تكون لنا آراء مختلفة في المسألة». فالحقيقة استثنائية بطبيعتها. لقد خيّبت هذه الأستاذة أملي لأنني كنت أعرف أنْ يسوع إما أنّه قام من الموت أو أنّه لم يقم، ولا يمكن إلا أنْ تكون مجموعة واحدة من الأحداث التاريخية قد حدثت على هذه الأرض.

والآن اتضح لي أنّ هذين الأستاذين اللذين استمعت إليهما لم يكونا موضوعيّين على

الإطلاق. فقد تجاهلا تاريخيّة الكتاب المقدس، وأنكر أحدهما ما احتواه العهد الجديد من تعليم صريح عن إعلان يسوع بأنه هو الله. فالمقاييس التي استُخدِمَتْ لتحديد التاريخ القديم غيّراها بشكل مفاجئ ومريب، ربما لأنّ العهد الجديد يحتوي على معجزاتٍ وأحداث خارقة للطبيعة. فهناك خطأ ما لم أعرف ما هو، ولكنني شعرتُ بغرابة الأمر لأنه بدا وكأنه إنكارٌ متعمّد للحقائق الواضحة جاء مدعوماً بهالة الأكاديميا والدرجات والأبحاث العلمية. شعرت بالحقيقة أنّ في الأمر مؤامرة، ولكن لماذا؟

هناك نقطة أخيرة توضّحت أمام عينيّ فلاحظت شيئاً يدعو للضحك يحدث في صفوف الجامعات التي تعلّم العهد الجديد. فقد قال أحد الأستاذين إنّ المؤرّخين لا يمكنهم أنْ يعرفوا أي شيء عن الله، وإنّ المعجزات لا يمكن إثباتها تاريخياً لأنها أقلّ الأشياء احتمالاً. والمشكلة في تصريحه هذا هي أنّ قيامة يسوع من الأموات يُفترَض أنها جاءت نتيجة عمل الله. فإذا كان الأستاذ لا يقدر أنْ يعرف أي شيء عن الله، فهو بالتأكيد لا يستطيع أنْ يقول إنّ القيامة لم تحدث، أو إنها أقل الأشياء احتمالاً. فلا يمكن للمرء أنْ يكون محقاً في كلا الأمرين، أنْ يقول إنّه لا يمكنه معرفة شيء عن الله، وإنّ القيامة لم تحدث لكونها غير محتملة!

ولم أكن آنذاك مؤمناً بيسوع المسيح ولكنني أدركت أنه إذا كان الله موجوداً، فالمعجزات ليست بالحقيقة معجزات، لكنها أمرٌ يسيرٌ جداً في عينيه، وغير مستبعدٍ على الإطلاق. فإيمان الأستاذ وتصريحه نقضا موقفه بالذات! أليس هذا من باب المنطق البحت؟ كنت غاضباً لأنني شعرت بأنني كدت أنْ أَنخدِع. ماذا لو كانت قيامة المسيح صحيحة؟ كان بإمكان هذين الأستاذين أنْ يدمّرا اكتشافي للحقيقة! لقد انزعجت منهما لأنّ الأوساط الأكاديمية سترتّبهما بإعطائهما شرعية مزورة.

وتساءلت في نفسي فيما لو كان الأستاذان يرغبان في تجنّب رفض ألوهية المسيح عن طريق محاولتهما للهروب من حقيقة تصريح المسيح بذلك. وبعبارةٍ أخرى، إذا استطعت أنْ تقنع نفسك بأنّ يسوع لم يعلن البتة بأنه هو الله، فعندها سترفضه وأنتَ تتمتّع بشعورٍ أفضل. كنت أعرف ذلك، والسبب بكل بساطةٍ هو أنني سبق وافتكرت به. فقد كان في داخلي شيء ما يودّ لو أنّني لست مضطراً لاتخاذ قرارٍ بشأن يسوع. فهو يعرض عليّ قراراً لم يسبق لأحدٍ في التاريخ أنْ عرض عليّ مثيله، ولا يقدر أنْ يفعل ذلك. لذا تمنيت في قلبي لو استطعت أنْ أختبئ عن مواجهة هذا القرار. لا بدّ أنْ أعترف أنّني وصلت إلى نقطةٍ حكمْتُ معها على الأستاذين لأنهما لم يقبلا العهد الجديد على أنه تاريخ حرفيّ استناداً إلى المعلومات الساحقة المؤيّدة لذلك، ولكنني أنا نفسي لم أقبله بعد، لماذا؟ ما الذي يمنعني من ذلك؟ لم أكن متأكّداً.

هل كان الأستاذان يحاولان اعتماد اللباقة الديبلوماسيّة في حديثهما ليس إلّا؟ فدعم أحد أساتذة الجامعة بشكل علنيّ ليسوع المسيح على أنه الله قد لا يكون قراراً يحظى بالشعبيّة في عصرٍ صار الناس فيه يرفعون دعاوى قضائية ضد عرض مشهد مغارة بيت لحم خلال عيد الميلاد. واستوقفتني فكرة أخرى فحواها السؤال التالي: *من يا ترى يكرّس نفسه لمهنةٍ معيّنة جلّ ما تسعى إليه هو أنْ تثبت بطلان شيءٍ ما؟* لم أستطع أنْ أفكّر في أية مهنةٍ في العالم ينطبق عليها الأمر. فمن الذي يحصّل شهادة في أمرٍ ما لا يؤمن به؟ كيف يمكن لإنسانٍ ما أنْ يحمل درجة علمية في دراسةِ وثيقةٍ من التاريخ القديم تحظى بأكثر دعمٍ على الإطلاق، وبعد ذلك يدّعي إما أنّه لا يؤمن بها أو أنها غير دقيقة؟

شعرت في داخلي بأنّه يوجد خطأ فادح ما هنا. لم أقدر أنْ أتقبّل وجود سلوكٍ من هذا النوع، وسوء تمثيل للحق في جامعاتنا. فالأساتذة لا يعرضون حتى الأدلة، ولا يسمحون للناس بأنْ يقرّروا لأنفسهم. لقد بحثت الأمر بعقلٍ منفتح وقلبٍ غير متحيّز، مع أنّني انطلقت من موقفٍ معادٍ للمسيحية والكتاب المقدس. وبعدما تأمّلت بهذا كله شعرت بأنني أدركت ما كان يحدث في الواقع.

كانت الأدلة على صحّة العهد الجديد وتمثيله لحقائق تاريخية دقيقة أدلّةً دامغة. وكل ما استطعت أنْ أجده أكّد لي أنّ يسوع قام حقاً من الموت، الأمر الذي لم أكن أتوقعه البتة، ولم أسمع به من قبل. وفكّرت ملياً في التأثيرات التي يمكن أن ترتّبها صحّة هذه الأمور جميعها على عالمنا وعلى ثقافتنا. وهنا اتّضحت لي الدوافع وراء الهجوم على هذا الجزء من التاريخ البشري، وحتى تشويهه. فإذا كان العهد الجديد صحيحاً، فعالمنا قد ابتعد جداً عن قاعدته الرئيسيّة. ورحت أتساءل فيما لو كان ابتعد الإنسان عن الحق بما في الكفاية فهل يدفعه ذلك لفعل أي شيءٍ تقريباً للاختباء عن هذا الحقّ؟ شعرت بالخوف يتسلّل إلى داخلي، وأبعدت الإيمان عنّي للحظةٍ من الزمن.

أقرّ بأنني لم أكن على استعدادٍ لقبول صحة هذه الأمور أيضاً مع أنّ كل شيء، بدءاً من قلبي وحتى أبحاثي، كان يحثني على ذلك. ولكنني كنت مدركاً بأنّ عدم اتخاذي لقرار هو في الواقع رفض ليسوع، وهذه الحقيقة لم تُرِحْني بسبب تصريح المسيح بأنه الله الذي مات لكي يخلّصني. شعرت أنّ جزءاً مني كان يرغب لو أنني أستطيع أنْ أصدّق الأستاذين، وأجد في تعليمهما منفذاً يختبئ فيه ضميري، مع أنني كنت مقتنعاً بأنّ الكتاب المقدّس يستحقّ أقصى درجات التدقيق بسبب ما ينتج عن كون المسيح هو الله.

الأدلّة التي تربح قضيّة المسيح

أردت أنْ أستمع لأشخاصٍ خبراء قد يقدمون أدلة ليس فيها تحيّز. وآخر كتاب قرأته هو «القضيّة... المسيح»، وقد كتبه لي ستروبل.[٦٧] أسَرَني الكتاب على الفور لأنّ «لي» لم يكن في البداية يؤمن بيسوع، وهذا ما هو مألوف بالنسبة لي. كان «لي» مراسلاً صحفياً يتحرى بشأن «قضية المسيح». آمنت زوجته بالمسيح وصار يخشى أنْ تصبح حياته مملّة. كتب يقول، ***كنتُ أخشى أنّها سوف تتحوّل إلى إنسانةٍ مكبوتة جنسياً تستعيض عن حياتنا المتنقلة المترفة بصلواتٍ تدوم طوال الليل، وأعمال طوعيّة في مطابخ وسخة لتحضير الشوربات.***[٦٨]

لم يكن لي ستروبل مسيحياً، وقد تحرّى جميع المعضلات في المسيحية بطريقةٍ غير متحيّزة. كما أجرى مقابلاتٍ في جميع مجالات المسيحية مع ثلاثة عشر عالماً من أرفع العلماء وأكثرهم احتراماً. وتناول كلُّ واحدٍ منهم جانباً مختلفاً من الأدلة الداعمة ليسوع، وأجابه عن أسئلةٍ رئيسية تتعلق به.

ويلخص الجدول التالي كتابَ ستروبل.

نوع الدليل	السؤال الذي أجيب عنه	الخبير الذي تمت مقابلته
١. أدلة شهود العيان	هل يمكن تصديق سِيَر حياة يسوع؟ هل تصمد سِيَر حياته في وجه التدقيق؟	Craig L. Bloomberg, Ph.D. د. كريغ بلومبرغ
٢. أدلة الوثائق	هل حُفِظت سِيَر حياة يسوع لنا بشكل يعتمد عليه؟	Bruce M. Metzger, Ph.D. د. بروس م. متزغر
٣. الأدلة الإضافية	هل توجد أدلة معتمدة عن يسوع خارج سِيَر حياته؟	Edwin M. Yamauchi, Ph.D. د. إدون م ياماًوتشي
٤. الأدلة العلمية	هل يثبت علم الآثار سِيَر حياة يسوع أم يناقضها؟	John McRay, Ph.D. د. جون ماكري
٥. الأدلة الانتقادية	هل يسوع المذكور في التاريخ هو نفسه يسوع موضوع الإيمان؟	Gregory A. Boyd, Ph.D. د. غريغوري إي بويد
٦. الأدلة المتعلقة بالهوية	هل كان يسوع حقاً مقتنعاً بأنه ابن الله؟	Ben Witherington III, Ph.D. د. بن ويذرنغتون الثالث

٧. الأدلة النفسية	هل كان يسوع مختلاً عندما صرّح بأنه ابن الله؟	Gary R. Collins, Ph.D. د. غاري آر كولنز
٨. الأدلة المتعلقة بالصورة العامة	هل أظهر يسوع صفات الله؟	Donald A. Carson, Ph.D. د. دونالد إي كارسون
٩. أدلة البصمات	هل طابق يسوع- ويسوع وحده هوية المسيح؟	Louis S. Lapides, M.Div., Th.M. د. دونالد إي كارسون
١٠. الأدلة الطبية	هل كان موت يسوع مزيفاً، وهل كانت قيامته خدعة؟	Alexander Metherell, M.D., Ph.D. د. ألكسندر ميثيريل (طبيب، دكتوراه)
١١. الأدلة على اختفاء الجسد	هل كان جسد يسوع حقاً غير موجود في قبره؟	William Lane Craig, Ph.D., D.Th. د. وليم لاين كريغ (دكتوراه في اللاهوت)
١٢. أدلة الظهورات	هل رأى أحد يسوع حياً بعد موته على الصليب؟	Gary Habermas, Ph.D, D.D د. غاري هابرماس
١٣. الأدلة المتعلّقة بالظروف	هل هناك أية حقائق داعمة تشير إلى القيامة؟	J. P. Moreland, Ph.D. د. جي بي مورلاند

أذهلتني عروض الأدلة التي قدّمها هؤلاء العلماء، وإجاباتهم عن العديد من الأسئلة الصعبة والمحدّدة، ومن بينها ما لم يخطر على بالي من قبل. كانت إجاباتهم ذات مصداقية ومنطقية وأكثر من مرضيةٍ لذهني الناقد. كما فوجئت بأنْ أجد أشخاصاً أكاديميّين يؤمنون فعلاً بيسوع.

بعدما أتممت قراءة كتاب السيد ستروبل أيقنت أنّني وجدت ردوداً على جميع أسئلتي ومعارضاتي. فشعرت بالارتياح والحماس والخوف في آنٍ واحد. وحالما تنهّدت في نفسي قائلاً، «أخيراً! لقد انتهيت من البحث»! بدأت الأفكار تعصف في ذهني. *هل أنا مستعدٌّ للخطوة التالية؟ ما الذي يعنيه كلّ ذلك؟ إذا قبلت الكتاب المقدّس على أنه صحيح فهل هذا يعني أنني سأحمله حيثما ذهبت؟ كيف يمكنني أنْ أواجه تلك المرأة التي تقرأ الكتاب في العمل؟ هل ينبغي أنْ أركع على ركبتيّ وأصلي كل يوم؟ هل ينبغي عليّ أنْ أذهب إلى الكنيسة؟ ماذا عن شرب الخمر والشتائم والحفلات؟ هل ستغدو حياتي مملّة؟ هل سيظنّ k, أنني غريب؟ هل سأصبح مثل جيراني الذين كنت أكرههم؟ ماذا أنا فاعلٌ؟ لم تكن لديّ إجابات، ولكنني عرفت أنّ الوقت قد حان لاتّخاذ قرار.*

الفصل السابع

القرار

نادتني زوجتي من غرفة النوم، ونبرة صوتها تنمّ عن شيء من الإحباط، «حبيبي؟ ماذا تفعل؟ منذ أسابيع وأنتَ لا تفعل شيئاً سوى العمل على حاسوبك والقراءة. هل يمكنك أنْ تضع ذلك جانباً وتأتي وتتحدّث معي؟»

أجبتها، «حسناً. سأصعد في الحال». ثم قفزت بسرعةٍ على الدرج، وذهني يكاد ينفجر من كثرة المعلومات التي حشوته بها. وقد ذكّرني هذا الضغط بأيام دراسة الطب، عندما كان علينا أنْ نتعلّم مئات الحقائق والمفاهيم الجديدة أسبوعياً.

دخلت غرفة النوم ورأيت زوجتي جالسة على السرير. كان الأطفال يجلسون على الأرض، ويشاهدون التلفزيون.

وصرخت قائلاً، «لقد انتهيت»!

فسألتني بصراحة قائلة، «حسناً! أخيراً! وماذا كنت تفعل كل هذا الوقت»؟

قلت بخجل، «كنت أقرأ الكتاب الذي أعطيتِني إياه».

«كتاب؟ أيّ كتاب؟ «

ثم تمتمْتُ وقلت، «الكتاب الذي يتحدّث عن شخصٍ لم يكن يؤمن بالمسيحية، ثم صمّم أنْ يُثبت أنها غير صحيحة، وبعد ذلك صار مؤمناً». كانت روث تتفحّص شيئاً ما على السرير وتبدو غير مكترثة، وهي تكلّمني ورأسها للأسفل إلى أنْ ذكرت الكتاب الذي كنت أقرأه. وللحال رفعت رأسها بدهشة. فمعظم قراءاتي كانت على شاشة الحاسوب، أو في وقتٍ متأخر من الليل، ولم تكن تعرف ما كنت أفعله.

حدّقت في وجهي مليّاً ثمّ سألتني، «وما رأيك؟» وقد علَتْ وجهها ابتسامة تنمّ عن حشريةٍ كبيرة.

فشعرت بشيءٍ من عدم الارتياح. وأجبتها، «لدي الكثير لأفكّر به». ثم ساد صمتٌ مطبقٌ لمدة خمس عشرة أو عشرين ثانية. أعتقد أنها كانت تتوقّع مني أنْ أقول المزيد، ولكنني لم أفعل. وتساءلت في نفسي، «لماذا كانت تتبسّم يا ترى»؟

أجبتها بجفاء، «أشعر بالإرهاق، وأودّ أنْ أخلد إلى الفراش». فقد كنت هادئاً جداً خلال

الأسابيع القليلة الماضية وغارقاً في تأملاتي، ولاحظت زوجتي ذلك. كل ما كنت أقرأه أو أبحث فيه حتى الآن كان بعيداً جداً عن العالم الذي نشأتُ فيه، وتركَ بصماته عليّ. وذهبْتُ إلى الفراش دون المزيد من الشرح، وغرقت على الفور في نومٍ عميق.

كان اليوم التالي يوم السبت، فنمت حتى وقتٍ متأخر من الصباح. واستيقظت على أصوات الجرّارات تتسابق في المنزل، وكان ولدانا يهدران ويصيحان، «رررررر، رررررر، إممممم، إممممم». وكانا متحمّسين يتهيّآن للمضيّ إلى حفلة عيد ميلاد، بينما كنت أنا أتطلّع بشوقٍ إلى المكوث في البيت. غادر الجميع البيت حوالي الحادية عشرة صباحاً أما أنا فنهضت من الفراش، ونزلت إلى الطابق السفلي، وأشعلت الموقدة.

وفي غمرة السلام والهدوء اللذين سادا في المنزل شعرت بشوقٍ للجلوس والتفكير في كل الأمور التي شغلت ذهني في الآونة الأخيرة. ولاحظت على الفور أنّ ذلك الإحساس الغريب الذي انتابني كان لا يزال يرافقني ويلفّني من كلّ جهة. شعرت بأنّ هناك شيئاً مختلفاً يحيط بي، ولكنني لم أكن أعلم ما هو. وأحسست كما لو أن شخصاً ما كان موجوداً معي، لكنّني أدركت أنني كنت أتصرف بغرابةٍ ليس إلاّ. جلست أراقب ألسنة اللهب تتراقص في الموقد وأنا أراجع كل الأمور في ذهني.

لقد أنهيت قراءاتي وبحثي، وحان الوقت لاتّخاذ قرار. ماذا سأفعل بشأن يسوع؟ وجدت نفسي في موقفٍ لم أكن أتوقع أنْ أكون فيه البتة. فقد بدأت بحثي كجارٍ غاضب يسعى ليثبت رياء جيرانه المسيحيّين من خلال كتابهم المقدس، وانتهى بي المطاف بأني صرت مضطراً لأنْ أقرّر ما إذا كان يسوع المسيح هو الله.

لقد أخذني العهد الجديد على حين غرّة. لم أكن أتوقع رسالةً مفادها أنّ الله صار إنساناً وزار أرضنا لكي يموت من أجل خطاياي لأنه أحبني. بدا لي ذلك في البداية مُستبعَداً جداً ولكنني كلما تعمّقت في الأمر كلما أصبح أكثر مصداقيّة. فلديّ سجلات شهودِ عيانٍ صمدت بقوةٍ أمام أدقّ الأسئلة التي يمكن أن أفكر فيها أو أجدها. كانت النبوءات من الأسفار المقدسة القديمة شهادةً لا مفرّ منها عن أنّ المسيح (المخلّص) آتٍ. وقد طابق يسوع هوية المسيح المتنبأ عنه بشكل يفوق كل الاحتمالات.

ومع أنّ قصة القيامة بدت للوهلة الأولى وكأنها أمنية أو قصة خيالية دينية فإنها سرعان ما أصبحت معضلة مثيرة للاهتمام لا يمكن تفاديها. وأفضل تفسير للأدلة المحيطة بالقيامة هو أنّ يسوع قام حقاً من بين الأموات! لم أتمكّن من تفسير الظروف المحيطة بهذا الحدث المزعوم في تاريخ البشرية. فقد تغيّر أناس، وانقلبت حياة كثيرين، وأُبكِمَ الخصوم دون أي تفسير باستثناء الاستنتاج الشاق بأنّ يسوع قام فعلاً من الموت. وما شكّل لي صدمة كبيرة

هو أنّ الأستاذين الجامعيين عرضا الحقائق بشكلٍ معاكس للواقع تماماً. فبعد فحص الأدلة بإخلاصٍ وتدقيق تبيّن أنّ القيامة هي بكلّ وضوحٍ أكثر الاحتمالات ترجيحاً.

كان من الصَعب عليّ الاعتراف بذلك بسبب وجود العنصر الفائق للطبيعة في الأمر. وظلّ ذهني يحاول أنْ يجد طريقةً ما للتشكيك في القيامة، ولكن بحثي لم يؤدِّ إلاّ إلى تعميق القناعة في قلبي بأنها قد حدثَتْ فعلاً. وكلما حاولت أنْ أدحض قيامة يسوع المسيح كلما أصبحت أكثر اقتناعاً بأنه قام بالفعل.

وما أدهشني هو أنّ الكتاب المقدس كان أكثر وثيقةٍ قديمةٍ مشهودٍ لها في التاريخ كله. فقد اجتاز جميع الاختبارات، وحُفِظ بشكلٍ جيد، واستطاع أنْ يصمد أمام أصعب الأسئلة والاستفسارات. ظللت أسأل نفسي، *إذا كانت الأدلة واضحة جداً، فلماذا لا يؤمن جميع الناس بالمسيح؟* أصبح ذهني وقلبي منشغلين بكل ما قرأته وتعلّمته لغاية الآن. ومع أنني رغبت في قلبي أنْ أكون صادقاً، فإنّ ذهني كان يلزمني بضرورة تحرّي كل كوّة نجاة ممكنة. إلاّ انّني كلّما كنت أفتكر في واحدة، كنت أراها تنغلق أمامي بذات السرعة التي كنت أجدها فيها.

شعرت بالتمزّق في داخلي لأنّ كل شيء لغاية الآن قادني للإيمان بصحة المسيحية: ما أجريته من بحثٍ، وكل المنطق والحقائق، إلا أنّ جزءاً منّي ظلّ يتساءل، لماذا لم أسمع المزيد عن يسوع والمسيحية بطريقةٍ حقيقية، باستثناء حفنةٍ من المرات خلال ستةٍ وثلاثين عاماً؟ وسألت نفسي، *هل يمكن في عالمنا هذا تجاهل شيءٍ غاية في الأهمية أو فقدانه وهو في متناول الجميع؟ بدا لي الأمر مثيراً للسخرية. وتابعت تفكيري قائلاً في نفسي، وماذا عن التطوّر؟* وكيف يمكنني *أن أفسّر وجود كل الأديان الأخرى في العالم؟ هل سأصبح كأحد مجانين رحلة التزلّج أولئك؟* لا يمكنني *أنْ أصبح مسيحياً وإلا فسيضحك الناس عليّ.*

كنت أخشى مما يمكن أنْ يحدثه هذا القرار لحياتي الشخصية أكثر مما كنت أخشى القرار الفكريّ نفسه. لم أشأ أنْ يسمّيني الناس «مسيحياً» أو أنْ يكون لي نمط حياة الإنسان التقيّ الخانع الذي ظننت أنّ المسيحية تفرضه. لم أرد أنْ أواجه أسئلة الناس فيما لو صادفوني في الكنيسة. هل سأبقى قادراً على التمتّع بحياة المرح؟ كيف يمكنني أنْ أقول للناس إنني قرّرت أن أصبح متديّناً؟ ألن يظنّوا أنّ عندي شيء من الغرابة أو الضعف أو أنّني أحاول الاختباء من خطأ كبير؟

شعرت وكأنني أرجوحة فكريّة تصعد تارةً وتهبط تارةً أخرى. فكنت كلّما استرحت فكريّاً لأحد الجانبين من الحجة، أعود فأنتقل من جديدٍ إلى الجانب الآخر. وهناك شيء لم أتمكن من هضمه تماماً. فقد استصعبت جداً أمرَ التوفيقِ بين الأدلة والأسفار المقدّسة والحجة القوية الداعمة للمسيحية وبين العالم الذي ترعرعت فيه. فإما أنّ يسوع ليس الله بالحقيقة؛ أو

أنّ العالم قد ابتعد جداً عن الحقّ. هذا التناقض الكبير أزعجني جدّاً.

دخلت في عملية تجاذبٍ قلبيّ وفكريّ متواصلٍ حول الإيمان بالعهد الجديد. ماذا عن المعجزات؟ من الصعب عليّ قبول المعجزات، فالأمر يبدو لي مستحيلاً أو خيالياً. كان من الصعب جداً عليّ الإقرار بالتفسيرات الخارقة للطبيعة، في الوقت الذي كان فيه العالم الذي نشأت فيه طبيعياً بكليّته. ومع أنّ المعجزة هي أفضل تفسيرٍ لأدلّة القيامة وظهور المسيحية؛ إلا أنّ شيئاً ما في ذهني لم يشأ قبولها.

وفجأة صعقتني فكرةٌ من حيث لا أدري. لقد حذفت الله من المعادلة! كنت أحلّل الكتاب المقدس وكأنّ الله غير موجود أو غير قادر على الوجود، لأنّ تجربتي في الحياة بكاملها أظهرت الله لي وكأنه مجهولٌ، أو لا علاقة له بالأشياء. ولكن إذا كان الله موجوداً، وكان يسوع هو الله حقاً، فالمعجزات ليست معجزات. إذا كان الكتاب المقدس صحيحاً فالله يمكنه أنْ يُحضِر العالم إلى الوجود بسهولةٍ بكلمةِ «أمرٍ» منه، ولن يعسر عليه فعل أي شيءٍ على الإطلاق. «فالمستحيل» صار الآن ممكناً بسهولةٍ كبيرة.

إذا كان الله حقيقة واقعة فإنّ جميع الأسئلة الصعبة ستتبدّد. فمن غير المنطقيّ أبداً أنْ أقيّم كتاباً يتحدّث بأكمله عن الله دون أنْ أعتبر الله حقيقياً. وهذا ما ساعدني على تقبّل فكرة المعجزات. المشكلة الوحيدة هي أنه إذا كان الله حقيقياً، فلماذا يتجاهله العالم ويتجادلون بشأنه، ثم يخرجون بأفكار كثيرة مختلفة حول من هو؟

شعرت بالتعب والتشويش والإحباط. وأحسست بشيءٍ من الغرابة لأني أقضي الكثير من وقتي في القراءة حول يسوع وقيامته. لم يسبق لي أنْ سمعت أحداً أعرفه يذكر الكتاب المقدّس أو يسوع، والآن ها أنا أقضي كل أوقات فراغي في الأشياء الدينية. وفي كل مرة أؤجّل اتّخاذ القرار بشأن يسوع أشعر وكأنّ القرار يطاردني. كنت أعرف أنّ عدم اتخاذ قرارٍ هو قرارٌ برفض المسيح، لأنّ صرف النظر عن القرار هو بحدّ ذاته قرارٌ. لم أتمكن من التوقف عن التفكير في جميع الأشياء التي قرأتها ودرستها. وقرّرت أنه قد حان الوقت للمضيّ في اتجاهٍ معين أو اتجاه آخر. كنت أعلم أنّني لست في صدد الانتحار الفكريّ أو أني أقفز قفزة عمياء من إيمانٍ ليس له أساسٌ من الصحة. فقد دُهشت لكميةِ المعلومات والحقائق والأدلة التي ترتكز عليها المسيحية والكتاب المقدس، ولولا ذلك لصرفت النظر عنها منذ زمنٍ طويل، واعتبرتها مجرّد دين آخر، ولكنني إذا قررت أنْ أؤمن، فسأتمكّن من الشعور براحةٍ عظيمة لوجود أساسٍ لإيماني الجديد.

عند ذلك شعرت بهمسٍ داخليّ يقول لي، *هذا كله مجرّد تمرين فكريّ. ما المشكلة إذا قرّرت أنْ تؤمن بيسوع وابتدأت بالحضور إلى الكنيسة؟ إذا قرّرت من خلال تحليلاتك*

أنّ الأمر صحيح، ألا يكفي ذلك؟ وعلى كل حال، لا يوجد في أيامنا هذه واقع معيوش لكل هذه الأمور! أنت تصارع بشأن تاريخٍ قديم وتعاليم خاصّة تتعلّق بالله. وهكذا واصل الصراعُ ثورتَه في داخلي.

نادتني روث بعدما فتحت باب المرآب، «غريغ؟ غريغ؟ نحن في البيت». لم أجبها بشيء لأنني كنت لا أزال غارقاً في أفكاري. وإذ رأتني مستلقياً على الأريكة استطردت تقول، «ما الذي تفعله؟ لماذا لا تجيبني»؟

«آسف، كنت مستغرقاً في أحلام اليقظة. هل تمتع الأولاد»؟ وعندها ملأ الغرفة صوتُ دوس الخطى الصغيرة بينما كان ابناي يتسابقان للدخول إلى البيت من المرآب حاملين أكياس الهدايا من الحفلة. ثم أفرغاها مباشرة على طاولة المطبخ، ونهبا محتوياتها مثل الدببة الجائعة.

«لقد تمتّع الصبيان بوقتهما جداً. ماذا فعلت أنتَ؟»

«استرخيت على الأريكة وأضعت الوقت».

أجابتني روث، «تبدو غريباً نوعاً ما وهادئاً. فأنت لا تستريح أبداً».

لم أكن أرغب في التحدّث حول الموضوع مع أي إنسان، حتى روث لأنني لم أكن مستعداً لمناقشته.

«إنني بخير ولكنني أفكر في أمورٍ كثيرة ليس إلا. سأخبرك بالتفاصيل لاحقاً».

«حسناً، سوف أذهب للتسوق مع كيم لبضع ساعات. أرجو أنْ تعتني بالأولاد». صرفت ما تبقّى من النهار في اللعب مع الولدين، فقد كان ذهني في حاجةٍ إلى قسطٍ من الراحة واللهو.

كان عليّ أنْ أذهب إلى المطار تلك الليلة لأنّ أخت روث كانت في طريقها إلينا من مدينةٍ بعيدة. وعندما صارت الساعة السادسة مساءً كنت في الطابق السفليّ أقرأ من جديد في الكتاب المقدس في حاسوبي المحمول. ورحت أتأمّل في مقطعٍ معيّن من إنجيل يوحنا، وقرأت كلماته مراراً وتكراراً.

«أَمَّا تُومَا، أَحَدُ الاثْنَيْ عَشَرَ، الَّذِي يُقَالُ لَهُ التَّوْأَمُ، فَلَمْ يَكُنْ مَعَهُمْ حِينَ جَاءَ يَسُوعُ. فَقَالَ لَهُ التَّلاَمِيذُ الآخَرُونَ:»قَدْ رَأَيْنَا الرَّبَّ!«. فَقَالَ لَهُمْ: »إِنْ لَمْ أُبْصِرْ فِي يَدَيْهِ أَثَرَ الْمَسَامِيرِ، وَأَضَعْ إِصْبِعِي فِي أَثَرِ الْمَسَامِيرِ، وَأَضَعْ يَدِي فِي جَنْبِهِ، لاَ أُومِنْ».

وَبَعْدَ ثَمَانِيَةِ أَيَّام كَانَ تَلاَمِيذُهُ أَيْضًا دَاخِلاً وَتُومَا مَعَهُمْ. فَجَاءَ يَسُوعُ وَالأَبْوَابُ مُغَلَّقَةٌ، وَوَقَفَ فِي الْوَسْطِ وَقَالَ:»سَلاَمٌ لَكُمْ!«. ثُمَّ قَالَ لِتُومَا: »هَاتِ إِصْبِعَكَ إِلَى هُنَا وَأَبْصِرْ يَدَيَّ،

وَهاتِ يَدَكَ وَضَعْهَا فِي جَنْبِي، وَلاَ تَكُنْ غَيْرَ مُؤْمِنٍ بَلْ مُؤْمِنًا». أَجَابَ تُومَا وَقَالَ لَهُ: «رَبِّي وَإِلهِي!». قَالَ لَهُ يَسُوعُ: «لأَنَّكَ رَأَيْتَنِي يَا تُومَا آمَنْتَ! طُوبَى لِلَّذِينَ آمَنُوا وَلَمْ يَرَوْا».
وَآيَاتٍ أُخَرَ كَثِيرَةً صَنَعَ يَسُوعُ قُدَّامَ تَلاَمِيذِهِ لَمْ تُكْتَبْ فِي هذَا الْكِتَابِ. وَأَمَّا هذِهِ فَقَدْ كُتِبَتْ لِتُؤْمِنُوا أَنَّ يَسُوعَ هُوَ الْمَسِيحُ ابْنُ اللهِ، وَلِكَيْ تَكُونَ لَكُمْ إِذَا آمَنْتُمْ حَيَاةٌ بِاسْمِهِ. (يوحنا ٢٠: ٢٤-٣١).

إذا كان هذا الكلام صحيحاً، فإنّ هذا الرجل قد رأى الله شخصياً وعاش معه. كان يكتب للعالم ليخبرهم بما حدث. ولا شكّ أنّه ذُهِلَ لاحقاً في حياته إذ نظر إلى الوراء، وأدرك مغزى ما كان يشهده.

شعرت وكأنني توما الذي أراد في الحقيقة أنْ يرى لكي يؤمن، ولكنني بعدها ركّزت على ما قاله يسوع، وشعرت كأنه كان يتحدّث معي. *فأنا إنسان لم يرَ يسوع، ولكنني مع ذلك أستطيع أنْ أؤمن.*

أخيراً اتّخذت قراري قائلاً، حسناً *إنّي أؤمن! بإمكاني أنْ أقبل* المسيحية ذهنياً، *الآن يمكنني أنْ أذهب إلى الكنيسة، ولن يقتلني ذلك. ما الذي سأخسره؟* شعرت بنوعٍ من الارتباك عندما اتخذت هذا القرار في ذهني. فقد بدأ قلبي يخفق بسرعةٍ، وشعرت بالتوتّر لقيامي بهذه الخطوة.

عندها نادتني روث من الطابق العلوي، «غريغ؟ غريغ! عليك أنْ تذهب لتُحضِر أختي من المطار».

فأجبت، «حسناً، أنا ذاهب». استويت خلف مقود السيارة، وكان الظلام قد أرخى ظلاله خارجاً، والسيارة تتحرّك بصمت. فغالباً ما كنت أترك الراديو يلعلع في فضاء سيّارتي. لكنّي كنت حينها مستغرقاً في تفكيرٍ عميق. وشعرت برغبتي في المناداة لنفسي بصوتٍ عالٍ، «أنا أؤمن» مع أنه لا يوجد أحد حولي. كان شعوري بحضورٍ من حولي أقوى من أيّ وقتٍ مضى. وتردّدت، لسببٍ ما، في قول الكلمات بصوتٍ عالٍ مع أنني قلتها في ذهني قبل لحظة.

وفيما كنت أقود السيارة إلى الطريق الرئيسيّ قلت بصوتٍ عالٍ، «إنني أؤمن. أؤمن أنّ يسوع مات على الصليب من أجل خطاياي وأقيم من الموت». وفي اللحظة التي قلت فيها هذه الكلمات أحسست بشعورٍ غريبٍ وسلامٍ في الوقت نفسه. فقلت في نفسي، هل صرتُ متديّناً الآن؟ وتوجّهت نحو المطار وأنا أفكرّ في احتمالات التغيّر الذي سيطرأ على حياتي.

قرّرت الذهاب إلى الكنيسة، وارتداء الملابس المناسبة لها، والتعلّم من المواعظ، لأصبح إنساناً ألطف. سوف يرى الله بأنني صرت إنساناً طيباً، ويسمح لي يوماً ما بدخول السماء. سيرى الله ويعرف أنني كنت أبذل جهداً واعياً لأصبح مسيحياً، وسيرضى عليّ. لا توجد مشكلة في ذلك، فما الغريب فيه؟ شعرت بتحسّن عندما فكّرت بالأمر، وقلت في نفسي، يمكنني أن أفعل هذا الشيء المسيحيّ!

لم أعتقد أنّ المسيحية تنطوي على أي شيء آخر. فكل ما قرأته حدث منذ فترةٍ طويلة حتى إنني لا أستطيع أنْ أتيقّن منه بشكلٍ مطلق إلى أن أموت. كنت أعلم أنني بحاجةٍ إلى الإيمان، وينبغي أنْ أثق في قلبي وفيما أجريته من بحث وأقبله. كنت سعيداً لأنّ الأمر انتهى، ولكن هل انتهى فعلاً؟ لم تكن لدي فكرة بأنّ تلك كانت مجرّد البداية.

الله: تشخيص الحاجة البشريّة

الفصل الثامن

الصحوة

مع حلول صباح يوم الاثنين كنت في عجلةٍ من أمري للوصول إلى العمل. تحوّل لون الإشارة الضوئية إلى الأخضر، ولم تتحرّك السيارة الواقفة أمامي على الفور. فصرخت قائلاً، «أيها الغبي! أخضر يعني امشِ! اضغطْ على دعسة الوقود وتحرّكْ»! وأخيراً تحرّكَ بعدما تباطأ إلى درجةٍ استنفدت كلّ صبري. ولشدّة انزعاجي منه، تبعْتُهُ بسيارتي ملاصقةً إلى أنْ أتيح لي ممرٌّ إلى جانبه الأيسر، فتجاوزته وصرخت، «نعم»! لقد أريته كيف تكون القيادة.

توقّفت عند الإشارة الضوئية الثانية، وكانت هناك سيارة إلى يميني. سمّرتُ عينيّ على الضوء الأحمر مقابلي، وراقبتُ الإشارة الضوئية في الشارع المُتقاطع، فمن شأن ذلك أنْ ينبئني بالوقت الذي يصبح فيه لون تلك الإشارة على وشك التغير فأتهيّأ للانطلاق قبل الآخرين. وحالما رأيت الإشارة تغدو صفراء، ضغطت دواسة الوقود بقدمي اليمنى فيما تركت اليسرى ضاغطة على الفرامل. وحالما تحوّلت إشارتنا الضوئية إلى الأخضر رفعت قدمي من على الفرامل، فانطلقت بسرعة قدّام الجميع. ونظرت في المرآة العاكسة فرأيت سيّارة الرجل الذي كان على يميني تتلكأ خلفي وسط الغبار، فانتقلت إلى الخط اليمين، وعلى ثغري ابتسامة النصر.

الروح القدس؟

وصلت إلى العمل، وذهبت إلى المختبر لأعمل على حاسوبي. كانت تامي، وهي امرأة الكتاب المقدّس، جالسة على مكتبها تقرأ. نهضت ومشت بتثاقلٍ نحوي، ثم سألتني، «ما هي أخبار قراءتك للكتاب المقدّس»؟ وكنت قد حضّرت لها جواباً عندما رأيتها تقترب متوقّعاً أنها ستسألني. لم أكن مستعداً لأخبر جميع الناس بأنني قرّرت أنْ أصبح مسيحياً أو أنني أؤمن بالكتاب المقدس.

أجبتها باختصارٍ وتحديد، «جيدة، لقد قرأت الكثير، والآن أحاول هضم ما قرأت».

نظرت إليّ بوجهٍ مضحك، وقد رفعت حاجبيها قليلاً ولكن بشكلٍ ملحوظ، وقالت بحيوية، «أصلّي أنْ يعلن الروح القدس نفسه لك». ثم مشت مبتعدةً عنّي. شعرت وكأنها كانت تلمّح لي أنها تعرف أنّ شيئاً ما سيحدث. لم تكن لديّ فكرة عما كانت تعنيه، ولكنني

خجلت من أنْ أسألها. وبقيت عبارتها تزعجني طوال اليوم كلما تفكّرت فيها. ما الذي كانت تعنيه يا ترى؟

كنت أعمل تلك الليلة في مكتبي بعد أنْ نام جميع أفراد العائلة، وظلّ صدى كلماتها يتردّد في ذهني. «أصلّي أنْ يعلن الروح القدس نفسه لك». فجأة دخلني شيءٌ من الخشية. فقلت في نفسي، *من هو الروح القدس*؟ كنت لا أزال أشعر بحضورٍ شديد يلفّني، ولكنه بدا أكثر وضوحاً منذ أنْ قالت كلماتها. واعتراني الذعر، فتساءلت بقلق، *هل سيحدث لي أمرٌ ما؟ هل سيظهر لي شيءٌ ما؟ هل أنا أتصرّف بسخافة؟*

وفجأة استدرْتُ في كرسيّ، ونظرْتُ بسرعةٍ إلى الخلف لأتأكّد من عدم وجود أي شيء هناك. *الحمد لله!* تنهّدت بارتياحٍ عندما شعرت بالأمان. وحدّقت بعد دقائق في السقف لأرى ما إذا كنت قادراً على معاينة شيءٍ ما. لم أعرف ما يمكن توقعه، وصرت أتصرّف بجنون. ثم وبّخت نفسي في باطني قائلاً، *تمالكْ نفسك يا رجل!* لم أستطع أنْ أتذكّر شيئاً مهماً عن الروح القدس من قراءتي للكتاب المقدّس، أو من رحلة التزلّج، أو خلال حادث جزيرة ماركو.

من ذلك الوقت، صرت أفتكر بما قالته لي تامي كل ليلة وأنا أعمل في وقتٍ متأخر وحيداً في مكتبي في البيت. راودني شعور بأنّ شيئاً ما سيحدث، ولكن لم أكن أعرف ما هو.

المريض

في الأسبوع التالي جاءني مريضٌ جديدٌ أدخلني في دوّامة فكريّة حقيقيّة. دعونا نسمّيه «المريض». كان الوقت صباح الاثنين، والعيادة تعجّ بالمرضى والممرّضات. قالت لي الممرّضة، «لدينا مريضٌ ‘إضافي’ اليوم». نظرت إلى الجدول الزمني، ولاحظت اسم رجلٍ مكتوب بالحبر الأزرق تحت قائمة أسماء المرضى المطبوعة. وكان الروتين الطبيعيّ أنْ نهتمّ بالمرضى الذين لديهم مواعيد منتظمة أولاً. أكملت ذلك في حوالي ثلاثين دقيقة ثم تابعت نحو الغرفة رقم أربعة، حيث كان المريض «الإضافيّ» ينتظرني.

كان الرجل طويل القامة ونحيلاً يجلس بشكلٍ قائم على سرير الفحص. له خمسون سنة من العمر، وشعره قصيرٌ بنيّ مائل إلى الرماديّ، وقد دلّى ساقيه النحيفتين وقدميه من على حافة السرير وهو يميلهما بين الحين والآخر، بينما كانت ذراعاه مطويتين في حضنه. ولفت انتباهي على الفور البصيص والنور غير الاعتيادي المنبعث من عينيه الزرقاوين. نظرت إليه عن كثبٍ، وذهلت حين ذكّرتني عيناه بمجانين رحلة التزلّج. ومع أنّ ابتسامة دافئة وجذّابة كانت تعلو شفتيه إلاّ أنّني شعرت بشيءٍ من عدم الارتياح للنظرة الثاقبة التي كان ينظر بها إليّ بشكلٍ متواصل.

حوّلت اهتمامي إلى ملفّه الطبيّ. ولاحظت أنّه كان مريضاً بسرطان الجلد الذي هو اختصاصي بالذات. بدأت الفحص بحسب الروتين الاعتيادي، فراجعت معلومات المريض ذات الصلة في ملفّه وتاريخه الطبيّ. ولاحظت أنه يعمل لحسابِ كنيسةٍ، ولفت انتباهي هذا الأمر لسببٍ مختلف، وهو القرار الذي كنت اتّخذته بأنْ أصبح مسيحياً.

سألته، «هل تعمل إذاً في كنيسة»؟

فأجاب ببساطة، «نعم يا سيدي» ولم يُظهِر الكثير من المشاعر. كانت عيناه البرّاقتان تنظران إليّ نظرة ثاقبة مما جعلني أشعر بشيءٍ من عدم الارتياح.

وعندما بدأت بفحص جلده، استلقى على سرير الفحص وهو يحدّق في السقف. أحسسْتُ بأنّ لديه شعوراً من السلام غير العادي، ولم يكن قلقاً البتة أو حشرياً بشأن سرطان الجلد لديه. شعرت بغرابة الأمر لأنّ معظم الناس المصابين أراهم عصبيّين أو متململين في كراسيهم ولديهم الكثير من الأسئلة.

سألته، «هل لديك أية أسئلة أو استفسارات»؟

فأجابني وهو يواصل التحديق في السقف، «لا يا سيدي، سيكون كل شيءٍ على ما يرام».

كان هناك شيءٌ غريب جداً بشأن هذا الرجل. كانت الممرضة واقفة خلفه (ولم يكن بمقدوره أنْ يراها)، وهزّت بكتفيها، ونظرت إليّ نظرة كأنّها تقول لي، *لست أعلم ما خطب هذا الرجل.*

تركت الغرفة بينما كانت الممرّضة تحضّره للعملية الجراحية. كان لديه سرطان في الجلد على بقعةٍ صغيرة من صدغه الأيسر. عدْتُ لإجراء المرحلة الأولى من العملية، فرأيته هناك، يتّكئ بسلام، ويحدّق نحو الأعلى دون أنْ يكترث لشيءٍ في هذا العالم. كان هادئاً والارتياح بادٍ على وجهه الباسم. التفتَ ونظر إليّ بينما كنت أضع الغطاء على وجهه. لم يقل شيئاً ولكنه تطلّع إليّ بغرابة. كان الإشعاع المنبعث من عينيه وتعابيرِ وجهه ينمّ عن رأفة عظيمة.

كان هذا الرجل ينظر إليّ كإنسانٍ مليءٍ بالمحبّة، محبّة لا من النوع الملتوي وإنما ملؤها الاهتمام. وقد ذكّرني بدفءِ جدتي وكم كانت تُسَرّ بي. تزايدت دقّات قلبي على الفور، وصارت لديّ رغبةٌ قوية بالابتعاد عن هذا الرجل. وعندما وضعت الغطاء على وجهه، لم يبقَ مكشوفاً سوى تلك البقعة الصغيرة على صدغه، وأحسّت الممرضة بحيرتي، ونظرت إليّ باستغراب. وتساءلت في قلبي، *ما خطب هذا الرجل؟ ولماذا يؤثّر فيّ كذلك؟*

أزلت المرحلة الأولى من سرطان الجلد، وغادرت الغرفة، ولم أعد إليها لأتفقّد أحواله كعادتي بعد وضع الضمادات على الجرح. كنت لا أزال مستغرباً من هذا الرجل. وعلى الفور أرسلنا عينة سرطان الجلد التي نزعتها من جلده إلى مختبرنا للتشخيص المرضيّ. كانت نتيجة التشخيص المرضي جاهزة لمعاينتي بعد حوالي ثلاثين دقيقة حتّى أحلّلها تحت المجهر. ولحسن الحظ، لقد أزلت كل سرطان الجلد بالتمام في المرحلة الأولى ولم يعد بحاجةٍ إلى المزيد من الجراحة، فقلت لنفسي، *دعونا نُخرجْه من هنا*.

فناديت الممرضة قائلاً، «هيّئيه للانصراف. إنّ جرحه صغيرٌ جداً وسنتركه يتعافى من تلقاء نفسه. لن يحتاج إلى تقطيب».

لكن عندما حان الوقت لخروجه، اضطررت للعودة إلى الغرفة. وكان جالساً على كرسي الفحص ينتظرني، وعلى جبهته اليسرى ضمادةٌ بيضاء صغيرة. فبشّرته بالخبر السار، وكان طوال الوقت ينظر إليّ بتلك النظرة عينها التي يصعب بالحقيقة وصفها، ولكنني شعرت بها حقاً. لم يقل شيئاً، ولم يطلب أيّ شيء، ولكنه كان يحدّق فحسب. ثم نظر إليّ فجأة وبشكلٍ غير متوقع تطلّع في عينيّ مباشرة وسألني، «هل قبلتَ الرب يسوع المسيح رباً لك ومخلّصاً شخصياً»؟

صُعِقت لتوّي، ولم أقدر على التفوه بكلمة. وغارت أمعائي فيّ، وشعرت كأنني أهبط منحدراً شديداً في أصعب دورةٍ أفعوانيّة في حياتي. نشف الدم في وجهي، وابيضّ لوني، وشعرت بضغطٍ يرتفع في داخلي. كل هذا حدث فجأة! *لماذا يسألني هذا السؤال؟!* تجمّدت ولم أستطع أنْ أتكلم. كان ينظر إليّ كما لو أنّه علم بطريقةٍ ما الأشياء التي عشتها في الأسابيع القليلة الماضية. نظرت من ورائه إلى الممرضة التي وقفت خلفه، وقد ارتفع حاجباها، وفتحت فاها، وجمدت في مكانها. مضى عليّ عشر سنوات وأنا أمارس مهنتي كطبيب، لكن لم يسبق أنْ قال أحد مرضاي لي شيئاً كهذا، وبلا سابق إنذار.

تلعثمت وقلت، «آه... آه... يجب أنْ أذهب إلى آه... المختبر». خرجت من الغرفة بأسرع ما يمكن، وتوجّهت مباشرة إلى المطبخ. وانطرحت على كرسيّ هناك. كان العرق البارد يتصبّب منّي، وقلبي ينبض بصوتٍ مسموع خارج صدري. سكبت كوباً من الماء البارد لنفسي وتجرّعته. وعدت أشعر بذلك الوجود نفسه حولي مما جعلني أشعر بضياعٍ كبير، ولكنني كنت في العمل فأجبرت نفسي على تمالك ذاتي.

دخلت الممرضة المطبخ وملفّ المريض في يديها وسألت، «ماذا كان كلّ ذلك»؟

سألتها، «هل ذهب»؟

أجابت، «لقد ذهب. رافقته لتوّي إلى الباب الخارجي».

قلت لها، «حسناً، أنا بحاجةٍ للعودة إلى العمل»، ثم نهضت من كرسيّ. لم أرد أنْ أتحدّث معها عن الأمر، واستغليت جدول العمل المزدحم للتهرّب من الأمر. ولحسن الحظ، كان اليوم حافلاً بشكلٍ مميّز، الأمر الذي ساعدني حتّى أنسى الموضوع. لكن الشعور بالوجود المستمر من حولي لم يتركني من ذلك اليوم فصاعداً.

حالما وصلت البيت في مساء ذلك اليوم أدركَتْ زوجتي روث أنّ هناك شيئاً ما على غير ما يرام، فسألتني، «ما بالك؟ أنت تتصرّف بطريقةٍ غريبة». ولربما كان صمتي هو السبب، فقد كنت أكثر الكلام عادةً عندما أصل إلى البيت. لكنّي لم أجبها بشيء، وتركتها واقفة في مكانها في حيرةٍ من أمرها. وخرجت إلى الشرفة لأفكّر في كل الذي كان يحدث معي. بدأت بالتركيز على ما قالته لي «امرأة الكتاب المقدّس» ذلك اليوم، «أرجو أنْ يكشف لك الروح القدس عن نفسه». وتساءلت *ما الذي كانت تعنيه؟ ما الذي كانت تعنيه يا ترى؟* وتمتمت لأواسي نفسي قائلاً، «ربما لا تعرف هي نفسها ما تقوله»!

كنت أشعر بشيءٍ ما في الفضاء المحيط بي، ولا سيما عندما كنت أبقى لوحدي، كما لو أنّه كان يوجد شيءٌ ما أو شخصٌ ما بقربي. كان الحضور يحيط بي من كلّ جهة كما لو أنّه هالة غريبة من حولي، كنت أحسّ بها. ومع أنّني كنت أشعر بالسلام والدفء بسببه، ولكنّي قلقت نوعاً ما في الوقت عينه لأني لم أكن أعرف ما سرّ هذا الحضور. لم أخبر أحداً بالأمر ولا سيّما روث. فقد عرفت أنّ كل شخصٍ يمكن أنْ أخبره بذلك سيظنّ أنني غريب الأطوار، ولحسن الحظ تركتني زوجتي وحدي ولم تلحّ عليّ في الأمر ولكنني أدركت أنّي أثرت فيها فضولاً لتعرف سرّي.

من عادتي أنْ أنشُدَ السلام والهدوء عند رجوعي إلى البيت، ولكنني في هذه المرة فرحتُ بضجة الأولاد لما وفَّرَتْه لي من لهوٍ وترفيهٍ ممتع. مضيت أنا وروث إلى الفراش في وقتٍ مبكّر من ذلك المساء، ولم أخبرها أنّ أحد أسباب ذهابي إلى النوم باكراً هو عدم رغبتي في البقاء في مكتبي وحدي، إذ كنتُ أخشى ذلك «الوجود» بعض الشيء.

الجار الملاصق لنا

في اليوم التالي كنت في الخارج في حديقة البيت، وجاء إليّ جاري الذي يسكن في البيت الملاصق لنا. تحدّثنا بعض الشيء، ثم دعاني للذهاب إلى كنيسته في يوم الأحد التالي. وقال لي، «أودّ لو أنك تجرّب الكنيسة التي أذهب إليها. فهم يعلّمون الكتاب المقدّس بكل بساطةٍ ويعبدون الله». تعجّبت لأنني لم أتحدّث إليه عن الله ولم يكن يعرف عن تحرّياتي.

أجبته بخجلٍ، «لست أعلم».

فقال لي وقد بدا عليه مزيدٌ من الحماس، «لست بحاجة إلى ارتداءِ طقمِ ثيابٍ رسمي. يمكنك أنْ ترتدي الجينز وقميص تي شيرت إذا أردت». أظنّ أنه لاحظ ارتياحي عندما ذكر لي نوع الملابس المقبول، وشعر أنني صرت أكثر اهتماماً الآن، فتابع، «لديهم طاولة للقهوة، وماكينات لصنع قهوة الإسبرسو»!

هذا كلّ ما كنت بحاجةٍ لسماعه، فأنا أحبّ القهوة، كما أنّ ارتداء الثياب الرسمية أمرٌ لا يروق لي، وكنت أودّ قبلاً الذهاب إلى الكنيسة، ولكنني خجلت من أنْ أبادر بذلك بمفردي. لم أكن أرغب أنْ يعرف الناس أنني كنت أقرأ الكتاب المقدّس وأبحث في المسيحية.

فأردفت قائلاً، «حسناً، سأذهب».

«حسناً، يمكنك أنْ تتبعني إلى هناك. فهي تقع على مقربةٍ من هنا».

«سأراك في ذلك الوقت».

دخلت إلى البيت، ورحت أتساءل كيف أشارك الأمر مع روث. شعرت بالإحراج والغرابة في إبلاغها الخبر وهي في المطبخ تجلس إلى الطاولة مع الصغار.

«طلب مني ديفيد أن أذهب إلى الكنيسة يوم الأحد، ولا أعرف ما إذا كنت أودّ الذهاب أم لا».

كنت أكذب عليها لأنني في الواقع أردت أنْ أذهب، ولكنني كنت أتظاهر بأنّي متردّد وغير متحمّس جداً.

سألتني وقد ارتسمت على وجهها كلّه علامات المفاجأة، «حقاً؟ هل ستذهب»؟ أظنّ أنها صُدِمت بشكل مفرح.

أجبتها، «ما رأيك»؟ في محاولة منّي لمواصلة أسلوب التظاهر أمامها بأنني ربما لا أودّ الذهاب، وقد وضعت القرار النهائي بين يديها.

قالت لي، «أظنّ أنّه يجب أن نذهب جميعنا».

«حسناً، سوف أخبره بذلك».

أسرعت خارجاً إلى حديقة البيت عالماً أنها ستظنّ أنني كنت أرد جواباً على ديفيد. لم أكن أريدها أنْ تعلم أنني سبق وقلت له نعم.

الكنيسة

جاء يوم الأحد فارتديت بنطلون الجينز وقميص البولو، ولبست روث بنطلوناً وبلوزة. وجمعت الأولاد وذهبنا معاً في السيارة. كنت أقود السيارة خلف جاري الذي كان ينتظرنا. وفي الطريق انتابني شعور بالتوتّر والقلق لأنّ اختباراتنا السابقة في الكنائس لم تكن جيدة.

لم تكن الكنيسة بعيدةً عن البيت. وبالحقيقة كانت في آخر الشارع، حتى إنني ظننت أنّ ديفيد استدار إلى الجهة الخطأ عندما تحوّل ليدخل إلى موقف السيارات. وقلت لزوجتي، «يبدو أنه يتوقف في مركزٍ تجاري».

فأشارت بيدها وقالت: «لا. انظر إلى هناك. توجد لافتةٌ مكتوب عليها، 'كنيسة الجلجثة'. توجد كنيسة هنا». لقد كانت فعلاً كنيسة، ولكن ليس لها برج، ولا زجاج ملوّن ولا أبواب كبيرة بيضاء. كان المبنى طابقاً واحداً ضخماً طويلاً، والناس يتدفّقون إلى مدخليْه الأماميّين، أما موقف السيّارات فكان ممتلئاً حتى إنه كان يوجد بعض الشباب يوجّهون حركة المرور. وتساءلت، *هل حقاً تأتي أعدادٌ كبيرة من الناس إلى الكنيسة؟* لاحظتُ أيضاً أنّ كل واحد فيهم كان يحمل كتاباً مقدساً. فتساءلت، لماذا يجلبون كتباً مقدّسةً إلى الكنيسة؟ لم أذهب إلى الكنيسة إلا مراتٍ قليلة في حياتي، ولكنني لا أذكر أنّ الناس كانوا يحملون كتبهم المقدسة.

وحالما دخلت شعرت وكأنني في بيتي. *لم أستطع أنْ أصدّق أنني لم أشعر بانزعاج.* كان الناس في الكنيسة يختلفون عن أي أناسٍ عرفتهم من قبل. استقبلتني سيدةٌ عند الباب بابتسامةٍ عريضة على ثغرها، وقالت وهي تعطيني نشرة البرنامج، «أهلاً بك».

شممت رائحة البنّ المطحون الطازج الرائعة، وتوجهت مباشرة إلى زاوية المقهى الواقعة مباشرة على اليسار حال دخولك إلى المبنى. كنت أشتمّ الرائحة الشهية، وأسمع صوت آلة الإسبرسو تعدّ القهوة وهدير خفّاقة الحليب، *يا لها من موسيقى عذبة لأذنيّ!* لم يبدُ لي أنّ الكنيسة هي المكان الصحيح لها، ولكنّها كانت بالنسبة لي هديةً مرسلة من السماء!

طلبت قهوة بالحليب، وراقبت الناس وهم يدخلون، وجوههم مبتسمة وهم يتعانقون بفرح، والأجواء الدافئة السلمية من كلّ جهة. شعرت على الفور في داخلي بالغيرة. *لماذا يشعر هؤلاء الناس بسعادةٍ كبيرة؟ أنا لديّ كل شيء ومع ذلك فإنّي تعيس.* تحيرت وحاولت أنْ أحلّل بعضاً منهم، وأحكم عليهم، لكي أشعر بأنني أفضل منهم.

ورحت أستخفّ بهم قائلاً في نفسي، انظر إلى هذا الرجل فهو مهووس، وهذه الآنسة كاللعبة المشرشبة. وخذْ ما شئت من هذا الرجل، إنه الزهر الزاهي. صرت أشعر بالقلق حول

ما إذا كنت سأصمد في ما يسمّى بالكنيسة، فأنا لست مثل هؤلاء الناس.

بدأت الموسيقى تلعب. وسمعتها تتسرّب إليّ من تحت الأبواب المغلقة الواقعة أمامي مباشرة. توجهت إلى هناك وفتحت الأبواب، ودخلت المبنى مع روث وديفيد جارنا.

وللحال شعرت بطاقةٍ وفرحٍ هائلين. بدا كل شخص متحمّساً ومنسجماً. أغمض بعض الناس عيونهم في أثناء العبادة ورفعوا أيديهم. وفي بعض الأحيان كان الجميع يصفّقون بأيديهم. عرفت أنهم يختبرون شيئاً ما، ولكنني لم أكن أعلم ما هو، أو كيف يختبره الإنسان. بدا الأمر غريباً جداً مع أنه كان في الوقت ذاته مرتّباً جداً، وشعرت بأنّه يستميلني ويشدّني إليه. لاحظت أنّ الناس كانوا شكورين ويوقرون الله. وأدركت أنّهم يتمتّعون بالرضى والاكتفاء، وهو الأمر الذي كنت دائماً أبحث عنه ولم أجده قطّ. وتساءلت في نفسي، كيف يمكن أنْ يصير هذا؟

شعرت بالغيرة منهم مرّة أخرى. فالمرأة التي على المسرح كانت ترتّل وعيناها مغمضتان، والرجل الذي يقرع طبول البونغو، كان ينظر إلى العلاء وعلى وجهه ابتسامة عريضة. وفكّرت قائلاً، *هؤلاء الناس ليس لديهم ما أملكه أنا. ليس لديهم التعليم أو التدريب أو المعرفة التي أملكها*. كانت الموسيقى مشوّقة، ولكن بدا لي وكأنها ستستمرّ إلى ما لا نهاية.

وأخيراً صعد القس إلى المنبر بعد انتهاء الترتيلة الأخيرة. ثمّ علّم درساً من الكتاب المقدّس مباشرة لمدة أربعين دقيقة شرح فيها مقطعاً من إنجيل متى آيةً آيةً بينما كان الجميع يتابعون الدرس كلٌّ في كتابه المقدس. الآن عرفت لماذا أحضر كل واحد كتابه معه! ذهبت إلى الكنيسة مرتين في حياتي، ولكن هذه الرسالة كانت مختلفة. فالذين سمعتهم من قبل كانوا يتكلّمون كثيراً، أما هذا الرجل فكان أقرب إلى المعلّم، فقد شرح النصّ جملةً فَجُملة، وساعد الجميع في فهم ما يقوله الكتاب المقدّس. لم يقدّم الكثير من آرائه الخاصة، الأمر الذي أعجبني، لكنه اعتمد بشكلٍ تام على ما يقوله الكتاب.

وفي نهاية كلامه تحدّث عن ضرورة «قبول المسيح». ظلّ يستخدم العبارة نفسها وكأنّ هناك صفقة ضرورية بين الإنسان والله. لم أفهم الأمر فماذا عنى في قوله بأنّ علينا أن نقبل المسيح؟ *لقد مات يسوع قبل ألفي سنة وهو في السماء الآن*. سألت نفسي، *كيف يمكن لي أنْ أقبله؟ ألم أفعل ذلك قبلاً عندما قرّرت أنّ الكتاب صادق ووافقت على المجيء إلى الكنيسة؟*

على العموم استمتعت بخدمة الكنيسة. ومع أنّني انزعجت من فرح الجمع وسلامهم لكنّني لم أدع ذلك يعكّر صفو سعادتي. لم يتصرّف أحد معي باقتحام أو تطفّل، ولم ينظر أحد إليّ كأنني جديد أو مختلف. أحببت القهوة، وراق لي أمر ارتدائي الثياب العادية اليومية،

فلطالما شعرت أنه من الرياء أنْ يرتدي الناس ثياباً رسمية للكنيسة ومن ثم يرجعون إلى البيت ويتصرّفون كباقي الناس. قلت لزوجتي، «أظنّ أنني أستطيع أنْ آتي إلى هنا مرة واحدة في الأسبوع». فرحت هي للخبر كما أنّ ديفيد ابتهج لذلك، فتساءلت في نفسي، *لماذا هو سعيد من أجلي؟ ما الأهمية في ذلك؟ لماذا يهمّه ذهابي إلى الكنيسة؟*

الانهيار

في اليوم التالي، حدث معي أمرٌ غريب. فقد كنت أعمل في مكتبي في البيت في وقتٍ متأخّر والجميع نيام. لم أكن قادراً على التركيز لأنني لم أتمكّن من التوقّف عن التفكير في يسوع والكتاب المقدّس. ظل الخوف ينتابني بشأن الروح القدس، وظلّ ذلك «الحضور» يرافقني، لا بل ازداد قوة. كان غريباً ومريحاً في الوقت نفسه. تذكّرت كلمات المريض حين سألني قائلاً، «هل قبلتَ المسيح يسوع رباً لك ومخلّصاً شخصياً»؟ *أليس هذا ما طلبه منا الواعظ أيضاً أن نفعل؟*

فجأة بدأت أفكر في عاداتي السيئة، فتذكرت حوادث محددة من الماضي حين ظلمت شخصاً ما أو تفوّهت بكلماتٍ جارحة. وشرعت أتذكّر الأمور بالتفصيل، بدءاً من سني طفولتي وحتى سنّ الرشد. وصرت أشعر بالرعدة والاشمئزاز من نفسي أمام تلك الذكريات. وطفقت المشاهد تتدفّق في ذهني بلا انقطاع. وكنت كلّما حاولت أنْ أحجبها كلّما واصلت توافدها بشكل تصويري مدهش. وكنت أشاهد الأمور أمامي بوضوحٍ وذهول عالِماً صدقَ كل هذه الأشياء.

تذكّرت قولي لصبّي جديد في ملعب المدرسة الابتدائية، «أنت فاشل وضعيف! ترتدي الثياب كمخنّث»! ثم لطمتهُ قائلاً، «لا نريدك أنْ تلعب معاً». ركض الولد بعيداً والدموع في عينيه، فصرخت وراءه قائلاً، «ما المشكلة؟ هل تركض إلى الماما»؟

ومرة قلت لصديقي عندما كنا في الصف الرابع، «اسمع يا دوغ، دعنا نتخلّص من كريس. إنه في الحمام ولن يعرف أين ذهبنا».

وفي الصف الثامن سخرت من فتاة وقلت لها، «أنتِ قبيحة. لن يحبك أي شاب»! فتغيّرت معالم وجهها كمن أصيب بطلقةٍ نارية، ثم حدّقت فيّ وكأنها لا تصدّق ما سمعته وابتدأت ترتعش من الحزن. أما أنا فابتسمْتُ فرحاً لانزعاجها.

تذكّرت لما كنا في الصف العاشر أنّي أبكيت صديقتي التي قالت لي والدموع تنهمر من عينيها، «لا يمكنني أنْ أصدّق أنك خنتني! كيف يمكنك أنْ تفعل ذلك لي؟ ألا تفهم أني أحبّك»؟ وكانت تنتحب بشدة حتى إنها لم تقدر على التقاط أنفاسها، أما أنا فلم أنزعج بل

أجبتها ببرودة، «إنني أحبها أكثر منك».

وعندما كنت في الكلية قلت لصاحب عمل، «يمكنني أنْ أعمل في ملهاك الليلي بشكلٍ أفضل بكثير. هذا الدي جي الذي يعمل لديك فاشل! وظّفْني عندك وسأريك الطريقة الصحيحة للقيام بالعمل». ثم عيّنني وطرد ذلك الشاب من عمله.

جاءني صغيري البالغ من العمر أربع سنوات، وطابته في يديه، وسألني، «بابا، هل تأتي وتلعب معي»؟

صرخت قائلاً، «ليس الآن! ألا ترى أنني مشغول»؟ رمى ابني طابته، وركض بعيداً وهو يبكي.

قالت لي روث، «ما مشكلتك»؟

أجبتها، «ليس عندي أية مشكلة. اخرسي واتركيني وحدي! لمَ النقّ المستمر؟ أنت دائماً مستعجلة ونزقة».

بكت وقالت، «أنت دائماً تنفر في وجهي».

«توقفي عن البكاء واخرجي من هنا. لا أستطيع التعامل مع... الآن»!

خبطَت الباب ورائي وصرخَت قائلة، «حسناً».

فتمتمت في نفسي وقلت، «النساء مصدر ألم في ....».

وتذكّرت عندما صرخت في وجه ولديّ وعمراهما، ٤ سنوات و٥ سنوات، «أنتما غبيان! ماذا تفعلان! اصعدا إلى الطابق العلوي إلى غرفتيكما الآن»! فهرولا مسرعين إلى فوق وهما ينتحبان، وقالا، «ماما! ماما! البابا يصرخ علينا من جديد»! كنت في الطابق الأسفل أحاول أنْ أجمع ألعابهما المتناثرة في أنحاء الغرفة. ركضت روث إلى الأسفل وقالت، «ما هي مشكلتك؟ أنت دائماً تصرخ عليهما».

أجبتها بحدة، «لقد كان يومي في العمل طويلاً. دعيني بمفردي يا...».

استمرّتْ الصور تتوالى في ذهني الواحدة تلو الأخرى مثل الفيلم تماماً. كان فيلماً مرعباً وأنا النجم فيه. بدأت أدرك كم كنتُ قاسياً وعنيفاً وغيوراً ومتكبّراً غير متسامحٍ وغير محبٍ طيلة ما استطعت أنْ أتذكره من حياتي. فهمت نفسي ورأيتها من منظورٍ جديد. فأسندتُ يديّ على مكتبي، ووضعت جبيني بين يديّ ثم أخذت أنتحب لسبب هذا الوحش الذي كنت أنا إياه لفترةٍ طويلة وفي حالات عديدة. وكأن أحداً ما كان يريني حقيقة من أنا، ولم يعجبني ما رأيته.

هذه الحقيقة المرة طعنتني في الصميم، فانسحق قلبي من الحزن. وانهمرت الدموع من عينيّ بغزارة، وصارت تنهّداتي عويلاً من الألم والحزن، ثم بدأت ألمس حضور الله

للمرة الأولى في حياتي بطريقة لا يمكن تفسيرها. فقد كان يقف أمامي، في فكري، وشعرت بالخوف. أحسست برهبةٍ في داخلي لأنني خاطئ ميتٌ في خطاياي أمام الله القدوس. وصرت أرتجف بسبب سقوطي الشديد.

أسرعت إلى سريري، وسقطت على ركبتيّ. ثم أفرغت كل ما في قلبي بصوتٍ عالٍ حتى أنني لم أستطع أنْ أصدّق أنّني لم أوقظ أهل البيت من النوم. كنت أرتجف خوفاً وحزناً وأنتفض بين كل تنهدٍ وآخر. «سامحني يا الله! أرجوك أنْ تسامحني. أنا خاطئ وشرير جداً. إنني آسف، آسف جداً جداً! أرجوك يا يسوع أنْ تساعدني»!

تابعت ابتهالي بلا هوادة فقلت، «إنني لا أريد أنْ أبقى على هذه الحال بعد الآن. غيّرني يا يسوع، أرجوك أنْ تغيّرنيّ! اجعلْني الشخص الذي تريدني أنْ أكون. أنا أؤمن أنك مُتّ على الصليب من أجل خطاياي. لقد أخطأت إليك. لم أكن أعلم. بالحقيقة لم أكن أعلم....» كنت أبكي في حزنٍ عميق.

دام اختباري هذا مدة عشر دقائق على الأقل. كنت أبكي بشدةٍ حتى أنّ كلماتي أصبحت متقطّعة. لقد استسلمت بالكامل. رميت بنفسي على رحمة الله، وتوسّلت إليه أنْ يغفر لي كمجرمٍ مدان أمام القاضي. شعرتُ بقوة الله، الأمر الذي جعلني أبكي أكثر. لم أكن أخطّط لهذا الاختبار العاطفي، وبالتأكيد لم أرد ذلك لأنني كنت فخوراً كرجلٍ مهنيّ ناجح، لكن الكلمات خرجت منّي من تلقاء نفسها. فقد حدث لي شيءٌ ما جعلني أتوب وأسلّم لله بالكامل وأطلب الرحمة. لم تكن عندي أية فكرة بأنني أنجز شيئاً ما سوى هذا الانهيار العاطفي الخاص، إلا أنّ هذه الصلاة كانت نقطة تحوّل حاسمة في حياتي.

أخيراً هدأت مشاعري بعدما استسلمت بالكامل. ثم استجمعت قواي، ونهضت وأنا أشعر بالغرابة والإحراج مع أنني كنت وحيداً. سرت بهدوءٍ إلى غرفة النوم على رؤوس أصابعي موقناً أنّ روث تنتظرني لتسأل عما يجري لي. وجدت روث نائمة، فتسلقت السرير مستعدّاً للنوم. وفيما أنا مستلقٍ هناك، شعرت بسلامٍ عظيم وعميق. كان سلاماً يفوق أيّ سلام عادي، سلاماً لم أختبره من قبل البتة. *يا للروعة! لم تكن لديّ أدنى فكرة عما يمكن للبكاء الجيد والانهيار العاطفي أنْ يفعلاه لي*. ذهبت إلى الفراش غير مدرك بأنّ شيئاً ما قد حدث لي، ونمت كالطفل الرضيع. ولم أكن أعلم أنني لن أستيقظ بعد الآن بنفس الذات التي كنت أستيقظ فيها من قبل.

الفصل التاسع

التغيير

اللحظات القليلة الأولى

عندما استيقظت في صباح اليوم التالي، كان كلّ شيء مختلفاً تماماً من كلّ ناحيةٍ يمكنك أنْ تتصوّرها. ولن أستطيع البتة أنْ أشرح هذا الأمر شرحاً كافياً. فشدة التغيير كانت كمن يرى لأول مرة بعد أنْ كان أعمى منذ ولادته. شعرت وكأنني استيقظت من حلمٍ دام ستة وثلاثين عاماً.

لعلع صوت المنبّه عند الساعة الخامسة والنصف صباحاً، «طن طن طن»! فبدأت أصحو ببطءٍ وأنا مشوّش ومرتبك حتى وصلت إلى المنبّه وأقفلته. جلست على جانب السرير، وأحسست بأنّ شيئاً قد تبدّل جذرياً، *فقد كنت أشعر بسلام عميق ولم أكن قلقاً أو منزعجاً من الأمور العادية اليومية وكأن التوتر قد ولّى بلا رجعة وكأنّ الضغط الذي كان يثقل كاهلي قد ارتفع عني.*

كان الظلام ما يزال يلفّ غرفة النوم فتوجّهت بحرصٍ إلى الحمام لأستحمّ. وإذ بدأ رذاذ المياه الدافئة ينساب على رأسي وظهري وبطني، قلت في نفسي *ما عساه قد تغيّر فيَّ؟* غسلت شعري أولاً وأغمضت عينيّ بينما الماء يزيل الشامبو عن رأسي. وفجأة انتبهت لأمرٍ لم أكن معتاداً عليه من قبل، وهو أنّ ذهني يغمره سكونٌ غير اعتيادي! فقد تلاشت الأفكار والهموم التي كانت تتزاحم عادة في داخلي كتزاحم الحافلات في شارعٍ يغصّ بالسيارات.

وأدركت في تلك اللحظة أنّني كنت، معظم أيّام حياتي، أصحو وذهني يسابق الحياة محمّلاً بجميع أنواع المشاغل والهموم. *لقد حان الوقت لدفع قسط البيت؛ ابناي مريضان؛ أسهمي في السوق تخسر؛ يجب أنْ أذهب إلى المصرف، ويجب أنْ أجلب الملابس من المغسل، وأذهب إلى نادي الرياضة، وأحضّر الشرائح للعرض الذي سأتكلّم فيه، وأصلح المرحاض، وأغيّر زيت السيارة، وإلى ما هنالك من مشغوليّات...*

كانت هذه هي الأفكار التي تعصف عادة في ذهني على مدى سنوات كثيرة منذ اللحظة التي أفتح فيها عينيّ في الصباح. لكنها اختفت اليوم! وعلى ما أذكر هذه هي المرّة الأولى التي أستيقظ فيها دون أنْ ينشغل ذهني بالارتباك والتوتّر والانزعاج الناجم عن سباق الحياة، ويا له من شعور رائع! فهذا الشارع الذهني المكتظّ عادة بشكلٍ كبير خالٍ الآن، ينعم بالسلام والهدوء. تمتمت في نفسي قائلاً، «هذا أمرٌ غريب ولكنّه رائع»!

أفرغت الجزء الأخير من معجون الأسنان على الفرشاة، وبدأت أفرشي أسناني حسب عادتي، وأنا تحت مياه الاستحمام. كانت المياه الدافئة تنساب فوق رأسي، وأنا أحرّك الفرشاة بشكل عموديّ. عندها لاحظت شيئاً آخر لديّ. فإنني أشعر بنوعٍ من الاكتفاء، ولكن كيف يكون هذا؟ شعرت بسعادةٍ جديدة تغمر قلبي ولم أكن أعرف سبباً لها. *لقد استيقظت لتوّي، ولم أشترِ أيّ شيء بعد، ولم يحدث لي أيّ شيء يجعلني أفرح، فلماذا أشعر بهذه الطريقة؟* فالشعور كان مألوفاً عليّ ولكن في سياق مختلف.

كان شعوري شبيهاً بما أحسست به يوم جلست لأول مرة وراء مقود سيارتي الـ بي إم دبليو-M٣ المكشوفة. فعندما حصلت على تلك الآلة العجيبة في هندسة السرعة، دبّت الحياة في عروقي، وزهوت في مشيتي بشكلٍ لم أختبره من قبل. صرت متحمّساً للعيش كل يوم لأنني كنت أعلم أنني سأقود تلك المركبة ويراني الجميع في سيّارتي الجديدة المثيرة. ولكنّ المشكلة هي أنّ ذلك الشعور لم يدم سوى بضعة أسابيع، والحقيقة أنه بدأ يتلاشى في غضون أيامٍ قليلة.

لكنني الآن أشعر بذلك الشعور نفسه بلا سبب خلال دقائق بعد نهوضي من النوم! فأنا أنزل عادة عن السرير ببطءٍ وخيبة أمل في الحياة دون رغبة في يومٍ آخر من العمل. لكنّي الآن أشعر بسكينةٍ وصفاء في الذهن، وهذا يبدو غريباً عليّ مع أنّه مستحبّ بالفعل.

اعتدت أنْ أحلق ذقني في نهاية روتين الاستحمام. فبدأت بحلاقة كلّ جانبٍ من جانبي وجهي وصرت أخبط الشفرة على البلاطة لأنظّفها. تعجّبت كيف بدا كل شيء مختلفاً. اختبرت مشاعر مشابهة لهذه في الماضي، ولكنها كانت مرتبطة دائماً بشيءٍ ما اشتريته أو ربحته أو قبلته كهدية، أي بشيء ملموس.

وسرعان ما فكّرت في حالة أخرى مشابهة. *إنها مثل نشوة الخمر! أشعر وكأنني قد شربت كأسين من الخمر-أول كأسين!* أشعر براحةٍ لجهة أحوالي مع طيفٍ من النشوة والحماس، مثلما يقدّمه لي النبيذ الجيد. *ولكن من الجنون أنْ أشعر بهذه الطريقة الآن، فأنا أتحمّم ليس إلا!*

لطالما كان النبيذ الشيء الوحيد الذي يخفّف من حدة التوتر لديّ، ويمسح هموم الحياة، ويجلب عليّ نوعاً من السعادة والبهجة. يبدو أنه كان يملأ الفراغ في حياتي، ولكنه لم يكن ليستمرّ البتة. زاد على ذلك تعقيداً أنني كنت أشعر بالصداع وعواقبه في اليوم التالي. أما اليوم فالأمر مختلف، فأنا أستحمّ بشكلٍ طبيعيّ، ولكنني أشعر شعوراً رائعاً دون أي سبب. يا له من أمرٍ محيّر! لم أتناول شيئاً من الكحول، فقد استيقظت لتوّي، وهو بداية أسبوع العمل

وليس يوم الجمعة–اليوم الذي أتطلّع فيه بشغفٍ إلى عطلة نهاية الأسبوع. لم تكن هناك سيارة جديدة في المرآب، ولم تكن هناك أية عطلة مخطّط لها. فكّرت *أنّني ربما كنت بحاجةٍ إلى جرعةٍ من قهوة الإسبرسو، فالكافيين سيساعد ذهني ليصحو ويفكّ لغز هذه الحالة.*

خرجت من الحمام، وارتديت ملابسي، ونزلت إلى الطابق السفلي. بقيت أنتظر عودة الازدحام إلى ذهني ولكنّ ذلك لم يحدث. حضّرت قهوة الإسبرسو وكرعتها، ثم وقفت لمدة دقيقة أو دقيقتين متوقّعاً أنْ يساهم الكافيين في إيقاظي من هذه السكينة الحلوة والغريبة في آنٍ واحد، ولكنّ شيئاً لم يتغيّر. حضّرت فنجاناً جديداً من القهوة واحتسيته بسرعة، وحزمت أغراضي، وذهبت إلى السيارة. شعرت وكأنني أستعدّ للمضيّ في رحلةٍ كنت أنتظرها طيلة السنة، ولكنني كنت ذاهباً إلى العمل وليس إلى فيغاس، فقد كنت دائماً أشعر بالفرح والإثارة في الأيام السابقة لعطلةٍ رائعة.

اليوم الأول من العمل

جلست في السيارة، وبدأت أقودها نحو مكان العمل. تلاشت رغبتي في السباق للوصول إلى العمل، ولم أغتظْ من زحمة السير كما كنت أفعل من قبل. قطع أحدهم بسيّارته الطريق أمامي ولم أزمّرْ له أو أعمل إشارة مهينة بأصابعي. نسيت هاتفي المحمول في البيت ولكنني لم أنزعج. وعندما وصلت إلى الإشارة ووقفت عند الضوء الأحمر، لم تكن لدي رغبة في مسابقة السيّارة المجاورة لي حالما تصبح الإشارة خضراء. قلت بصوتٍ عالٍ، «هذا غريب، هل تحوّل ماريو أندريتي بطل سباق السيارات إلى مستر روجرز بطل مسلسل الأطفال»؟

قويت هذه المشاعر عندما وصلت في العمل، وصارت التغيّرات الغريبة في شخصيّتي أكثر وضوحاً. كان جدول العمل ممتلئاً فوق الطاقة، ولكنني لم أهتمّ، ولم ألقِ باللوم على الممرضات. بدأت أعالج مريضة صعبة وكثيرة المطالب، ولكنني لم أفقدْ صبري معها.

كانت أول مريضة لذلك اليوم. فتحتُ الباب ووجدتُ سيدةً عجوزاً تجلس في كرسيّ الفحص وهي تمسك بيدها ورقة بيضاء. كانت تحدّق فيّ بشكلٍ غريب، وحالما دخلت الغرفة استلمَت الحديث بجملته.

قالت لي بإصرار وهي تهزّ بالورقة أمامي، «لدي يا دكتور ڤيمان قائمة بالأشياء التي أريدك أنْ تنظر إليها». يرى الأطباء في قوائم كهذه علامات لا تبشّر بالخير، ولكنني عوضاً عن أقول لنفسي، «*يا لسوء طالعي! قائمة!*» قلت لها، «بالتأكيد، كيف يمكنني أنْ أساعدك»؟

والشيء الغريب هو أنني كنت مخلصاً بالفعل. أردت أنْ أساعدها وأجيب عن أسئلتها، ولم أشعر بأنها تزعجني أو تغيظني أو تلاحقني!

شعرت بمودّةٍ شديدة لها وباهتمامٍ صادق بحالتها، وكأنّ شيئاً ما في داخلي يمكّنني من إظهار اللطف لهذه المريضة الصعبة والمتطلّبة. لم أكن بحاجة إلى التمثيل أو التظاهر أيضاً بل كان تصرفي حقيقياً! كنت من قبل *أمثّل* دور الإنسان اللطيف عادة، ولكنني أقول في قلبي، «*خلّصوني من هذا الوضع*»! ولكنني الآن محتار في أمري، *لماذا أشعر بالحنان نحو هذه المرأة؟*

أدركت الممرضة أنني أتصرّف بطريقةٍ غير اعتيادية، ونظرَتْ إليّ بغرابةٍ وسألَتْ، «ماذا حدث لك»؟ لم أشعر كما كنت أشعر في المعتاد، ولم أتصرف كما كانت لي عادة، ولكن هذا أنا وليس سواي. إنه شعور غريب أنْ تحسّ فجأة وكأنك إنسان جديد تعيش في الجسد نفسه.

عدت إلى المنزل بعد العمل وأنا محتار جدّاً في أمري. فلم تعد تثقل كاهلي حقيبتي اليوميّة المليئة عادةً بالقلق والإحباط والفراغ والمرارة. شعرت وكأنّ حملاً ثقيلاً قد رُفِع عنّي. وصرت قانعاً بلا سبب. كنت في الماضي أعتمد على شيءٍ ما أو شخصٍ ما أو مكانٍ ما لأشعر بالقناعة، أما الآن فإنني أشعر بسعادةٍ في قلبي دون وجودِ سببٍ محدد. صارت عندي قناعة غريبة بأنّ ما كان في حياتي من فراغٍ وجوعٍ وعطش لكل ما هو أكبر وأحسن وأكثر قد ولّى وزال. هل يمكن أنْ يكون هذا حقاً؟

كنت دائماً أغادر في وقتٍ مبكر في الصباح قبل أنْ يستيقظ أحدٌ في البيت. عندما وصلت المنزل رأيت روث لأول مرة منذ أنْ حدث لي هذا. دخلت البيت من خلال باب المرآب، وكانت في المطبخ.

الليلة الأولى في المنزل

قلت، «مرحبا يا حبيبتي، أنا في البيت». كانت روث تطبخ طعام العشاء، والصبيّان يلعبان على الأرض. وعندما التفتَتْ ونظرَتْ إليّ، رأيتُها بطريقةٍ مختلفة تماماً. شعرت برغبةٍ في قضاء الوقت معها والحديث سوية، الأمر الذي لم نعتدْ عليه. أحسست بتقديرٍ جديد لها. كنت في الماضي قد أخذتها وكأنّها أمرٌ مسلّمٌ به. حدث كل هذا التغيير في لحظةٍ من الزمن.

وحدث لي الشيء نفسه عندما رأيت الولدين. فأوّل ما رأياني صرخا قائلين، «بابا»! وهرولا نحوي. عانقتهما بحرارةٍ، وفجأة خالجني شعورٌ عميق بأنني *أبٌ* لطفلين غاليين.

صارت أفكاري مركّزة عليهما وعلى احتياجاتهما عوضاً عن نزعاتي العاديّة الأنانية.

شغلتني أفكارٌ عميقة وغريبة وجديدة. عاد الولدان للعب في حين واصلت روث طهي الطعام. وجلست بسلامٍ في المطبخ أتأمل في كلّ هذه الأشياء. كنت أرى عائلتي ودوري فيها لأول مرة، وصار لديّ منظورٌ جديد يختلف عن الحياة التي كنت أعيشها بنت لحظتها. كان كما لو أنّ أحداً ما أراني حياتي، وكم هي قصيرة وهشّة، فتولّدت عندي الرغبة بأنْ أستفيد من كل لحظةٍ عوضاً عن أن أهدرها. ثم صُعِقت لما فكرت *أنني الآن مثل إميلي جيبس في* قصة «*بلدتنا*»، *أو إبينيزر البخيل* في قصة عيد الميلاد! صرت أنظر إلى الحياة بمنظورٍ جديد للأشياء الروتينيّة اليوميّة التي كثيراً ما تؤخذ كأنها مسلّمات. *إنني أقارب الأربعين من عمري الآن وقد مضت حياتي كومضةِ عين. لا أستطيع أنْ أصدّق كيف نظرت إلى حياتي وعائلتي كأمرٍ مسلّم به*، تألّمت في داخلي. لم أدرك البتة بأنني لم أكن أثمّن الحياة عندما عشت لحظاتها الغالية من قبل. أما الآن فقد كُشِفت لي الحقيقة بطريقةٍ ما وبملء القوة. لذا ذاب قلبي ولم أستطع إلا أنْ أراقب عائلتي وأندهش.

وبينما كنا نتناول العشاء، داهمني خوفٌ مفاجئ، وتزاحمت الأفكار في ذهني. فقد ملأ قلبي شعور بالذنب والخجل والحزن وأنا أراقب روث والولدين على مائدة العشاء. فما أسهل أنْ يفوتني شيءٌ بسيط كالعشاء مع العائلة، فلا أعتبره كما هو في الحقيقة، معجزة. *لماذا أفكّر بهذه الطريقة؟ ما الذي يحدث لي؟* تابعْتُ التحديق فيهم متأملاً بكلّ شيء. وبدأت أفكّر في الماضي، وعادت لذهني ذكرياتٌ منه. ومع أنّنا أربعة أشخاص حول المائدة إلاّ أنّني كنت الوحيد الذي يرى رؤى الاتهامات بصورةٍ ذهنية.

تذكّرت أمي عندما كنت طالباً في المدرسة الثانوية وهي تقول لي، «غريغ، سنذهب لرؤية جدتك في نهاية هذا الأسبوع».

أجبتها، «لن أذهب معكم. سوف أنام في منزل صديقي جيه بي».

«يجب أنْ تذهب. إنّ جدّتك تتقدّم في العمر، وقد لا تراها كثيراً فيما بعد»

«لا. لا أريد أنْ أذهب فالجو هناك مملّ».

قالت لي أمي على الهاتف «غريغ، جدّتك ماتت. والجنازة في نهاية الأسبوع القادم». في ذلك الوقت كنت في درهام في ولاية نورث كارولاينا خلال اختصاصي في طب الأمراض الجلدية.

فأجبتها وقلت، «لا يمكنني أنْ آتي. أنا مشغول جداً والمكان بعيد جداً».

«غريغ! إنها جدتك».

أردت أنْ أذهب ولكنني لم أكن أرغب في رؤية شخصٍ آخر ميتاً. لم أرد أنْ أرى

البيت الذي ملأني على مدى السنين بالذكريات فارغاً، فتحاشيت في أنانيّتي مواجهة حقيقة الموت، ولم أذهبْ معهم.

قالت لي روث في إحدى الحفلات، «تعال يا حبيبي إلى الداخل واقضِ معي بعض الوقت».

أجبتها بفظاظة، «لا، سأجلس خارجاً مع الشباب، عودي إلى الداخل. إننا نقضي وقتاً طيباً». رجعَتْ إلى الداخل، فقلت إلى المجموعة وأنا أحتسي البيرة، «ألا يمكننا يا شباب أنْ نتمتّع ببعض السلام والرواق هنا»؟

أجاب أحدهم، «نعم، الزوجات هنّ كالألم في....»، وقهقه الجميع ضحكاً.

قالت روث بخجل، «غريغ، لقد نسيت أنْ آتي بالثياب من المصبغة اليوم. إنني آسفة».

فوبّختها قائلاً، «ما هي مشكلتك يا...؟ ألا يمكنك أنْ تفعلي أي شيء لي؟ أنتِ لست مضطرة حتى للعمل»!

سألتني روث بينما كنت أدرس باجتهاد لفحص بورد الأمراض الجلدية، «كم حبة هوت دوغ تريد للعشاء»؟

فأجبتها بحدة قائلاً، «لا يهمني! حضّري لي بعضاً منها، أنا مشغول بالدراسة».

وعادت فسألت، «ألا يمكنك أنْ تقول لي كم واحدة تريد».

فأجبتها وأنا أصرّ بأسناني ويدي تقبض بقوّة على فنجان القهوة، «قلت لكِ أنا مشغول ولا أهتم بذلك. لا تسأليني مرة أخرى»!

أجابت بتهذيب، «اهدأ يا غريغ. أريد أنْ أعرف كم واحدة سوف تأكل».

وقفتُ في غضب وقلت، «إذا سألتني مرة ثانية فسأسكب هذه القهوة على سجادتك البيضاء»!

لم تكلّ بل سألت بهدوء، «كم قطعة هوت دوغ»؟

حدّقت فيها جيّداً، وسكبت القهوة السوداء على السجادة البيضاء، وانسابت مثل الشلال الأسود. ثم صرخت قائلاً، «قلت لك أنْ تتركيني وشأني»!

قال لي ابننا البالغ من العمر ثلاث سنوات، «بابا، هل تسمح لنا أنْ نلعب بالجرّارات الليلة؟»

«لا، ليس الليلة، سنخرج أنا وأمك مع بعض الأصدقاء»

سألني ابناي، «بابا، هل تأتي وتلعب معنا في صندوق الرمل»؟

«ليس الآن. ينبغي عليّ أنْ أتمرّن لمسابقة الترياتلون اليوم».

تلاشت الرؤى من حياتي الماضية وفجأة لم أعد جائعاً- مع أنني لم آكل الكثير. أدركت خلال ثوانٍ كم كنت قاسياً ومتغطرساً وأنانياً ومتطلّباً بشكلٍ لا يُصدّق لسنوات عديدة. ذاب قلبي في داخلي، واغرورقت عيناي بالدموع، فحاربتها بأنْ نهضت عن المائدة، ووضعت صحني في حوض الجلي. قضيت بقية الليل وأنا ألعب مع ابنيّ وأتحدّث مع روث مما جعلني أشعر بتحسّن.

ذهب الجميع إلى النوم، وبقيت حتى وقتٍ متأخر في المكتب الذي كان يقع في غرفةِ نوم إضافية. تعجّبت من مقدار ما حدث لي في يومٍ واحد فقط. *أشعر وكأنني تحت تأثير المخدّرات، أو كأنّ ذاتي القديمة قد ماتت ثم عادت كشخصٍ جديد. ما الذي يحدث لي؟* أشعر بشيءٍ من التشويش والخوف، ولكنني سعيدٌ في الوقت نفسه، *فعائلتي فتية، وأنا ما زلت شاباً، ولم يفت الأوان! وَعَدْتُ نفسي بأنني قادر على إجراءِ تغييراتٍ في حياتي.*

الأيام الثلاثة التالية

ذهبت الى الفراش ونمت كطفل هانئ لليلةِ الثانية على التوالي. كان اليوم التالي مثل الأول إلا أنني أصبحْتُ أشعر بألفةٍ أكبر مع بعض التغييرات. كنت أتمتّع بشعورٍ من السلام والصفاء، وبما أنني كنت سريع الغضب من قبل، فقد صَعُب عليّ أنْ أصدّق أنني لم أكن أحلم. هذا أمرٌ حقيقي فعلاً. استيقظت من النوم في اليوم الثالث خائفاً، كنت أخشى العودة إلى ذاتي القديمة، ولم أتوقّع أنني سأستمرّ على هذه الحال إلى وقتٍ طويل.

رنّ المنبه في الساعة الخامسة والنصف صباحاً، «بيب بيب بيب». مددْتُ يدي نحوه، وعيناي نصف مغمضتين، وأبكمْتُ صوته المزعج. *ألا يزال الشعور بالسلام موجوداً؟* وعلى الفور صرت أفكّر وأنا أستيقظ ببطءٍ، *هل ما زلت مختلفاً؟ ماذا لو فارقني ذلك الشعور؟ ماذا لوْ عدتُ إلى طرقي القديمة وذاتي العتيقة؟ ماذا سأفعل؟* أقلقتني هذه الأفكار.

نهضتُ من الفراش، وذهبت إلى الحمام، ووقفت أنظر إلى نفسي في المرآة. ثياب النوم التي أرتديها ملويّة، ورجل أشعّث الشعر ينظر إلي في المرآة. أبدو كأحد الرعاع من مغنّي الروك، ومع ذلك لم أنزعج بل شعرت بسلام، *ولم أقلق بشأن الوصول إلى العمل. وقلت لنفسي، هذا علامة جيدة.* وسرعان ما أدركت أنني ما زلت الإنسان الجديد. فصرخت، «نعم! نعم»!

بقيت أنتظره كل صباح لكي يرجع، ذلك الإنسان العتيق فيّ الذي لم أعد أطيقه، ولكنّه لم يعد البتة. *ما الذي يحدث يا ترى؟*

لسانٌ جديد

أدركت في اليوم الرابع أنّ شيئاً هاماً آخر قد حدث لي. لم أنتبه إليه خلال الأيام الثلاثة الأولى لأنني كنت مرتبكاً ومذهولاً. كنت أستعدّ في الصباح الباكر للذهاب إلى العمل، احتسيت بعض القهوة الإسبرسو كالمعتاد، وبدأت أجمع أغراضي في حقيبة الظهر لآخذها للعمل. ثم قلت بصوتٍ يائس ومرتفع، «محفظتي! أين محفظتي»؟ قلبت البيت والسيارة بجنونٍ بحثاً عليها ولم أجدها! بحثت في الحقيبة، ثم أفرغت كل ما في جيوب ستراتي وملابسي ونبشت المطبخ حيث أضع عادة مفاتيحي ومحفظتي.

في الماضي كنت أكره للغاية فقدان محفظتي أو مفاتيحي. كان ذلك يثير جنوني، أما الآن فالأمرُ مختلفٌ. لم أنزعج ولكن ليس هذا ما أثار انتباهي. لسببٍ ما، لم أبدأ بكيل الشتائم. فقد خرس لساني البذيء في الوقت الذي كان عادةً يطلق مدافع من القذارة. وفجأة توقّفت عن مهمتي المربكة في البحث، ووقفت في مكاني للحظة. راجعت في ذهني صور الأيام الماضية، وأدركت أنني لم أتلفّظ بكلمة واحدة قذرة! تعجّبت جداً حتى أنني جلست في السيارة وبدأت أقود إلى العمل غير مبالٍ بأمر المحفظة.

كانت الشتائم جزءاً من مفرداتي اليومية العادية منذ الصف الخامس أو السادس الابتدائي. عادت بي أفكاري إلى المخيّم الصيفيّ «المسيحيّ» حيث تعلّمت معظم هذه الكلمات.

كنا نأكل في قاعة الطعام الكبيرة المليئة بطاولاتٍ تتّسع كل منها لثمانية أشخاص. وقلت، «مهلاً يا آندي، هل يمكنك أن تمرّر لي البازلاء الـ______ من فضلك».

أجابني، «أحضرها بنفسك يا ڤيمان، ______الله».

ووبختـه قائلاً، «حسناً يا ______».

ثم صرخ المرشد، «راقب فمك يا ڤيمان وإلا سأركل ________»!

تعوّدت على استخدام الكلمات البذيئة كصفاتٍ وأسماءٍ وظروفٍ في كل حين دون أنْ أفكّر فيها. فعندما كان يحدث خطأ ما، كنت أطلق عبارات الكفر باستخدام اسم «الله» أو «يسوع» مع أنني لم أكن مؤمناً بالله. كانت الكلمات تخرج من فمي بشكلٍ تلقائيّ دون أنْ أفكّر فيها.

عندما وصلت إلى العمل جلست في مكتبي، حركتُ فأرة الحاسوب لكي تستفيق الشاشة، ولكن لمْ يحدث شيء. كنت عادة أطلق على الفور شتيمةً أو ألعن باستخدام اسم المسيح بطريقةِ كفرٍ، ولكنني لُذْتُ بالصمت.

انحنيت لأنظر تحت المكتب في محاولة منّي لمعرفة ما هو الخطأ في الحاسوب، فضربت رأسي بينما كنت أنهض. شعرت وكأنّ مطرقة ثقيلة قد ضربتني، فصرخت متألماً، «آخ، آخ»، ولكن كلمات الشتائم التي اعتدت أنْ أتفوّه بها لم تخرجْ من فمي. أدركت فجأة أنني لست أحبس الكلمات عن قصد، فلم أكن أعضّ على لساني أو أغصب نفسي على عدم النطق بتلك العبارات. ببساطةٍ، لم تعدْ في عداد المفردات التي تدرّبت عليها لمدّة ثلاثٍ وعشرين سنة!

مكثت على الأرض وأنا أفرك رأسي متسائلاً عما يحدث. كنت لا أزال تحت مكتبي متعجباً أنني لم أنهض بعد. همست لنفسي، «ما الذي يحدث لي؟ كيف يمكن أنْ يكون هذا»؟ حاولت أنْ أفكر في الأسباب المحتملة لكل ما كنت أختبره في الأيام الأربعة الماضية؟ *لماذا أشعر بقناعةٍ ورضى؟ لماذا اختفت الشتائم من حياتي؟ لماذا صرت لطيفاً مع الناس الذين عادة يزعجونني؟ ما سبب الشعور بالسلام والهدوء؟* تسابقت الأسئلة في ذهني، واحداً تلو الآخر. بقيت تحت طاولة المكتب لمدة خمس دقائق على الأقل أفكّر في كل شيءٍ، وأبحث عن أجوبة.

وكان أول حدسٍ لي أنّ هذه الشخصية الجديدة هي حالةٌ من النشوة تنشأ من ذاتها بسبب نوبةٍ من البكاء الشديد. *فربما أنا أشعر بهذه الطريقة لأنني عندما اختبرت ذلك «الانهيار»، أفرغْتُ من قلبي الكثير من غير المرغوب به.* وتذكّرت أنني عادة كنت أشعر بتحسنٍ بعد البكاء. لم أختبر فترات بكاءٍ شديدٍ كثيرةٍ في حياتي، ولكن المرات القليلة التي اختبرته فيها شعرت فيها بالضغط يرتفع عني. أما هذه التغييرات والمشاعر الجديدة التي أختبرها اليوم فجذريةٌ إلى درجةٍ لا تتناسب مع هذا التفسير.

بعد ذلك فكرت بالتأثير الصيدلانيّ، *فربما تناولت الفاليوم عن طريق الخطأ عوضاً عن دواء حاصرات بيتا الذي أتناوله كل يوم لمنع الصداع النصفيّ.* بدت الفكرة لي كفرضيّةٍ جيدة، ولكن ما هو احتمال ارتكاب الصيدلانيّ لمثل هذا النوع من الخطأ؟ الفاليوم دواء يمكن أنْ يولّد الهدوء والشعور بالسلام ونشوة طفيفة. فقد سبق أنْ تناولته مرة واحدة من قبل خلال إجراء عمليّة بالليزر لتصحيح قصر النظر، وهي عملية جراحية كنت بحاجةٍ إليها حتى لا أضطرّ إلى ارتداء النظّارة. أذكر أنّ لساني ثَقُل قليلاً وصار بطيئاً نوعاً ما إلا أنني لست أختبر الآن هذه الأعراض على الإطلاق، لذلك لم يتناسبْ هذا الاحتمال مع كل شيءٍ آخر كنت أختبره. ومع ذلك لم أستطعْ أنْ أفكّر في أي شيء آخر لديه قوة للتأثير عليّ بهذا الشكل. حاولت التفكير في تفسيراتٍ أخرى طيلة النهار في العمل ولكن لم يتبادرْ لذهني أي شيءٍ آخر.

عندما وصلت البيت صعدت الدرج على الفور للتحقق من قنينةِ دواءِ الشقيقة حتّى أرى إذا ما كانت حبّات الدواء قد استُبدِلت عن طريق الخطأ، فهذه أفضلُ نظريةٍ لدي. أسرعت إلى الحمام، وفتحت خزانة الدواء. بحثت بين قوارير الدواء، والتقطت القارورة المشكوك بأمرها، وفتحتها بسرعة. أفرغت محتوياتها على طاولةٍ، ووقع بعضٌ منها على الأرض بسبب سرعتي رغبة في فحصها. اقتربت منها لأرى عن قربٍ ما هي العلامات على هذه الحبات. لقد كانت حبات مسكّنات الوجع (حاصرات بيتا) وليست الفاليوم! كان عندي شيءٌ من خيبة الأمل، وشيءٌ من الحماس في الوقت نفسه لأنني كنت أبحث عن جوابٍ، ولكنني لم أردْ أنْ يكون سلوكي الجديد ناجماً عن الأدوية فحسب.

وقفت هناك ممسكاً بالقارورة لبضع دقائق. لقد تلاشى أفضل احتمالٍ توصلْتُ إليه لشرحِ ما يحدث. لم يكن لديّ أي تشخيصٍ لنفسي مع أنني طبيب. وهذا ما أدهشني، ألا ينبغي للإنسان أنْ يعرف نفسه عندما يصل إلى عمري، أو يعرف على الأقل ما هو السبب في حدوث تغيير جوهريّ مثل هذا؟

لقد فكّرت في الكتاب المقدس، ولكنني لم أحسب أنّ للتغييرات الجذرية علاقة بالدين. فكيف يمكنها ذلك؟ لقد قررت أنْ أؤمن بيسوع وأذهب إلى الكنيسة، ولكن هذا القرار لا يمكن أنْ يفسر ما حدث لي. إذا كان الله حقيقياً، ويسوع مات من أجل خطيئة الناس قبل نحو ألفي سنة، فكيف يمكن أنْ يكون لذلك تأثيرٌ مباشر عليّ في عام ٢٠٠٣؟ كيف يمكن لذلك أنْ يفسّر ما يحدث لي؟

الاختبارات

قلت لنفسي، حسناً يا غريغ، شغّلْ ذهنك الطبيّ! كيف يمكنني أنْ أحدّد تغييراً معيناً مررْتُ به، وأتوصّل إلى طريقةٍ لاختباره. وضعت القارورة جانباً، وفكّرتُ للحظةٍ، وللحال خطرت الفكرة ببالي. ينبغي أنْ أضع «التغيير في الشتائم» أمام بعض التحدّيات الكبيرة.

اختبار التلفزيون

نزلت إلى الطابق الأسفل، وشغّلت التلفزيون لأتفرّج على لعبة كرة القدم الأميركية. كنتُ أحبّ مشاهدة كرة القدم، وكان من السهل عليّ أنْ أندمج مع المباراة حتى وإن لم تكن لفريقي المفضّل. واعتدت أنْ أشتم وأصرخ مقابل التلفزيون عندما يخسر الفريق الذي يعجبني أو يلعب بشكلٍ سيّئ. ولحسن الحظّ فقد كان الفريق الذي أحبه جداً يلعب في المباراة. كانت

الخسائر تتوالى تباعاً على فريقي المفضّل، مع أننا كنا لا نزال في الربع الأول من اللعبة، ولكن لم يخرج من فمي أيّ شيء سيّء. كان لاعبو الهجوم جامدين ولكنني بقيت صامتاً! لم تكن لديّ رغبة في إطلاق الألفاظ النابية ضدّ لاعبِ الربعِ الموزّع.

وفي الربع الثاني تمكّن الفريق الآخر من انتزاع الكرة من فريقي خلال هجومهم، ولكنني لم أشعر بالغليان في داخلي للقيام بأيّ رد فعل. هذا غريب جداً! لقد اختفى الغضب والتهوّر والكلمات النابية مع أنني كنت أحاول أنْ أخرجها ولكنني لم أستطع، فهي لم تعدْ موجودة. شعرت كما لو أنني كنت أشاهد المباراة مع شخصٍ آخر.

اختبار الجار البغيض

كانت الأيام القليلة التالية على شيءٍ من الغرابة، فإنساني الماضي لم يكن ليعود، ولم أستطعْ إيجاد تفسيرات لهذا الوضع الذي أنا فيه. قرّرت أنْ آخذ كلبتنا ديزي للمشي في الخارج حتّى يتسنّى لي أنْ أفكّر في هذه الأشياء.

قلت لها، «هيا يا ديزي، سنذهب للمشي، هل تريدين المشي»؟ كانت مستلقية على جنبها مثل البقرة الميتة، ولكنها جلست لما سمعت كلمة «مشي» للمرة الأولى، ثم أمالَتْ رأسها نحوي عندما قلتها ثانية، وصارت تهزّ ذيلها. وذهبت نحو الباب. قلت لها، «هيا نذهب يا ديزي» وخرجنا سوية.

السبب الرئيسي الذي جعلني أمضي وحدي مع ديزي هو أنْ أتمكّن من التفكير، ولكنني التقيت بجاري دون أنْ أتوقّع ذلك، وكان جاراً طالما أبغضته. كنت كلما أرى هذا الجار في الماضي أشعر بعداءٍ ورغبة في تجنّبه. كنت أتمشّى، وأنا في تفكيرٍ عميق بشأن حالتي المحيّرة، وفجأة إذا بجاري يظهر أمامي.

سألني مبتسماً، «مرحباً يا غريغ. كيف الحال»؟ حدّقت في وجهه، وصمتُّ طويلاً. لم أفهم لماذا لم أكن غاضباً، أو حاقداً أو أشتم هذا الرجل في ذهني. *والأغرب من ذلك أنني كنت أشعر بتودّد لهذا الرجل، وبألفةٍ لم يكن لها سببٌ على الإطلاق*. حاولت أنْ أجبر نفسي على بعض الحسد أو شيءٍ من الشرّ لكي أستخرج تلك العواطف المألوفة التي كانت لديّ عادة من نحوه، ولكنها غابت كلّياً. *كان شيءٌ ما في داخلي يحبّ هذا الإنسان، ويا للغرابة فأنا أعرف أنني لا أحبه! أعلم ذلك يقيناً!*

وبعد خمس عشرة دقيقة كنا لا نزال نتحدث ونقضي وقتاً طيباً معاً. غادرت وأنا أشعر وكأنني غريب. *هل سكن داخلي غريبٌ أحمق؟ هل صرت الآن شخصاً باسماً يحبّ الثرثرة*

ويتمّع بقضاءِ الوقت مع الناس؟ لم أكن أخطّط لمشاركة ما يجري مع أي شخصٍ حتى لا يظنّ أحدٌ أنني مجنون. خفْتُ أنْ يسحب البورد الأميركي رخصتي مني إذ يكتشفون أنّ لدي فصاماً في الشخصية أو مرضاً نفسياً آخر.

اختبار التسوّق على الإنترنت

في اليوم التالي لاحظت أنه لم تعد لديّ رغبة في البحث باستمرارٍ عن الأشياء وشرائها. لم أعدْ أرغب في الحصول على شيءٍ جديد في البريد. كنت في الماضي أتسوّق على الإنترنت طوال الوقت للعثور على أحدث صرعة. كنت إما أبحث على الإنترنت منتظراً نزول سلعةٍ جديدة إلى السوق، أو أبحث عن الشيء التالي الذي كنت أودّ أنْ أحصل عليه. قرّرت أنْ أختبر مشاعري الجديدة بالدخول على شبكة الإنترنت.

حسناً! هناك قميص من النوع الذي أحبّه، وقد نزل إلى السوق حديثاً، ولكنّه لم يجذبْني، ولم أرغبْ به. رأيت أنّ هناك تنزيلات على بلوزات البولو ولكنها لم تشدّني إليها. كانت الأحذية خاضعة لحسم قدره ٢٥٪ ولكنني لم أنقر على تلك الصورة البتة. لم أشعر بالإثارة مهما كان الشيء الذي كنت أنظر إليه، فقلت لنفسي، «هذا جنون! أنا أعلم نفسي أنني أحب أنْ أشتري شيئاً».

لم أستطع أنْ أحتمل المزيد، وكان عليّ أنْ أضع نفسي موضع الاختبار مرّة أخرى. فأنا أعرف نفسي أكثر من أيّ شخصٍ لذلك وضعتُ اختباراً نهائياً. إذا اجتزت هذا الاختبار سأصبح مقتنعاً بشيءٍ واحد. سوف أذهب لزيارة طبيبي المختصّ في الطبّ الباطنيّ! فلا بدّ أنّ هناك جواباً طبّياً.

اختبار وول مارت

حلّ موسم عيد الميلاد، وبدأت المحلات التجارية تعجّ بالزبائن بجنون. ركبْتُ في السيارة، وانطلقْتُ إلى مركزِ تسوّقٍ محليّ، ورحْتُ أفكّر في «*المهمة المستحيلة*» التي يشكّلها التسوّق في يومٍ كهذا. عندما وصلْتُ إلى موقف السيارات كان يعجّ بالسيارات، ولم أجدْ بقعةً قريبة أوقف فيها سيارتي، فاضطررْتُ لإيقافها على بعدِ أكثرِ من كيلومترٍ عن المدخل. كنت عادة أغادر المكان إذا صادفْتُ هذا النوع من الازدحام ولكنه لم يزعجني البتة، ولم أغضبْ أو أنزعج أو أشتم. كاد أحد السائقين يضرب سيّارتي وهو يهمّ بالرجوع ولكنني لم أهتم، لقد انشلّ إصبعي الأوسط لسببٍ ما- ولم أقدرْ أنْ أرفع يدي! فأوقفْتُ سيّارتي في «تمبكتو»

وبدأْتُ المسيرة الطويلة.

فحصْتُ نفسيّتي بسرعةٍ فوجدت أنّ التوتر لم يكنْ موجوداً، وكذلك التصرّف بانزعاج. ولم تبدُ لديّ رغبة حتى في الدخول والخروج بسرعة. تمشيْتُ في موقف السيّارات محاولاً أنْ أدفع عنّي المتسوّقين المجانين في عيد الميلاد. لم أقلق البتة وبقيت أنتظر أنْ يُطلّ أحد تصرّفاتي القديمة برأسه القبيح، لكن، ويا للعجب، بقِيَتْ جميعُ تصرّفاتي القديمة بعيدةً عني.

مشيت إلى متجر وولمارت، وكانت الفوضى تعمّه! فالمكان تملأه الطوابير الطويلة، والعربات المتلاطمة، والآباء المتخاصمون مع أولادهم. جميع الذين يتسوّقون هنا في قمة الموسم كانوا كالمجانين. بدأَتْ موسيقى «المهمة المستحيلة» تعزف من جديدٍ في ذهني. هذا هو الامتحان الكبير الذي احتاجه، فقد كنت أكره الطوابير والحشود، كما كنت أَفقد صبري بسرعةٍ كبيرة. ولا يمكن للإنسان العتيق فيّ أنْ يحتمل هذا دون نوبةٍ من الغضب أو صراعٍ وشعورٍ بالإحباط. وابتدأ الهرج والمرج داخل السوق على الفور.

كان الأطفال يصطدمون بي من كل جهة، وعربات التسوق ترتطم بي. تعالَتْ حولي أصواتٌ وتعابير تدلّ على الانزعاج والتعب. وهذا ما كان ينبغي أنْ يوقظ الإنسان القديم في داخلي، ولكن هذا ما لم يحدث! لم يخطر ببالي أي فكر ينمّ عن انزعاج، فلم أقل في نفسي، *أنت غبي أو يا ابن الـ________*. لم أقل، «ابعد من طريقي»! أو «اللعنة، ادفعني إلى الأرض في المرّة التالية»!

انتظرْتُ بضع دقائق، لكنني لم أنفجر. وأخيراً اعترفْتُ لنفسي بأنني اجتزْتُ الجزء الأول من الاختبار، ثم قرّرتُ أنْ أحاول اختبار صندوق الدفع. تناولْتُ أرخص شيء وجدته، علبة من العلكة. كانت منصّات صناديق الدفع مزدحمة جداً حتى إنني لم أستطع أنْ أرى صناديق الدفع. طالت الطوابير حتى كانت نهاياتها بالكاد تُرى، وامتدّت إلى قسم الملابس. كان الكثير من الناس يتدافعون نحو صناديق الدفع مثل قطعان الماشية. في الأحوال العادية، كان ضغط دمي يرتفع للغاية، ولكنني وقفْتُ في نهاية الطابور دون أنْ أعبأ للأمر.

لم أصرّ بقبضتي يديّ، ولا صررْتُ بأسناني أو طحنْتُها بعضاً ببعض، ولم أكره الناس الواقفين أمامي، بل في الواقع كان هذا مسلّياً وصرْتُ أضحك! انفجرْتُ في ضحكاتٍ هيسترية مزعجاً كل من حولي. ورداً على تحديقهم الفضوليّ فيّ ابتسمْتُ وقلْتُ، «لا يهمّني»، ثم قلت بصوتٍ عالٍ، «إنني حقاً لا أهتمّ». وانتبه الرجل الواقف أمامي، والتفت إليّ وحدّق فيّ بقوّة، وطوى شفتيه ناظراً إليّ نظرة قاتلة. ولم يرعبْني هذا أيضاً.

مشيت إلى السيارة بعدَ نحوِ ثلاثين دقيقة من الانتظار في الطابور، وكنت مندهشاً

ومذهولاً ومستغرباً. فلطالما كنت أكره التوتّر بشأن الأمور التافهة، ولكنني لم أكن أقدر على تمالكِ نفسي بشأنه. *فكيف اختفى ذلك التهوّر والطبع الحادّ؟*

قدت السيارة باتجاه البيت وأنا أسرح بفكري محاولاً أنْ أستوعب ما يحصل لي. فهذه الأيام القليلة التي اختبرْتُ فيها هذه الأشياء كانت أغربَ أيامٍ عشْتُها في حياتي. بدأْتُ أحلّلُ كلَّ شيءٍ عقلياً باستخدام المنطق الطبيّ. *لقد تغيّرت طبيعةً وجودي نفسها*. لا يمكن للدين والمشاعر والأحاسيس والرغبات وحتى لأعمق الأشواق أنْ تنتج شيئاً كهذا. قرّرْتُ بعد ذلك أنني بحاجةٍ إلى تشخيص.

الفصل العاشر

التشخيص التفريقي

عدت من السوق إلى المنزل، ووجدت روث والأولاد في الطابق العلوي يشاهدون التلفزيون. سألتني، «ماذا كنت تفعل يا حبيبي»؟

أجبتها، «ذهبت إلى سوق ولمارت».

«ماذا اشتريت»؟

تردّدْتُ ولم أجب مباشرة، ثم قلت، «علبة من العلكة».

سألتني، «علبة من العلكة»؟

فأجبْتُها، «إنها قصة طويلة».

«غريغ، أنت تتصرّف بشكلٍ غريب. ما هي مشكلتك؟ فقد كنت هادئاً ولطيفاً وكثير الكلام في الآونة الأخيرة، ولكنك أيضاً تقضي وقتاً طويلاً وحدك. إنني لا أفهم ما يجري».

«أنا بخير. لدي الكثير لأفكّر به وحسب. سوف أمضي إلى مكتبي لفترةٍ من الوقت».

لقد عرفَتْ أنني تغيّرت، ولكنها لم تعرفْ ما يجري معي. لم أكن بعد مستعداً لمشاركتها، بل كنت أبحث عن التشخيص أولاً، واحتجت أنْ أكون وحدي لكي أفكّر به. مشيت إلى المكتب، وجلست على كرسي، وأخذت ورقة وقلماً ووضعتهما على المكتب.

وابتدأْتُ كطبيبٍ أشغّل ذهني التحليليّ والعلميّ في العمل. قرّرت أنْ أحلّل الوضع مثلما أحلّل أية مشكلة طبية. ففي الحقل الطبيّ، يتمّ التشخيص عن طريق مراجعة السجلّ الطبيّ أولاً من أجل توضيح علامات المرض وأعراضه وظروفه. ثم بعد ذلك يُجرى فحص بدنيّ كامل للبحث عن المؤشّرات والنتائج التي تساعد على تحديد التشخيص. وبعد مراجعة السجلّ الطبيّ والفحص البدنيّ، يوضع التشخيص التفريقيّ. والتشخيص التفريقي هو قائمةٌ من الأمراض المحتملة أو أسباب الأعراض التي يعاني منها المريض. وبعد ذلك يمكن أنْ تُطلَب الاختبارات التشخيصية المناسبة للمساعدة في العثور على التشخيص الصحيح.

أصبحْتُ المريضَ والطبيبَ في آنٍ واحد. قرّرْتُ أنْ آخذ على عاتقي عملية التشخيص الطبي لمعرفة ما كان يحدث. كانت العلامات والأعراض التي أعاني منها غريبة جداً، واضطررت إلى القيام بذلك وحدي. كنت أخشى أنّ الطبيب العادي إما لا يصدّقني أو يظن

أنني مجنون ثم يرفع تقريراً إلى بورد الأطباء. فحصت كل خطوة من خطوات خطة العمل وسجّلت النتائج والاستنتاجات. بدأت بالسجل الطبيّ الذي كان يتضمّن العلامات والأعراض.

السجل الطبيّ والعلامات والأعراض

لقد بدأت الأعراض فجأة قبل أسبوعين عندما استيقظت في الصباح التالي للاستسلام العاطفيّ الذي اختبرته في الليلة السابقة. شعرت في البداية بسلامٍ عجيب لا يمكن تفسيره، وبرضا واكتفاء يتحدّيان الظروف. اكتشفت في ذلك الصباح أني لستُ بحاجةٍ إلى أي إنسان أو أي شيء لكي أشعر بالرضا. لقد اختفى الشعور بالفراغ والوحدة في حياتي دون سببٍ واضح. ومنذ ذلك الوقت وأنا سعيد في حياتي كل يوم على الرغم من أنه لم يكن هناك سبب يجعلني أشعر بذلك. في الماضي، كنت دائماً بحاجةٍ إلى حدثٍ معيّن أتطلّع إليه أو شيءٍ ما أحصل عليه لكي أتمكن من اختبار ذلك الشعور. أما الآن فيغمرني هذا الشعور طوال الوقت. وقد اختفت الرغبة في شراء الأشياء وتجميعها باستمرار، وما شعرت به من سلامٍ وفرحٍ أخمدَ تلك الشهوات تماماً.

كذلك اختفى ما كنت أشعر به باستمرار من ضغطٍ وجهد وقلق واضطراب. لم تعد مواقفي ساخرة ولاذعة، وعوضاً عن الكآبة والبؤس والغيظ صار يغمرني سلامٌ يفوق العقل.

لاحظْتُ صباح ذلك اليوم نفسه أنني أتحلّى بالصبر الممتزج بغياب الإحباط في حالاتٍ كنت أعاني فيها من الاغتياظ. وترافقت مع ذلك محبةٌ صادقةٌ وخالصةٌ للناس الذين لم أكن أحبهم والذين كنت في العادة أعتبرهم مجانين يغيظونني. ولم أكن أيضاً أمثّل بأنني لطيف، بل كان ذلك حقيقياً نابعاً من القلب. شعرت وكأنّ لديّ قلباً جديداً، وأردت أنْ أفعل ما هو صحيح حتى ولو كان ذلك يزعجني. ولم تعد لدي الرغبات السابقة في مضايقة الآخرين وتحقيرهم وتوبيخهم وانتقادهم، ولم أفكّرْ في هذه الأشياء ما خلا عجبي من غيابها، ولم أتصرّفْ بشيءٍ ما حيالها.

شعرْتُ نحو روث وولديْنا بأحاسيس عميقة كانت جديدة لي ومغيِّرة للحياة. وفجأة أدركْتُ كم أهملْتُهم في الماضي وكم لحظةً ثمينةً أهدرتُ بأنانيّتي. صار لدي حزنٌ عميق ورغبة في التغير لأصبح زوجاً وأباً أفضل. أردت أنْ أركّز عليهم عوضاً عن نفسي. والغريب أنّ الدوافع الخفية وراء تصرّفاتي الأنانية والملتوية صارَتْ مكشوفة أمام ضميري.

لقد كنت طيلة حياتي أنانياً في عطائي وأخذي. وربما كانت تصرّفاتي الخارجية تبدو لطيفة، ولكن الدافع الحقيقيّ خلفها كان أنانياً. كنت أعطي بطريقةٍ ماكرة لأحصل على شيءٍ أو لأدفع بجدول أعمالي قدماً. كنت آخذ بأنانيةٍ ما أريد من الحياة، وفعلتُ ما أردته في الوقت

الذي أردته على حساب الآخرين جميعهم، فقد كنت مركز كل شيء.

لقد اختفى الآن ذلك الجزء من حياتي. وأدركتُ فجأة للمرة الأولى دوافعي الأنانية بطريقةٍ أحزنتني. كنت أعرف في الماضي شعورياً ما كنت أفعله ولكنني فعلته على كل حال. ولكن لم تزعجْني هذه السلوكيات فحسب وإنما صرتُ قادراً على إيقافها وإجراءِ تغييرات. واكتشفت أنه صارت لديّ قدرة جديدة على التصرّف بغير أنانية، الأمر الذي لم أتمكّن من تفسيره.

في تلك الليلة الأولى، على سبيل المثال، عدت إلى البيت وقضيت الوقت مع زوجتي وأطفالي بدلاً من أنْ أهدر الوقت وأنا جالس وحدي مقابل الكمبيوتر أو أمام التلفزيون. ولم أفعل ذلك لتجنب عقابٍ تأديبيّ ما، أو لأسجّل حضوري كأبٍ يجمع نقاط الاستحسان، ولكنني فعلتُ ذلك لأنّ هذا ما أراده قلبي فعلاً.

ولاحظْتُ وجودَ هذه الحساسية وإدراكي لأنانيّتي عندما كنت أرتكب الأخطاء. فمع أنني اختبرت تغييراً جذرياً بين ليلةٍ وضحاها إلا أنني كنت بعيداً عن الكمال. فقد ظلّت الأفكار السيئة تنتابني في بعض الأحيان، ولم أفعلْ دائماً ما هو صحيح. فقد تحسّنْتُ بشكلٍ كبير ولكنني بقيتُ أصارع مع المشاكل، والفرق هو أنني الآن صرتُ على علم بسلوكي المستهجن. لم أكن في الماضي أعمى بشأنه فحسب بل فخوراً به، أما الآن فعندما أقول أو أفعل شيئاً خاطئاً فإن مشاعر رهيبة تنتابني إلى أنْ أصحّح الوضع، وكأنّ هذه المشاعر «تعرف» ذلك لأن الخوف لا يزول إلا بعد أنْ أعتذر. صار الآن أسهل عليّ بكثير أنْ أقول، «أنا آسف» و»أرجو أنْ تسامحني». كنت نادراً ما أتلفّظ بهذه الكلمات من قبل.

رغم ذلك فإن العلامة التي حيّرتني أكثر الكل كانت غياب الشتائم من مفرداتي غياباً تاماً. كنت أستخدمها في كلّ وقتٍ في عباراتي كأسماء وأفعال وصفات. وكانت تتطاير من شفتي بشكلٍ تلقائي، أما الآن فإنها لا تخرج من فمي حتى في المواقف العصيبة. ظهرت جميع هذه العلامات والأعراض فجأة وفي اليوم نفسه.

لم أشعرْ بالضعف أو التعب أو المرض في جسدي بل تحسنَّتْ بالفعل طاقتي وصحتي بشكل عام. لم تكن لديّ أعراضُ مرضٍ عقليّ أو مشاكل إدراكية أو أفكار أو سلوكيات غير عادية ما خلا التغييرات الإيجابية. ولم يُستبدَلْ سهواً في الصيدلية دوائي الوحيد الذي كنت أتناوله يومياً للصداع النصفيّ. لم تتغيّر عاداتي الغذائية أو استهلاكي للكحول. لم يكن لديّ سجلٌ حافلٌ بالسفر أو التعرّض لمواد أو حالات غير عادية. لم أتناول عقاقير أو مكمّلات عشبية غير مشروعة. ولم يذكر أي شخص آخر في عائلتي أو عملي أنه اختبر أعراضاً مشابهة.

وكان الشيء الوحيد المختلف قبل أنْ تبتدئ الأعراض هو اهتمامي مؤخراً بالكتاب المقدّس ويسوع المسيح. قضيْتُ ساعاتٍ لا تُحصى في الدراسة والإجابة عن كل سؤالٍ خطر ببالي خلال فحصي لصحة الكتاب المقدّس. وقبل أنْ تبدأ الأعراض كنت قد اتّخذت قراراً ذهنياً مؤخراً في أنْ أصبح مسيحياً.

مررت بانهيارٍ عاطفيّ في الليلة التي سبقت مباشرة ظهور الأعراض، وصرخت إلى الله طالباً منه المساعدة والمغفرة. وفي تلك اللحظة فحصْتُ ذاتي وأدركْتُ خطاياي، ثم اتّخذت قراراً واعياً بالإيمان بأنّ يسوع المسيح هو الله، وقد مات من أجل خطاياي، وقام بالحقيقة. تأمّلت في الانهيار الذي حصل لي، وتذكّرت أنني دخلت في علاقةٍ شخصية مع يسوع عن طريق توسّلي إليه طلباً للتغيير والغفران.

إلا أنني لم أشعر بأي شيءٍ مختلف في تلك اللحظة. أدركت أنني صرت عاطفياً بسبب الدراسات الدينية. نمْتُ تلك الليلة مثل طفلٍ صغير لأولّ مرة منذ سنوات عديدة. وفي الصباح التالي بدأَتِ الأعراض الجديدة فجأة.

ولم تبدُ العلامات والأعراض أنها مؤقتة بل دامَتْ أسبوعين دون أي تغييراتٍ ملحوظة. لم تكن تتحسّن أو تسوء بل كانت مستقرة. ولم تكن متقطّعة بل انتابتني طوال الوقت. كانت الأعراض أصلية تماماً؛ لم أختبر شيئاً كهذا من قبل. ولاحظ الآخرون أنّ فيّ شيئاً مختلفاً، ولا سيما الناس في مكان العمل حيث تنكشف شخصية الإنسان بكل مظاهرها تحت المجهر.

الفحص البدنيّ

كان الجزء التالي من عملية التشخيص هو الفحص البدنيّ. هذا هو الفحص المباشر لجسدي بحثاً عن أدلةٍ تساعد في التشخيص. كانت لديّ مجموعة احتياطية من أدوات الفحص الطبي في خزانة المكتب في البيت، وقد حفظتها في متناول اليد لتنفع في وقت المناوبة.

بدا الفحص البدنيّ عادياً تماماً. لقد فحصت نفسي بنفسي لأنني لم أرد أنْ أخبر أحداً بما يجري. فضغط الدم ودرجة الحرارة وضربات القلب كلّها طبيعية، والعقد اللمفاوية غير متوسّعة، والغدة الدرقية غير ظاهرة (أي طبيعية). فحصت القلب والرئتين والبطن ولم أجدْ شيئاً غريباً. لم يكن لديّ أي طفح جلدي أو ألم ولم أتوصّل إلى أيّة نتائج مرئية. كما فحصت ذاتي فحصاً عصبياً وكانت النتيجة طبيعية، فردود الفعل والتوازن وفحوصات الدماغ الأخرى كانت جميعها ذات نتائج طبيعية. كانت نتائج الفحص البدنيّ عادية.

الاختبار

كان الجزء التالي من الإجراءات هو الاختبار. الاختبار هو وسيلة لكشف العلامات والأعراض أو لقياس أعضاء الجسم أو فحصها مباشرة. خشيت أنْ أرى طبيبنا الشخصيّ أو أنْ أقول له ما يجري معي. عرفت أنه سيظن أنني جُنِنت، لذلك لم أستطع أنْ أطلبَ فحصاً للدم أو صوراً ماسحة. أردت أنْ أحصل على تصويرٍ بالرنين المغناطيسي لرأسي للبحث عن ورمٍ في المخ، ولكنني استغنيتُ عنه.

ولكنّني فحصْتُ بالفعل كلَّ عرضٍ من الأعراض لأرى إن كان متواتراً أو مستمراً. أظهر اختبار ولمارت عدة أشياء: كنْتُ أتحلّى بالصبر، وهو أمرٌ جديد. لم أتأثّر سلبياً بالطوابير الطويلة أو المتسوّقين المجانين في عيد الميلاد. ولم يظهر لديّ غضب أو كراهية أو إحباط أو نزق حتى عندما خضعت لظروف مُجهِدة.

تعلمْتُ عن نفسي بعض الأشياء خلال هذه العملية. لقد كنْتُ أنانياً! فنفاد صبري هو في الحقيقة تعبيرٌ خارجيّ عما في داخلي من قلبٍ أنانيّ. فأنا شخصٌ مميّز وينبغي ألا أضطرّ إلى الانتظار بل أريد خدمة فورية! كان كلّ ما لديّ من غضب وإحباط وكراهية ونزق متعلقاً بشخصية أنانية. كنت أكره الناس الواقفين أمامي في الطابور لأنهم يجعلونني أنتظر، وكذلك فالإحباط والغضب تعبيران خارجيّان عن الأنانية عندما لا أتلقى الخدمة الفورية ولا أشعر بالرضا. وللمرة الأولى فهمت أنّ هذه الصفات جميعها ارتبطَتْ بشخصيةٍ نرجسية يدور فيها كل شيءٍ حولي.

أثبت اختبار الجار الكريه أنني صرتُ أحبّ الناس الذين كنت قبلاً لا أحبّهم، وصرت أهتمّ بهم. وأكّدت ردّة فعلي على السيدة العجوز الملحّة في المكتب، والتي أتَتْ ومعها «قائمة»، على هذا السلوك الجديد الذي صار لديّ تجاه الآخرين. لم أتصرّف بحسب أطباعي المعتادة قطّ، وشعرت بأنني أحبّ غير المحبوبين ولا أنزعج من الأشياء والأشخاص المزعجين.

وحدث اختبار اختفاء الشتائم عندما ضربْتُ رأسي، وفقدت محفظتي، وشاهدت فريقي المفضّل لكرة القدم على شاشة التلفزيون وهو يخسر. لم تسفِرْ أية حالةٍ من تلك الحالات عن كلمة بذيئة واحدة.

كما خيّم في حياتي الشعور بالسلام والهدوء والصفاء والرضا. فإنساني العتيق لم يوقظْه صراخ الأطفال، ولا الممرضات بنقّهنّ، ولا حتى السائقون المتعجرفون الذين يتجاوزون سيارتي وسط الازدحام. وفي الواقع كنت أخضع لاختبارات مستمرة ومع ذلك أنجح كل مرة!

كانت كل حالة أجتازها تأكيداً لإنساني الجديد الذي أصبحته.

وأخيراً، فإنّ اختبار التسوق على الإنترنت لم يُثِرْ أدنى رغبةٍ فيّ للشراء. فقد اختفت بشكلٍ غريب رغبتي في شراء الأشياء.

حان الوقت الآن لتحليل البيانات التي جمعتها. نزلت إلى الطابق الأسفل وحضّرت فنجان قهوة الإسبرسو لكي أتمكن من العمل في وقتٍ متأخر. ذهبت إلى القبو، وأغلقت الباب. كانت زوجتي والأولاد نائمين، ولم أرد أن أوقظهم. أحضرت كتابي الدراسيّ في الأمراض الطبية والجراحية لأستخدمه كمرجع.

تحليل الأعراض

وكانت هذه مشكلة صعبة التقييم لأنّ جميع التغييرات التي شعرت بها للوهلة الأولى بدت تغييرات جذّابة! كنت أحاول أن أشخّص السبب المحتمَل لتغييري للأفضل بشكلٍ مفاجئ وكبير.

بدأت من خلال تحليل الأعراض عن كثب. كتبتها جميعاً، وبحثت عن أنماط أو طرق لتجميعها معاً. اكتشفت أنه يمكن تقسيم الأعراض إلى فئتين: الأعراض الجديدة التي ظهرت فجأة، والأعراض القديمة التي اختفت فجأة.

ولم أترك السلوكيات السيئة فحسب ولكنني بطريقة ما اكتسبت سلوكيات جديدة حسنة في الوقت نفسه. ولم أفتكر من قبل في طرقي القديمة أنها «أعراض»، بل كنت أعتقد أن الخوف والقلق والغضب والفراغ على سبيل المثال أشياء طبيعية. أما الآن بعد أن اختفت فقد صرت أظنّ أنه ينبغي اعتبارها جزءاً من عملية التشخيص. يمكن في بعض الأمراض أنْ توجد بعض الأعراض لمدةٍ طويلة حتى أنها تصبح طبيعية. وعندما يشفى المرض وتختفي الأعراض يتضح عندها أنها كانت أعراضاً طوال الوقت. فكل شيء تغيّر فيّ، من قديمٍ وجديد، صار الآن جزءاً من اللغز التشخيصيّ.

وضعْتُ قائمةً أدرجْتُ فيها كل جانب تغير. تأمّلت في القائمة لفترةٍ من الوقت وأدركْتُ أنه يمكنني تقسيمها إلى فئتين: الأعراض التي أثّرَتْ على آخرين أو شملتهم، والأعراض التي أثّرت عليّ بشكلٍ رئيسيّ أو اختبرتُها في داخلي.

نظّمْتُ كلّ شيء في جدولٍ لمساعدتي في عملية التشخيص. ثم جمعْتُ في الأسفل جميع الأعراض القديمة والأعراض الجديدة لقياس التغييرات.

يظهر الجدول في الصفحة التالية.

١. الأعراض المتعلقة بالذات	
أعراض قديمة مختفية:	**أعراض جديدة موجودة:**
فراغ، ضياع، استياء، عدم اكتفاء، خيبة أمل (حياة باطلة)	سلام، إنجاز (حياة كاملة)، رضا، اكتفاء
شعور بالوحدة، عزلة	محبة، سلام
بؤس، اكتئاب، إحباط، سخرية	فرح
قلق، توتّر، ضغط، جهد	سلام، هدوء
نفاد الصبر، إلحاح، عدم مسامحة	صبر
شهوة، طمع (جشع)، بذخ، شراهة	كرم (إعطاء الآخرين)، سلام
سلبي، متشائم	إيجابي، متفائل
٢. الأعراض المتعلقة بالآخرين	
أعراض قديمة مختفية:	**أعراض جديدة موجودة:**
غضب، نزق/ نوبات غضب، تسرّع	فرح، ضبط النفس
قساوة، كراهية، لامبالاة، هجومية، قلة احترام، فظاظة	لطف، اهتمام، عناية
بغضة، كراهية، حسد، غيرة، احتقار، ازدراء، عجرفة، تحقير، استهزاء، إهانة (استخفاف)، فظاظة، عدم محبة، جفاء، عدائية، غلاظة، عدم مسامحة	محبة
غير شكور، ناكر للجميل، غير مقدّر	خير
مرّ، سريع الغيظ	راضٍ، لطيف
عنيد، غير مطاوع	محبة
كبرياء تنافسية (رغبة في التفوّق على الآخرين)	تواضع دون منافسة (رغبة في إسعاد الآخرين)
إجمالي الأعراض المتنوّعة: ٦٢	**إجمالي الأعراض المتنوّعة: ١٦**

لاحظت عدة أشياء عندما درست الجدول. أولاً، كانت الأعراض القديمة سيئة وضارة أما الأعراض الجديدة فجيّدة ومفيدة. وبشكل أكثر تحديداً، كانت الأعراض القديمة معقدة وأكثر عدداً من الجديدة. فقد حل ١٦ عرضاً جديداً فقط مكان ٦٢ عرضاً قديماً! الأعراض الجديدة أبسط.

كنت بائساً ومكتئباً وغاضباً وسلبياً وحادّ المزاج وتعيساً على سبيل المثال، أما الآن فقد حلّ الفرح وحده محلّ تلك الأعراض جميعاً. وعوضاً عن الخوف والقلق والتوتّر والضغط والإحباط والشعور بالوحدة والفراغ والشعور بعدم الاكتفاء والانزعاج من الحياة صار لديّ

سلام لا يوصَف ويفوق كل عقل. صار لديّ عرضان جديدان عوضاً عن عددٍ كبير من الأعراض القديمة.

لم أستطع أنْ أفهم كيف حصل هذا، ولكنه فعلاً صحيح، وينطبق على كل فئةٍ من الفئات تقريباً. ويبدو أنّ هناك طرقاً كثيرة لفعل أشياء خاطئة أو اختبار الحياة بطريقةٍ سلبية تفوق في عددها طرق عمل الأشياء الصالحة. لقد بسّطت الأعراض الجديدة حياتي! يبدو أنّ جزءاً من السلام الذي صرت أختبره كان ينبع من البساطة التي حلّت في ذهني وقلبي وعلاقاتي.

وكانت هذه المعلومات مثيرة للاهتمام، ولكنني شعرت أنه بإمكاني أنْ أكتشف المزيد من الجدول. نظرت إليه لمدة ثلاثين دقيقة وبحثت عن إجابات. شعرت أنني كنت أعمل على أحجيةٍ تتألّف من العديد من الأعراض المختلفة التي تتوافق معاً بطريقةٍ ما لتشكّل صورة. وقد نظّم الجدول لي القطع ولكنه لم يرتّبْها معاً. كنت أعرف أنّ الأعراض مترابطة كقطع الأحجية ولكنني لم أستطعْ ترتيبها معاً حتى الآن.

عشْتُ مع الأعراض القديمة لفترةٍ طويلة، وعشْتُ مع الأعراض الجديدة لأسبوعين فقط. وعرفت أنّ اختفاء القديمة له علاقة مباشرة بظهور الجديدة. وأخيراً، خطر ببالي شيءٌ كشف لي عن الغموض، وحلَّ اللغز.

كشف الأعراض

كانت المجموعة الأولى في الجدول هي جوهر أعراضي القديمة، لأنّ لبّ جميع الأعراض الأخرى والقوة الدافعة لها على الصعيد الشخصي وعلى صعيد علاقاتي مع الآخرين هو الفراغ والضياع والشعور بأنّ الحياة ليس لها معنى. فكلّ شيء نشأ من تلك المجموعة الأساسية. كانت هذه المجموعة من الأعراض القديمة هي النواة التي سيطرت على جميع الأعراض الأخرى. بدأت برسم مخططٍ لربطها معاً. وتواءمت القطع مع بعضها تماماً.

فالفراغ والضياع دفعاني لأشتهي الأشياء ولأصبح جشعاً، لأنني كنت أظن أنّ العلاج هو المادية والتجارب الحياتية، لكن هذه الأشياء كانت تتطلّب المال، وهذا ما دعاني للتركيز على مهنتي وتحقيق الذات. فإذا حصلت على وظيفةٍ جيدة تؤمّن لي الكثير من المال، فسوف أتمكّن من شراء الأشياء التي أفتقر إليها، ومن استخدامها لكي أملأ الفراغ. ولكن أخيراً عندما أمتلك هذه الأشياء، ينتهي الأمر بي بالإحباط وتَعكُّر المزاج والمرارة لأنها لم تملأ قلبي بالطريقة التي توقّعتها. وهذا ما كان يثير رغبتي، اقتناء كل ما هو أكبر وأفضل وأكثر عدداً، الأمر الذي كان يوسّع الحلقة بأكملها.

فشهوتي لاقتناء كلِّ ما هو أكبر وأفضل ومزيدٍ من الأشياء تطلّبت مني المزيد والمزيد من المال لشرائها أو تجريبها. وفي كل مرة، كانت هذه الأشياء تخفق في تحقيق الاكتفاء والرضا، والنتيجة هي مزيدٌ من الانفعال والإحباط والبؤس. أصبحَتْ هذه حلقة التغذية الراجعة التي لا تنتهي، وصارت هذه الحلقة دافعاً وراء كل هوايةٍ وعطلة وسيارة وساعة وملابس وشهوة واهتمام في حياتي. كان كل شيء نتيجة مباشرة أو غير مباشرة للشعور بالعزلة وعدم الاكتفاء في الحياة. ولم أدرك هذا حتى الآن.

هذه العملية العقيمة والتي لا نهاية لها لملء الفراغ في قلبي أدّت إلى حياة أنانية منغمسة في الملذّات نتجت عنها قساوةٌ وعدم اهتمام بالآخرين. لم يكن لديّ وقتٌ أو طاقة أو مكان لأيّ أحدٍ ما خلا نفسي.

وحالما كنت أصل إلى مستوى معيّن من النجاح كانت مشاعر الهمّ والخوف والقلق تبدأ في داخلي، والآن صرت أعرف السبب. فشهوتي بأكملها لكي أشعر بالامتلاء في الحياة من خلال التمتّع الذاتي وتحقيق الذات والانغماس في الملذات الشخصية كانت أشبه بنارٍ مستعرة ينبغي إشباعها باستمرار، وكلما أشبعتها كبرت. وفهمت في وقتٍ معين أنه إذا حصل شيء ما لي، أو لمهنتي، أو لمدخولي المالي فلن أتمكّن من إشباع النار بعد ذلك. فإذا توقّف المال أو لم أتمكّن من إشباع النار فسوف يُكشَف الفراغ. وينبغي عندها أنْ أواجه الحقيقة بأنني غير راضٍ عن الحياة على الرغم من أنّ لديّ كل ما يمكن أنْ أطلبه. كان الخوف ينبعث من الفراغ والضياع. واستمرّتِ النارُ المستعرة في اشتعالها لتشغلني وتبقيني مشتّتاً حتى أتمكّن من نسيان الثغرة الموجودة في قلبي.

وَلَّدَتْ هذه الحلقة المفرغة وعواقبها توتراً واكتئاباً وسخرية ومرارة. لقد عملت طيلة حياتي لأصل إلى القمّة، ولكنني وجدتها فارغة أكثر مما كانت عليه حين بدأت. ولم ينجح أي شيء حقّقته في إسعادي وقَتْلِ ذلك الفراغ. كنت دائماً أنتظر كل الأشياء التي أشتريها أو أستخدمها يوماً ما، ولكن حالما أحصل عليها لم يعُدْ هناك شيء ليعطيني الأمل. وكانت نتيجة النجاح والتملّك بؤساً.

وهذا الموقف الشخصي بأكمله ترك بصماته في طريقة معاملتي للآخرين. فقد انبثقت كل سمةٍ شريرة ظهرت مني نحو الناس من بؤسي. لقد بان غضبي ونزقي وسخريتي لأنني كنت أصبّ كَرْبي الشخصي على الآخرين. وقد أدّت القسوة والكراهية والانتقاد إلى تحطيمي للآخرين لكي أبني نفسي. وما كانت الكبرياء التنافسية سوى محاولة لمقارنة نفسي بالآخرين لأشعر بالتفوّق عليهم في سبيل تهدئة ألمي الداخليّ. وبقيت أجمع كل القطع معاً. كان الفراغ والضياع هما السبب الجذريّ والأصل لكل شيء.

كم صار سهلاً عليّ الآن فهم الأسباب والطرق التي دفعتني لأصبح الوحش الذي كنت إياه. فالأعراض الجديدة وفّرت الإعلان الذي ربط كل الأعراض القديمة معاً. فإذا كان أصل التصرف السيئ هو حالة من الفراغ الداخلي، فإنّ حالتي الجديدة في الشعور بالملء والاكتمال استبعدَت السبب الجذري لجميع الأعراض الباقية. لقد كسرت الحلقات حتى قبل أنْ تبدأ. وأوضح هذا المخطط لي كيف أنّ تغيير المركز يؤثّر على كل شيءٍ آخر، من الناحية الشخصية ومن ناحية العلاقات.

لم أعد مضطراً الآن لملاحقة الأشياء أو الناس أو المال أو خبرات الحياة بعد أنْ صرت أشعر بالفرح والسلام والرضا. هذا ما رفع عني الإحباط والمرارة وكذلك البؤس الدائم الناجم عن الإخفاق في تحقيقها. تحرّرت الحلقة المفرغَة والنار المستعرة التي تستهلك كل وقتي وطاقتي. لقد أُخمِدت نار الطمع والجشع والانغماس الذاتي وأُطفئ لهيبها المشتعل. لم أعد مضطراً لإشباعها فيما بعد. لقد أزيح عني عبءٌ وضغطٌ كبيران، وهذا ما بسّط حياتي بشكل كبير في أسبوعين فقط.

وقد أثّر أيضاً الارتياح الداخلي على علاقاتي تأثيراً كبيراً، وهو الآن موجود في حياتي بغضّ النظر عن أحوالي، وأعرّفه بأنه الفرح الذي قوّاني وغيّرني قلباً وقالباً. لم أعد بحاجةٍ إلى حل مشاكلي على حساب الآخرين، أو إلى تحطيمهم، أو الشعور بالتفوّق عليهم لأنني صرت أشعر بالاكتفاء! لم أعد بحاجة إلى التركيز على نفسي فيما بعد، بل صرت حراً لكي أركّز على الآخرين، ولا سيما روث والأولاد. فالسلام والاكتفاء الشخصيّان استأصلا ذلك الجزء البائس من شخصّيتي.

صارت قِطع «أحجية الصور المقطوعة للأعراض» تتناسب تماماً معاً. وقد وضعتها معاً برسم المخطّط الذي ربط جميع الأعراض القديمة (الصفحة التالية). وهذا التوضيح هو الأحجية الكاملة لأعراضي القديمة مثلما كنت أحلّ الأحجيات عندما كنت طفلاً، وأضع القطع معاً فتتشكّل صورة. لقد رأيت قلبي بالذات. أوضح لي المخطّط ما هي الأمور التي كانت تغيظني في كل جانبٍ من جوانب حياتي. أثّرت الأعراض والتغييرات على سلوكي ودوافعي ورغباتي وأفكاري ومشاعري وأحاسيسي وضميري. لقد تغيّر كل جانبٍ من جوانب حياتي وشخصيّتي وسلوكي، وهذا يعني أنه صار لديّ قلبٌ جديد منذ اليوم الذي استيقظت فيه كإنسانٍ جديد. كيف يمكن أنْ يكون هذا؟ ينبغي على أي تشخيص مقترح أنْ يشرح كل هذه الأشياء. شعرت في داخلي أنني لن أحصل على جوابٍ طبيّ ولكنني مع ذلك بقيت أنظر في الاحتمالات وأستبعدها واحداً تلو الآخر.

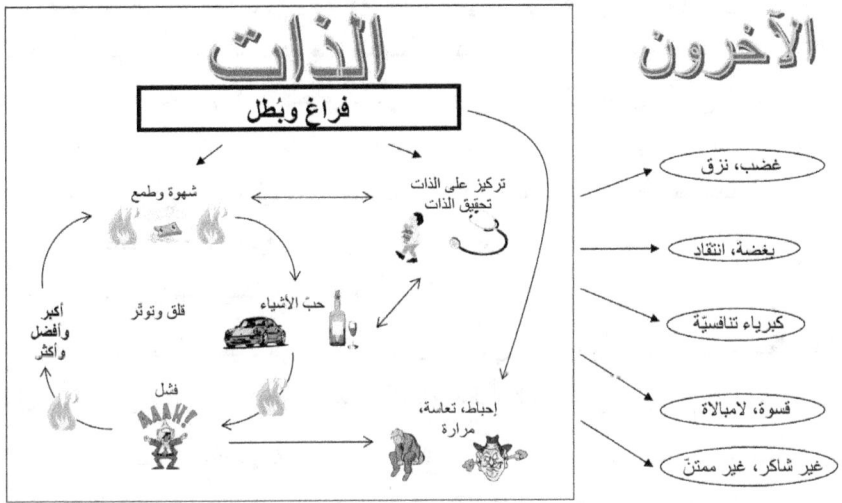

التشخيص التفريقي

وضعت قائمة بالتشخيصات الممكنة، وأدرجت فيها بعضاً من التشخيصات غير المحتملة لكي أتأكد من أنّ تحليلي كان شاملاً.

وتضمّن التشخيص التفريقي ما يلي: مرض نفسي، ارتياح داخلي ناشئ ذاتيّاً سبّبه انهيار عاطفيّ، دواء أو عقار خارجيّ، اختلال هورمونيّ بسبب مرض في الغدد الصمّاء أو سرطان، سرطان في الدماغ.

بدا احتمال وجود مرض نفسيّ غيرَ منطقيّ البتة لأنّ إدراكي ومشاعري وتصرّفاتي كانت جميعها طبيعية. لم أكن هائجاً ولا مفرط الحماس ولا شديد النشاط، الأمور التي يسبّبها الهوس. ولم يتّصف حديثي أيضاً بالسرعة أو التقطّع، وهما من السمات المميّزة لهذا المرض.

بدا لي الارتياح الداخليّ الناشئ ذاتيّاً اقتراحاً جيداً في البداية إلى أنْ فكّرت في نمط الأعراض التي أعاني منها. قلت لنفسي، «*لا يمكن للإنسان أنْ يتغيّر بهذا الشكل.*» فالعواطف والمشاعر وردود الفعل لحالات مثل الغضب، على سبيل المثال، هي أمورٌ مرتبطة بالدماغ والجهاز العصبي، وتتم بوساطة مواد كيميائية وهورمونات. وعرفت كطبيب أنّ التغييرات الجذرية التي كنت أعاني منها تماثل تغييرات جذرية في دماغي، وجهازي العصبي، وكيمياء جسمي. تعمل هذه العمليات على المستويات الجزيئية والخلوية في الجسم. كنت في حاجةٍ إلى تشخيصٍ يماثل الأعراض، وتشخيص يفسّر التغيرات في كيمياء الجسم والنشاط العصبي.

تعمل العقاقير والكحول وغيرها من المواد على تغيير المزاج وخلق شعورٍ زائف بالسلام والاسترخاء على المستوى الخلوي في الجسم. وهذا بالضبط هو السبب الذي جعلني أشتبه بعقارٍ أو مادةٍ غريبة في بداية تحريّ بشأن طبيعتي الجديدة. يمكن اقتراح الفاليوم ولكنني لم أتناول أياً منه. تأكّدت من وصفتي الطبية، وهي حاصرات بيتا يومياً للصداع النصفيّ، ولكنها لا تستطيع أنْ تنتج مثل هذه الأعراض. وقد وُصِف لي الدواء الصحيح، ولم يستبدَل عن طريق الخطأ في الصيدلية. تُعتبَر الماريوانا عقاراً آخر قد يسبّب بعضاً من أمثال هذه الأعراض بشكلٍ مؤقت، ولكنني لم أتعاطَ أياً منه.

إذا كنت حقاً قد تغيّرت دون أنْ تدخل جسدي مواد خارجية، وبعد استبعاد كل ما يُحتمَل، قرّرت أنّ ما ينبغي فحصه بعد ذلك هو المواد التي تُنتَج داخلياً.

يمكن للاختلال الكيميائيّ والهورمونيّ الناتج عن داء الغدد الصماء أو السرطان أنْ ينتج داخلياً العديد من التغييرات. ولكنّ هذه لم تتناسب مع حالتي بسبب الظهور المفاجئ للأعراض الشديدة لديّ ومداها الواسع. يمكن لأمراض الغدد الدرقية والكظرية والنخامية أنْ تؤدي إلى أعراضٍ عاطفية ونفسية ولكن ليس بهذه السرعة أو بهذا الشمول. ولم ينطبق ذلك مع أي هورمونٍ أو مادة لهما علاقة بالسرطان للتأثير في مثل هذه المجموعة الواسعة من المشاعر والسمات الشخصية. ولم يفسّر بالتأكيد محبتي للناس الذين لم أكن أحبّهم. كيف يمكن لأيّ شيء أنْ يستهدف الكلمات البذيئة بشكلٍ انتقائيّ!

ولم يكن سرطان الدماغ محتملاً أبداً للأسباب نفسها. لم أعانِ من الصداع أو من أعراضٍ عصبية.

بعد كل هذا، لم يكن لديّ أي تشخيص أو أية مقترحات منطقيّة. ماذا أفعل الآن؟ لديّ قلبٌ جديد، ولكن ليست لدي أية فكرة عن كيفية حصولي عليه. لم أعلم ما ينبغي أنْ أفعله أو أفكّر به.

الفصل الحادي عشر

التشخيص الأوليّ

كانت الساعة الحادية عشرة ليلاً والجميع نيام، وكنت لا أزال في المكتب في البيت. نظرت من النافذة فرأيت الشارع الخالي خارجاً. كنت طبيباً متباهياً يفهم جسم الإنسان، ولكن لم تكن لديّ أدنى فكرة عما يحدث لي. اضطرب قلبي واحتار من هذا اللغز، وتعبت وأردت أنْ أنام، ولكنني شعرت وكأنني أفتقد شيئاً ما. ذُهِلت بكيفية تناسب جميع أعراضي بعضها مع بعض، مع أنني لم أتوصّل إلى تشخيص. قرّرت أنْ أستمرّ حتى منتصف الليل، ومن ثم أنهي. رجعت إلى أساسيات التشخيص الطبيّ، فالتاريخ المرضيّ دائماً حاسم، وشعرت أنه من المهم أنْ أراجع مرة ثانية الظروف المحيطة ببداية ظهور الأعراض لعله قد فاتني شيء.

كانت آخر مرة كنت فيها «عادياً» أو على حالتي القديمة حين ذهبت للفراش تلك الليلة بعد أنْ صرخت إلى الله. فلم يدخل أي شيء جديد إلى حياتي سوى الكتاب المقدّس والمسيحية، ولكنني لم أنظر فيهما حين أجريت التشخيص التفريقيّ. قرّرت أنْ آخذ الكتاب المقدّس وأقرأ فيه. وهذه هي المرة الأولى التي قرأت فيها في الكتاب المقدّس منذ أنْ بدأت الأعراض من حوالي أسبوعين. فتحت العهد الجديد عشوائياً على الفصل السادس من رسالة رومية، وبدأت أقرأ.

وعلى الفور لاحظت أنّ الكتاب المقدس صار أكثر وضوحاً وفهماً وتشويقاً. هناك الكثير من المقاطع التي كنت قد قرأتها لم أفهمها وبدت غريبة، أما الآن فقد شعرت أنه بإمكاني أنْ أفهم ما أتعلّمه. صارت الكلمات حية ورسالتها أوضح، ولها تطبيق شخصيّ وتأثير جديد. كان ذلك شعوراً غريباً غير ملموسٍ في داخلي، يشابه ما يشعر به المرء حين يحصل على أول نظارةٍ طبية. أستطيع أنْ «أرى» الآن وأقرأ بوضوحٍ أكثر من ذي قبل. وبدا هذا غريباً، فحالما بدأت بالقراءة لم أعد أقدر على التوقف. صارت لديّ رغبة جديدة للاستمرار في قراءة الكتاب المقدّس.

ذُهِلت على الفور لأنّ الفصل السادس من رسالة رومية يعلّم أنّ الإنسان عندما يصبح مؤمناً يحدث له تغيير حرفيّ. يذكر الرسول بولس، كاتب الرسالة، أنّ «الإنسان العتيق ميت» وأن المسيحيّ «يتحرّر من الخطية». تابعت قراءة المقطع لأنّ صداه كان مدوياً. بدت كلتا العبارتين مألوفتين فعلاً، فقد اختبرت فعلاً التحرر من الخطيئة منذ أنْ تغيّرت. شعرت أنّ ذاتي القديمة قد مضت أو ماتت. كنت إنساناً مختلفاً طوال الأسبوع الماضي في كل ناحيةٍ

يمكن تصوّرها. لقد مات غريغ ڤيمان القديم عملياً في حياتي. ويُسهِب بولس في هذا المفهوم بالإشارة إلى أنّ الإنسان العتيق قد «صُلِب مع المسيح» و»أقيم لكي يسلك في جدّة الحياة.» شعرت أنّ هذا يصف أعراضي بطريقةٍ غريبة. ما الذي يعنيه بولس؟ هل يمكن أنْ يكون ما يصفه هو الجواب؟

كان قلبي يخفق بشدةٍ، والعرق يكدّ من كفّي. راودني إحساسٌ عميق بأنني على وشك اكتشاف شيءٍ، فما أقرأه بدا كأنه يصف ما أختبره. قرأت الفصلين السابع والثامن من رومية باحثاً عن مزيدٍ من المعلومات. يعلّم الفصل السابع أنّ يسوع هو الجواب للذين يصارعون في سلوكياتٍ سيئة لا يستطيع الإنسان عادة أنْ يسيطر عليها. وهذا المفهوم يتناسب مع أعراضي، ولكنني لم أفهم كيف يمكن ليسوع أنْ يشارك في ذلك إلى أنْ قرأت الفصل الثامن.

يذكر هذا الفصل بتكرارٍ أنّ روح الله يسكن داخل المسيحيين، حتى أنه يعرّف المسيحي الحقيقي بأنه الشخص الذي يسكن روح الله في داخله. قرأت هذا المقطع مراراً وتكراراً.

«وَأَمَّا أَنْتُمْ فَلَسْتُمْ فِي الْجَسَدِ بَلْ فِي الرُّوحِ، إِنْ كَانَ رُوحُ اللهِ سَاكِنًا فِيكُمْ. وَلكِنْ إِنْ كَانَ أَحَدٌ لَيْسَ لَهُ رُوحُ الْمَسِيحِ، فَذلِكَ لَيْسَ لَهُ. وَإِنْ كَانَ الْمَسِيحُ فِيكُمْ، فَالْجَسَدُ مَيِّتٌ بِسَبَبِ الْخَطِيَّةِ، وَأَمَّا الرُّوحُ فَحَيَاةٌ بِسَبَبِ الْبِرِّ. وَإِنْ كَانَ رُوحُ الَّذِي أَقَامَ يَسُوعَ مِنَ الأَمْوَاتِ سَاكِنًا فِيكُمْ، فَالَّذِي أَقَامَ الْمَسِيحَ مِنَ الأَمْوَاتِ سَيُحْيِي أَجْسَادَكُمُ الْمَائِتَةَ أَيْضًا بِرُوحِهِ السَّاكِنِ فِيكُمْ. فَإِذًا أَيُّهَا الإِخْوَةُ نَحْنُ مَدْيُونُونَ لَيْسَ لِلْجَسَدِ لِنَعِيشَ حَسَبَ الْجَسَدِ. لأَنَّهُ إِنْ عِشْتُمْ حَسَبَ الْجَسَدِ فَسَتَمُوتُونَ، وَلكِنْ إِنْ كُنْتُمْ بِالرُّوحِ تُمِيتُونَ أَعْمَالَ الْجَسَدِ فَسَتَحْيَوْنَ. لأَنَّ كُلَّ الَّذِينَ يَنْقَادُونَ بِرُوحِ اللهِ، فَأُولئِكَ هُمْ أَبْنَاءُ اللهِ. إِذْ لَمْ تَأْخُذُوا رُوحَ الْعُبُودِيَّةِ أَيْضًا لِلْخَوْفِ، بَلْ أَخَذْتُمْ رُوحَ التَّبَنِّي الَّذِي بِهِ نَصْرُخُ: «يَا أَبَا الآبُ». اَلرُّوحُ نَفْسُهُ أَيْضًا يَشْهَدُ لأَرْوَاحِنَا أَنَّنَا أَوْلاَدُ اللهِ». (رومية ٨:٩-١٦)

ماذا يعني أنّ روح الله يسكن في داخلهم؟ كيف يمكن أنْ يكون هذا؟ بحثتُ عن مزيدٍ من الآيات ووجدت هذه الآية. وفي كتابي المقدّس الدراسي مراجع عن آياتٍ حول مواضيع مماثلة، مما جعل البحث عن هذه الأفكار سهلاً عليّ.

«الَّذِي فِيهِ أَيْضًا أَنْتُمْ، إِذْ سَمِعْتُمْ كَلِمَةَ الْحَقِّ، إِنْجِيلَ خَلاَصِكُمْ، الَّذِي فِيهِ أَيْضًا إِذْ آمَنْتُمْ خُتِمْتُمْ بِرُوحِ الْمَوْعِدِ الْقُدُّوسِ، الَّذِي هُوَ عُرْبُونُ مِيرَاثِنَا، لِفِدَاءِ الْمُقْتَنَى، لِمَدْحِ مَجْدِهِ». (أفسس ١:١٣-١٤).

قرأت المقطع عدة مراتٍ، وحاولت تطبيقه على نفسي. ركّزت على العبارة الرئيسية «إذ آمنتم». يبدو أن لحظة الإيمان هذه نقطةٌ حاسمة في الزمن حين يقبل المؤمن الروح القدس، مهما كان ذلك يعني. لقد راجعت رحلتي المسيحية باحثاً عن أدلة.

كنت قد آمنت *فكرياً* بيسوع أولاً، ولكن بعد ذلك بأسبوع صرخت إليه شخصياً طالباً المغفرة والتغيير. لم أشعر باختلافٍ كبير بعد الإيمان الفكري، ولكنني استيقظت إنساناً جديداً بعد التوبة والخضوع ليسوع بكل قلبي في الليلة السابقة. *هل هذا يعني أنّ روح الله يسكن في داخلي؟ هل هذا ممكن؟ هل للمسيحية واقع معاصر؟* هي يمكن *أنْ يفسّر هذا ما حدث بي من تغيير؟* كان قلبي يدقّ من الإثارة. بقيت أبحث، ووجدت آية أخرى يتحدّث يسوع فيها عن الروح القدس.

«إِنْ كُنْتُم تُحِبُّونَنِي فَاحْفَظُوا وَصَايَايَ، وَأَنَا أَطْلُبُ مِنَ الآب فَيُعْطِيكُمْ مُعَزِّيًا آخَرَ لِيَمْكُثَ مَعَكُمْ إِلَى الأَبَدِ، رُوحُ الْحَقِّ الَّذِي لاَ يَسْتَطِيعُ الْعَالَمُ أَنْ يَقْبَلَهُ، لأَنَّهُ لاَ يَرَاهُ وَلاَ يَعْرِفُهُ، وَأَمَّا أَنْتُمْ فَتَعْرِفُونَهُ لأَنَّهُ مَاكِثٌ مَعَكُمْ وَيَكُونُ فِيكُمْ. (يوحنا ١٤:١٥-١٧، التشديد مضاف).

يقول الكتاب المقدس بصراحة إنني مخلّص، والروح القدس يسكن الآن في داخلي. هذا الاحتمال يسبي العقل. *إذا كان الخلاص يُنتج فعلاً تغييراً حرفياً في حياة الإنسان، فربما يكون هذا هو الجواب.* كان لديّ تشخيصٌ أوليّ عن «الخلاص» ولكنني كنت بحاجةٍ لفهم كيفية عمله ومدى قدرته على تفسير ما حدث لديّ من أعراض. ماذا يعني «الخلاص»؟ وكيف خلصت؟ يشير يسوع إلى الروح القدس على أنه شخص. كيف يمكن للروح أنْ يكون داخلي؟ من هو الروح القدس؟ كيف يمكن أنْ يكون مسؤولاً عن الأعراض التي لديّ؟

تأخّر الوقت وكنت بحاجةٍ إلى النوم. كنت متحمّساً جداً حتى أنني أردت المتابعة، ولكنّ أجفاني كانت تغلق من ثقل التعب. مضيت إلى الفراش وذهني يتسابق مع الأفكار والأسئلة، وكلي شوق إلى يومِ غد. عرفت أنني على وشك أمرٍ عظيم، ولكن لم تكن لدي أية فكرة أنه هائل بشكلٍ لا تُسبَر أغواره.

الفصل الثاني عشر
مرض الخطيئة

كان عملي في اليوم التالي لمدة نصف يوم. ذهبت إلى المكتبة المحلية حالما انتهيت. كنت أرغب في معرفة المزيد عن الروح القدس، فدخلت المكتبة وتوجهت إلى القسم الديني. فرحت عندما وجدت كتاباً اسمه «الروح القدس» بقلم بيلي غراهام.[٦٩] اشتريته وأسرعت للمنزل لكي أدرسه. كانت الساعة قد جاوزت الثانية عشرة ظهراً بقليل، والأولاد لن يرجعوا للبيت حتى الثالثة بعد الظهر، وزوجتي خارجاً، لذلك كان المنزل كله تحت تصرّفي. مضيت إلى المكتب، وراجعت كلّ شيء اكتشفته في اليوم السابق، ووضعت بعض الملاحظات السريعة استعداداً للقراءة.

فتحت الكتاب الجديد، وألقيت نظرة سريعة على فصوله لأحصل على المعلومات ذات الصلة. تعلّمت في دراستي للطبّ أنْ أجد الحقائق وأستوعبها بسرعة. كنت متحمّساً جداً لأبدأ القراءة من أوّل الكتاب. وجدت للحال بعض المفاهيم الجديدة التي غيّرت كل شيء.

يذكر د. غراهام أنّ المشكلة الجذرية للبشرية جمعاء هي الخطيئة. وعندما «يخلص» الإنسان فإنه يتحرّر من حالة الخطيئة. لم أفهم تماماً ما هي «الخطيئة»، ولكنني أدركت أنه كان يعني أنّ الخطيئة تثمر في الناس سلوكياتٍ وأفعالاً سيئة. ويسوع هو مثل «الشفاء» لـ «مرض» الخطيئة. إذا كان غراهام محقاً، فما حصل لي هو بالحقيقة شفاءٌ وليس مرضاً غريباً. وإذا كان الأمر كذلك، فإنني أريد البدء في تحليلي لأنه إذا كان الكتاب المقدّس صحيحاً فإنني أجريت عملية التشخيص برمّتها بالعكس.

كنت أظنّ أنني صحيح وطبيعيّ قبل حدوث التحول في حياتي، إلا أنني في أول صباحٍ استيقظت فيه كإنسانٍ جديد خشيت من أنني مريض وغير طبيعي بسبب ما لديّ من أعراض. وأدركت أنّ سلوكي وضميري وشخصيّتي التي صارت كلها جديدة كانت تشير إلى حالةٍ مرضية بما أنها كانت مفاجئة وجذرية وغير قابلةٍ للتفسير. حاولت أن أشخّص الخطأ فيّ من الأعراض التي لديّ.

إلا أنه إذا كان بيلي غراهام محقاً فقد فعلت كل شيءٍ بالعكس. فقبل أنْ أخلص كنت فعلاً مريضاً ومعتلاً بالخطيئة طوال حياتي دون أنْ أعلم. والأعراض التي صارت لديّ بعد التحوّل كانت علامات شفاء يسوع المسيح لي. كنت أقيّم نتائج خلاصي وكأنني مريض غير

عالم أنني خلصت أو حتى ما هو معنى «الخلاص»!

إذا كانت الخطيئة مرضاً فهذا يعني أنني في الواقع بدأت حياتي بالمرض، ومرضي هو الخطيئة، لكنني كنت أظنّ أنني طبيعي وانتهى بي الأمر بالشفاء والخلاص دون أنْ أعلم، ومع ذلك فقد فسّرت هذه التغييرات على أنها غير طبيعية! هل كان ممكناً أنني عشت حياتي بأكملها دون تشخيصٍ لمرض الخطيئة ظاناً أنني طبيعي؟ هل من المحتمل أنني خلصت وشفيت من الخطيئة دون أنْ أعلم ظاناً أني غير طبيعي؟ كان هذا الاحتمال بعيداً عن أي شيء توقّعته أو استوعبته حتى أنني كنت في حالة صدمة. لو كان هذا صحيحاً لكان كامل مفهومي عن وجودي خاطئاً منذ طفولتي. كان عليّ أنْ أبحث إذا كان هذا فعلاً ممكناً. كان عليّ أنْ ألقي نظرة فاحصة على نفسي قبل التحوّل (حسبما أفهمه الآن) في الوقت الذي يُفترَض فيه أنني كنت مريضاً بالخطيئة.

بعد ذلك حدّثتُ التشخيص الأولي إلى «مخلَّص» من مرض الخطيئة. هل يمكن أنْ يكون لهذا التشخيص معنى وهل يمكن أنْ يشرح كل شيء إلى درجة يمكنني أنْ أصدقها؟ تعمّقت في كتاب غراهام وفي الكتاب المقدّس باحثاً عن إجابات ومعلومات. وجدت مجموعة كبيرة من المعلومات لمساعدتي في تجديد عملية التشخيص. كنت بحاجةٍ إلى إعادة تعريف المرض والأعراض والشفاء وتقنية الشفاء ونتائجه. وعندما تصبح لديّ هذه التعريفات والأوصاف سأكون قادراً على تنسيقها مع وضعي لكي أرى ما إذا كانت تشرح على نحوٍ كافٍ ما حدث لي.

طبيعة وجودي

المرض الأصليّ الذي ذكر الكتاب المقدّس أنني أعاني منه منذ الولادة، دون أنْ أدري، هو «الخطيئة»، ولكن ما هي الخطيئة؟ لقد سبق واعترفت لنفسي بأعمالي الخاطئة، ولكن من المؤكّد بحسب الكتاب المقدّس أنها أبعد بكثير من مجرّد سلوك سيّئ. كان عليّ أنْ أعلَم أولاً ما يذكره الكتاب المقدّس عن وجودي لكي أتمكّن من فهم مرض الخطيئة فهماً كاملاً. ما هو الكائن البشري؟

اكتشفت أنّ الكائنات البشرية تتكوّن من جسدٍ لحميّ ماديّ وروحٍ أو نفسٍ داخلية توجد للأبد. ويتكوّن الإنسان من كلا الاثنين، الجسد والروح/النفس. الجسد ماديّ وملموس، ويسمح لنا بالتفاعل مع العالم الماديّ. أما الروح/النفس فغير ملموسة حسبما يشرحه الكتاب المقدّس. إذا كانت للإنسان روح/نفس فهذا هو مصدر الإنسان الحقيقي. فكّرت في تشبيهٍ يجعل الأمر أسهل للفهم.

الجسم الماديّ هو مثل مكوّنات الكومبيوتر (الهاردوير)، بينما تمثّل الروح/النفس البرمجيات (السوفتوير). الهاردوير هو البيت الخارجي المرئي والملموس الذي يتفاعل مع العالم مثلما تفعل أجسادنا. تعبّر روح الإنسان أو نفسه أو «السوفتوير» عن نفسها بحياتها داخل الجسد الملموس أو الهاردوير. سوف ينكسر الهاردوير في الكومبيوتر ويتعرّض للتآكل والتلف مثلما يحصل لأجسادنا لكن السوفتوير الذي يدير الكومبيوتر في الداخل لا يخرب ويمكن وضعه في «جسم» كومبيوتر جديد تماماً.

يحتوي السوفتوير على معلومات وكلمات تشغّل الكومبيوتر تماماً مثلما أنّ الروح/النفس مصدر الأفكار والمشاعر والشخصية. السوفتوير أو الروح/النفس مصدر الحياة الحقيقي. يبدو الكومبيوتر بمجرّد هاردوير كأنه «ميت». لن يشتغل أو يعمل، ولكن إن وضعت فيه سوفتوير فسوف يشتغل ويصبح «حياً».

الإنسان = الجسد اللحميّ + الروح/النفس أو الإنسان = الهاردوير + السوفت وير.

لم يشرح لي أحدٌ في رحلة التزلّج أو في جزيرة ماركو عن هذا الجزء من الإنسان الذي يدعى «الروح/النفس». لم أفكّر في أمرٍ كهذا من قبل، فما علّمني إياه التطوّر ومساقات علم الأحياء وكلية الطب هو أنّ الإنسان يتكوّن من مادة عضوية فائقة التطوّر (الجسم الماديّ) وليس أكثر. كنت على استعداد لتقبّل فكرة الروح/النفس هذه في داخل الإنسان لأنها تجيب عن أسئلةٍ دارت في ذهني حول جسم الإنسان.

كنت دائماً أفكّر خلال مساقات علم تشريح الدماغ في دراسة الطبّ كيف يمكن لدماغٍ بشريّ لا يتألف سوى من مادة عضوية أنْ يحتوي على الحب والعواطف والذكريات والمشاعر والضمير. لم يبدُ ذلك منطقياً أو محتملاً، وهذا هو السؤال الذي لم يستطع أحد أنْ يجيبني عنه أيضاً. فالعلم المعاصر ليست لديه أي فكرة عن هذا.

ومع ذلك فإنّ وجود روح/نفس في داخلي بدا لي منطقياً وأعطاني إجاباتٍ عن تلك الأسئلة الصعبة. ومع أنّ ذلك بدا بعيد المنال إلا أنه كان مقبولاً أكثر من كون الجزيئات هي السبب الوحيد للمشاعر والشخصيّات. كنت أعرف أنّ المواد الكيميائية والأعصاب التي داخل جسمي تؤثّر على جانبٍ من المشاعر والأحاسيس ولكنها لا تستطيع أنْ تكون بمفردها *المسؤولة* عنها. كيف يمكن لمادةٍ كيميائية أنْ تجعلني أحبّ عائلتي إلى درجة الاستعداد للموت في سبيلهم؟ كيف يمكن للأعصاب والمواد الكيميائية أنْ تعرف متى عملت شيئاً

خاطئاً وتجعلني أشعر بالذنب بشأنه؟

وفجأة فهمت أنه إذا كان الإنسان يملك روحاً/نفساً فإن هذا يعني أنّ شخصيّتي وذكرياتي ومحبتي وأفكاري وعواطفي تأتي جميعها من روحي/نفسي التي تسكن داخل جسدي. ومع أنّ هذا كان مفهوماً جديداً لي إلا أنه كان مفهوماً منطقياً هذا إذا كان صحيحاً. وبالإضافة إلى ذلك أدركت أنّ هذا يعني أنني أبديٌّ ولست مجرّد «حساءٍ عضويّ متطوّر». وهذا ما سرّ قلبي الذي كان يبحث عن الأبدية وعن إجابات. *يا سلام! هل يمكن أنْ أكون حقاً روحاً أبدياً؟* هذا ما سألته بذهول.

والآن بعد أنْ صرت أفهم ما يعلّمه الكتاب المقدّس عن وجودي صار بإمكاني أنْ أفهم مرض الخطيئة.

مرض الخطيئة

وسرعان ما وجدت نفسي مرة أخرى مع آدم وحواء في سعيي لفهم الخطيئة. قرأت في سفر التكوين، أول سفرٍ في الكتاب المقدس، أنّ الله خلق حرفياً أول شخصين. وعندما عصيا الله تغيّرا بشكلٍ جذري للأسوأ، وصارا منفصلين عن الله جسدياً وروحياً، وانقطع اتصالهما السابق بالله. ونتج عن هذا «السقوط» أيضاً تغييرٌ جذريّ في جسديهما. فقد أدّى الانفصال عن الله إلى حالةِ وجودٍ جديدة دخل فيها الموت الجسديّ إلى العالم. وصار الجسم البشريّ الآن عرضةً للفساد والأذى، والموت في نهاية المطاف.

بدأت أفهم خلال دراستي من سفر التكوين أنّ جميع البشر، من هذه النقطة فصاعداً، ولدوا مفصولين عن الله في جسدٍ ساقط سوف يموت في النهاية. إذا كانت القصة الكتابية صحيحة، فهذه الحالة من الانفصال عن الله في «جسد بشري ساقط» هي حالة الخطيئة أو «الطبيعة الخاطئة». يسمى الانفصال عن الله أيضاً في الكتاب المقدس بحالة الموت الروحي. وإذا كان الأمر كذلك، فهذا يعني أنني وُلِدت ميتاً روحياً ومفصولاً عن الله في حالة الخطيئة.

مرض الخطيئة = الانفصال عن الله = ميت روحياً

إنسان خاطئ = جسد بشريّ ساقط مفصول عن الله + روح أبدي/نفس أبدية مفصولة عن الله

ساعدني تشبيه الكمبيوتر في فهم طبيعة مرض الخطيئة. فالإنسان يُشبَّه بكومبيوتر شخصيّ يُفترَض فيه أنْ يكون متصلاً بالكومبيوتر العملاق القويّ المركزيّ (أي الله في مثالنا)؛ إلا أنّ الاتصال انقطع بسبب الخطيئة. فقد كنت مقطوعاً عن الاتصال المقصود، ولم يكن لديّ تواصل صحيح. والخطيئة تشبه الفيروس الذي لا يمكن أنْ يسمح له الكومبيوتر المركزيّ بالتواجد في محضره. فالفيروس يؤدي إلى قطع الاتصال. وقد كنتُ منعزلاً عن الكومبيوتر الرئيسيّ، أو مفصولاً عن الله. وكان من الضروري إزالة فيروس الخطيئة إزالة كاملة لكي أتمكن من معاودة الاتصال.

كنت ما زلت مشكّكاً في كيفية تسبيب آدم وحواء في سقوط للبشرية جمعاء، وفصلنا عن الله، وأردت أنّ أفهم هذا الجانب عن الخطيئة فهماً أفضل. كان هذا مفهوماً جديداً بالنسبة لي. فمع أنني لم أقدر أنْ أرى الله جسدياً إلا أنني كنت أتساءل بشأن وجوده في حياتي. لم يكن صعباً عليّ أنْ أؤمن أنني مفصولٌ عن الله لأنني لم أره أو أشعر به، ولم تسنحْ لي الكثير من الفرص لسماع الناس يتحدّثون عنه وفي ضوء ذلك بدا مفهوم الانفصال منطقياً جداً.

إذا كانت الخطيئة مرضي الأصليّ قبل أنْ أحصل على الخلاص، فما هي أعراض هذا المرض؟ هل كانت لديّ هذه الأعراض قبل التحوّل؟ أرى نفسي بحاجةٍ إلى النظر في أعراض الخطيئة بينما أسعى في سبر أغوار إجاباتٍ لهذه الأسئلة.

الفصل الثالث عشر

أعراض الخطيئة

تبدي جميع الأمراض أعراضاً في مرحلةٍ ما من تاريخها. وتدلّ الأعراض على وجود مشكلةٍ أكبر في الجسم، فألم الصدر، على سبيل المثال، هو أحد أعراض مرض القلب. عندما تنسدّ الشرايين التي تغذي القلب، لا يعود قادراً على الحصول على ما يكفي من الأوكسجين. والإحساس بألمٍ في الصدر هو مظهرٌ من مظاهر مشكلةٍ رئيسية دفينة في القلب.

إذا كانت الخطيئة مثل المرض، فهي أيضاً ذات أعراض. وإذا كان الأمر كذلك، فما هي مظاهر الانفصال عن الله؟ هل تتطابق أعراض الخطيئة مع الأعراض التي كانت لديّ قبل التحوّل؟ كانت هذه أسئلة هامة تحتاج إلى إجابة.

بحثت في الكتاب المقدس الدراسيّ فوجدت الآية التي تتناول هذه القضية تحديداً.
وَأَعْمَالُ الْجَسَدِ ظَاهِرَةٌ، الَّتِي هِيَ: زِنىً عَهارَةٌ نَجاسَةٌ دَعارَةٌ عِبادَةُ الأَوْثَانِ سِحْرٌ عَدَاوَةٌ خِصَامٌ غَيْرَةٌ سَخَطٌ تَحَزُّبٌ شِقَاقٌ بِدْعَةٌ حَسَدٌ قَتْلٌ سُكْرٌ بَطَرٌ، وَأَمْثَالُ هذِهِ. (غلاطية ٥:١٩-٢١).

لقد صدمت عندما قرأت تلك الآيات لأنها بدَتْ وصفاً لي في ماضيّ. تابعتُ البحث، فاكتشفت أنّ الغضب، والغيرة، والكذب، والشهوة، ونفاد الصبر، والطمع، والكبرياء، وصفات كثيرة أخرى هي جميعاً نتيجة الانفصال عن الله، والمظهر الرئيسيّ للطبيعة الخاطئة هو الأنانية. وهذا ما أثار اهتمامي لأنني سبق واكتشفت أنّ الأنانية مشكلة رئيسية في حياتي قبل أنْ أتغير. بدا لي أنّ الخطيئة وأعراضها الجانبية تتطابق مع حالتي بالضبط.

لكنني لطالما اعتقدت أنّ هذه الأعراض للخطيئة هي «الطبيعة البشرية العادية» لأنها موجودة لدى كل إنسان. أدركت أنه إذا كانت «الطبيعة البشرية العادية» طبيعة خاطئة حقاً، وناتجة عن الانفصال عن الله؛ فالبشر إذاً يولدون ولديهم مشكلتان رئيسيّتان. فنحن لسنا منفصلين عن الله فحسب، وإنما هذا الانفصال نفسه يؤدي إلى مشاكل أخرى عديدة مثل الأنانية والكبرياء والشعور بالوحدة والموت.

يعلّم الكتاب المقدس أنّ هذا العالم ساقط، ونحن أيضاً ساقطون (أي أنه كان ينبغي ألا نكون بهذه الحال). وإذا كان هذا صحيحاً، فأنا قد وُلِدت ولديّ خللٌ جذريّ في داخلي. وهذا ما صعب عليّ تقبّله، فقد كنت دائماً أشعر أنه يوجد خطأ ما ولكنني لم أستطع تحديده. *هل*

يمكن أنْ يكون هذا هو سبب شعوري بالإحباط من الحياة؟

والمفهوم الذي أثار اهتمامي هو أنّ السلوكيات الخاطئة هي نتيجة لحالةٍ من الخطيئة أو الانفصال عن الله. السلوك السيئ هو عرضٌ من أعراض كوني خاطئاً. والأفعال الخاطئة ليست السبب الجذريّ ولكنها أعراض المرض. فأعراض الخطيئة هي مثل ألم الصدر تماماً، لأنها علامة على أنّ هناك شيئاً خطأً في مستوى أعمق من ذلك بكثير. الخطيئة هي الجذر، والخطايا هي الثمار، والانفصال عن الله له آثار جانبية، فالأعطال في جهاز الكمبيوتر الشخصيّ سببها قطع الاتصال من جهاز الكمبيوتر المركزيّ.

أعترف بأنني عندما كنت طفلاً لم أحتج لأنْ يعلّمني أحدٌ أنْ أكذب أو أكون أنانياً. كما أنني شهدت شخصياً هذا السلوك في وقتٍ مبكر في ولديّ وهما لا يزالان صغيرين. فقد ولدا بميولٍ أنانية وشريرة. كانت لدي أدلة قوية على أنّ البشر يولدون بهذه الصفات. كنت أعرف دائماً أنّ هذه السلوكيات خاطئة، ولكنني ظننت أننا جميعاً نتّسم بهذه الصفات لأن الجميع يتصرّفون بهذا الشكل. لم أظنّ يوماً أنه من الممكن أنْ يوجد خللٌ في وجودنا يسبّب هذه الخطايا.

الانفصال عن الله هو أيضاً سببُ شعورِ الناس بالفراغ والوحدة وعدم الاكتفاء وعدم الرضا، فالكومبيوتر الشخصيّ الذي صُمّم ليكون متصلاً بالكومبيوتر المركزي يفتقد لما صُمِّم ليحتويه من التفاعل وتبادل المعلومات. ويمكنه أنْ يحاول أنْ ينشئ برامج لتحقيق ذاته، ولكنها لن ترضيه البتة. فالكومبيوتر الشخصيّ سيبقى «وحيداً» و»غير مكتفٍ» لأنه منقطع الاتصال. ويخبرنا الكتاب المقدس بأنّ الناس خُلِقوا أصلاً لكي يعيشوا مع الله ويعبدوه، ويقول إننا لم نُخلَقْ لكي نعيش حياةً مستقلة بحالة انفصال.

صعقني جداً هذا التعليم، لأنه مهما بدا غريباً فإنّ الانفصال عن الله هو سبب أشياء كثيرة كانت تُلوّث قلبي باستمرار. فكل ما أتذكره عن نفسي أنني كنت دائماً أشعر بأنني فارغٌ في الداخل. كنت أشعر بأنني منقطع الاتصال وغير شبعان. كان لديّ كل شيءٍ، ولكن لم يتمكّن شيءٌ من إشباعي! *لمَ؟* كيف يمكن *أنْ يكون هذا؟!* لقد نُحْتُ على نفسي لسنين، وظللت أسأل نفسي بينما كنت أفكّر في مفهوم الانفصال عن الله: *هل يمكن أنْ يكون هذا هو السبب؟* إذا كنت قد جرّبت كل شيءٍ بحثاً عن الشبع، فأنا إذاً لست بحاجةٍ إلى «شيءٍ ما» وإنما إلى *شخصٍ ما*. كانت هذه أول مرةٍ في حياتي أكتشف فيها تفسيراً لهذه المشاعر.

وعلى الفور عدت إلى الرسم البياني الذي عملت عليه (انظر الفصل العاشر)، والذي أوضح الأعراض القديمة التي كانت لي قبل أنْ أتغيّر، وربَطَها بعضها ببعض. ويوضح هذا الرسم كيف أنّ حالة الفراغ والبُطل في حياتي كانت مركز التحكّم المركزيّ لجميع مشاكلي

وأعراضي الأخرى، على الصعيدين الشخصي والعلائقيّ. إذا كان الانفصال عن الله يؤدي إلى فراغٍ وبُطل في حياة الناس، فلديّ إذاً دليلٌ قويّ على أنني كنت منفصلاً عن الله طيلة حياتي. تطابقت جميع أعراضي مع مرض الخطيئة، وأدركت أنّ هناك شيئاً ما فيه خطأ جوهريّ بالنسبة لطبيعة وجودي طيلة حياتي، وكان هذا الشعور غريباً جداً.

صار لديّ عند هذا الحدّ تفسيرٌ لسلوكي الخاطئ وحياة البطل التي عشتها حتى نقطة التحوّل. وبعد أنْ وضعت نصب عينيّ احتمال كون الروح/النفس الأبدية جزءاً من وجودنا؛ صار لدي أيضاً سببٌ في وجود المشاعر والحب والضمير والشخصيّات لدى البشر. ذُهِلت من تماسك هذه التعاليم الكتابية واتّساقها، وبدت أنها تجيب عن أسئلةٍ عديدة، وتتطابق مع ظروفي على عدةِ مستوياتٍ مختلفة، الأمر الذي فاجأني.

وتطابق مرض الخطيئة هذا وأعراضه مع وضعي، ولكن ماذا عن العلاج؟ إذا كان الإنسان الجديد فيّ هو نتيجة لتلقي علاج للخطيئة، فأنا بحاجةٍ إلى معرفة ما إذا كان هذا يفسّر التحول. ما هو العلاج؟ كيف يعمل؟ ما هي النتائج؟ كيف يمكن للإنسان أنْ يحصل على الشفاء؟ كانت هذه هي الأسئلة التالية التي أردت الإجابة عنها.

الفصل الرابع عشر

الشفاء من الخطيئة

كنت قد درسْتُ فعلاً خلال البحث موضوعَ كون يسوع حلاً لمسألة الخطيئة. ثم عدْتُ فراجعتُ ما تعلّمته لأنعش ذاكرتي. لقد اعترفْتُ أولاً بأنني خاطئ عندما أدركْتُ أنني كذبْتُ وسرقْتُ وغششْتُ وفعلْتُ أشياء سيئة كثيرة. كانت أجرة خطاياي موتاً أبدياً أي انفصالاً أبدياً عن الله. لا يستطيع الله أنْ يحتمل الخطيئة في محضره لأنه كاملٌ بلا خطيئة. ولا يمكنني أنْ أذهب إلى السماء ما لم تُمحَ خطاياي بالتمام، ومن ثمّ فإنني بحاجةٍ إلى حالةٍ كاملة لا خطيئة فيها، كما الله.

يحكم الله على خطيئتي كقاضٍ بار ولكنه كإلهٍ محبّ يريد أنْ يغفر لي. أصبح يسوع الحلّ بموته عوضاً عني لكي يستطيع الله أنْ يغفر لي ويعاقب الخطيئة أيضاً. وهكذا يمكن لله أنْ يعطيني سجلاً نظيفاً وكأنني لم أخطئ البتة.

لم أدرك خلال مرحلة البحث أنني كنت مفصولاً عن الله منذ ولادتي- أي أنني كنت ميتاً روحياً. ولم أفهم أنّ أفعالي الخاطئة كانت أعراضاً لطبيعةٍ خاطئة، أو لمرض الخطيئة (الانفصال عن الله في جسدٍ بشريّ ساقط). كانت المشكلة أكبر بكثيرٍ من مجرّد سلوكي السيئ.

وبالتالي فإنّ علاج الخطيئة ينبغي أنْ يحلّ ثلاث مشاكل رئيسية: عقوبة الموت بسبب الخطيئة، والانفصال عن الله، والسلوكيات الخاطئة التي تنتج عنه. ينبغي أنْ يسدّد علاج الخطيئة ثمن عقوبة الموت، وأنْ يعيد الاتصال بالله، وأنْ يخلق طبيعة جديدة. وكان واضحاً أنني لا أستطيع أنْ أعاود تواصلي مع الله إلى أنْ توفى العقوبة، وأحصل على حالة بلا خطيئة.

وقد أوضح لي البحث المبدئيّ أولى تلك المشاكل الكبيرة، ولكن ليس الاثنتين التاليتين. فيسوع دفع ثمن الخطيئة، وبالتالي وفّر إمكانية إزالة سجل الخطيئة، بموته على الصليب. ولكن كيف يوفّر يسوع أيضاً إعادة الاتصال بالله، وكيف يخلق الطبيعة الجديدة التي تقوى على الخطيئة؟

كانت هاتان المشكلتان الأخيرتان آلية العلاج ونتائجه. كان عليّ أنْ أفهمهما لكي أرى إنْ كان علاج الخطيئة يطابق التحوّل.

آلية العلاج

في الأمراض الطبية من المهم أنْ نفهم، حينما يكون ذلك ممكناً، كيفية تصحيح العلاج للمشكلة. وهذا يسمح للطبيب بمعرفة ما يمكن توقعه، وتقييم التقدم.

إذا كان مرض الخطيئة قد فصلني عن الله، فالشفاء سوف يعيد اتصالي به. وعندها يكون يسوع هو من يعيد اتصالي بالله. فالكومبيوتر الشخصيّ ينبغي أنْ يوصل من جديدٍ بالكومبيوتر المركزي، مما يتيح التواصل وتبادل المعلومات. لقد اندهشت عندما وجدت هذا بالضبط في الكتاب المقدس، وفي كتاب السيد غراهام. وما أذهلني جداً وأثار عجبي وحتى خوفي هو آلية إعادة الاتصال.

تحدث العديد من الأشياء في اللحظة التي يصرخ فيها الإنسان إلى الله تائباً وطالباً منه أنْ يغيّره ويغفر له بإيمانه بيسوع المسيح. أولاً يعلن الله أنّ هذا الإنسان صار باراً وكأنه لم يخطئ البتة، ويمكن لله أنْ يعلن برّ إنسانٍ ما، مع أنه خاطئ في الماضي والحاضر والمستقبل، لأنّ يسوع صار خطية من أجل جميع البشر.

هذا الإعلان من الله يسمح للكمبيوتر الشخصي بأنْ يعاود الاتصال مع الكمبيوتر المركزيّ. لم يعد الكمبيوتر الشخصي بحاجةٍ إلى فصلٍ وحجرٍ بعد الآن لأنّ فيروس الخطيئة قد تم التخلّص منه. وما أذهلني هو أنّ الله نفسه هو من يوفّر الاتصال من جديد. فالروح القدس، الذي هو الله، يدخل جسد المؤمن ويتّحد بروحه لينهي الانفصال. وهذا يعني أنه في الحقيقة، في لحظة الخلاص، يسكن الله داخل كيان المؤمن، وهذا التحوّل هو ما يعنيه «الخلاص» حقاً، تماماً مثلما في الأمراض الطبية، ينبغي على العلاج أنْ يدخل الجسد لكي يؤدّي إلى النتائج.

يا سلام! صارت الأشياء تتناسب معاً الآن. لم أكن أفهم موضوع الروح القدس عندما أجريت التشخيص الأوليّ لموضوع «الخلاص» أما الآن فقد صرت أفهم.

الخلاص ليس مجرّد صلاةٍ إلى الله، ولكنه يُنشئ تغييراً حقيقياً من عند الله. والمسيحية ليست شيئاً تؤمن به فقط وإنما هي شيءٌ تصبح عليه، ففي اللحظة التي يصرخ فيها إنسانٌ ما إلى الله بإخلاصٍ فإنّ الله يغيّر طبيعة هذا الإنسان إلى الأبد، ويعيد لهذا الإنسان اتصاله معه، ويردّه، *وإن كان هذا حقيقة فإنه بالفعل أمرٌ رائع.*

كم تعجّبت من فكرة إمكانية سكنى الله وحياته داخلي بعد أنْ قيل لي في الماضي إنّ الله غير موجود، ولا تمكن معرفته. وما أدركته جعلني أودّ أنْ أقرأ وأدرس المزيد. إذا كان مرض الخطيئة فصلني عن الله، وجعلني ميتاً روحياً فإعادة الاتصال إذاً تعني بأنني الآن

حيٌّ روحياً! والحياة الأبدية لا تعني أنني سأحيا إلى الأبد فحسب؛ بل إنني الآن على اتصالٍ مع الله من جديد. وإذا كان هذا صحيحاً، فإنّ الحياة الأبدية مع الله قد بدأتْ للحال من اللحظة التي خلصت فيها. والآية التالية جمعت العديد من هذه المفاهيم معاً.

«وإِذْ كُنْتُم أَمْوَاتًا فِي الْخَطَايَا وَغَلَفِ جَسَدِكُمْ، أَحْيَاكُمْ مَعَهُ، مُسَامِحًا لَكُمْ بِجَمِيعِ الْخَطَايَا، إِذْ مَحَا الصَّكَّ الَّذِي عَلَيْنَا فِي الْفَرَائِضِ، الَّذِي كَانَ ضِدًّا لَنَا، وَقَدْ رَفَعَهُ مِنَ الْوَسَطِ مُسَمِّرًا إِيَّاهُ بِالصَّلِيبِ» (كولوسي ٢:١٣-١٤).

مخلَّص = حيّ روحياً = روح الإنسان + الروح القدس
(اتحاد / اتصال)
مخلَّص = الروح القدس داخلك = الحياة الأبدية = إعادة الاتصال مع الله

وما أذهلني تماماً هو أنه إذا كانت المسيحية حقيقة، والله يسكن الآن في داخلي، فهذا يمكنه أنْ يفسّر مجموعة التغييرات المذهلة التي حدثت لي بين ليلةٍ وضحاها. لم أستطع حتى الآن أنْ أفهم كيف استطعت أنْ أتغيّر على المستوى الجزيئي، وتصبح لديّ مجموعة جديدة من العواطف والمشاعر والضمير وحتى الحبّ لمن لا يعجبونني، ولكنّ قوة الله في داخلي جعلتني قادراً على تصديق ذلك.

إذا كان الروح القدس يسكن حقاً في داخلي، وقد انتقلتُ من الموت الروحي إلى الحياة الأبدية، فإنه يمكنني أنْ أتوقّع حقاً بعض التغييرات الملحوظة من هذا التغير. وكان السؤال التالي، «ما هي النتائج الملحوظة والملموسة للخلاص وسكنى الروح القدس داخل الإنسان؟» كنت بحاجةٍ إلى التأكّد من تطابق نتائج الخلاص مع التغييرات التي اختبرتها في التحوّل.

نتائج الشفاء

كنت أعاني من قرحةٍ في المعدة عندما كنت طبيباً مقيماً، الأمر الذي تسبّب في ألمٍ في البطن. ولكن الألم زال عندما شفيت، وزادت شهيّتي للطعام. صرت أنام نوماً أفضل، واسترجعت بعض ما خسرته من وزن. شعرت بنتائج وتغييرات من الشفاء.

فما هي النتائج المتوقّعة لقبول يسوع المسيح الذي هو شفاء لمرض الخطيئة؟ هل كان لديّ أي من هذه العلامات على شفاء المسيح لي شفاءً حقيقياً؟

شعرت بتشوّقٍ وفضول لكي أدرس نتائج الشفاء وأفهمها. وهذا من شأنه أنْ يثبت لي ما إذا كان الخلاص تحولاً حقيقياً ينتج ثماراً من الروح القدس أم لا. فالكتاب المقدس يعلّم عن

مرض الخطيئة وأعراضه وعلاجه، أما النتائج فهي موضوعية وملموسة. فأعراض الخطيئة، على سبيل المثال، موجودة لدى كل إنسانٍ التقيت به طوال حياتي، وهكذا كان من الصعب عليّ أنْ أصدّق أنّ هذه حالةٌ مرضيّة تؤثّر على الكوكب بأَسره.

فهمت أنّ يسوع هو العلاج، ولكن كل هذا يمكن أنْ يكون بسهولةٍ مسألةَ رأيٍ أو معتقدٍ شخصيّ متحيّز. إذا كانت المسيحية لا تعدو كونها تصف السلوك البشري اليوميّ بأنه «خاطئ»، بالإضافة إلى الإيمان الفكري بأنّ يسوع مات ليغفر هذه الخطايا؛ فمن ثمّ لا توجد طريقة لمعرفة ما إذا كانت صحيحة بالنسبة لي شخصياً اليوم. يمكنني بسهولة أنْ أجلس في الكنيسة وأثق في بحثي بشأن يسوع وقيامته، وأشعر بالرضا عن مسيحيّتي، ولكن لن تكون هناك طريقة لمعرفة ما إذا كان هذا صحيحاً.

ولكن إذا حدث شيء للمسيحيّ الذي قبِل شفاء المسيح يسوع فكلّ شيءٍ سوف يتغيّر. إذا كانت هناك نتائج حقيقية وملحوظة من الشفاء فهناك دليل شخصيّ على أنه يعمل فعلاً. وكما هو الحال في المجال الطبيّ، ينبغي أنْ تتلاشى الأعراض القديمة للمريض، وأنْ تظهر علامات تدلّ على أنّ العلاج يعمل.

وكم شعرت بابتهاجٍ بسبب احتمال كون هذا العلاج يعمل فيّ، فهذا شيءٌ لم أتوقعه البتة. وأردت أنْ أحاول الذهاب إلى الكنيسة من جديد لأنني لم أتوقع أية تغييرات، ولكن هذه المرة كنت مجهّزاً بإيمانٍ فكريّ في حقيقة الكتاب المقدس. كان الله غائباً جداً عن حياتي وأفكاري حتى أنني لم أعرف أنّ التغيير كان ممكناً. بدا لي حضور الكنيسة كافياً طوال حياتي من خلال الثقافة المحيطة بي، ولم أفكر أنّ لدى الناس طريقة ليعرفوا على وجه اليقين إنْ كان هناك إله، أو إنْ كان الناس يمكن أنْ يخلصوا من الخطيئة. لم أكن مقتنعاً بعد بأنّ خلاصي حقيقة، واستنتجت أنه عليّ أنْ أنتظر إلى أنْ أموت لكي أعرف بالتأكيد، وعندها لن أخسر شيئاً إذا كنت مخطئاً.

تذكرت شهادة جوش ماكدويل التي قرأت عنها، وهي تصف تلاشي غضبه بمرور الوقت بعد قبوله ليسوع رباً ومخلّصاً بالصلاة إلى الله. تذكرت بوضوح أنني لم أفهم آنذاك إمكانية حدوث ذلك. كيف يمكن أنْ تتغير شخصيته بسبب صلاة؟ فشهادتي الطبية ومعرفتي العملية حالتا دون أيّ ربط بين صلاةٍ واحدة وتغييرٍ كامل للشخصية والعواطف لأنّ هذه الأخيرة مرتبطة ارتباطاً وثيقاً بالدماغ والجهاز العصبيّ بمساراتٍ كيميائية حيوية لا يمكن فهمها. وحالت روابطي الاجتماعية في العالم المعاصر دون قدرتي على فهم أية علاقةٍ بين الاثنتين. ففي ذهني، كان لا بدّ من التغيير أنْ يكون نفسياً مفتعلاً يعمل الإيمان الدينيّ على تمكينه، ولكنني لم أفهم أي شيء عن الروح القدس في هذا الوقت. صرت الآن فضولياً لأنه

ربما تغيّر جوش بسبب خلاصه.

واستخدمتُ الكتاب المقدس الدراسيّ وكتاب بيلي غراهام للعثور على إجابات. ليس الروح القدس وسيلة إعادة الاتصال فحسب، ولكنه مصدر القوة لتغيير حياة الإنسان أيضاً.[٧٠] لم يأتِ الله لإنقاذ حياة البشر من عقاب الخطيئة فحسب، ولكنه أراد للمؤمن بيسوع أنْ يقوى على الخطيئة قبل أنْ يموت، أي وهو لا يزال حياً. يشرح بيلي غراهام أنّ الله يعرف أنّ مسامحة الخطيئة فحسب لا تكفي، لأنّ الإنسان سيبقى على حاله، ويرتكب الأخطاء نفسها.[٧١] وفي حالتي، سوف يبقى غريغ ڤيمان نفسه يجوب الأرض، وصفاته السيئة باقية في موضعها. يعرف الله أننا بحاجةٍ إلى مساعدةٍ وإرشاد وقوة لأنه لا يمكننا أنْ نتغيّر بأنفسنا. الروح القدس هو الحلّ لهذه المشكلة.

ثم سألت نفسي، *إذا كان الله الذي يسكن في داخلي هو القوة للتغيير، فما هي أنواع التغييرات التي ينبغي أنْ أتوقّعها؟* ينبغي لهذه التغييرات أنْ تظهر مع الأعراض الجديدة التي اختبرتها بعد التحوّل.

محبة الله: عطاء غير أناني

تعلّمت أنّ الله محبة، ولكن محبّته لم تكن المحبة التي اعتدت عليها. يمكن تعريف محبة الله بأنها العطاء غير الأنانيّ. فينبغي أن تكون السمة المميّزة للخلاص هي عدم الأنانية التي تركّز على الآخرين، إذا كان الله يسكن في داخلي فعلاً. وهذا ما لفت انتباهي على الفور لأنني سبق فاستنتجت بأنّ لديّ قوة جديدة وغير قابلة للتفسير لأصبح غير أنانيّ ليس في أعمالي فحسب بل في *دوافعي* وراء هذه الأعمال أيضاً. تذكرت كيف شعرت بقوة في داخلي لأكون شخصاً مختلفاً. وجدت آية تعدّد بعض «أعراض» الروح القدس الذي يسكن داخل إنسان ما.

«وَأَمَّا ثَمَرُ الرُّوحِ فَهُوَ: مَحَبَّةٌ فَرَحٌ سَلاَمٌ، طُولُ أَنَاةٍ لُطْفٌ صَلاَحٌ، إِيمَانٌ وَدَاعَةٌ تَعَفُّفٌ. ضِدَّ أَمْثَالِ هذِهِ لَيْسَ نَامُوسٌ. وَلكِنَّ الَّذِينَ هُمْ لِلْمَسِيحِ قَدْ صَلَبُوا الْجَسَدَ مَعَ الأَهْوَاءِ وَالشَّهَوَاتِ.» (غلاطية ٥:٢٢-٢٤).

أذهلتني هذه القائمة لأنني كنت قد شعرت حقاً بكل ما فيها واختبرته. شعرت بمحبةٍ للناس الذين لم يعجبوني. وكان الفرح والسلام مزيجاً مدهشاً من البهجة والاكتفاء اللذين لم أستطع التعبير عنهما في كلمات. الصبر هو الانتظار غير الأنانيّ، وقد ثبت وجوده لديّ في اختبار التسوق في ولمارت. وقد اختبرت أيضاً اللطف الحقيقيّ وغير الأنانيّ وشعرت

به. فكّرتُ في الماضي، وأدركت أنني تصرفت أحياناً بلطفٍ، ولكن الدافع وراء ذلك كان أنانياً مستتراً.

قبل التحوّل كنت أميناً في مسؤولياتي، لكنّ الدوافع وراءها كانت أنانية أيضاً. والآن صرت أشعر بأنّ ما يحرّكها هو غير أنانيّ. كنت أفتقر قبل التحوّل إلى ضبط النفس والوداعة. كنت متسرّعاً، وسريع الغضب، وأنفجر في بعض الأحيان، ولكن صار لديّ ضبط نفس منذ أنْ استيقظت في ذلك اليوم بعد أنْ صرخت إلى الله. لم يكن ضبط النفس هذا تاماً، ولكنه كان جديداً وقوياً، فهو قوةٌ غير أنانيةٍ تحت السيطرة بالمقارنة مع الإنسان العتيق الذي كان أنانياً وخارج نطاق السيطرة.

كان القاسم المشترك شعوراً جديداً وفورياً بالعطاء للآخرين الذي يتّسم بعدم الأنانية. فعندما تعتاد على الاهتمام بالذات كلياً، وعلى اضطراب الشخصية النرجسية لمعظم أيام حياتك، فعندها تلاحظ جيداً كيف تظهر الدوافع غير الأنانية فجأة على الساحة. كنت أشعر بها تأتي من داخلي دون أنْ أعلم كيف أو لماذا. دُهِشتُ من أنّ هذه القائمة الصغيرة شرحَتْ العديد من التغييرات التي اختبرتها.

الإنسان العتيق ميت

كان هناك شيء آخر في هذه الآية عن الروح القدس. أدهشتني الإشارة إلى الطبيعة الخاطئة على أنها ميتة. فهذا مشابه لما تعلّمته قبلاً في العهد الجديد من الفصل السادس من سفر رومية. يعلّم هذا الفصل أنه عندما يخلص الإنسان تموت طبيعته القديمة. لقد شعرت بوضوح أنّ شخصيّتي القديمة، وعاداتي القديمة، ورغباتي الشريرة قد اختفت. بقيت مجرّباً لفعل أشياء كثيرة، والتفوّه بكلماتٍ عديدة كنت أقولها من قبل، ولكنني الآن صرت قادراً على قول، «لا» والقيام باختياراتٍ أفضل. كنت مدركاً أيضاً لهذه الحالات، وقادراً على التفكير بها قبل فعلها. قبل أنْ أتغيّر، لم أكن أفكرّ قبل التصرّف، بل كنت أتصرّف بتهوّرٍ حسبما تسري الأمور، أما الآن فقد صار لدي علمٌ واعٍ بالتصرّفات والأفكار الخاطئة، وهذا ما كان جديداً تماماً بالنسبة لي.

نتائج تدريجية ومستمرة

اكتشفت أنّ نتائج العلاج قد تكون كبيرة وفورية مثل حالتي، ولكن معظم الناس يختبرون تغييراً تدريجياً. لم أصبحْ كاملاً بين ليلةٍ وضحاها بأيِّ حالٍ من الأحوال، ولكنني

تغيّرت جذرياً. لم أعلم لماذا يختبر بعض الناس تغييراتٍ فورية في حين يختبر آخرون عملية تدريجية في التغيير، ولم أجد لهذا السؤال جواباً في كتابي المقدس الدراسيّ أو على الإنترنت.

كان من الواضح أيضاً أنّ «الشفاء» ليس كاملاً إلا حين يموت الإنسان ويذهب إلى السماء. فمع أنه صارت لديّ الآن قوة على الخطيئة إلا أنني بقيت أرتكب الأخطاء وأتعثّر. وأوضحت الملاحظات في كتابي المقدّس الدراسيّ أنّ المؤمنين عليهم أنْ يستمرّوا في النمو في سيرهم المسيحيّ لكي يُحرِزوا تغييراً مستمراً، وينتصروا على الخطيئة في حياتهم. تذكّرت أجزاءً من الكتاب المقدس تحدّث فيها الرسول بولس نفسه عن صراعه مع طبيعته الخاطئة. لم أفهم الأمر تماماً، ولكنه بالتأكيد بدا صحيحاً لأنه لم يسبق لي أنْ قابلتُ إنساناً مثالياً.

الفهم الروحي

ومن نتائج الشفاء أيضاً القدرة على استيعاب المفاهيم الروحية والكتاب المقدس. فالروح القدس الذي يسكن داخل الإنسان يمكّنه من استيعاب الكتاب المقدس نفسه وفهمه بطريقةٍ جديدة.

وَلكِنَّ الإِنْسَانَ الطَّبِيعِيَّ لاَ يَقْبَلُ مَا لِرُوحِ اللهِ لأَنَّهُ عِنْدَهُ جَهَالَةٌ، وَلاَ يَقْدِرُ أَنْ يَعْرِفَهُ لأَنَّهُ إِنَّمَا يُحْكَمُ فِيهِ رُوحِيًّا. وَأَمَّا الرُّوحِيُّ فَيَحْكُمُ فِي كُلِّ شَيْءٍ، وَهُوَ لاَ يُحْكَمُ فِيهِ مِنْ أَحَدٍ. «لأَنَّهُ مَنْ عَرَفَ فِكْرَ الرَّبِّ فَيُعَلِّمَهُ؟» وَأَمَّا نَحْنُ فَلَنَا فِكْرُ الْمَسِيحِ. (١ كورنثوس ٢: ١٤- ١٦).

بدا لي هذا صحيحاً على الفور. فقد لاحظت فرقاً في اللحظة التي التقطت فيها الكتاب المقدس بعد أنْ صلّيت إلى الله طالباً المغفرة والتغيير. فهمت الكتاب على نحوٍ أفضل، وتشوقت لقراءته. ليس أنني لم أكن قادراً على فهمه من قبل، ولكنه بدا لي الآن أوضح مثل الانتقال من الرؤية المشوّشة إلى الرؤية التامة ٢٠/٢٠. لم أشبع من كلمة الله، ولم يتغيّر هذا الشعور مع مرور الوقت، فقد صار مثل الطعام. لم أفهم كيفية شعوري بهذا الشكل أو سببه. ولكن الكتاب يذكر أنّ هذه علامةٌ على سكنى الروح القدس داخلي.

انتهاء البُطل

أخيراً تعلّمتُ أنّ الأشخاص الذين يخلصون يختبرون انتهاء البُطل، والشعور بالوحدة، والفراغ في حياتهم. والسبب هو أننا مخلوقون لله، ولن يستطيع أحدٌ سواه أنْ يملأ قلوبنا وحياتنا. فالخلاص يوفّر حداً لإنهاء الانفصال. وهو يشابه لقاءك مع شخصٍ تحبّه بعد

سنواتٍ طويلة من الفراق. ففي اللحظة التي تلتقيان فيها يتغيّر كل شيء. وتعجّبتُ من أنّ هذا قد يكون السبب في كوني لم أعد أشعر بهذا الشكل.

الموجز

كل شيء درسته ووجدته في الكتاب المقدس حول مرض الخطيئة، وأعراضها، وعلاجها، ونتائج العلاج كان مطابقاً لما حدث لي دنيوياً واختبارياً. فالتشخيص لمرضي، وفقاً للكتاب المقدس، هو أنّ الخلاص بيسوع المسيح أدّى إلى إعادة الاتصال بالله عن طريق الروح القدس، ونتجَتْ عنه طبيعةٌ جديدة. لقد خلصتُ من مرض الخطيئة.

«إِذًا إِنْ كَانَ أَحَدٌ فِي الْمَسِيحِ فَهُوَ خَلِيقَةٌ جَدِيدَةٌ: الأَشْيَاءُ الْعَتِيقَةُ قَدْ مَضَتْ، هُوَذَا الْكُلُّ قَدْ صَارَ جَدِيدًا.» (٢ كورنثوس ٥:١٧)

إن شفاء الخطيئة يحلّ جميع المشاكل الرئيسية الثلاث: عقوبة الموت على الخطيئة، والانفصال عن الله، والسلوكيات الخاطئة التي تنتج عن ذلك. يسدّد يسوع المسيح أجرةَ عقوبةِ الموت. والروح القدس يربطنا بالله من جديد، وينشئ طبيعةً جديدة تقوى على الخطيئة.

والجانب الوحيد الذي كان عليّ أنْ أدرسه هو الحصول على الشفاء. أردت أنْ أتأكد أنّ سجلّي يتماشى مع التعريف الكتابيّ للخلاص. إذا كان يسوع شفاء الخطيئة، فكيف يمكن لإنسانٍ ما أنْ يقبل الشفاء؟ هل حصلت على الشفاء حقاً بحسب الكتاب المقدس؟

الحصول على الشفاء

الحصول على الشفاء أمرٌ سهل لدرجةٍ تثير الدهشة. يجب على المرء أنْ يؤمن في قلبه أنّ يسوع هو الله الكامل، مَن مات عن خطاياه عوضاً عنه، وقام في اليوم الثالث. يجب أنْ يعترف هذا المرء بأنه خاطئ وأنه أخطأ في حق الله، وأنْ يطلب شخصياً من يسوع أنْ يغفر خطاياه. والكتاب المقدس واضحٌ في وجوب توبة هذا المرء عن خطاياه وضرورة رغبته في أنْ يتغير. التوبة هي العودة عن السلوك القديم، والمسير في اتجاهٍ جديد. فهي ليست مجرّد تأنيبِ ضميرٍ، أو ندمٍ عن السلوك القديم، لكنها أيضاً الرغبة في التغيير والتي تبلغ ذروتها في تغيير السلوك.

عندما فكرتُ في هذا الأمر، استرجعتُ في ذهني ما حدث معي. ففي البداية آمنتُ بيسوع بفكري بعد أنْ أنهيت البحث، لكنني لم ألمسْ أي تغيير في نفسي. فقد وجدت من خلال تحليل التاريخ والإيمان إلهاً يمكنني أنْ أؤمن بأنه حقيقي، لكنني أبقيته في عالم الفكر.

في تلك المرحلة كان إيماني الجديد مبنياً على رحلتي الشخصية التي أنهت فحصاً مفصّلاً للأدلة، لأنني وثقتُ ببصيرتي.

لم أرَ أو أسمع شيئاً في العالم يقترح حقائق حالية عن الله تمكن معرفتها. فالنشأة في مجتمعٍ يغيِّب الله ويتجاهله ويحصر تعريف المسيحية في كونها مجرّد حضور الكنيسة. رغم ذلك، هل آمنتُ بأنّ ذلك قد حدث حقاً؟ هل آمنتُ بأنّ الله قد عاش بيننا في هيئة إنسان، ومات على الصليب، وقام في اليوم الثالث؟ لقد آمنت، لكنّ إيماني هذا كان يبدو من الماضي البعيد، إيماناً غير ملموس وغير عملي بالنسبة لي شخصياً. لو كان الكتاب المقدس صحيحاً، فإنّ عدم حدوث أي تغير فيّ في المرحلة الأولى أمرٌ منطقيّ، بما أنني لم أكن قد تبْتُ بعد، وكنت لا أزال أنظر ليسوع على أنه صاحب مذهبٍ فكري. آمنتُ في فكري، لكنني لم أطلب بشكلٍ شخصيّ من الله أنْ يغفر لي ويخلّصني.

ومع ذلك فقد فعلت في تلك الليلة في مكتبي كل ما يقول الكتاب المقدس إنه يلزم لكي أخلص. انتقلتُ من مرحلة الفكر إلى استسلامٍ شخصي من كل القلب لله. آمنتُ بأنّ يسوع هو الله، وأنه قام في اليوم الثالث. رأيت نفسي كخاطئٍ، وصرختُ ليسوع، وأردتُ من أعماقي أنْ أتغيّر. كنتُ حزيناً للغاية من تصرفاتي السابقة. شعرت بهيبة لله، وطلبته باستسلامٍ تام. اكتشفت الآن أنّ تعريف الله للإيمان هو أبعد من مجرد الإيمان بوجوده، فهو الثقة المطلقة والكاملة فيه، ووضع كل أمرٍ عند قدميه، ووضع إيمانك قيد العمل. ذلك يشبه أنْ تنظر إلى كرسي، وتدرك أنه كرسي، مقارنةً بأنْ تجلس عليه حقيقةً وتثق بأنه سوف يحملك.

والغريب أنني لم أقل أو أفعل أي شيءٍ عن قصد. لم أكن أقول أي كلماتٍ محددة أو أتلو أية نصوصٍ دينية في تلك الليلة. خرج قلبي من داخلي. خططتُ لأنْ أبرهن أنّ المسيحية هي مجرّد مجموعة من المرائين المتدينين، وأنها ليست ديانة حقيقية. حين صرخت لله لم أكن أتوقع أي شيء. لم يخطر في بالي أنّ الله بشكلٍ شخصي قد سمعني. وحتى لو حصلت على الشفاء، فإنني لم أعلم بذلك.

أدركت أيضاً أنني توقفت بسهولة عند مرحلة الإيمان الذهني بيسوع وبأساسيات الفكر المسيحي. كان ذلك قبل أسبوعٍ من اختباري الشخصي حين صرخت باكياً ليسوع، وطلبت منه المغفرة والتغيير. كان يمكن أنْ أستمرّ في المسيحية الذهنية، خاصةً وأنه لم تكن لدي أدنى فكرة عن وجود أي شيء آخر يمكن عمله.

يشبه هذا الأمر أنْ تمسك في يدك الدواء دون أنْ تتناوله. يمكنني أنْ أحمل في يدي حبة المضاد الحيويّ مؤمناً في ذهني بأنها ستشفيني. لكن يجب عليّ أنْ آخذها لكي تعمل عملها. لقد تساءلت إنْ كان يوجد الكثير من الناس مثلي في أوساط المسيحية—أناسٌ يؤمنون

بالدواء، لكنهم لا يتناولونه شخصياً داخل أجسامهم ليتلقوا الشفاء.

لم يكن هناك أي لبسٍ في أنني قبلت يسوع، علاج الخطية، حسبما يعلمه الكتاب المقدس. لقد كنت مطابقاً لكل المتطلبات.

رد الفعل تجاه الشفاء

كانت هذه كلها بالنسبة لي مفاهيم جذرية. ينبغي أنْ أتأمل فيها. وكان ذلك أمراً لم أتوقعه قط، ولا حتى ظننته ممكن الحدوث. كلما قرأت ودرست، كان شيءٌ في داخلي يشهد لقلبي ولعقلي أنّ هذه الأشياء صحيحة. شعرت باختلافٍ كبير في كل وجه. تطابقت كل العلامات والأعراض البادية عليّ مع علامات الخلاص بيسوع المسيح وأعراضه. ثم بغتةً استوعبت الأمر. انزاح الحجاب عن عينيّ، فأدركت المسألة، وأخيراً صرختُ بصوتٍ عالٍ: «يا إلهي! لقد حصلت حقاً على الخلاص. لقد وُهِبَ لي روح الله القدوس!»

في الليلة التي صرخت فيها لله سمعني وخلّصني وملأني بالروح القدس. هتفتُ قائلاً: «هذا هو ما كانت تتحدّث عنه سيدة الكتاب المقدس!» لقد قالت: «أصلي أنْ يُظهِرَ الروح القدس نفسه لك.» ذلك يفسر لماذا شعرت بالحبّ تجاه أشخاصٍ لم أكن أحبهم قبلاً، وما هو مصدر أفكاري ودوافعي الخالية من الأنانية. كنت أشعر بالروح القدس يسكن في داخلي. كان هذا أمراً مذهلاً!

أصبحتُ في هذه اللحظة من الزمان مدركاً تماماً بحقيقة حضور الله في داخلي ومن حولي. أدركتُ أنّ الله لم يسمع ما قلته فقط ولكنه أصبح يسكن في داخلي. قلت له «أبي. هل أنتَ حقاً هنا؟» لم يجبني بأي شيءٍ، لكنني علمتُ أنه قال لي «نعم. أنا هنا، وقد كنتُ دائماً معك.» شعرتُ بأنني قد استيقظت من حلمٍ دام لمدة ستة وثلاثين سنة. كنت في غاية البهجة لدرجة أنني لم أعرف ماذا أفعل.

إنه أمرٌ لا يُصَدّق! هذا دليلٌ شخصي على أنّ المسيحية حقيقةٌ وليست ديناً! فإيماني قائمٌ على كيانٍ جديد *وليس فقط على قبول ذهني لأساسيّات الفكر المسيحي.* كان هذا صاعقاً، ولم أتوقّعه حسب منطق هذا العصر الذي يهيمن عليه التساهل واللاأدرية والنزعة الطبيعانية. لقد انتقلت من الله المجهول إلى الله الحي في داخلي!

كانت آثار الشفاء مثل سلسلةٍ من أمواجِ المدّ والجزر التي ما فتئت تغلبني، فقد كانت حياتي بأسرها تتغيّر بشكلٍ أسرع مما يمكنني فهمه، وكذلك طريقة تفكيري، ومفاهيمي عن الواقع. قلت مكرراً «لم أتوقع أنْ يكون يسوع المسيح حقيقياً وحاضراً بهذا الشكل. لم يخبرني

أحد أنه يضع روحه في داخلك حين يخلّصك». كان كل ما أفعله في حياتي، وكل ما تعلمته، بعيداً كل البعد عن هذه الحقيقة. لم أستطع أنْ أصدق ذلك أبداً، لكن تلك كانت البداية فقط. كان هناك الكثير من أمواج المدّ والجزر في طريقها إليّ.

الفصل الخامس عشر

التشخيص النهائيّ

التشخيص النهائيّ

وكان التشخيص النهائيّ هو الخلاص من مرض الخطيئة بيسوع المسيح. لقد ظهرت فيّ علامات الخطيئة وأعراضها منذ أنْ ولدت، ولم أشتبه يوماً بأنها دليلٌ على الانفصال عن الله. وفي محاولة مني لإثبات أنّ المسيحية ليست أكثر من مؤسسة رياء دينية، انتهى بي الأمر أنْ أصبح مؤمناً. وبعد أنْ قبلت المسيحية ذهنياً، وخطّطت لحضور اجتماعات الكنيسة أسبوعياً، تغيّر كل شيءٍ عندما صرخت إلى الله ذات ليلةٍ في غرفة النوم. وما ظننته انهياراً عاطفياً ناجماً عن كثرة القراءة الدينية كان بالحقيقة تحولاً ذا مدلولٍ أبديّ.

لقد خلصت تلك الليلة ولم أعلم حتى ما هو الخلاص أو أنه حقيقة حاسمة. واتّحد الروح القدس بروحي، وأعاد تواصلي مع الله، وأعطاني طبيعة جديدة. ثم ذهبت إلى الفراش غير عالمٍ بكل ما جرى.

وعندما استيقظت من النوم، وجدت نفسي قد تغيّرتُ جذرياً في كل شيءٍ يمكن التفكير به، ولم يكن لديّ أيّ تفسير منطقيّ لذلك. ظننت أنّني أشخّص حالة مرضية في الوقت الذي كان فيه سبب ما لديّ من أعراض هو الشفاء من المرض وليس المرض. لقد فكّرتُ بالعكس، وعملت بذلك كوميديا روحية من الطراز الأول! وفي الواقع كان لديّ مرض الخطيئة طيلة حياتي، ولم أدرك ذلك. ثم شفيت، ولم أعلم ذلك أيضاً. كنت أحاول أنْ أشخّص ما هو الخطأ لديّ في الوقت الذي كنت فيه أشخّص العلاج! وكل ما كنت أفكر فيه هو أنه يوجد خطأ ما لديّ لأن تغييرات سلوكي كانت جذرية جداً، ولكنني عوضاً عن ذلك، وجدت أنني تصالحت مع الله للمرة الأولى في حياتي.

بعد أنْ كان الله بعيداً ومجهولاً أو غير موجود غدا بين عشيةٍ وضحاها مخلّصي الذي يسكن في داخلي ويحيط بي. لقد خلصت من مرض الخطيئة بواسطة يسوع المسيح، وصرت الآن أختبر بداية الحياة الأبدية، أو إعادة الاتصال مع الله. وشعرت في قلبي أنّ هذا صحيح، وأنّ أعراضي لا يمكن تفسيرها بأي شيء آخر يعرفه البشر، فهي متطابقة تماماً مع مرض الخطيئة، وتتوافق التغييرات لديّ تماماً مع الخلاص الكتابيّ بواسطة علاج المسيح يسوع. كنت معجزة متحرّكة في ثقافةٍ تنكر المعجزات. كنت دليلاً حياً على أنّ يسوع هو الله، وهو الطريق إلى السماء والحياة الأبدية. فالتشخيص لي هو الله.

كنت متحمّساً للغاية. وصرت متشوّقاً جداً لكي أخبر جميع أصدقائي وأشاركهم ما لديّ من أخبار سارّة. كدت لا أنام البتة تلك الليلة، كنت متأكداً من أنهم سيفرحون جداً بذلك، ولم أعلم أنني على وشك تلقي الصدمة!

الفصل السادس عشر

الاعتراف بالشفاء

نادت زوجتي، «غريغ؟ نحن في البيت. أين أنت»؟

نظرت إلى ساعتي، فرأيت أنها تجاوزت السادسة. لم أشعر بالوقت قط، ولم أدرك أنه قد مرّت أكثر من خمس ساعات. لقد أخذ البحث عن تشخيصٍ كل ما لدي من وقتٍ لعدة أيام. كنت أدرس ليلاً ونهاراً في كل لحظةٍ ممكنة. قلت لها، «أنا في الطابق العلوي في مكتبي. سأنزل إلى الأسفل. تساءلت في نفسي، *ماذا أقول لها؟ كيف يمكنني أنْ أفسّر كل شيء؟ هل ستصدّقني؟*

سألتني، «ماذا فعلت طوال اليوم»؟

«سأقول لك في وقتٍ لاحق الليلة. إنها قصة طويلة «.

«قل لي الآن. لا تتصرّف بغرابة. كنت تقرأ في عزلةٍ لعدة أيام».

«نحتاج إلى السلام والهدوء. بعد أن يذهب الأطفال إلى الفراش».

وافقت وقالت، «حسناً».

كنت متردّداً وخائفاً بقية الليل، فقد عرفت أنها كانت تحضر صفاً لدراسة الكتاب المقدس ولكنني لم أعلم أين تقف من جهة الإيمان، وهل نالت الخلاص أو تفهم حقيقة المسيحية لأننا لم نتناقش في الأمر. بقيت أفكّر في ما سأقوله، وتسارعت دقّات قلبي مع اقتراب الوقت. وأخيراً نام الصغار وأتت اللحظة، وصار قلبي يدقّ بقوة.

مشيت إلى غرفة النوم، وكانت روث تجلس على السرير وتقرأ. جلست بجانبها واتكأت على ظهر السرير مستخدماً بعض الوسائد لدعم ظهري. وقلت لها متردّداً، «روث، هل تذكرين الكتاب الذي اشتريتِه لي وبدأتُ بقراءته؟ ذلك الذي يدور حول الكتاب المقدّس؟

وضعت روث ما كانت تقرأ فيه جانباً وأعطتني كامل انتباهها، وقالت لي، «نعم. لماذا»؟

«حسناً، انتهيت منه. في الواقع، لقد قرأت العهد الجديد بأكمله، ودرسته بالتفصيل. أعرف أنني ذكرت لكِ هذا في وقتٍ سابق، ولكن لم أقل لك ما كنت بصدده».

قالت لي بترقبٍ، «تابع».

«حسناً، لقد قررت أنْ أؤمن بيسوع. أدركت أنه يمكن أنْ أذهب إلى الكنيسة، وأفعل هذه الأشياء المسيحية».

«هذا أمرٌ عظيم. لقد شعرت أنك تتصرّف بطريقةٍ مختلفة. هل تودّ الاستمرار في الذهاب إلى الكنيسة التي أخذنا ديفيد إليها»؟

«بالتأكيد، ولكن انتظري، هناك المزيد. قبل نحو أسبوعين بقيت في المكتب حتى وقتٍ متأخر. وشعرت بتأنيبٍ من جهة مشاكل حياتي وشخصيّتي. انهرت وصرخت إلى الله طالباً الصفح والتغيير». كانت تحدّق فيّ باهتمام، فتابعْتُ، «لقد عمل الله في حياتي يا روث، ففي الحقيقة غيّر الله طبيعة وجودي، واستيقظت إنساناً جديداً. ومنذ ذلك اليوم وأنا أقضي كل لحظةٍ محاولاً أنْ أعرف ما حدث لي. والآن أعلم، إنني مُخلَّص. وقد وُهِبْتُ الروح القدس، وصار الله يسكن في داخلي، لقد تغيّر كل شيءٍ بمقدار عظمة هذا الأمر».

لم تقل روث كلمة واحدة لبضع لحظات، وظلّت تدرس وجهي لمعرفة ما إذا كنت جاداً. وقالت، «هذا رائعٌ لقد صرت مؤمنة أيضاً، ولكنني لم أختبر ما تتحدث عنه».

أجبتها، «عليك أنْ تصدقيني. أنا لست مجنوناً أو متديّناً غريب الأطوار».

قالت لي، «نعم أصدّقك، أصدّقك»، ولكنني لمست بعض الشك في تعابير وجهها.

ثم قلت لها والدموع تملأ مقلتيّ، «إنني آسف على الطريقة التي كنت أتعامل معك بها. لقد أخطأت في حقك، وأرجو أنْ تسامحيني. إنني آسف. سوف أعوّض عليك، ولن أعود إلى طباعي القديمة».

فعانقتني وقالت لي، «إنني أغفر لك. لا مشكلة أبداً».

فتلعثمت وقلت لها وأنا أقاوم التنهدات بين الكلمة والأخرى، «لا، هناك مشكلة. لقد كنت بائساً ومتعجرفاً ومتكبّراً وفخوراً وأنانياً ومغروراً في معاملاتي معك، ومع أولادنا، ومع الكثيرين من الناس الذين أعرفهم. هذا كله غريب. كيف يمكن أنْ يكون الله قريباً منا إلى هذه الدرجة ومع ذلك لا يخبرنا أحد عن الأمر؟ لا بد أنّ هناك خطأ ما يا روث. هناك خطأ كبير، ولا أظنّ أنّ الكثيرين من الناس يدركون ما هو معنى المسيحية الحقيقيّ. وأنا لم تكن لديّ أدنى فكرة بأنّ الله يسكن في شخصٍ ما إلى أنْ درست المسيحية. لا يمكنني أنْ أستوعب مقدار ما يعنيه هذا المفهوم الواقعي. هل تدركين أنني عشت حياتي كلها ميتاً روحياً ومفصولاً عن الله؟ لم أقل البتة أية كلمةٍ له، ومع ذلك كان الله محيطاً بي. لقد سمع ما قلته له تلك الليلة! كيف يمكن أنْ يسمعني الله من بين مليارات الناس على وجه الأرض؟ فكّري في ذلك

يا روث. تأملي فيه! إننا لا نعرف أيّ شيء عن وجودنا، وهذه الحياة التي عشناها مثل قصةٍ كانت سراباً وواجهة تخفي وراءها الحقيقة. وكان كل ما تعلمته تقريباً عن حقيقة وجودنا وهدفه كذباً. أظنّ أنّ ثقافتنا برمّتها مبنيةٌ على الخداع العظيم.

«لم أكن أتوقع هذا فهو يغيّر كل شيء. فالأمر لا يدور حول حضور الكنيسة أو كون الإنسان لطيفاً. وهو لا يتعلّق بمهنتي أو إنجازاتي الشخصية. إنني أؤمن أنّ ما جري لي حقيقي، ولكنني لم أتخيل البتة أنّ الله حقيقي إلى هذه الدرجة، ويعمل في أيامنا، وهذا يعني أنه فعل ذلك حقاً، وأنّ يسوع عاش في أرضنا، وهو الله، وقد مضى إلى الصليب. كيف يمكن أنْ توجد ديانات كثيرة إذا كان هذا صحيحاً؟ إن مفهومي للواقع ينهار»!

قالت لي روث، «اهدأ يا غريغ! يبدو عليك التوتّر الشديد».

صرخت وأنا أمسح الدموع من عينيّ، «لا لن أهدأ. كيف أهدأ؟ هل تفهمين ما أقوله لك»؟

«أعتقد أنني أفهم. إنني جديدة على هذه الأشياء أيضاً. لقد نشأت في كنيسةٍ ولكن كل ما تعلمناه كان عن الكنيسة».

«إنني أحتاج إلى الكثير من التفكير يا روث. فالآثار صحيحة ومذهلة. سأعود إلى مكتبي لأفكّر فأنا مذهول».

«حسناً. سوف نتحدّث أكثر غداً. أنا أحبك».

«أنا أحبك أيضاً. لا تخبري أحداً عن هذا الحديث! لا تقولي كلمة واحدة عن هذا بعد. إنني أريد أن أبدأ بإخبار الناس بما حدث لي، ولكنني أودّ أن أجمع المزيد من المعلومات أولاً. أحتاج إلى المزيد من الوقت».

«حسناً».

الفصل السابع عشر

آثار الشفاء

شعرت براحةٍ حين جلست في مكتب البيت، فلديّ أمور كثيرة أخرى أودّ أنْ أتناقش فيها مع روث، ولكنني فرحت أنها لم تظنّ بأنني مجنون. استرخيت في كرسيّ واضعاً قدميّ على المكتب. استجمعت أفكاري، وبدأت أتأمل في النتائج. أردت أنْ ألتزم بوضع الحقائق البسيطة ثمّ أبني من هذا المنطلق.

وبدا لي أنه من البديهي أنْ أبدأ بالله بما أنّ كل شيء يدور حول الله. بدأت أكتب على حزمة أوراق.

الله

يسوع المسيح هو الله، يسوع حي، وقد سمعني.

توقّفت هناك، وتأملت في آثار هذه الحقيقة. كيف يمكن لله أنْ يسمعني في الوقت الذي يوجد فيه سبعة مليارات إنسان على وجه الأرض؟ كيف عرف أنني كنت مُخلِصاً عندما صرخت إليه تلك الليلة. وكيف يمكنه أنْ يعرف نوايا قلبي الكامنة خلف كلماتي؟

عندها كتبت:

الله كليّ المعرفة (يعرف كلّ شيء)، ***وكليّ الوجود*** (موجود في كل مكان في كل الأوقات).

فكّرت في البداية أنّ هذا أمرٌ واضح لأنه هو الله، ولكن كلما فكّرت في الأمر أدركت صحّته. ما الذي يعنيه ذلك من جهة مفهومي لواقع الحياة؟

استنتجت ما يلي:

لا أعلم شيئاً عن واقع وجودي إلا أنّ الله يسمع لي ويعرف قلبي.

أذهلتني هذه الفكرة.

السماء

كتبت مبتسماً، ***السماء حقيقة وأنا ماضٍ إليها.***

لطالما كانت فكرة الموت تقلقني، ولا سيما عندما أحتضن ولديّ وأراقبهما وهما ينامان. وكنت أتساءل، كيف يمكن لمحبتي الشديدة لهما أنْ تستمدّ معناها وأساسها من مادةٍ متطورة. إذا ماتا بشكلٍ مأساويّ فسوف يزول موضوع حبي من الوجود ويصبح مواد كيميائية متحللة بلا معنى. كيف يمكن لطفلٍ يسكن القلب والروح أنْ يمثّل مادة متطورة فحسب؟

ونتيجة لذلك، كنت دائماً أخاف من الموت، أما الآن فقد اختلف الأمر! فيقين الحياة الأبدية المضمونة بحضور الله الحيّ في داخلي أزال العديد من المخاوف والهموم. وكم ابتهجت لأنني لست مع عائلتي مجرّد حساء عضويّ سينتهي في حاوية التكرير. صرت الآن أفهم سبب الشعور بتعاسة الموت، لكنّ الموت ليس النهاية بل البداية. تغيّر الموت من كونه إعادة تدوير إحدى المواد بكل جفاء ليصبح دخول الأبدية مع الله. لم أحلم في حياتي بمثل هذا التغيير الجذري والنقلة النوعيّة! غمرتني موجةٌ من الفرح، وشعرت بالحرية. لديّ رجاء حقيقيّ ويقين بأنّ الخيرات في طريقها إليّ.

الجحيم

الجحيم حقيقي، وقد كنت متوجهاً إليه.

كانت يدي تهتزّ قليلاً حين كتبت تلك الكلمات. إذا كنت قد نلت الخلاص الآن، فهذا يعني أنني لم أكن مخلَّصاً في الماضي. تذكّرت أنّ يسوع تحدّث عن الجحيم أكثر من السماء. سَرَتْ في جسدي موجةٌ من القشعريرة، وأدركْتُ للمرة الأولى بأنني كنت سائراً في طريق الجحيم طيلة حياتي. وكانت كل إنجازاتي وأوقاتي الطيبة ونجاحي العالمي بلا معنى وهذا ما أربكني ولكنني عرفت أنه صحيح. فقد زار الله أرضنا ليخلّصنا من خطايانا التي كانت تفصلنا عنه إلى الأبد بدون يسوع. أرهبني قرب الجحيم وحقيقته، وانفجرت في البكاء، وشكرت يسوع لأنه خلّصني. فاض قلبي بالامتنان، فمسحت الدموع التي سقطت على قميصي، وتابعت الكتابة.

المعجزات

أنا معجزةٌ حيّة.

لقد تغيّرتُ تماماً حتى على مستوى خلايا جسمي، وصرت معجزة حقيقية حالية صنعها

الله. كنت دليلاً حياً حقيقياً على أنّ يسوع المسيح هو الله وهو حيّ. لقد كان موجوداً في تلك الغرفة التي صليت فيها تلك الليلة. وفجأة صرت أؤمن بجميع معجزات الكتاب المقدّس. إذا كان الله قادراً على تغيير الإنسان وهو يعرف قلبي، فهو إذاً يستطيع أنْ يفعل ما يشاء مثل المشي على المياه، أو شقّ البحر الأحمر، أو شفاء الأعمى. إذا كان المسيح قد قام وأنا أثق بأنه سيقيمني، فلماذا أشكّ في أي معجزةٍ في الكتاب المقدس على الإطلاق؟

الكتاب المقدس

الكتاب المقدس هو كلمة الله.

إذا كان الله يستطيع أنْ يسمع ما أقول، وهو يعرف قلبي، فهو إذاً يعرف أصغر التفاصيل ويهتمّ بها. وبما أنّ الكتاب المقدّس هو إعلان عن الله وخطته للخلاص، فهو إذاً تماماً بحسب ما أراده الله. فإله التفاصيل الدقيقة سيحفظ الأسفار المقدسة بكل تأكيد. لقد سبق واكتشفت أنّ نسخ الأخطاء، والتغييرات المقصودة، والحذف، والإضافات لم تُغيِّر في عقيدة الكتاب أو رسالته الرئيسية على مرّ العصور. فحفظ الكتاب المقدس ودقته هما ملحوظان فعلاً. لقد عرف الله مسبقاً أنّ المخطوطات الأصلية ستتعرض عبر القرون لتغييراتٍ سطحية، ومع ذلك فقد حفظ الرسالة الأساسية والأفكار الخاصة التي أراد حفظها وأراد لنا معرفتها، وكل ذلك بحسب مشيئته وسيادته الإلهيتين باستخدام وسائل بشرية. والأسفار المقدسة تحتوي على مفتاح الحياة الأبدية.

باستخدام القياس على أساس معلوماتي من دراسة الطبّ أخذت بعين الاعتبار حقيقة كون أجسادنا وشخصياتنا مصنوعة من الحمض النووي وهو مخطط الحياة على أساس رمزٍ من خمسة أحرف. تشكل حروف الحمض النووي رمزاً يحتوي على معلومات وتعليمات للحياة. وتعلّمت من علم الأحياء أنّ الحمض النووي في جسمي يكدّس الأخطاء الصغيرة مع مرور الوقت، ولكن معظمها ليس مهماً. والمعلومات التي تضع الرموز لجسمي تستمر في عملها بطريقة فريدة، وهي محفوظة ما دمت على قيد الحياة. ولا تنفي الأخطاء/التغييرات الصغيرة أنني موجود مثلما لا تغير تلك الأخطاء/التغييرات الموجودة في الكتاب المقدس من كونه كلمة الله. إذا كان الله يعرف قلبي، فهو إذاً يستطيع أن يغلّف كلمته ويحفظها. إذا كان قد غيّر من طبيعة وجودي، فلماذا أشكّ في قدرته على وضع كتابٍ وحفظه؟

الخداع العظيم

كانت حياتي كذبة

كتبت تلك الجملة وجلست أتأمل فيها فنزلت دمعة على خدّي. ابتدأت أدرك أنّ جميع مفاهيمي الرئيسية للواقع والأهداف كان مخطئاً. وما علّمني العالم إياه وعرضه عليّ عن نموذج الحياة كان خداعاً وكذباً في كل جانب من جوانب الحياة. شعرت كأنني استيقظت لتوي من حلم دام ستة وثلاثين عاماً. وكتبت التناقضات بين الحقائق القديمة والحقائق الجديدة واحداً تلو الآخر.

الله يحيا فيّ	بلا إله
حياة أبدية	***لا رجاء***
الله يسمعني ويعرف قلبي	***الله لا يهتّم***
الله خلقني	***تطوّرت عن «حساء كوني***
الحياة على الأرض ساقطة بسبب الخطيئة	***الحياة على الأرض طبيعية***
أنا بالطبيعة خاطئ	***أنا بالطبيعة صالح***
كنت متجهاً إلى الجحيم	***وصلت إلى قمة النجاح***
لم يكن لديّ شيء بدون يسوع	***كان لدي كلّ شيء في الحياة***
كل شيءٍ يدور حول الله وحول إرادته	***كل شيءٍ يدور حولي وحول إرادتي***
أنا خاطئ وميت روحياً	***أنا شخصٌ جيد وبصحةٍ جيدة***
أنا خاضعٌ للمساءلة	***لا أحد يحاسبني***
أحتاج إلى الله	***لا أحد يحاسبني***
لا أعرف شيئاً	***أعرف كلّ شيء***

انهمرت الدموع على وجهي. كيف خُدعتُ هكذا؟ كانت حياتي كلها كذبة. لقد نصحني العالم بأنْ أسعى وراء الحلم الأميركيّ، فوصلت إلى قمة النجاح، ولكن الحلم الأميركيّ تحوّل إلى كابوس. اضطررت إلى التوقف عن الكتابة والتفكير في هذا الأمر لفترةٍ من الوقت.

عائلتي وأصدقائي

أولادي ووالديّ وأصدقائي لم ينالوا الخلاص بعد!

انتابت جسدي حالةٌ من الذعر والفزع مثل البرق. فقد جعلتني هذه الحقائق عن الله والسماء والجحيم أنهض من كرسيّ وأقف خائفاً. «آه، لا، لم ينالوا الروح القدس. إنهم لا يزالون يعيشون في الحلم. ليست لديهم أدنى فكرة»! صرخت بصوتٍ عالٍ وشعرت للحال بحاجةٍ ملحّة لكي أخبرهم وأخبر كل من أعرفه.

وضعت مجموعة الأوراق على المكتب، وهرعت إلى غرفة النوم لكي أتحدّث لروث عن الأولاد، ولكنها كانت نائمة. لقد أذهلتني حقيقة المسيحية، فهي ليست ديانة قرّرت أنْ أقبلها وأتبعها وإنما حقيقة وجودي. لم أستطع أنْ أفهم سبب عدم سماعي عنها لمعظم حياتي. هل غابت عني لسببٍ ما؟ ربما لم أكن منتبهاً. لا أظن، ولكنني أردت أنْ أعرف الجواب قبل أنْ أخبر الآخرين عما حدث لي.

قررت أنْ أنتظر أسبوعاً واحداً، وأدرس عن كثبٍ كل ما حولي في كاري بولاية نورث كارولينا. اتكأت على وسادتي، ووضعت خطةً للبحث في كل مكانٍ عن أدلةٍ على يسوع. صرت أستمع لمحادثات الناس، وأقود سيارتي في جميع أنحاء المدينة، وأشاهد الأخبار، وأنظر في المتاجر، وأرقب الناس وما يفعلون. كنت أبحث عن أدلةٍ في الحياة اليومية على أنّ يسوع المسيح حيّ وشخصيّ ويؤثّر في المجتمع. إذا كان الناس يخلصون والله يسكن فيهم، فينبغي عليهم إذاً أنْ يتحدّثوا عنه. وهذا هو الشيء الأهم في الحياة. وبالتأكيد سوف أجد أشخاصاً يتناقشون في هذا الأمر، أليس كذلك؟ هل يوجد شيءٌ آخر يعلن هذا الحق غير الكنائس يوم الأحد؟ هل هناك دليلٌ على الشفاء؟

الفصل الثامن عشر

الدليل على الشفاء

كان موسم عيد الميلاد. أدركت لأول مرةٍ في حياتي أنّ كلمة «المسيح» موجودة في كلمة «عيد ميلاد المسيح» في الإنكليزية. لقد اختفى يسوع المسيح حتى من اسم العيد الذي يُحتفَل بميلاده. والآن بعد أنْ عرفت ما يعنيه الميلاد حقاً أدركت أنه الفرصة المثلى لكي أبحث عن أدلةٍ عن واقع المسيحية. بما أنّ عيد الميلاد يحتفل بميلاد يسوع، فمن المؤكد أنه أكثر وقتٍ نتوقع أنْ نجد فيه الناس يتحدّثون عنه، وعن كيفية سكنى الروح القدس فيهم. أليس كذلك؟ يا لها من حقيقةٍ مذهلة بأنّ الله لا يمكن أنْ يوجد تحت الرادار، ولاسيما في وقت عيد الميلاد. توقعت أنْ أجد دليلاً عن يسوع في كل مكان، *فأنا أعيش في منطقةٍ يدعونها «حزام الكتاب المقدس». وهل هناك وضعٌ أفضل من هذا لإجراء بحثي؟*

قررت أنْ أتظاهر بأنني لا أعرف شيئاً. أردت أنْ أرى إذا كان العالم من حولي سيقودني إلى الحقيقة، وخاصة في وقت عيد الميلاد، إذا كنت في الحياة اليومية أبحث عنها على وجه التحديد. هل مراقبة الأجواء خلال موسم عيد الميلاد ستجعلني أستنتج أنّ يسوع هو مخلص العالم؟

زينة عيد الميلاد وأضواؤه

انتظرت حتى حلّ الظلام، وقررتُ أنْ أتجوّل بالسيارة. أخذت المفاتيح من على طاولة المطبخ. وسألتني روث، « إلى أين أنت ذاهبٌ يا حبيبي»؟

«أنا ذاهب في مشوارٍ قصير بالسيارة. سأعود في الحال». دخلت سيارتي، وتوجّهت إلى الحيّ المجاور. كنت أتجمّد! كنت أرى أنفاسي وأنا أرتجف في السيارة. كان توقيتي مثالياً لأنّ جميع الناس قد وضعوا زينتهم وأضواءهم.

قدت سيارتي في الجانب الرئيسيّ من الحيّ، وكان مضاءً بالأنوار، والأشجارُ الزرقاء والحمراء والخضراء تتلألأ. وقد زيّن البعض فسحات بيوتهم بالغزلان البيضاء، وكانت تماثيل بابا نويل وفروسْتي رجل الثلج ورودولف «صاحب الأنف الأحمر» كلها مبتسمة وتلوّح، لكنني لم أرَ ليسوع تمثالاً، ولا أيّ شيء يشير إليه. تابعت القيادة ورأيت الحيّ بأكمله، ولم أر حتى مشهد المذود. ثم انتقلت إلى الحيّ المقابل، ولكنني وجدت الأمر نفسه، تابعت القيادة

وقلبي منقبضٌ في داخلي، وعندما ابتدأت أتذكر اختبارات عيد الميلاد نزلت دمعة على خدي.

لما كنت طفلاً تعلّمت أنْ أؤمن برجلٍ وهميّ مرح، ولكن ليس بالله الحيّ الذي خلقني وكان يحيط بي من كل جهة. أرسلت رسائل إلى القطب الشماليّ، ولكنني لم أصلِّ إلى الله البتة مع أنه يسمع كلماتي ويعرف قلبي. وضعت ثقتي في بابا نويل لكي يوفر لي الأشياء التي أحبها، ولكنني لم أسأل البتة أبي السماوي مع أنه لا يبعد عني أكثر من طول أنفاسي. حزنت جداً عندما علمت أنّ الله كان معي طوال الزمان ولم تكن لديّ أدنى فكرة. كان عيد الميلاد بالنسبة لي يعني هدايا وأطعمة وحفلات وأضواء وعائلة وأغاني ولكن ليس فيه شيء عن حقيقة يسوع.

تابعت القيادة لكنني لم أجد صليباً مُضاءً، ولا اسم يسوع في الأضواء، ولا مشهد المذود في أي مكان. فقلت لنفسي، «إذا كان هناك شخصٌ غريب يراقب الحيّ، فلن تكون لديه أدنى فكرة عن أنّ هذا العيد يُفترَض فيه أنْ يكون عن يسوع».

المتجر المحلي

توقفت أمام متجرٍ محليّ مليء بجميع الأشياء وأنا أشعر بالإحباط. كان أشبه بمستشفى المجانين. اقتربت من الأبواب الأمامية، ووجدت بابا نويل خارجاً يجمع المال. كان الناس داخل المتجر يدفعون بعضهم بعضاً ويتشاحنون ويتخاصمون. وكثرت الوجوه الكئيبة العابسة، وزاد الغضب والنزق. تمكّنت من الدخول وسط الفوضى لأصل إلى قسم عيد الميلاد. صرت وسط الملائكة، ورقع الثلج، وتماثيل الجنود، وورق لفّ الهدايا. بحثت عن زينةٍ لشجرة الميلاد، وعن أضواءٍ وزينة لفناء المنزل، ولم أجد تقريباً أي شيء كتابيّ أعرفه ما عدا الملائكة. لم أستطع أنْ أجد كتاباً مقدساً، أو مشهد المذود، أو أي شيء يحمل اسم يسوع عليه في المتجر. لم يكن هناك شيء عن الخلاص أو الروح القدس. بدا كما لو أنّ الناس قد غفلوا عن حقيقة الله. ما قيمة الميلاد إنْ لم يكن المسيح فيه؟ وشعرت بطريقةٍ ما بتبرئة نفسي لأنني لم أسمع في وقت عيد الميلاد عن يسوع أو عن الحاجة إلى الخلاص لأكثر من ثلاثين سنة. كان عيد الميلاد وقتاً بهيجاً للهدايا والعائلة والأصدقاء. والآن تلوّثت جميع هذه الذكريات السعيدة بعمرٍ من الخداع. مشيت في المتجر متأملاً في ما يعرضه من أشياء فخمة لا معنى لها، ومنزعجاً من كل الآمال الكاذبة.

المطاعم

في اليوم التالي راقبت عدداً من المطاعم وقت الغداء والعشاء. تسبّبت زحمة الميلاد في

تزاحم الناس عند أبواب المطاعم بانتظار خلوّ طاولة يجلسون إليها. تنصّت إلى المحادثات، ولم يكن يسوع خاطراً بأذهانهم. راقبت الطاولات التي قُدِّم الأكل عليها، ولم تقدَّم أية صلاةٍ قبل تناول الطعام. وجدت في عددٍ قليلٍ من الأماكن أشجار عيد الميلاد وأنواراً، ولكن لم أرَ شيئاً عن الله. فعلت الأمر نفسه يوم الأحد ظاناً أنّ يسوع سيخطر على بال الناس، ولم يختلف الأمر قطّ.

كان الجميع يتحدّثون عن أعمالهم وكأن وجودنا في هذا العالم أمرٌ طبيعي. بدأت أتساءل إنْ كان هناك أي شخص يعرف الحقيقة. وعندما راقبت كل إنسانٍ أدركت أنني عشت بهذه الطريقة طوال حياتي كلها. لقد كنت جاهلاً ومشغولاً بذاتي إلى حدّ العمى. فقد أحاط الله بي من كل جانب، وكان باستطاعته أنْ يسمع كلماتي ويعرف قلبي، ولكنني لم أتلفظ بكلمةٍ واحدة له. رأيت نفسي في حالتي الماضية في كل شخصٍ يحيط بي، وأخافني ذلك جداً حتى الأعماق.

اكتفيت، فركبت سيارتي، وتوجّهت إلى المنزل. وسألت، «يا ربّ، إذا كنت تستطيع أنْ تسمعني وتسمع كل إنسان آخر، فلماذا إذاً لا يتكلم الناس معك؟ لماذا لا يتحدّثون عنك؟ إذا كان الناس بحاجةٍ إلى الخلاص، فلماذا يتصرّفون وكأن الحياة على الأرض طبيعية تماماً»؟

لم أكن قد بدأت أتحدّث مع يسوع بشكلٍ شخصيّ. كنت أسأل هذه الأسئلة لأذكّر نفسي بأنه موجود لأنّ كل شيء كنت أراقبه كان يحاول أنْ يقنعني بأنه غير موجود.

المكتب

سررت في صباح اليوم التالي عندما وصلت إلى المكتب برؤية امرأة «الكتاب المقدس» تقرأ كتابها المقدس. لم تكن تعرف بأنني قد نلت الخلاص بعد، فاقتربت منها بينما هي تقرأ وسألتها، «تامي، لماذا لا يتحدّث أي أحد من الناس عن الله حتى في وقت عيد الميلاد»؟

أجابتني، «ماذا تقصد»؟ وبدت مندهشة ومتعجبة من سؤالي.

أجبتها، «حسناً، دعينا نقول إن الكتاب المقدّس صحيح، والناس يحتاجون إلى الخلاص. إذا كان الخلاص حدثاً حقيقياً في حياة الإنسان الذي يسكن الله داخله، أفلا يكون هذا أمراً يستحق الحديث عنه؟ ألا يكون أروع حقيقة على الإطلاق»؟ توقّفتُ عن الحديث، وتفحّصت وجهها لأرى ما إذا كانت تتابعني، وأكملت، «كنت أراقب الناس وأبحث عن أدلةٍ عن تلك الحقيقة، ولكنني لم أجد ذلك في أي مكان. لمَ؟ كيف يمكنني أنْ أعلم أنه صحيح

في الوقت الذي لا يتحدّث أحد عنه»؟

توقّفت المرأة وبدت على وجهها نظرة عميقة، وقالت، «يوجد أناس كثيرون لا يعرفون الحق، ولا يريدون أنْ يعرفوا حتى إذا ذهبوا إلى الكنيسة. يرغب الناس في معرفة بعض الأفكار عن الله ويسوع، ولكنهم لا يريدون الحقيقة ولا المسؤولية تجاهه».

أجبتها في انزعاج، «ولكن إذا كان هذا صحيحاً حقاً فهذه جميعها أخبار سارة، أي السماء والحياة الأبدية والخلاص وسكنى الله داخلك والرجاء والسلام والمعنى في الحياة. ليس فيها شيء سيئ، ولا أفهم السبب».

وعندها قاطعت الممرّضات حديثنا ومعهنّ الجدول الصباحيّ. راقبتُ المرضى واستمعت إليهم باقي الأسبوع، ولم أرَ كتباً مقدسة، ولم أسمع صلاة قبل العمليات الجراحية، ولا أي حديث عن يسوع. لم يظهر لي أي إنسان متحمساً بشأن الله أو مهتماً بالناس الذين يحتاجون إلى الخلاص.

كنت أرى كل شيء من منظورٍ جديد تماماً. بقيت أذكّر نفسي بأن الله يسمع لكل شخص بطريقة مميّزة. اندهشت من صمت ثقافتنا الذي جعلني أبدأ بالشك في خلاصي أنا بالذات. وتعجبت في نفسي، *هل جننت؟ لقد نلت الخلاص، والله يسكن داخلي، وقد غيّرني وأحياني روحياً. طمأنت نفسي بأنّ الله يسمع لي ويعرف قلبي.*

التلفزيون

كدت لا أودّ أنْ أبحث عن المزيد أبداً عند هذا الحدّ ولكنني شعرت بأنني مضطرٌ إلى الاستمرار. شغلت التلفزيون وشاهدت بعض البرامج التي تركّز على العائلة. لم تكن فيها أية إشاراتٍ إلى الله أو يسوع ما خلا في التعابير التي فيها شتائم. لم أسمع أحداً يصلّي، أو يذكر الله، أو يشركه في حياته اليومية. لقد صُوِّر الله بوضوح على أنه منفصلٌ عن الحياة اليومية العائلية. تذكّرت الماضي وأدركت أنّ العديد من البرامج العائلية التي كنت أشاهدها لسنواتٍ كانت تنقش الرسالة ذاتها في ذهني بترك الله خارجاً. والآن لم يعد الصمت حياداً بما أنّ يسوع يحيا فيّ، فأنا أدرك أنّ هذا الصمت هو أيضاً إنكار.

كنت على وشك استيعاب حقيقةٍ جديدة هزّت جوهر وُجودي وأذهلتني، وهي التباين والهوة العظيمة بين العالم الذي لا يعرف يسوع من حولي وبين حقيقة كونه قريباً جداً وحياً في داخلي يسمعني ويعرف قلبي. ابتدأت أشعر بأنني أعيش في أرض الأوهام، وكأنّ قدرتي الجديدة على رؤية الخداع العظيم من حولي قد ابتلعت بهجة خلاصي.

كان عليّ أنْ أتحدّث إلى شخصٍ ما، ولكنني لم أرد أنْ أتحدّث إلى إنسانٍ لا يفهمني، فلربما يظن أنني جننت، ويبلغ بورد الأطباء عني. لا بد لي أنْ أعترف أنْ هذه الأفكار والخواطر تبدو لمعظم الناس وكأنها فصامٌ في الشخصية.

وفجأة صرخت، «وجدت الحل! سأخبر تامي فأنا أثق بها، وهي دائماً تتكلّم عن يسوع وتقرأ الكتاب المقدس»، وقد سبق وقلت لها باختصارٍ عن عدم وجود يسوع في حياة الناس وأحاديثهم. لم أستطع الانتظار للذهاب إلى العمل في اليوم التالي. خطّطت بأنْ أخبر تامي بأنني نلت الخلاص، وأنْ أسألها عن نقص الأدلة عن العلاج الذي هو المسيح.

الفصل التاسع عشر

امرأة الكتاب المقدس

انتهى جدول المرضى الصباحيّ في وقتٍ مبكر قبل الغذاء بكثير. عرفت أنه قد حان الوقت للحديث مع تامي، امرأة «الكتاب المقدس». أدركت أنه لا يمكنني أنْ أقول لها أنني نلت الخلاص فحسب. كان عليّ أنْ أبتلع كبريائي، وأعترف أيضاً لها بأنني أخطأت. هل ستشمت بي؟ لم أتوقّع ذلك، ولكن ماذا ستفعل؟

تدرّبت عدة مرات على ما أود أنْ أقوله لها. فالاعتراف بالخطأ أمرٌ لم أكن معتاداً عليه، ومع ذلك شعرت بأنني سأتقنه. صارت راحتا يديّ متعرقتين، وشعرت بضيقٍ في صدري وأنا أمشي نحو مكتبها. قلت لنفسي، يمكنك أنْ تفعل ذلك.

مشيت نحو المختبر دون أنْ يلاحظني أحد. ولم أفاجأ بأنها كانت تجلس في مكتبها، وتقرأ الكتاب المقدس. وقفت وراءها متردّداً، فجزءٌ مني يريد الصمت، فيما الآخر يريد أن يتحدّث إليها عن الله، وعن سبب عدم إيجادي لأدلةٍ عن العلاج الذي هو المسيح.

«تامي»؟ التفتت في كرسيّها، ونظرت إليّ بحشرية من فوق نظارة القراءة التي ترتديها من موديل الستينيّات وكأنها قد لمست فيّ تغييراً.

«أهلاً دكتور ڤيمان. ما الأمر»؟

قلت لها بارتباكٍ يشابه ما في قلبي من ارتباك، «آه، هل يمكننا أنْ نتحدث بخصوصية في مكتبي»؟

«بالتأكيد». ذهبنا وجلسنا على كرسيين متقابلين. كان مكتبي في نهاية المبنى، وله جداران من الزجاج بالكامل، وكان يقع بقرب موقف السيارات بحيث يمكن لكل من يمشي هناك أنْ يرانا في الداخل. قمت قبل أنْ أبدأ الحديث وأغلقت الستائر».

سألتني، «هل كل شيء على ما يرام»؟

«نعم. لا تقلقي، وكل ما في الأمر أنني لا أريد لأي إنسان بأنْ يرانا نتحدث، فالأمر خاص».

سألتني، «ما هو»؟ وكان بإمكانها أنْ تعرف من صوتي بأنني متوتر.

«تامي، عليّ أنْ أخبرك بما حدث لي. فكما تعلمين، بدأت بقراءة الكتاب المقدس

لأثبت أنّ المسيحيّين مراؤون. لم أعرف شيئاً عن الله، ولم أرد أنْ أعرف عنه شيئاً. نشأت في ثقافةٍ تعتبر الله غير مهمّ، وتظن أنه لا تمكن معرفته في كل جانبٍ من جوانب الحياة. درست في الشهر الماضي عن يسوع كل شيء استطعت الحصول عليه، وعن تأكيده بأنه الله، وقيامته، وقد أوليت هذا البحث كل ذرةٍ من كياني. ولدهشتي فإنني كلما تعمّقت في البحث، صارت القصة أكثر تصديقاً لي. فما بدأ وكأنه خرافةٌ دينية سرعان ما صار عملية بحثٍ عن الحقيقة المطلقة في عالمٍ يقول إنّ الحق نسبيّ وغير معروف. صُدِمت بأنّ الكتاب المقدس بدا أنه يفسّر أصل العديد من المشاكل وأسبابها في حياتي.

بعد الكثير من الذعر والبحث الدقيق، توصلت أخيراً إلى نقطةٍ قرّرت فيها بأن أؤمن بالمسيحية عقلياً وأذهب إلى الكنيسة. كانت هذه خطوة كبيرة بالنسبة لي لأنني لم أكن معتاداً على الذهاب إلى الكنيسة، ولبس الثياب الرسمية يوم الأحد، والتصرّف بشكلٍ لطيف وأخلاقي. ولكن ما الذي سأخسره؟ كنت مستعداً لأنْ أصبح شخصاً أفضل وأنْ أتعلّم من المواعظ، وأنْ أعترف بالله في الأعياد وقبل تناول وجبات الطعام. ظننت أنّ هذا هو كلّ ما في الأمر.

«ولكن بعد بضع ليالٍ، شعرت بالذنب بسبب خطيّتي وجميع الجوانب البائسة في حياتي وشخصيّتي. صرخت إلى يسوع وتوسّلت إليه بأنْ يغيّرني ويسامحني. ذهبت إلى الفراش ظاناً أنني قد صرت متأثراً ومتديناً. ولكنني يا تامي استيقظت في الصباح التالي إنساناً مختلفاً تماماً من كل ناحية. لا أستطيع أن أصف ذلك بكلمات. تغيرت أفكاري ودوافعي وأولويات حياتي وغضبي وانزعاجي وأشياء أخرى كثيرة أيضاً تغيرت أو زالت. لم أعرف ما حدث لي وحاولت أنْ أشخّص نفسي ظاناً أن لدي مرضاً أو خللاً هرمونياً ولكن لم يبدُ أي شيء منطقياً. عدت إلى الكتاب المقدّس وأدركت أنه يمكن تفسير كل شيء بالإيمان بيسوع. لقد خلصت ولم أعرف ذلك لمدة أسبوع. لم تكن لدي أي فكرة أنه عندما يخلص الإنسان يسكن الله فيه! لقد انذهلت!

«هذا رائع يا دكتور ڤيمان! إنه مذهل، وأنا سعيدة جداً من أجلك. كانت مجموعتي لدراسة الكتاب المقدس تصلي من أجلك. الله صالح جداً»!

«كنتم تصلّون من أجلي؟ إنني لا أعرف هؤلاء الناس، ومع ذلك فهم يهتمون بما فيه الكفاية ليصلّوا من أجلي؟ هذا رائع. لقد كنت مخطئاً يا تامي بشأن الله، والكتاب المقدس، وكل شيء في الحياة تقريباً. إنني آسف لأنني سخرت منك وتفوّهت بالنكات في المختبر. لقد بدأت بداية جديدة في كل جانبٍ من جوانب حياتي. أرجوك أنْ تغفري لي».

«إنني أغفر لك. لا أستطيع أنْ أخبرك عن مدى سعادتي بأنّ الرب خلّصك. مسامحة

الآخرين تصبح أكثر سهولة بكثير بعد أنْ تختبر الغفران بنفسك».

«شكراً، تامي».

«ماذا قالت روث؟ هل أخبرت أي شخص آخر»؟

«روث تعرف. لقد نالت الخلاص قبلي بستة أشهر بعد أنْ انضمت إلى مجموعة لدراسة الكتاب المقدّس. وهي سعيدة جداً لكنها تشكّ في أنّ التغييرات ستستمر».

«ستستمرّ تماماً يا دكتور ڤيمان. لديك قوة الله الحي فيك الآن. لن تكون كاملاً، وسوف ترتكب العديد من الهفوات والخطايا ولكنك لن تكون كما كنت أبداً. تبدو أكثر هدوءاً واسترخاءً بكثير».

«أشعر وكأنني مخدّر ولكن بطريقةٍ جيدة. كنت قبلاً شديد الحساسية وسريع الانفعال، ولذلك فإنني أكاد لا أصدّق السلام الذي أشعر به الآن، يبدو وكأن الله ثقب البالون وجعلَ كل ما تراكم فيه من هواءٍ فاسد واحتقان يتلاشى».

«هل تذهب إلى الكنيسة الآن»؟

«نعم. أشعر بالراحة في كنيسةٍ مجاورة لبيتنا مع أنني لا أستريح كثيراً خلال فترة الترانيم».

«لماذا؟»

هناك الكثير من الناس الذين يرفعون أيديهم ويغمضون أعينهم. أليس هذا مبالغة»؟

«هل تشاهد الألعاب الرياضية، يا دكتور ڤيمان»؟

أجبتها بحشرية، «نعم، ولكن ما علاقة هذا بأيٍّ من تلك الأشياء»؟

«إذا ربح فريقك فهل تقفز صعوداً وهبوطاً، وهل تلوّح بيديك في الهواء»؟

أجبتها، «نعم» وعرفت ما كانت تقصده في توضيحها.

«لماذا يكون من الغريب أنْ تحمد الله الذي صنعك وخلّصك بواسطة رفع يديك إليه»؟

«معك حق. أظنّ أنني غير متأكد من سبب انزعاجي منها». شعرت تامي بأنني متضايق وغيّرت الموضوع.

«هل يعرف أحد بأنك قد نلت الخلاص؟ هل أخبرت أحداً آخر»؟

«لا، ليس بعد. انتظرت أسبوعاً لمعرفة ما إذا كان قد فاتني أنْ أرى يسوع في الحياة اليومية. مضيت وتفقدت مدينة كاري لأرى إنْ كانت هناك علامات عن وجود يسوع في حياة

الناس. ذهبت إلى المطاعم والمول ومراكز التسوّق وإلى جميع أنحاء المدينة».

«ماذا وجدت»؟

«لا شيء. وجدت الصمت يا تامي، إذا كان الله قريباً بحيث يمكنه أنْ يسمع ما أقوله ويعرف قلبي، فلماذا لا يعلن أحدٌ ذلك؟ اذهبي وانظري بنفسك. انظري إنْ كنتِ ستجدين أية علامات عن وجود الله في حياة الناس. ليس هذا أمراً يُحفَظ بسرية أو يبقى شخصياً، فهو جوهر وجودنا. إنها ليست ديانة بل حقيقة واقعة».

«لقد أُبعِد الله عن ثقافتنا يا دكتور ڤيمان. فهناك الكثير من التديّن، ولكن القليل من العلاقة. والناس يريدون فكرة وجود الله ولكنهم لا يريدون الواقع والمساءلة أمامه. يقول الإنسان، 'أنا أؤمن بالله' ولكن هذا لا يعني بأنه مخلَّص أو لديه علاقة مع الله.

«معك حق، ينبغي أنْ نتكلّم عنه. كيف يمكن للناس أنْ يؤمنوا أن يسوع حقيقيّ إذا لم يروه في حياتنا»؟

«تامي، أنتِ واحدة من عددٍ قليل من الناس الذين التقيت بهم من الذين يجاهرون بإيمانهم. كنت أراقبك لمعرفة ما إذا كان الله حقيقياً، ولكنني لم أخبرك بذلك البتة. أظنّ أنني داخل أعماقي كنت أريد أنْ تكون معرفة الله ممكنة، ولكنني خفتُ مما قد تعنيه الحقيقة في حياتي. حاول بعض الناس بأنْ يخبروني عن يسوع في الماضي، ولكنني لم أسمع. لو كان ما قالوه لي حقيقياً لكان نموذج حياتي بأكمله خاطئاً. فلقد جعل حياتي وطفولتي وعائلتي وطريقة حياتي خداعاً وكذباً. كم من الناس يستطيعون أنْ يتقبلوا ذلك يا تامي؟

«أعود بذاكرتي في حياتي ويرهبني الصمت. لقد عشت منفصلاً عن الله منذ ولدت. فقد عشت سنين من العلاقات والمدرسة والاختبارات بعيداً عن التحدّث إلى الله. من الغريب والمحزن أنْ أدرك أنه كان موجوداً طوال الوقت. الصمت مرعب، وحقيقة الجحيم وضرورة الخلاص حقيقيان. أشعر وكأنني قد استيقظت من حلم. عندما كنت 'أحلم' كان كلّ شيء يبدو طبيعياً، ولكن الآن بعد أنْ 'استيقظت' صار كابوساً. أشعر وكأنني كيانو ريفز في فيلم ماتريكس. هل رأيتِ الفيلم؟

«لا».

«إنه فيلم خياليّ علميّ ولكنه يوازي بشكلٍ وثيق ما اختبرته. ففي الفيلم يستيقظ رجلٌ اسمه نيو من واقعٍ زائف. ويكتشف بأنّ حياته بأكمله كانت خدعة. وأنا أشعر شعوراً مماثلاً تماماً. فالخلاص والحياة الأبدية والسماء هي جوانب مثيرة في المسيحية، ولكن الآثار المترتبة على ماضيّ هي مدمرة».

«أنت بحاجةٍ للبدء في إخبار الناس، يا دكتور ڤيمان».

«حسناً. هل يمكنك الذهاب ودعوة داشيا للمجيء إليّ»؟

«بالتأكيد». عانقتني وتركت المكتب. كانت داشيا رئيسة الممرّضات وصديقة جيدة. لم تكن لديّ أية فكرة عما تؤمن به داشيا، ولكنني أردت أنْ أخبرها بعد تامي. وبينما استمعت داشيا إليّ، سطع وجهها بابتسامةٍ كبيرة. وعندما انتهيت عانقتني وقالت لي إنها هي مسيحية مؤمنة أيضاً.

ثم قالت، «هذا أمر لا يصدق، يا دكتور ڤيمان. أنا سعيدة للغاية من أجلك»!

شعرت بالارتياح الشديد، فهي لا تظنّ أنني مجنون! كانت تعرف كل شيء عن الخلاص والروح القدس. يا للعجب!

بدأت في التمتع في المشاركة بشهادتي لأنها كانت غريبة جداً ولا تصدَّق. شعرت بنشاطٍ وانتعاش في إخباري للناس عن أنني مخلَّص. كان لديّ حدسٌ قوي بأنّ هذا شيء ينبغي أنْ أفعله، كما كان لديّ شعور أيضاً بأنّ الحياة المسيحية فيها أكثر من إخبار الناس عن يسوع، ومجرد الانتظار لاستخدام تذكرة دخول للسماء، ولكنني لم أعرف ما هو. هل هناك المزيد؟ ولم أعرف أنّ الله كان على وشك الإجابة عن سؤالي، والإعلان لي عن حقيقة مذهلة. كان على وشك أنْ يكشف لي النقاب عن العلاقة.

الفصل العشرون

العلاقة

في اليوم التالي وبينما كنت أنهي العمل في المكتب، دخلت داشيا رئيسة الممرضات وهي تحمل هدية.

«معي شيء لك يا دكتور ڤيمان». وناولتني هدية عيد الميلاد، وكانت ملفوفة وبحجم كتابٍ صغير. مزقتُ ورق اللف، فوجدت دفتراً مغطى بالجلد مليئاً بالصفحات الفارغة.

«ما هذه يا داشيا»؟

«هذه مفكّرة صلاة. سجّلْ صلواتك والتاريخ الذي تصلّي فيه. ثم عُدْ لاحقاً وتحقّقْ من التي يستجيبها الله. سيساعدك هذا في وضع قائمةٍ للصلاة».

سألتها، «ماذا تعنين؟ هل يستجيب الله للصلاة؟ كيف يفعل ذلك»؟

أغلقت داشيا الباب وجلست وقالت، «الله هو أبوك يا دكتور ڤيمان، وهو يحبّك ويسكن داخلك الآن، ويريد أنْ تكون له علاقة معك، وهو يهتمّ بأصغر تفاصيل حياتك».

«كيف يمكن أنْ يكون ذلك ممكناً؟ لطالما عشت بدونه، وكانت لي ملايين التفاصيل الدقيقة التي لم أشاركها معه. كيف يمكنه أنْ يعمل في حياتي؟ كنت أظنّ أنه عندما يخلص المرء يصبح مسؤولاً عن نفسه حتى الموت. ربما إذا نشأت أزمة كبيرة يتدخّل الله ولكن ليس في التفاصيل اليومية. لو كان الله شخصياً، لكان الناس يتحدّثون عنه، لكنني لم أسمع عن هذا الأمر مرة واحدة طوال السنين التي عشتها، حتى عندما حاول بعض الناس أنْ يخبروني عن الله. ما تقولينه يبدو ضرباً من الجنون!

«إنني أتفق معك في أنه أمرٌ لا يصدق، ولكنه صحيح. فالله يريد أنْ يكون ربّ حياتك ومرشدك في كل شيء».

«يا سلام. من الرائع فعلاً أنْ يكون لي هذا النوع من العلاقة الشخصية مع المسيح! أعلم أنه يسمعني لأنه فعل ذلك في تلك الليلة التي خلّصني فيها. كنت أظنّ أنّ خطوط الاتصال مع الله مفتوحة بشكلٍ رئيسيّ لأمورٍ مثل المآسي والخلاص».

قالت لي، «لا، يريد الله أنْ يشاركك في جميع جوانب حياتك، وسوف يفعل إنْ كنت تدعه».

سألتها محتاراً، «كيف؟ ماذا ينبغي أنْ أفعل»؟

«ابتدئ في التحدّث إليه. تحدّث معه عن كل شيء. اسأله ماذا تفعل، والأهم من ذلك، صلّ لكي يرشد الله حياتك وقراراتك. ابتدئ في فعل ذلك، وراقب ماذا يحدث. اقرأ كتابك المقدس طوال الوقت. الكتاب المقدّس هو كلمة الله، وهو حديث الله معك. وصلواتك هي حديثك معه، أي مثل حديثي أنا وأنت الآن. العلاقة هي تبادل الكلمات».

سألتها، «كيف يمكن لله أنْ يتحدّث لي من خلال الكتاب المقدس»؟

«يكشف الله نفسه للإنسان من خلال كلمته. وأنت تتعلّم من هو الله من خلال كلمته، الكتاب المقدس. سوف تتحدّث الآيات إلى قلبك، وتشير إلى أمورٍ في حياتك. فقصص الكتاب المقدس عن حياة الناس تتعلّق بنا مباشرة، ونتعلّم من أخطاء الناس وانتصاراتهم. وبينما تقرأ الكتاب المقدس، يريك الروح القدس الساكن فيك أشياء تنطبق على حياتك. لا تنسَ وأنت تقرأ أنّ الروح القدس يسكن فيك.

«هذا يبدو أجود من أنْ يُصدّق. فهو مثيرٌ وغريب في الوقت نفسه. أشعر وكأنني أحضر فيلماً علميّاً خيالياً. لقد أظهرت لي الحياة بكاملها أنّ الله غير معروف، أو أنه غير موجود في كل جانب من جوانب الحياة؛ والآن تقولين لي إنه سوف يقود جميع التفاصيل في حياتي الشخصية؟! إذا كان هذا صحيحاً، فالحقيقة هي أنّ الناس يتجاهلون الله بأبعادٍ لا يمكن تصوّرها. هل تدركين نتائج ما تقولينه لي؟ إنني أصدّقك، ولكن ينبغي أنْ تفهمي ما هي خلفيّتي».

«إنّ ذلك يستغرق وقتاً يا دكتور ڤيمان. أعلم أنه من الصعب تقبّله، ولكن صلّ وسلّم حياتك لله، واقرأ الكتاب المقدّس وكن يقظاً. فالله موجود بشكل فائق».

«ما الذي يعنيه ذلك يا داشيا»؟

«إذا أبديت اهتماماً بقيادة الله وتبعته، فسوف تجده وسط جميع الناس الذين تلتقي بهم، وفي الظروف التي تجتازها، والأفكار والمشاعر التي تحسّ بها في قلبك».

«حسناً. إنني ممتن جداً لأنه خلّصني، وسوف أفعل كل ما يقوله لي. أريد أنْ أعرفه بسبب ما عمله من أجلي. لم أكن حتى أبحث عن الله في حياتي».

«هل تدرك يا دكتور ڤيمان أنّ جميع الظروف التي قادتك إلى الخلاص هي بحث الله عنك؟ المسيحية هي الله الذي يبحث عن الإنسان، والله هو البادئ في العلاقة. يذهلني ما يبذله الله من جهودٍ ليخلّص إنساناً ما».

صُعِقت وصمتّ، وسرعان ما فكّرت في الأحداث التي أدّت إلى خلاصي فذُهِلت: رحلة التزلّج، وجزيرة ماركو، وامرأة الكتاب المقدّس، والمريض، وكتاب جوش ماكدويل الذي وضعته روث على الطاولة بجانب السرير، وجاري الذي دعاني إلى الكنيسة.

«إنني فعلاً لم أعثر على الله من خلال دراستي الفكرية. لقد أتى إليّ وأنقذني! رتّب الله جميع القطع معاً، وجلب الأشخاص المناسبين إلى حياتي في الوقت المناسب. هذا مفهوم رائع حقاً ومذهل يستحقّ التأمل فيه. شكراً على المفكرة، تأخر الوقت، وينبغي أنْ أمضي إلى البيت».

«ليلة سعيدة يا دكتور ڤيمان».

«مضيت إلى السيارة وابتدأت أقود باتجاه البيت. ظللت أفكّر في ما قالته لي. بدا لي موضوع المحادثة مع الله أمراً غريباً مع أنني متيقن من أنه سمعني واستأسر قلبي واجتذبني بمحبته».

الصلاة

«يا يسوع، أنا أعلم أنك تسمعني. أنا لا أفهم كل شيء بعد، ولكن شكراً لك لأنك خلّصتني. أودّ أنْ أعرفك وأدعك تقود حياتي. اجعلني الشخص الذي تريدني أنْ أكون، سوف أفعل كل ما تقوله لي بأفضل ما لديّ من قدرة. أكاد لا أصدّق أنك كنت موجوداً منذ البداية ولم أتحدّث معك البتة. فالعالم قال لي إنني لا أستطيع أنْ أعرفك، وتصرّفَ وكأنك غير موجود. لماذا لم يتحدّث أحدٌ معك أو عنك في المكان الذي ترعرعت فيه؟ لماذا أبعدوك عن المدارس؟ أنت الله الحقيقيّ فلماذا توجد أديان كثيرة؟ لديّ الكثير من الأسئلة، كيف سأسمع جوابك؟ كيف أعرف ماذا تريده مني أنْ أفعله؟ لا أعرف من أين أبدأ».

قدتُ سيارتي في صمتٍ بقية الطريق إلى البيت. ظلّ فكري يحوم حول أمرٍ واحد. *أولادي وأهلي وأصدقائي غير مخلّصين، وهم لا يزالون يعيشون في جهلٍ مثلما كنت طوال حياتي. لا بدّ من الوصول إليهم، ينبغي أنْ أخبر جميع من أعرفهم بما حدث لي.*

وفجأة أدركت سبب تقرّب مجانين رحلة الثلج مني في ذلك العام. كان عليّ أنْ أعترف أنهم كانوا على حق. فقد تثقّل قلبي للغاية من جهة الناس الذي لا يعرفون يسوع. فأنا أشعر بطعم الجحيم التي عشت فيها. صار قلبي يغلي فيّ دافعاً إياي لإخبار الآخرين غير المخلّصين. شعرت أنّ الله يريدني أنْ أفعل ذلك، ولكنني لم أتأكد من ذلك. أخبرتني داشيا قبلاً بأنْ أنتبه إلى قلبي وأفكاري. هل بدأت هذه «العلاقة» فعلاً؟

ذهبت إلى المكتب في تلك الليلة بعد أنْ ذهب الجميع للنوم. أصبح هذا مكاني للصلاة، وقراءة الكتاب المقدس، وطلب مشيئة الله. ابتدأت أتحدّث مع الله بشأن أي شيءٍ وكلّ شيء. شعرت في البداية أنّ ذلك غريبٌ وكأنني كنت أكلّم نفسي، ولكن سرعان ما تلاشى الإحراج، فعليّ أنْ أعوّض عما ضاع من وقتٍ لأنني قصّرتُ لسنواتٍ عديدة في «العلاقة» مع الله ومتشوّق لكي أبدأ. *يا لها من فرصةٍ رائعة أنّ الله يريد أنْ يتفاعل معي!*

صلّيت وقلت، «يا ربّ، أخبرتني داشيا أنك تريد أنْ تعمل في حياتي. ها أنذا، أودّ أنْ تبدأ عملك فيّ. ماذا تريدني أنْ أفعل؟» وحالما رفعت هذه الصلاة شعرت برغبةٍ قوية لأفتح الكتاب المقدّس. ظننت أنه ربما كنت أتخيّل ذلك الشعور فتجاهلته. حاولت أنْ أصلّي، ولكنني لم أستطع أنْ أركّز، ولم يشغل قلبي وفكري إلا شيءٌ واحد هو الكتاب المقدس. *لقد قالت داشيا إنّ الله سوف يتكلّم إليّ بواسطة الكتاب المقدّس بما أنه كَلِمَتُه. ربما ينبغي عليّ أنْ أبدأ في القراءة.* لم أعرف من أين أبدأ، فقرّرت أنْ أفتح من الجانب الأخير الذي فيه العهد الجديد.

كلمة الله

« يَا مُعَلِّم، أَيَّةُ وَصِيَّةٍ هِيَ الْعُظْمَى فِي النَّامُوسِ؟»

فَقَالَ لَهُ يَسُوعُ: «تُحِبُّ الرَّبَّ إِلهَكَ مِنْ كُلِّ قَلْبِكَ، وَمِنْ كُلِّ نَفْسِكَ، وَمِنْ كُلِّ فِكْرِكَ. هذِهِ هِيَ الْوَصِيَّةُ الأُولَى وَالْعُظْمَى». (متى ٢٢:٣٦-٣٨).

هذا مضحك. ما هو احتمال فتح الكتاب والعثور على هذه الآية؟ ما الذي يعنيه يسوع؟ ما المعنى العمليّ لمحبة الله؟ كانت في حاشية الكتاب المقدس شواهد كتابية أخرى متعلّقة بهذه الآية، فبحثت عنها. أجاب الشاهد الأول عن السؤال ولفت انتباهي.

«اَلَّذِي عِنْدَهُ وَصَايَايَ وَيَحْفَظُهَا فَهُوَ الَّذِي يُحِبُّنِي، وَالَّذِي يُحِبُّنِي يُحِبُّهُ أَبِي، وَأَنَا أُحِبُّهُ، وَأُظْهِرُ لَهُ ذَاتِي».

قَالَ لَهُ يَهُوذَا لَيْسَ الإِسْخَرْيُوطِيِّ: «يَا سَيِّدُ، مَاذَا حَدَثَ حَتَّى إِنَّكَ مُزْمِعٌ أَنْ تُظْهِرَ ذَاتَكَ لَنَا وَلَيْسَ لِلْعَالَمِ؟» أَجَابَ يَسُوعُ وَقَالَ لَهُ: «إِنْ أَحَبَّنِي أَحَدٌ يَحْفَظْ كَلاَمِي، وَيُحِبُّهُ أَبِي، وَإِلَيْهِ نَأْتِي، وَعِنْدَهُ نَصْنَعُ مَنْزِلاً». (يوحنا ١٤:٢١-٢٣)

يا سلام! ماذا يعني أنّ يسوع نفسه سيُظهِر ذاته لي ويصنع عندي منزلاً؟ يا له من وعدٍ إلهيّ مذهل. ينبغي عليّ أنْ أعرف ما معنى هذا.

تمتمت لنفسي، «لا شكّ أنّ محبة الله تساوي طاعة كلمته. *إذا كانت محبة الله هي أعظم وصية، فينبغي أنْ أعرف ما هي كلمته، أي أعرف الكتاب المقدّس لكي أطيعه وأحبّ*

الله. كيف يمكنني أنْ أحبه وأنا لا أعرف ما تقوله كلمته؟ وفي تلك اللحظة وضعت في قلبي أنْ أقرأ الكتاب المقدّس وأدرسه كلّ حين، فقد بدا لي هذا ضرورياً، إلى جانب الصلاة، لمحبة الله في علاقةٍ صحيحة معه.

ابتدأت في قراءة الكتاب المقدس في كل لحظةٍ ممكنة، ولم أشبع منه. كنت أتعلّم بمعدّلٍ هائل، ففي كل مرة أمسكت بالكتاب، تعلّمت منه شيئاً جديداً. كان ذلك غريباً لأنني شعرت بالروح القدس يعلن لي أموراً، وعندما كنت أقرأ كانت الكلمات تتحدّث إلى قلبي وترشد حياتي، وتشير إلى النواحي التي ينبغي أنْ أتغيّر فيها، وتقلب أكاذيب كثيرة سبق وتعلّمتها. لم تكن الكلمات ذات تأثيرٍ عليّ قبل أنْ أخلص مثلما صارت الآن. صرت أشتهيها حقاً مثل الطعام.

وفي الأسبوع نفسه التقيت في الكنيسة رجلاً يُلقّب باسم «بِل الكتابيّ». وعرض عليّ أنْ يدرس معي الكتاب المقدّس في سنة. بدأنا بالعهد القديم. كان بإمكاني أنْ أكتب له رسالة بالبريد الإلكتروني أو أتصل به إنْ كانت لدي أسئلة. كنا نلتقي مرة أو مرتين شهرياً لنتناول طعام الغداء ونتناقش في ما قرأناه. تذكّرتُ ما قالته لي داشيا وأدركت أنّ الربّ وضع «بل» في حياتي ليساعدني على تعلّم الكتاب المقدّس، وكم فرحت بأنّ يفعل الله معي أمراً كهذا.

سألني «بل الكتابيّ» في أحد لقاءاتنا الأولى، «لماذا تأكل كل يوم؟»

أجبته، «لأنني أجوع».

وتابع بسؤاله، «وماذا يحدث إذا كنت لا تأكل؟»

«سوف أجوع».

«وماذا يحدث عندما تجوع؟ فكّر يا غريغ، فأنت طبيب».

«سوف تصبح ضعيفاً ومتعباً ومريضاً ومنهاراً تعوزك الفيتامينات».

«بالضبط! الكتاب المقدس هو غذاؤك الروحي. إذا كنت لا تأكل فلن تنمو. تذكر أنّ يسوع قال إنك وُلِدت من جديدٍ حين نلت الخلاص. هل يمكن للوليد أنْ يمشي أو يتكلم أو يأكل بنفسه أو يدافع عن نفسه؟ هل يعرف الوليد أنه وليد؟ هل يستطيع أنْ يتفاعل مع والده مثل الراشدين؟»

قلت له، «لا، لا. بالطبع».

«إذاً تأكّد من أنْ تتناول وجبة متوازنة من كلمة الله». ثم أراني آية في الكتاب المقدّس. ***وَكَأَطْفَالٍ مَوْلُودِينَ الآنَ، اشْتَهُوا اللَّبَنَ الْعَقْلِيَّ الْعَدِيمَ الْغِشِّ لِكَيْ تَنْمُوا بِهِ، إِنْ كُنْتُمْ قَدْ***

ذُقْتُمْ أَنَّ الرَّبَّ صَالِحٌ». (ا بطرس ٢:٢-٣).

ثمّ تابع. «في كلّ سفرٍ من أسفار الكتاب المقدس غذاءٌ روحيّ معين، وفيتامينات ومعادن. والكتاب المقدّس معاً غذاء متوازن. وإهمال بعض أجزاء الكتاب المقدس في قراءتك السنوية سوف ينقص عليك التغذية. يعاني العديد من المسيحيّين من سوء التغذية، وبالتالي فإنّ كنائس عديدة أيضاً تعاني من سوء التغذية لأنها لا تعلّم كلمة الله بمجملها ولا تقرأها كلها بشكلٍ منهجيّ.

تذكّر أنّ الخطيئة مثل المرض فهي تؤذينا. ما هو التأثير الآخر للتغذية فيما يتعلّق بالمرض؟ إنها تساعدنا على الشفاء، وتصلح ما لَحِق بأرواحنا من أضرار، وتتغلّب على التأثيرات المضرة للخطيئة».

العبادة

«بِل، أنا أحب الذهاب إلى الكنيسة، ولكنني أفضل التعليم عن فترة الموسيقى في الخدمة. لماذا ينفقون ثلاثين دقيقة في الترنيم قبل أنْ يعلّم القس؟»

«العبادة تهيّئ القلب لسماع كلمة الله. فأنت تقدّر الله خلال العبادة، والله يقدّرك لأنه يحبّك. الإنسان مخلوقٌ لعبادة الله. إذا كنت لا تعبد الله فأنت تعبد شيئاً ما حتى ولو لم تدرك ذلك».

«مثل ماذا؟»

«ماذا عن نفسك؟»

«آخ يا بِل، هذا مؤلم لكنك محق. كنت أعبد نفسي بالتأكيد. كنت أقيّم ذاتي، وأتلقى التقدير من ذاتي في كل شيء تقريباً: الإنجازات والمهنة والمظهر، إلخ».

«اعبد الله يا غريغ. لقد خُلِقتَ لكي تفعل ذلك. وهذا يبدو لك أمراً غريباً وغير مريح لأنك نشأت وأنت تعبد نفسك والأشياء من حولك. عبادة الأوثان هي عبادة أي شيء آخر غير الله، أي عبادة الأشياء المرئية».

«كيف أعبد الله؟ ماذا أفعل؟ «

«تذكر ما قلته لك. أولاً، أظهر لله تقديرك. احمده لأنه خلّصك، واشكره لأنه مات من أجلك. اعترف بأنه أبوك الله والخالق. فعندما تعبد الرب فأنت تسلّم قلبك وحياتك له بالإيمان والثقة والامتنان. فهو وقتٌ لكي تعطي نفسك لله وتعترف بحاجتك له في حياتك».

«ثانياً، قيمتك الحقيقية هي من الله. احمدْهُ لأنه يحبّك. لقد سبق فشهدت كم شيئاً جعله يعمل معاً لكي يخلّصك. تجاوب معه بالتقدير، وانعم بحقيقة كونك ابناً لله الأبديّ. والموسيقى تساعدك في التركيز عليه، كما أنّ كلمات ترانيم العبادة الجيدة تعزّز هذه المبادئ التي علّمتك إياها لتوّي».

«يبدو هذا أمراً لا أستريح إليه».

«ابدأ بمجرّد سماع ترانيم الحمد والعبادة في الصباح إذا كنت قادراً على ذلك. فكّر في الله ومن هو وما فعله من أجلك. استمع إلى الكلمات، ودع الله يغدق عليه ويملأك، ومن ثم تردّ إليه مما أعطاك. فكّر في شعورك عندما يعطيك ابنك هديّة من المصروف الذي تعطيه إياه».

«حسناً، سوف أحاول».

الأب والابن

«بِل؟ يوجد شيء آخر بما أنك ذكرت هذا الأمر. قالت لي داشيا رئيسة الممرّضات في العيادة إنّ الله هو أبي، ويريد أنْ تكون له علاقة معي. كيف يمكن أنْ تكون لي علاقة مع شخصٍ لا أراه؟ إنني أفهم أنّ الصلاة هي تحدّثي مع الله، وأنّ الكتاب المقدّس هو تحدّث الله معي، ولكن ما الذي يريده حقاً؟»

«أنت أبٌ ولديك ولدان، أليس كذلك؟»

أجبته، «نعم».

«ماذا تريد منهم أكثر من أي شيء؟ ما الذي تستمع به؟»

«أريد أنْ أصرف بعض الوقت معهما، وأستمتع بالشركة معهما. أريدهما أنْ يستمعا لي، وأنْ يبادلاني المحبة. أتمتّع حين نخرج ونلعب سوية. أتمتّع فعلاً حين يعانقانني ويقفران في حضني». حدّقَ بِلْ فيّ ورفع حاجبيه. ولمعت الفكرة في ذهني حالما أدركت أنه كان ينتظر ذلك، وفجأة أدركت أنّ الله يريد مني الأشياء نفسها التي أريدها من ولديّ.

يا سلام، هذا فعلاً عميق يا بل. ويبدو الأمر واضحاً جداً الآن حين أفكّر فيه على هذا النحو».

لا يمكنك أنْ تفهم الله بعيداً عن العلاقات. تذكر، إنه يريد العلاقات وليس فرائض التقوى الدينية أو الناس المتديّنين الأتقياء. فالأمر ليس طقوساً وتلاوة بعض الكلمات،

وارتداء ملابس معينة، أو الذهاب إلى مبنى ما مرة في الأسبوع. تخيل لو أهملك ولداك طيلة الأسبوع، ولم يتحدّثا معك مع أنك موجود معهما. ثم فجأة ارتديا ثيابهما يوم الأحد، وتمشيّا في البيت وتحدّثا عنك ولكن ليس معك. ما رأيك؟»

«هذا جنون».

«وهكذا الأمر بالنسبة لله، فمبادئ العلاقة هي نفسها. كن على طبيعتك، وكن صادقاً وحقيقيّاً. ابدأ يومك معه فهذا هو المخطّط الذي أعطانا يسوع إياه».

«حسناً».

التأملات الصباحية

ابتدأت أصلّي، وأستمع إلى موسيقى تعبّدية، وأقرأ الكتاب، كل صباح قبل ذهابي إلى العمل. فقد قال لي بِل «رجل الكتاب» وداشيا إنّ هذه الثلاثة هي أركان العلاقة مع الله. وقد قال لي بِل شيئاً ظلّ يلازمني، «كلمة الله تجعلك تنمو، والعبادة تملؤك، والصلاة تجعلك منسجماً مع إرادة الله. أنت بحاجةٍ إلى النمو والشبع والإرشاد».

بقيت أفعل ذلك كل يوم، وسرعان ما بدأت أشعر وألاحظ شيئاً يحدث. شعرت بالانتعاش والقوة والرضا وبسلامٍ يفوق السلام الذي شعرت به في بداية خلاصي. ولم أكنّ أظنّ أنّ الأمور يمكن أنْ تصبح أفضل مما هي، ولكن هذا ما حدث. صارت الموسيقى تأسرني، والصلاة تحرّكني، وابتدأت قراءة كلمات يسوع تنيرني وتغيّرني. وبعد لقائي معه كل صباح كنت إنساناً جديداً منتعشاً. شعرت وكأنني أمضي إلى محطة إعادة الشحن، وهذا ما بدا صحيحاً لأنني كنت دائماً أشعر بالرضا بطريقة لا تُفسَّر.

صرت أشعر أنّ إدراكي لحضور الله ينمو ببطء، وهذا ما أسر قلبي. وبينما ابتدأت أتعلّم من هو الله، وكم أحبّني، وما فعله من أجلي، صرت أرغب في قضاء بعض الوقت معه وخدمته. لم أكن مضطراً لفعل ذلك ولكنني كرّست نفسي له، وكدت لا أستطيع الانتظار حتى أستيقظ وأقضي وقتاً مع يسوع. *إنه أمرٌ لا يُصدَّق أنني أقضي وقتاً مع الله، وأنه يسمعني! هذا بالفعل رائع!* سلّمت كل يومٍ ليسوع، وتعهّدت بأنْ أفعل أيّ شيء يريده مني. كنت ممتنّاً لأنني لم أعد أشعر بالفراغ والوحدة.

استغرقت في النوم في أحد الأيام عن طريق الخطأ، وكان عليّ أنْ أمضي دون تأمّلاتي الصباحية. وكان الفرق ملحوظاً على الفور. كنت حادّ المزاج، وأكثر تسرّعاً، وأقل سلاماً. وهذا ما أخافني لأنني شعرت بالإنسان العتيق الذي كنت عليه. وسرعان ما تعلّمت أنّ

هناك جوانب كثيرة من حياتي القديمة لا تزال موجودة، ولكن بطريقةٍ أو بأخرى، كان قضاء الوقت مع يسوع في الصلاة والعبادة وقراءة الكتاب المقدس تساعد جميعها في إبعاد الإنسان العتيق. لم أفهم كيف يحدث ذلك، ولكنني عرفت أنه كان صحيحاً ولذلك لم أرد أنْ أفوّت التأملات ثانية لأنها جعلَتْ كلَّ يومٍ من أيام حياتي مثل قيادة السيارة، فالمفتاح هو النهوض كل صباحٍ، وإفساح المجال ليسوع لكي يستلم المقود.

قلب متغير

حاولت كل يوم أنْ أعيش «العلاقة» عن طريق إيلاء الاهتمام بقلبي وضميري وظروفي. كنت أعيش كل يوم ناظراً إلى الله لكي يعمل في حياتي متوقعاً منه ذلك. وأحد الأشياء التي لاحظتها هو تغيّر في قلبي من جهة الأشياء التي يريدني الله أنْ أتخلي عنها. فعلى سبيل المثال، كان لديّ اشتراك في مجلة للشباب مليئة بصور البنات، ومقالاتٍ عن الجنس والرياضة وحياة العصر. ألغيت الاشتراك ولم تعد لي رغبة في النظر إلى تلك الأشياء بعد الآن. لم أكن مضطراً للتخلي عنها ولكن الغريب أنني أردت ذلك.

كنت قلقاً في البداية أنّ كوني مسيحياً سيجعلني شخصاً غريباً مملاً «غير مسموح له» بعمل أي شيء ممتع. وذُهِلت عندما وجدت أنّ الحال ليس كذلك البتة. فالأشياء التي كان ينبغي أنْ تختفي من حياتي فقدت بالفعل جاذبيّتها. وفي العديد من الحالات، مثل أمر المجلة، لم أستطع الانتظار حتى أتخلّص منها. أعلن الله لي أيضاً كيف أنني كنت أحاول أنْ أملأ قلبي الفارغ بالأشياء عوضاً عنه. والآن بعد أنْ صار لي مشتهى قلبي وحاجته، أي العلاقة مع الله، لم أعد أحتاج إلى تلك الأشياء الأخرى.

كان العكس هو الصحيح بشأن الأشياء التي أراد الله أن يقدّمها لحياتي. فالأشياء التي كان يريدني أنْ أفعلها، والتي لم أكن لأفعلها أبداً في الماضي، أصبحت جذابة ومثيرة للاهتمام. ابتدأت أحضر في أمسيات أيام الجمعة شركة بيتية مع مؤمنين آخرين. كنا نلتقي معاً، ونتحدّث، ونأكل الحلوى، وندرس الكتاب المقدس. وقبل ذلك بأشهر، لم أكن أود أن يراني أحد ولو ميتاً في اجتماع كهذا، أما الآن فإنني أحبه، وأنتظر بشوق أنْ أحضره.

ترتيبات إلـهية

سرعان ما امتلأت مفكّرة الصلاة التي أهدتني إياها داشيا بقصصٍ عن كل الصلوات التي كنت أصليها. فقد صلّيت لكي ألتقي بأصدقاءٍ مؤمنين يمكنني التفاهم معهم، والتقيت على الفور بطبيب أشعة في الكنيسة. كانت روث تعرف زوجته من صالة الرياضة، وصرنا

أصدقاء، وساعدني بشكلٍ هائل.

صلّيت حتى يعطيني الله فرصة لأخبر شخصاً ما عن المسيح، وفي ذلك اليوم حدث انهيارٌ عصبي لسيدةٍ في المكتب كانت قد أتت مع والدتها. أخبرتها عن المسيح، وكيف يمكنها أنْ تخلص. مضت إلى بيتها، ونالت الخلاص تلك الليلة. شعرت بسعادةٍ غامرة عندما أخبرتني في الأسبوع التالي. وعندما أنظر إلى الوراء، أشعر أن لقائي برجل الكتاب «بل» لم يكن عن طريق الخطأ أيضاً. بدا وكأنّ الله يأتي بالناس لي! ولم يكن عليّ إلا أنْ أخبرهم القصة عندما يحضرون، أو أعرف سبب وجودهم في حياتي.

كنت أعرف أنّ هذه لم تكن مصادفات، بل كانت هناك الكثير من الإجابات المباشرة والواضحة. دهشت كيف أنّ الله يستطيع أنْ يضعني في المكان الذي يريده وفي اللحظات المناسبة. كانت داشيا على حق. ابتدأت أرى كيف أنّ الصلوات تُستجاب، وكيف أنّ يسوع يرتّب أفكاري وظروفي ويقودها. وعرفت أنه حتى حديثي مع داشيا كان درساً من الله بشأن «العلاقة». تعلّمت أنّ الله يتواصل معنا عن طريق المؤمنين الآخرين أيضاً.

اتباع الأبواب وصوت الله

كنت أشعر في بعض الأحيان بأنني لم أكن أسمع أي شيء. سألت بل، رجل الكتاب، عن ذلك.

قلت له، «بل، إنني لا أشعر أنني أسمع الله في بعض الأحيان. كيف أعرف كيفية اتخاذ قرارات؟ كيف أعرف ما يريدني أنْ أفعله؟»

أولاً، انظر ما إذا كان ستفعله يتماشى مع الكتاب المقدّس. إذا شعرت أنّ عليك أنْ تفعل شيئاً، ولكنه من الواضح في الكتاب أنه خطأ، فلا تفعلّه.

لقد سبق الله فأجاب عن أسئلةٍ عديدة في كلمته. ولهذا السبب نحن بحاجةٍ لكي نعرف ما تقوله. أحياناً يريدك أنْ «تحفر» في الكتاب لكي تجد الجواب، في الوقت الذي تظنّ أنه لا يجيب. فهو في الحقيقة يقول، «يا غريغ، لقد قلت لك من قبل، اذهب وفتش لتعثر على الجواب». إذا لم تتمكّن من العثور عليه فاسألني، أو اسأل أحد القسس، وسوف نشير إلى ما يقوله الكتاب».

«حسناً، ولكن ماذا عن القرارات اليومية في الحياة؟ قبول عمل جديد أو اتخاذ قرار مهم على سبيل المثال؟»

«ابدأ من خلال تحليل ما تنوي القيام به. أولاً، تأكد من أنه ليس خطيئة، ولا يؤدي

إلى الخطيئة. هل يتماشى مع الكتاب المقدس؟ هل هو أنانيّ أم هو لمصلحة الآخرين؟ ماذا يخبرك قلبك؟ ثم ابحث عن «الأبواب المفتوحة والأبواب المغلقة». فكِّرْ في محاولة فتح مجموعة من مقابض الأبواب ورؤية ما إذا كانت تفتح. إذا كنت تصلي، فاستسلم لإرادة الله لحياتك، وحاول بإخلاص أنْ تفعل ما يقوله له أنْ تفعله، وسوف يفتح أبواباً ويغلق أبواباً لكي يرشدك».

لم أستوعب بعد فسألته، «ماذا تقصد؟»

«امشِ خطوات في الإيمان في الاتجاه الذي تشعر أنّ الله يقودك فيه وانظر ماذا يحدث. لنفترض أنك تجري مقابلاتٍ من أجل وظائف جديدة. لن تحصل على مقابلات من أجل عمل ليس من أجلك. وربما تشعر في داخلك وكأنه يوجد شيء ما خطأ أو غير صحيح تماماً. ولكن عندما تأتي الوظيفة المناسبة فهي إرادة الله لحياتك، وسوف يجعل جميع الأشياء تسير لصالحك. وسوف يؤكّد الله لك هذا بإعطائك سلاماً وصفاء في روحك».

تعلّمت عن طريق التجربة والخطأ أنْ أتبع «الأبواب المفتوحة والمغلقة». كانت الأبواب توصد أمامي عندما أسير في الاتجاه الخاطئ. ولكن عندما كنت أسير في الاتجاه الصحيح، كانت الأبواب تبدأ في الانفتاح. فعلى سبيل المثال، كنت أريد أنْ أشارك اختباري المسيحي مع صديقين، ولكن في كل مرةٍ كنت أحاول، كان يحدث شيء ما، ويتعطّل اجتماعنا. كان لديّ شعور داخليّ بأنّ الروح القدس كان يقول، «لا»، ولكنني لم أعلم السبب. وسرعان ما تعلّمت أنني لا أعرف السبب في جميع الحالات. وفي حالاتٍ أخرى، كانت الفرصة تسنح لي بشكلٍ واضح لكي أشارك بما حدث في حياتي.

شعرت ذات يوم أنّ الله يقول لي بأن أذهب إلى الأراضي المقدّسة. كنت أقرأ إحدى المجلات، وقد عرضت رحلة للكنيسة إلى الأراضي المقدسة، ودهشت عندما سمعت في ذهني صوتاً هادئاً رقيقاً يقول لي، «اذهب يا غريغ». تجاهلت الصوت على الفور، ثم سمعته ثانية، «اذهب إلى الأراضي المقدّسة، يا غريغ، اذهب!». هذا كل ما سمعته، ولكن شيئاً ما في روحي قال لي إنه الرب. اتصلت برجل الكتاب «بل» وأخبرته بما حدث. سألته عما إذا كان الله يتحدّث إلينا مباشرة بهذا الشكل. فأشار إلى أمثلةٍ كثيرة في العهد القديم سمع فيها الناس صوت الله يتحدث إليهم مباشرة. قال لي إنّ الله يتحدث مباشرة، ولكن سماع صوت في الداخل ليس الطريقة الأكثر شيوعاً التي يستخدمها الله للتواصل معنا. كان شعوراً مدهشاً أنْ أدرك أنني سمعت صوته. صارت علاقتي مع الله أكثر قرباً منذ تلك اللحظة. لقد قال اسمي! بقيت أفكر في الأمر، وهذا ما ألهبني.

طلب مني «بل» أنْ أبدأ في اتخاذ خطواتٍ بالإيمان للذهاب في الرحلة إلى الأراضي

المقدسة لأرى ما إذا كانت الأبواب ستفتح. فعلت ذلك ووجدتها جميعها تنفتح أمامي بطريقةٍ رائعة. كان لدي وقت عطلة كافٍ، ولم يكن هناك تعارضٌ في برنامج عملي. ووافقت زوجتي روث، وكان لديّ المال الكافي للذهاب، وكانت الفرصة لا تزال مفتوحة لمزيدٍ من المشاركين في الرحلة، ووافق شركائي في العمل على ذهابي. والأهمّ من هذا كله أنني كنت أرغب في الذهاب، فقد اشتهى قلبي رؤية الأراضي المقدسة، وغمرني سلامٌ عميق بشأن قراري في الذهاب. مضيت في الرحلة فغيّرَتْ حياتي.

اتباع السلام

تعلمت أنني لست مضطراً لفعل أيّ شيءٍ كل يوم ما عدا اتباع الإرشادات. ظللت صاحياً، وفتحت المجال لقلبي لكي يرشدني الطريق. تعلّمت أنه إذا كنت أتجاهل شيئاً يريدني يسوع أنْ أفعله فسوف يزعج قلبي وفكري. وذكّرني هذا بصديقٍ لي كان يدفعني لفعل شيءٍ ما ويقول، «هيا، افعل ذلك! لا تخف». كنت أشعر بشيءٍ ما في داخلي، وهو الروح القدس، يحثّني على التصرّف. وعندما كنت أفعل أخيراً ما يريدني الله أنْ أفعله كان يعود لي السلام والصفاء، ويتوقف صديقي المسيح عن تحفيزي.

في أوقاتٍ أخرى كنت أتلقى تحذيراً في روحي لكي أتفقد خطأً ما في وضعٍ من الأوضاع. وكان ذلك صحيحاً دائماً مثل إشارة تحذير تخبرني بأنْ أنتبه وأولي اهتماماً. تعلّمت أنْ أتبع السلام، وبدأت أبحث وأراقب وأنتظر، ولكنني لم أعرف متى أو كيف أو لماذا. كانت «العلاقة» مع الله رائعة! كنت أستيقظ كل صباحٍ غير عالمٍ بما يمكن أنْ يفعله الله معي، وكان اليوم التالي واحداً من تلك اللحظات.

الفصل الحادي والعشرون

الأولاد

كانت الساعة الخامسة والنصف بعد يوم عملٍ طويل. وكان النهار حافلاً جداً، ولم يتسع لي الوقت لكي أفكّر بالمسيح وبالعلاقة معه. دخلت السيارة وابتدأت أتحدّث مع الرب.

«يا للعجب! يا له من يومٍ طويل، يا رب. كنا مشغولين، أليس كذلك؟ سنمضي إلى البيت».

كنت أثرثر بأي شيءٍ لله لأنني لم أتحدّث معه البتة من قبل. وشعرت بارتياحٍ في فعل ذلك، وتذكرت أنه فعلاً موجود في عالم الصمت. بقيت أفكّر طيلة النهار في هويةٍ من سأخبره عن المسيح مدركاً أنّ الله قد أعطاني قصة رائعة أشارك بها الآخرين.

قلت، «من هو التالي أيها الرب يسوع؟» وبعد أنْ قلت ذلك مباشرة خطر ببالي ولدانا براندن وكاميرون، ولهما خمس سنوات وست سنوات من العمر على التوالي، وهذا ما يكفي لكي أبدأ في التحدّث معهما عن يسوع وعن الخلاص. شعرت ببعض الخوف يجتاح قلبي لأنني لم أكن أعرف كيف أخبرهما أو ما أقوله لهما. وشعرت أيضاً بفخرٍ شخصيّ لأنني لم أرد أنْ أعترف لولدين بعمر خمس سنوات وست سنوات بأنني كنت مخطئاً وأحتاج إلى غفرانهما. وكلما اقتربت من المنزل صارت هذه الرغبة أقوى. حاولت أنْ أفكّر في أشياء أخرى ولكن ذهني ما لبث يعود لطفليّ.

«حسناً يا رب. سوف أخبر ولديّ عنك». أدركت أنه إذا لم يخلّصهما يسوع فسوف أستمرّ في تنشئتهما في تجاهلٍ لله مثلما فعلت من قبل، وهذا ما جعلني أرتعب خوفاً. وحقيقة الخلاص هذه وضرورته استنسأسرتا قلبي. صمّمت أنني لا أريد لهما أنْ يتربّيا مثلما تربّيت.

وصلت إلى البيت، وتناولت طعام العشاء وأخبرت روث بما كنت سأقوله للولدين.

«روث، سوف أخبر الولدين أنّ الله خلّصنا، وأنّ يسوع هو الله وهو حقيقي. قلبي مثقل ومتألم لأنني طالما قدتُ عائلتي بأكملها في الاتجاه الخطأ. وكان ولداي سيكبران مثلما كبرت، متجاهلين الله، دون أنْ ينالا الخلاص».

«حسناً، ولكن كيف ستخبرهما؟»

«لست أعلم بالضبط. سوف أكون مُخْلِصاً وأتحدّث ببساطة، فالصبيان ذكيان ولديهما

من الملاحظة ما يفوق إدراكنا. أظنّ أنهما سيفهمان. أشعر أنّ الربّ يطلب مني أنْ أمتدّ إليهما. سوف ننتقل في هذه العائلة إلى اتجاهٍ جديدٍ تماماً، وينبغي أن يعرف الولدان ذلك، وعليّ فقط أنْ أثق بأنّ الله سيبارك في إخلاصي».

وافقت روث وجمعت الأسرة معاً في غرفة المعيشة.

قالت، «يا شباب! بابا يريد أنْ يتحدّث معكما». كان الصبيان يلعبان بالسيارات على الدرج المؤدي إلى الطابق العلوي. وكانت السيارات الصغيرة تتطاير من على الدرابزين وفوق الدرجات.

قالا بقليلٍ من الخوف، «طيب ماما». فاستدعاؤهما يعني عادة أنهما في ورطةٍ، وعلى وشك تلقي محاضرة من بابا. أحضرا معهما بعض السيارات. كنت مرتبكاً وقلبي يدقّ بصوت عالٍ داخل صدري. جلس الصبيان على الأريكة الجلدية الزرقاء الكبيرة، أحدهما بجانب الآخر وأقدامهما متدلية. جلست أنا وروث على كنبةٍ مقابلهما تماماً. كنا جميعاً متوتّرين!

«يا شباب. أحتاج أنْ أتحدث إليكما. هل تتذكّران كيف كان جيراننا يتجاهلوننا؟» ظلّ الولدان يلعبان بالسيارات صعوداً وهبوطاً على أرجلهما وعلى مساند ذراعي الأريكة.

«حسناً، لقد انزعجت منهم وبدأت بقراءة الكتاب المقدس».

قاطعني براندن قائلاً، «لماذا يا بابا؟»

«لأنهم يقولون إنهم مسيحيّون وأردت أنْ أثبت بأنهم لم يكونوا يتصرّفون مثلما ينبغي عليهم أنْ يتصرّفوا».

وقاطعني كاميرون بقوله، «من هو المسيحيّ يا بابا»؟ وتابع يقول، «سمعت إحدى البنات في الشارع تقول لبنت ثانية إنها ليست مسيحية 'حقيقية'. ما معنى ذلك؟» وهنا عرفت أنني بدأت أحظى باهتمامهما.

«المسيحيّ هو الشخص الذي يؤمن أنّ يسوع هو الله. فهو يطلب منه أنْ يغفر له جميع الأخطاء التي فعلها، وعندها يغفر الله». توقفت هناك، لأنني كنت أعرف أنني إذا أشرت إلى الروح القدس فسوف أتلقى سؤالاً آخر يبدأ بكلمة «لماذا» ولم أكن مستعداً للشرح بعد.

ثم سألني براندن وهو يلهو بسيّارته فوق بطنه، «هل تؤمن بالله؟»

«لم أكن أؤمن به من قبل، ولكنني أؤمن الآن، فهو حقيقي يا أولاد. هذا ما كنت أودّ أنْ أتحدّث إليكما عنه».

وحالما قلت لهما ذلك، وضعا سياراتهما جانباً وأعطياني اهتماماً تاماً، وهذا ما أدهشني، ولكنني تابعت بقولي، «لقد ابتدأت في قراءة الكتاب المقدس لأنني كنت غاضباً من جيراننا، ولكن انتهى بي الأمر إلى الإيمان بيسوع.»

قال براندن، «هل هذا ما كنت تفعله كل الوقت؟ لم تكن تلعب معنا مثلما تفعل عادة.»

«نعم. كنت أقرأ الكتاب المقدس والكتب التي تتحدّث حوله وأدرسها».

سألني براندن، «ماذا تعلّمت؟»

«تعلّمت أنّ الله حقيقي. وقد غيّرني بالفعل. أنا آسف لأنني لم أعلّمكما عنه، ولكنني لم أكن أعرف أفضل من ذلك. من الآن فصاعداً سوف نبدأ في الصلاة، وقراءة الكتاب المقدس، والذهاب إلى الكنيسة.»

سأل كاميرون، «كيف يمكنك أنْ تعرف أنه حقيقي؟»

«انظرا حولكما يا أولاد. من أين تظنان أنّ كل شيء قد أتى؟ أنتما، وأنا، وماما، والكلب، والأشجار وكل العالم. فمع أننا لا نراه فإننا نرى أعماله في كل مكانٍ حولنا. من الواضح أنه يوجد إلهٌ صنع كل شيء. وأنا أعرف أيضاً من الكتاب المقدّس أنّه حقيقيّ. الكتاب المقدّس يحتوي على مئات القصص عن الناس الذين تحدّثوا مع الله وكانت لهم علاقة معه. يشرح لنا الله في الكتاب المقدّس عمّن هو، وكيف يمكننا أنْ نعرفه. وهو في الحقيقة أتى إلى الأرض قبل ألفي عام في صورة يسوع. عاش الناس مع يسوع مدة ثلاث سنوات، وسجلوا ما حدث، وكل هذا مكتوب في الكتاب المقدّس. لقد صليت إلى الله قبل بضعة أسابيع، وطلبت منه أنْ يسامحني على جميع الأخطاء التي فعلتها، وقد سمعني وهو قريب مني وحقيقي. لقد سمع لبابا».

سأل براندن، «لماذا لم نتحدّث معه من قبل؟»

«لأننا كنا مخطئين. لم نعرف أفضل مما فعلناه. لقد نشأت وأنا لا أتحدّث أبداً معه، ونادراً ما سمعت أي شخص آخر يفعل ذلك أيضاً. كانت ماما تذهب إلى الكنيسة، ولكن هذا هو كل شيء، ولم يعلّمها أحد كيف تنال الخلاص».

سأل كاميرون، «ما هو 'الخلاص' يا بابا؟»

«عندما يطلب شخص ما من يسوع بأنْ يسامحه فإن الله يسامحه ويمحو أي سجل للأخطاء. ثم يسكن الله داخل الشخص عندما ينال الخلاص».

سأل براندن، «هل يسكن الله داخلك يا بابا»؟

«نعم يا حبيبي، وهو يسكن داخل ماما أيضاً».

«يا سلام، هذا رائع حقاً. ما هو شعورك؟»

«قبل كل هذا، كنت دائماً أشعر بالوحدة والانزعاج والحزن. كنت أغضب وأصرخ بسبب أمورٍ تافهة. كنت مخطئاً. أنا آسف». كانت بعض الدموع تجتمع في مقلتي، وصوتي يختنق، وتابعت القول، «أشعر الآن شعوراً مختلفاً وأنا أفضل بكثير. لم أعد أحسّ بالوحدة أو التوتّر مع أي أحد. أشعر بسلام».

قال كاميرون، «كنت تصرخ كثيراً علينا يا بابا».

«أنا أعلم. كنت مخطئاً. أنا آسف. هل تسامحانني يا أحبائي؟» اهتزّ رأساهما الصغيران صعوداً وهبوطاً.

«سوف نبدأ في التعلّم عن الله والتحدّث إليه كل يومٍ من اليوم فصاعداً».

سأل براندن، «إذا كان الله حقيقياً فلماذا لم أسمع أي شخص يتحدث معه؟»

«لست متأكداً من سبب عدم تحدّث كثير من الناس مع الله. لا يزال بابا يبحث ليعرف بعض الأشياء، ولكننا لن نتجاهل الله بعد اليوم».

«طيب بابا، هل يمكن أنْ نذهب الآن لنلعب؟ «

«نعم. اذهبا». فاستأنفا على الفور أصوات سيّاراتهما وجرّاراتهما.

كانت روث تسمع وتهزّ رأسها. لقد صُعِقت لسماع هذه الكلمات الخارجة من فمي. لم تقل الكثير لبقيّة الليل، ولكنني عرفت أنها كانت سعيدة.

وعلى الفور شعرت بتحسّنٍ بعد حديثنا. كان في البدء مثل إطلاق صمام الضغط من خلال البدء في إجراء تغييرات، والاعتراف بأنني كنت على خطأ، والاعتذار، والبدء في قيادة الأسرة في الاتجاه الصحيح.

ذهبت إلى المكتب بعد أنْ مضت روث إلى الفراش. أشعلت الأنوار، وركعت على ركبتيّ مصلياً، «لقد أخبرتهما يا يسوع، أرجوك أنْ تساعدني لمعرفة ما ينبغي أنْ أفعله بعد ذلك. أنا أعرف أنّ براندن وكاميرون بحاجة إليك. شكراً لأنك خلّصتني، وهما لا يزالان صغيرين بما يكفي للاستماع لي. إنني ممتنٌ للغاية يا رب». ابتدأت الدموع تنسكب من عيني بينما اعتصر قلبي من الألم لأنني كنت أباً سيّئاً لهما منذ ولادتهما. ثم تابعت صلاتي، «كنت سأقودهما إلى الجحيم يا رب! يا إلهي، كنت سأجعلهما يصبحان مثلما كنت أنا!» وجهشت بالبكاء وقلت، «شكراً يا الله. شكراً لك. أرجوكْ أن تخلّصهما. أرجوك، أرجوك أنْ تخلّصهما.

لا تسمح لهما أنْ يكبرا دونك مثلما فعلت أنا. أرجوك أنْ تسامحني وتساعدني. أنا لك. أنا مستعدٌ لفعل ما تشاء، أنا لك».

تدفّقت الكلمات مع سيلٍ من الدموع والتنهدات. كان هذا أشبه بالليلة التي نلت فيها الخلاص، ولكنها كانت أقوى في قلبي. فقد استطعت أنْ أسيطر على واحدٍ من أكبر الأخطاء المحتملة في حياتي. كنت سأربّي عائلتي في حقيقةٍ زائفة بأنّ كل شيءٍ هو على ما يرام دون الله في حياتنا، وكانت عائلتي ستظنّ أننا بخير بينما كنا بالحقيقة لا نملك شيئاً بدون يسوع وخلاصه. شعرت بالخزي، ولم أستطع التوقّف عن التفكير في طرقٍ لتغيير كل شيءٍ في الحياة.

بدأ قلبي عندها ينتقل إلى بقية الناس في العيادة. حان الوقت لكي أخبر الجميع بأنني قد نلت الخلاص. فإخبار الناس في المكتب ينبغي أنْ يكون سهلاً جداً، أليس كذلك؟ فهم أصدقاء وقد رأوا التغييرات في حياتي، وسوف يفرحون عندما يعلمون السبب، أليس كذلك؟

الفصل الثاني والعشرون

العيادة

في صباح اليوم التالي، وبينما كنت أقود السيارة باتجاه عملي، شعرت برغبةٍ قوية لكي أخبر الممرضات في العيادة بقصّتي بأكملها. صارت صوري تلمع في ذهني وأنا أخبرهنّ عن يسوع وكيفية نوال خلاصه. فأنا حديث العهد في اتباع الله، ولكنني متأكدٌ مما يريدني أنْ أفعل. شعرت بارتباطٍ لا يوصَف مع الله من خلال الروح القدس، وهذا ما ساعدني لكي أنسجم مع إرادته. كان أحد شركائي في العمل خارج البلاد، وقلّ الازدحام في العيادة بسبب وجود عددٍ أقل من المرضى. كان ذلك الوقت مثالياً لكي أعقد اجتماعاً، ولا سيما إذا انتهينا في وقتٍ مبكر من المرضى الصباحيّين.

انتهينا من معالجة جميع المرضى وصرفهم من العيادة بحلول الساعة العاشرة والنصف صباحاً. ولم يعرف ما كنت أخطّط له سوى تامي، «امرأة الكتب المقدّس»، وداشيا رئيسة الممرّضات. نظرت إليّ داشيا وكأنها تقول، «أترى؟ الله هو المسيطر، وقد انصرف جميع المرضى». بدا ذلك وكأنه مصادفةٌ غريبة لأننا نادراً ما كنا ننتهي في وقتٍ مبكر. حاولت أنْ أتأمل في قدرة الله على تحقيق ذلك. هذا يعني أنه عرف مسبقاً بأنني أريد أنْ أعقد اجتماعاً، وأنه بطريقةٍ ما رتّب برنامج المرضى. ولكي يخطّط البرنامج، بحيث ننتهي باكراً جداً، فلا شكّ أيضاً أنه عرف مقدار حجم السرطان لدى المرضى، وما هو الوقت الذي كنا سنستغرقه لكي نزيله ونعالجهم. ابتدأ الدوار في ذهني وأنا أحاول أنْ أفكّر في هذا كله. كان عليّ أنْ أدرك أنّ الله يستطيع أنْ يفعل أي شيء يريده بما أنه الله.

الممرّضات

جمعت الممرضات الثمانية اللواتي كنّ يعملن في ذلك اليوم في إحدى غرف العمليّات. لم تكن لديهنّ أدنى فكرةٍ عن سبب الاجتماع. أتين وهنّ يدردشن ولكن سرعان ما خيّم الصمت حين أدركن ما ارتسم على وجهي من تعابير جادة وعصبية. نظرت إحداهنّ إلى الأخرى بحثاً عن شخصٍ قد يعرف ما كان يحدث. كان قلبي مثقلاً، وبدا ذلك واضحاً في عينيّ. لم يسبق لي أنْ دعوت إلى اجتماعٍ للممرّضات مثل هذا من قبل حين كنت الطبيب الوحيد الموجود. ففي الماضي كانت مثل هذه الاجتماعات تتضمن أطباء آخرين وتعلن عن أنّ شخصاً ما لن يبقى في الشركة فيما بعد. كانت العيون تنظر إليّ ثم تنظر بعيداً حالما

يحدث تواصل في النظر. نظرت إلى أرجاء الغرفة لأرى من الحاضرات ومن الغائبات. كانت لي علاقة حسنة مع الممرّضات، ولكن ما كنت سأقوله لهنّ لم يكن لي عادة به البتة.

«لقد حدث شيء لا يصدق في حياتي. وسوف يؤثّر على كل شيء. لم أعتقد قبلاً أنّ هناك حقيقة مطلقة عن الله تمكن معرفتها. نشأت بعيداً عن الكنيسة، أو سماع أي ذِكرٍ لله في البيت أو المدارس أو وسائل الإعلام أو بين معارفي أو في مجمل الثقافة المحيطة بي. وهذا الصمت جعل الله بالنسبة لي مجهولاً حتى قبل بضعة أسابيع. أودّ أنْ أخبركن أنّ الله أقرب بكثيرٍ مما تعتقدن». وبينما كنت أتحدّث لاحظت عدداً قليلاً من الممرّضات يتململن وعلى وجوههنّ علامات انزعاج. توقّفت ثم تابعت.

«لقد كشف يسوع عن نفسه لي بطريقة لم أكن أعرف أنها ممكنة. لم أكن أبحث عنه، ولم أهتم بالدين بأيّ شكلٍ من الأشكال ولكن الله كان يبحث عني! هذا أهمّ حدثٍ في حياتي كلها، ويمكن أنْ يكون بالأهمية ذاتها لكل واحدةٍ فيكنّ. لقد انقلب مفهومي للحياة بأكمله رأساً على عقب: غرض الحياة وأصلها ومعناها وهدفها. إذا أردتنّ أنْ تسمعن عما حدث لي فسوف أعقد اجتماعاً مستقلاً في مكتبي بعد حوالي عشر دقائق».

تجمّعت خمسة منهنّ حول الباب حالما انتهيت. أرادت ثلاثة منهنّ أنْ يلتقين بي، أما الخمسة الباقيات فلم يرغبن في الحصول على أية معلوماتٍ إضافية، وفوجئت بأنهنّ لم يرغبن حتى في معرفة ما حدث لي على الأقل.

التقيت مع الممرضات الثلاث اللواتي رغبن في الاستماع لي، وأخبرتهنّ القصة بأكملها، الأمر الذي تطلّب خمساً وأربعين دقيقة. تسمّرت عيونهنّ عليّ طوال الوقت، ولاحظت أنهنّ مندهشات ومحتارات وحتى خائفات نوعاً ما. فقد هزّتهنّ حقيقة الله المطلقة وإمكانيّة تلمسه في الخلاص. كنت أخبرهنّ بأنني معجزة الله في يومنا الحاضر، ودليلٌ حيّ على أنّ يسوع المسيح هو الله، وهو الجواب عن مسألة الأبدية والموت والخطيئة. لقد شهدت كل واحدة فيهنّ التحوّل الذي حدث في حياتي في الأسابيع القليلة المنصرمة، وتحيّرت عقولهنّ لأنهنّ كن يعرفنني جيداً ويعرفن عائلتي، وكان بإمكانهنّ رؤية التغيير في حياتي.

وفي النهاية قالت إحداهنّ، «لقد نشأت في الكنيسة، ولكن ينبغي أنْ أتحقق من والدتي عن موضوع «الولادة الثانية» الذي ذكرته فأنا غير متأكدةٍ بشأنه».

كنت قد شرحت لهنّ أنّ نوال الخلاص هو الولادة الثانية. أريتهنّ أين قال يسوع المسيح نفسه إنه ينبغي على الإنسان أنْ يولد ثانية لكي يدخل السماء (يوحنا ٣:٧). وصرت أتساءل، هل يمكن أنّ إحداهنّ ذهبت إلى الكنيسة، وتعلّمت عن يسوع، ولكنها لم تطلب منه قطّ أنْ

يغفر لها ويخلصها؟ أذهلتني احتماليّة الأمر ولم أقل أي شيء. انزعجت من أنه يمكن أنْ يذهب إنسانٌ إلى الكنيسة ولا يفهم ما أتحدث عنه، فقد كنت أظنّ أنّ اختبار روث عن نشأتها في الكنيسة، وعدم نوالها الخلاص أو سماعها عنه أمرٌ غريبٌ، ولكنه لا يبدو كذلك.

وقد نالت الخلاصّ كلٌّ واحدةٍ من الثلاثة على مدى الأشهر القليلة التالية، وتغيّرت حياتهنّ وحياة عائلاتهنّ تغييراً أبدياً.

مساعد الطبيب

بعد أنْ اجتمعتُ مع الممرضات تحدثت مع مساعد الطبيب العامل لدينا، وهو إنسانٌ رائع يكبرني بحوالي ثلاثين عاماً، وهو صديق جيد. التقينا في المكتب، وأخبرته القصة مرة ثانية. لم يقل كلمة واحدة ولم تكن لدي أية فكرة عما كان يفكّر به أو عن خلفيّته الدينية. وفي النهاية قلت له، «بول، أريدك فقط أنْ تعرف أنّ يسوع حقيقيٌّ وحيٌّ. فهو ليس قصة كتابية قديمة أو نظاماً إيمانياً فكرياً ينطوي على التصرّف الحسن. إذا طلبت منه شخصياً بأنْ يخلّصك ويسامحك على خطاياك فسوف تنال هذا فعلاً. سوف يدخل الروح القدس إلى قلبك، وهناك دليل على ذلك يا بول! دليل حقيقيّ! ينبغي أنْ تتغيّر حالة وجودنا تغييراً جذرياً لكي نتمكّن من الدخول إلى السماء. ليست هذه هي المسيحية من وجهة نظري وإنما حقيقة وجودنا. فالله يسمع ما نقوله! تأمل في الآثار الناتجة عن هذه الحقيقة!

جلس هناك في كرسيّ وبدت على وجهه نظرة انزعاج. وأخيراً قال: «أنت تعرف أنني اعتدت على الذهاب إلى الكنيسة منذ نشأتي وشهدت كل الأنشطة. خدمت في الكنيسة منذ كنت طفلاً واستمعت لمئات العظات. ولم أسمع البتة ما قلته لي في كل تلك السنين. لم يقل لي أحد إنني بحاجةٍ إلى الخلاص عن طريق التوبة وبطلب الخلاص من يسوع. فقد أدخلوني في طقوسٍ دينية رسمية تسمى التثبيت، ولكنهم علّموني ما أقول وما أفعل. وكنت أؤمن بها، ولكنها كانت أشبه بطقسٍ من الطقوس الإلزامية. وعلّمونا أنّ هذا ما ينبغي أنْ تفعله رسمياً لتصبح مؤمناً، فهو مثل الانضمام إلى نادٍ ما. إذا سجّلت نفسك، وقبلت بقوانينه، وتلقيت بعض الدروس، ووقّعت باسمك، فسوف تدخل فيه. ثم توقّفَ، وأخذ نفساً عميقاً، وتابع الحديث.

«أنا لم أفعل البتة ما فعلته أنت، ولم تكن لي علاقة مع الله. كنت أعرف عن «الآب والابن والروح القدس» ولكن لم تكن لدي أية فكرة بأنّ الروح القدس يسكن داخلك حين تنال الخلاص. وكذلك لم نكن نقرأ الكتاب المقدس، ولم يعلّمنا أحد أننا بحاجةٍ لقراءته. كنت أحضر صفوف الدين على مدى السنين، وتضمّنت أشياء من الكتاب المقدّس، ولكنني لم

أقرأ الكتاب أو أدرسه بنفسي. علّمونا أننا نخلص بواسطة ما نفعله، وليس بواسطة ما فعله يسوع فحسب».

وهنا حلّ عليّ الصمت، وشعرت بذهولٍ وتشويشٍ يفوق الوصف. بقيت أفكّر في نفسي بينما هو يتحدّث، *كيف يمكن أنْ يكون هذا؟ كيف يمكن ألا يعرف حتى عقيدة الخلاص الأساسية؟ لماذا لم يعلّمه أحد الخلاص بحسب الكتاب المقدس؟ ما هي الفائدة في أي شكل من أشكال الدين المسيحي إذا كان الناس لا ينالون الخلاص؟* وعندما انتهى من الحديث أدركت شيئاً لم أتوقعه من قبل قطّ، وقد بعث موجاتٍ هزّت روحي. يا إلهي! *لقد منع الدين المسيحيّ هذا الإنسان من معرفة الله.* وانقبض قلبي عندما فكرت في الخوف من الجحيم وحقيقته مع الحاجة إلى الخلاص.

«بول، اذهب إلى منزلك وصلّ إلى الربّ، ادعُ الله وتب، فلم يفت الأوان. يمكنك أنْ تبدأ في علاقةٍ مع الله الآن. اذهب واحصل على كتاب مقدس وابدأ بالقراءة، فكل شيء أعرفه هو من الكتاب المقدّس. هذا أمر حقيقيّ، أرجوك أنْ تصلي إلى يسوع الليلة لكي يخلّصك».

شكرني ونهض، ثم غادر المكان. وفي تلك الليلة ذاتها نال الخلاص، وابتدأ أيضاً في العلاقة مع الله، ولم تعد حياته بعد ذلك مثلما كانت أبداً.

حان الوقت لبدءِ برنامجِ ما بعد الظهر. بقيت في العيادة في نهاية اليوم وأنا أفكّر بكل شيءٍ حدث. جلست على الكرسي، ورفعت قدمي متأملاً في كل الجدران. كانت مليئة بالجوائز والتكريمات والشهادات والإنجازات في الحياة. وفجأة شعرت بانقباضٍ في داخلي إذ أدركت أنّ هذه الجدران هي جدران الشهرة الشخصية. وبِلْ، رجل الكتاب المقدس، معه حق. كنت *أعبد نفسي وإنجازاتي*. شعرت بالرعب، ولكنني عرفت أنّ هذا هو الواقع. وخلال الثلاثين دقيقة التي تبعت كنت أجمعها جميعاً وأكوّمها في الخزانة.

جلست ثانيةً على الكرسي بعد انتهائي من ذلك، وصرتُ أحدّق في الجدران الفارغة. كنت أبتدئ من جديدٍ في نواحٍ متعددة من حياتي، وهذا ما أدخل السعادة إلى قلبي. وخلال الأسابيع القليلة التالية ملأتُ الجدران برسوماتٍ وأعمالٍ فنية صمّمها ابناي في المدرسة. جلست هناك لفترةٍ من الوقت، وفكّرت في كل شيءٍ حدث في ذلك اليوم. كنت خائفاً ومشوشاً لأنني لم أفهم كيف يمكن أنْ يصبح الخلاص منسياً أو لا يُعلَّم للناس. يوجد خطأ ما، فقد تحدثت إلى مجموعتين من الناس وأدركت أنّ هناك خداعاً بشأن الخلاص، ولا سيما لدى الأشخاص الذين يحضرون الكنيسة. يبدو أنّ الناس الذين لم يسمعوا عن يسوع قطّ لديهم فرصة أفضل من الأشخاص المتديّنين.

شعرت برغبةٍ في الصلاة، «يا رب، ما الذي يجري؟ لماذا لا يعرف الناس ما أتحدث عنه؟ لماذا يستغربون لما أقوله؟ لماذا لا يشعر الجميع بالسعادة والفرح مثل تامي وداشيا؟ لست أفهم».

كنت أعرف أنّ هناك خطأ ما. كنت أتوقع أنه بما أنّ الرسالة المسيحية صحيحة، فمن المفترض أنْ يكون جميع «المؤمنين» بيسوع مخلّصين فعلاً. فالحياة الأبدية والخلاص الكامل من الخطايا هما عطيتان رائعتان كنت أظنّ أنّ كل إنسان يريدهما وقد نالهما. وكنت على وشك اكتشاف مدى ابتعاد ذلك عن الحقيقة، وكانت هذه المعلومة الجديدة مجرّد غيضٍ من فيض. كنت أودّ الحديث مع شخصٍ آخر عن هذا الموضوع ولكنني لم أكن أعرف لمن أتوجه بالسؤال.

عرفته! سوف أسأل «المريض»، ذلك الشخص الذي سألني إذا قبلت يسوع مخلصاً لي قبل أيام مما فعلت ذلك فعلاً. يمكنني أنْ أشكره على تعليقاته، وأشاركه بخبر نوالي الخلاص، ثم أطرح عليه بعض الأسئلة عن الخلاص. شعرت بتحسنٍ في الحال، فقد صارت لدي خطة عملٍ جديدة.

الفصل الثالث والعشرون

المريض

الجدول الزمني المطبوع

قلت لرئيسة الممرّضات، «إنني في حاجة إليك يا داشيا لكي تجدي لي بعض الجداول المطبوعة من الملف»، وأعطيتها مواعيد الأسبوع الذي أحتاج إليه. فعيادتنا تحتفظ بسجلاتٍ لجميع الجداول المطبوعة القديمة المستخدمة في العيادة يومياً، وتُكتَب عليها معلوماتٌ هامة بخط اليد، مثل غرفة المريض والممرضة المسؤولة. وكان المريض الذي أبحث عنه مريضاً «إضافياً». ولم أستطع أنْ أتذكر اسمه، ولكنني أعرف أنني فحصته صباح يوم الخميس قبل ثلاثة أسابيع، وأنّ ذلك تمّ في الغرفة رقم ٤. وأتذكر على وجه التحديد أنّ اسمه كان مكتوباً على الجدول بالحبر الأزرق، وهو الإجراء القياسيّ لأنه مريضٌ أضيف في اللحظة الأخيرة.

وأجابتني، «لا مشكلة، يا دكتور ڤيمان، سوف أحضرها إلى مكتبك». وأعطتني ملفاً عليه جداول ذلك الأسبوع. فصرت أفتش فيها بحماسٍ ووجدت الجدول لذلك اليوم الذي كنت أبحث عنه. وفي الحال نظرت إلى الاسم المكتوب بالحبر الأزرق، ولكنه لم يكن هناك. راجعت أسماء بقية المرضى، ووجدت اسماً في كل غرفة ما عدا الغرفة رقم أربعة. أي أنّ كل غرفة كانت مكتوبة باسم مريضٍ ما عدا الغرفة رقم أربعة. ومن الواضح أنّ اسمه مفقود! *هذا غريب! يبدو أنني أراجع اليوم الخطأ.* وسرعان ما راجعت بقية الأسبوع، ولكن اسمه لم يكن هناك أيضاً. ارتبكت لأنه لم يكن أي جدول من الجداول مفقوداً، وكنت *أعلم أنه زار العيادة في ذلك الأسبوع.*

«داشيا. أرجو منك إحضار الجداول الزمنية للأسبوع السابق لهذا والتالي له».

«حسناً. ما الذي تبحث عنه؟»

«أبحث عن مريضٍ معين. وقد كُتِب اسمه على الجدول، وكان يعالَج في الغرفة رقم أربعة. إنني متأكد من أنه كان هنا في ذلك الأسبوع، ولكن ربما ارتكبت خطأ. دعيني أتحقق من الأسبوعين الآخرين. يجب أنْ يكون اسمه هناك.»

«ها هي. أتمنى لكَ وقتاً طيباً».

راجعت في البداية يومَيْ الخميس، ولكنني لم أجده. لم يكن هناك أي اسمٍ مكتوب على الجدول كمريضٍ إضافيّ للجراحة في الغرفة رقم أربعة في أي مكان. لقد اختفى اسمه!

قلت مشيراً إلى جدول ذلك اليوم الذي عرفت أنّ المريض زار العيادة فيه، «انظري إلى هذا يا داشيا! كان لديّ مرضى في جميع الغرف، ولكن لا يوجد مريض في الغرفة رقم أربعة، وهي الغرفة التي كان فيها. كان اسمه مكتوباً على الجدول لأنه أضيف في آخر لحظة. رأيت اسمه ذلك اليوم مكتوباً بالحبر الأزرق، وأستطيع أنْ أرى ذلك في ذهني. وأعلم أنه هو اليوم الصحيح من خلال النظر إلى أسماء المرضى الآخرين فيه. وعلى وجه التحديد أذكر المرضى الآخرين الذين عالجتهم صباح اليوم نفسه الذي رأيت فيه هذا الرجل! وراجعت حتى الأسابيع السابقة والتالية، ولم أجده. وهناك اسمٌ لمريضٍ في الغرفة رقم أربعة على الجزء العادي المطبوع من الجدول في كل يوم، وهذا هو اليوم الوحيد الذي ليس لدينا سجل لمن كان في الغرفة رقم أربعة. كيف يمكن لاسمه أنْ يختفي؟

«هذا غريب يا دكتور ڤيمان، ولكن لماذا أنت مهتمٌ جداً بالعثور على هذا الرجل؟ هل أنت متأكد بشأن هذا الأمر؟»

قلت لها والانزعاج بادٍ من صوتي، «أنا متأكد، أنا متأكد».

«حسناً، تحقّق من البيانات. نحن نسجّل كل مريض يومياً في جدول البيانات. ينبغي أنْ تعلم ذلك لأنك أنت من صمّمه. ستكون صورته الشخصية مع الملاحظات المتعلقة به والتقارير عن عملياته. ربما نسينا أنْ نكتب اسمه على الجدول، وأنت تظنّ بأنك رأيته هناك، تأكد من ذلك، ينبغي أنْ يكون في البيانات. وعندما ترى صورته ستتأكد من أنه هو الشخص الصحيح».

«هذا صحيح! لماذا لم أفكر في ذلك؟» أدرت كرسيّ، وراحت عجلاته باتجاه مكتبي، ثم شغّلت حاسوبي.

قاعدة بيانات السجلات الطبية

فتحت قاعدة البيانات ونقرت على لائحة مرضى ذلك الخميس، إلا أنّ قاعدة البيانات لم تعطني المعلومات حول هوية الطبيب الذي فحص المريض، أو في أي غرفة كانا. طبعت قائمة المرضى المعنيين، وتحققت من جميع المرضى الذكور. لم يكن في القائمة أكثر من عشرين اسماً. فتحت سجل كلّ اسمٍ من هذه الأسماء، ونظرت إلى الصورة، وعرفت من هو الطبيب الذي عالج كل مريض، ولكنني لم أر مريضي. وصلت حتى الاسم الأخير، وشعرت بأنّ معدتي تتقبض في داخلي. نقرت على تبويب الصور حابساً أنفاسي ريثما تُعرَض الصورة، ثم صرخت بصوتٍ عالٍ في المختبر، «إنه ليس هو! إنه غير موجود. هذا

مثير للسخرية!»

ثم انتبهت إلى أنّ هناك ميزة ثانية للبحث في قاعدة البيانات، ويمكنني استخدامها، وهي مبنية على المعلومات الطبية. كنت أعرف نوع الورم، وتاريخ الإجراء، وموقع السرطان. فقد كان لديه سرطان الخلايا القاعدية في صدغه الأيسر. أدخلت معايير البحث ليوم الخميس ذاك، ولكن لم يكن هناك ما يطابقه. ثم بحثت بعد ذلك على «الجبهة وفروة الرأس في الجهة اليسرى» لعل الموقع الخطأ أُدخِل، ومع ذلك لم أحصل على نتائج. ثم طبقت عمليات البحث نفسها للأسبوعين السابقين لعلاج ذلك المريض والأسبوعين التاليين. وجدت بعض الحالات المطابقة، ولكن لم تكن أي منها تابعة لذلك المريض. لقد اختفى سجل قاعدة بياناته على عدة مستويات. صرخت في إحباط، «لا أستطيع أنْ أصدّق هذا!»

سجلات نظام تحديد المواعيد

أسرعت إلى مكتب الاستقبال، وقلت لإحدى المساعدات «من فضلك اسحبي لي بيان المعلومات لكل مريضٍ من المرضى الذين رأيناهم ذلك الأسبوع. أريدك أنْ تستخدمي سجلات نظام تحديد المواعيد لكي تفعلي ذلك. وأرجو منك أيضاً أنْ تطبعي لي قائمة بأسماء مرضى خميس ذلك الأسبوع، فقد أضيف رجلٌ إلى جدولي وأنا بحاجةٍ للعثور عليه».

«لا توجد مشكلة يا دكتور ڤيمان. عندما نضيف المرضى ينبغي أنْ ندخل أسماءهم إلى نظام تحديد المواعيد. ربما كُتِب اسمه بخط اليد على جدول المواعيد المطبوع لأننا نطبع هذه الجداول عادة في اليوم السابق، ولكن لا شك أننا سجلناه أيضاً. ها هي القائمة. سوف أطبعها لك وأعطيك الجداول قبل نهاية اليوم».

كنا نستخدم نظامين منفصلين ومستقلين في عيادتنا، أحدهما لتحديد المواعيد والآخر للسجلات الطبية (قاعدة البيانات). ويتم إدخال كل مريضٍ في كلا النظامين. عندما يُسجَّل المريض فإنه يضاف إلى سجلات أنظمة تحديد المواعيد. وقد كُتِب اسم المريض بخط اليد في ذلك اليوم لأنه أضيف بعد أنْ طُبِع جدول المواعيد لذلك اليوم، ومع ذلك ينبغي أنْ يحتوي نظام تحديد المواعيد على الكومبيوتر على اسمه في القائمة.

أمسكت جدول المواعيد وأسرعت مرة أخرى إلى المختبر. قارنت قائمة الأسماء التي أعطتني إياها من نظام تحديد المواعيد مع ورقة المواعيد المطبوعة الأصلية وجدول قاعدة البيانات. إذا مُحِي اسمه بطريقةٍ أو بأخرى من جدول المواعيد المطبوع وقاعدة السجلات الطبية، فلا شك أنّ الجدول الذي أعطتني إياه من نظام تحديد المواعيد سيكون فيه اسمٌ

إضافي. تطابقت الأسماء تماماً، وكان ينبغي أنْ يوجد اسمٌ إضافي على القائمة التي طبعتها لي ولكن لم يكن! انتابتني موجةٌ من الغضب والإحباط، وازداد توتّري بما يشبه الأيام القديمة قبل نوال الخلاص. كنت منزعجاً بسبب عبثية الأمر.

سألتني الممرضة، «ما هي المشكلة يا دكتور فيمان؟ لا تبدو على ما يرام. مريضك الأول جاهز».

« لا توجد مشكلة! سوف أشرح لاحقاً، لنذهب!»

فتمتمَتْ، «طيب يا دكتور، مثلما تشاء» ونظرت إليّ وكأنها عرفت أنّ هناك مشكلة ما، ولا تعرفها.

بقيت أتفقد برامج المواعيد طيلة باقي الصباح ظاناً أنني ربما سهوت عن الاسم، مع أنني عرفت أنني لم أفعل. لم يكن اسمه في قاعدة البيانات أو على برنامج المواعيد المطبوع أو حتى على نظام تحديد المواعيد. كيف يمكن لاسمه أنْ يختفي من هذه الثلاثة جميعاً؟

وأخيراً حان وقت الغداء. دعوت المبرمج الذي وضع البرنامج في حاسوبي، فقد بقيت هناك ناحية واحدة أردت أنْ أبحث فيها، ولزم للبرنامج بعض التعديل ليمكّنني من فعل ذلك. أردت أنْ أجري مسحاً لكل الصور الشخصية للمرضى بحثاً عن الرجل المفقود.

«باري، أحتاج إلى معروفٍ منك. سوف أدفع لك أجرتك، أحتاجك لأنْ تصمّم لي محرك بحثٍ يمكنه البحث في جميع الصور الشخصية بأي معيارٍ أريده: الجنس، تاريخ الزيارة، نوع الورم، الطبيب، إلخ. إنني في حاجة لمسح الصور بحثاً عن شخصٍ جاء إلى العيادة»؟

فأجاب، «بالتأكيد، لا مشكلة. أعطني بضعة أيام».

«شكراً لك يا باري».

سجلات المرضى الطبية

وبحلول نهاية اليوم صارت سجلات المرضى مكدّسة قرب المجهر حيث كنت أجلس وأضع حاسوبي. جاءت عدة ممرضاتٍ إلى المختبر، وسألتني إحداهنّ: «ماذا تفعل بهذه؟»

«هل تذكرين الرجل في الغرفة رقم أربعة؟ الشخص الذي سألني إذا كنت قد قبلت يسوع مخلصاً لي، ثم ركضتُ خارجاً من الغرفة؟ كان غريباً نوعاً ما، وكان يحدّق في السقف طوال الوقت الذي استلقى فيه على الكرسي. أعتقد أنك كنتِ ممرضته يا سِنْدي». نظرت

باقي الممرضات، وبدا كأنه ليست لديهنّ أية فكرة عما كنت أتحدث عنه.

«أوه نعم. كان مريضاً «مضافاً» على جدول المواعيد. أخبرتُ عدداً من الناس كيف أزعجك، وشعرت أنه كان غريباً حقاً. فهو لم يقل أية كلمة، وفجأة ومن لا شيء، بدأ الحديث عن يسوع وضايقك. كيف يمكن أنْ أنسى؟»

«إنني سعيدٌ للغاية لأنك تتذكّرينه! كنت على وشك الظنّ بأنه لم يوجد قط. إنها قصة طويلة، ولكن ذلك المريض سألني إذا كنت قد قبلت يسوع، ومنذ ذلك الحين، هذا بالضبط هو ما فعلته. صرت مسيحياً، ونلت الخلاص قبل عدة أسابيع، والآن أريد أنْ أجد الرجل، وأودّ أنْ أشكره وأخبره بأنني خلصت، وأسأله بعض الأسئلة».

سألتني ممرضة ثانية، «خلصت ممّاذا يا دكتور ڤيمان؟»، وكانت واحدة من المجموعة التي قررت عدم سماع شهادتي. وعندها أدركت أنها فرصتي المثالية لكي أخبرها.

«لقد خلصت من الجحيم والانفصال عن الله. لم أفكّر يوماً ما بأنني سوف أؤمن بذلك، ولكن يسوع حقيقيّ وحيّ. صرخت إليه وخلّصني، ولم أعرف ذلك حتى بعد أسبوع من ذلك. إنها قصةٌ طويلة وسوف أشارككن بها حينما تشأن». اختصرت جوابي لأنني رأيت الاستغراب على الوجوه. ولم يكن أحد يتوقّع الجواب الذي قدّمته، انقبضت الوجوه، وارتفعت الحواجب، وقلّ التواصل بالعيون، وتبعت ذلك تحركات لمغادرة المكان.

رجعت بذهني إلى رحلة التزلج وأحداث جزيرة ماركو. تذكرت كيف شعرت عندما أخبرني الناس عن يسوع، وتوقّعت أنّ الممرّضات الآن يختبرن النوع نفسه من التوتّر والضغط والخوف وردود الفعل غير المريحة التي كانت لي آنذاك. فالحديث عن يسوع والخلاص يثير هذه الردود ولكنني لم أعلم كيف ولماذا. *لا بد أنّ هناك شيئاً ما يسبّب ردة الفعل هذه*، فمن الغريب أنْ أكون في الجانب الآخر هذه المرة. شعرت بالحاجة إلى تخفيف التوتر.

فقلت، «أعلم أنّ هذا يبدو ضرباً من الجنون، وأنا أيضاً كنت أستغرب جداً عندما يتحدّث الناس إليّ عن يسوع. فقد كنت مثلكنّ وأفهم تماماً، ولا يمكنني الآن إلا أنْ أقول لكنّ إنّ هذا صحيح».

قالت إحدى الممرضات وكأنها تبحث عن كلمات، «طيب، حسناً... لماذا لا تسحب جدول المواعيد الأصلي لذلك اليوم؟ لمَ جداول المرضى الطبية؟»

فأجبتها وكأنّ الإحباط الذي نجم عن عدم عثوري على المريض ينفجر كالبركان، «لأنّ اسمه لم يعد على الجدول! لقد اختفى من قاعدة البيانات، وحتى من برنامج تحديد المواعيد. لا يوجد أي سجّلٍ لوجود هذا الرجل هنا. إنني لست مجنوناً، فهناك ممرّضات

يتذكرن رؤيته أيضاً. وأنا الآن أستخرج جداول فحص المرضى البدنية وأتحقّق منها، مع أنه لا يوجد اسمٌ إضافي على برنامج الجدولة، ولكنني أحاول أنْ أتأكد.

«انظرن! هذا هو الجدول الزمني الأصليّ المطبوع في اليوم الذي كان فيه هنا. أترين؟ لا يوجد مريض مخصّص للغرفة رقم أربعة. لقد كان المريض في الغرفة رقم أربعة! والأرقام تكتب إلى جانب جميع أسماء المرضى ولكن لا يوجد اسم للغرفة رقم أربعة. لقد تحققت من كل يومٍ في هذا الأسبوع، وحتى في الأسبوع السابق والأسبوع اللاحق. ولا أستطيع أنْ أعثر على اسمه في أي مكان! أعلم أنّ هذا هو اليوم الصحيح، وأنّ اسمه كان مكتوباً هنا بالحبر الأزرق، أتذكر أنني رأيته وهذا ما يذكره آخرون».

امتلأت وجوههنّ بنظرة رعبٍ، وتحوّل لون إحداهنّ إلى اللون الأبيض بينما كانت تحدّق فيّ تارة وفي الورقة تارة أخرى، ثم صرخت «آه، يا إلهي، آه يا إلهي» وركضت بعيداً إلى غرفة عمل الممرّضات.

وقالت ممرّضة ثانية، «آه، آه، أخبرنا ما يستجدّ لديك»، ولم تستطع أنْ تنظر إليّ. وحاولت أنْ تتهرّب من العواقب فقلّبت الأوراق التي في يدها، ثم غادرن جميعاً وكأنّ قنبلة ما كانت على وشك الانفجار.

تغيّرت الأمور منذ تلك اللحظة فصاعداً، وصارت العديد من الممرضات غير مستريحات بقربي، ويتجنّبن التواصل بالعيون. فقد سمع الجميع عما حدث، ولكن البعض لم يردْن أنْ يعرفن أو يتحدثن أو يسمعنني أقول أي شيء. كنت أعرف السبب في أعماق قلبي، وأتعاطف معهن. فقد كان ذلك المريض وتحوّلي يسبّبان بكل وضوحٍ لخبطة في مفهومهن للحقيقة مما أخافهن، وهذا مبرَّر. فهناك رجلٌ زار عيادتنا، وأجريتُ له جراحة، ورآه العديد من الناس ولمسوه، ثم اختفى من جميع سجلاتنا في مواقع متعددة.

بقيت في العيادة حتى وقتٍ متأخر من تلك الليلة، وبحثت في كومةٍ من جداول المرضى. عزلت الجداول الخاصة بالمريضات، وتحققت من كل جدولٍ يتعلق بمريض ذكر. كنت أعرف أنّ ذلك المريض كان يعمل في كنيسة. وكنت أرى في ذهني ما كتب آنذاك على الجدول. راجعت جميع الجداول، ولكن لم يكن فيها أي جدول لمريضٍ يعمل في كنيسة. كان عليّ أنْ أستنتج أن جدوله قد اختفى! وبعد ذلك مضيت إلى البيت ولم أخبر روث. أردت أنْ أنتظر نتائج البحث في قاعدة البيانات.

محرك البحث في سجلات قاعدة البيانات

اتصل بي المبرمج في اليوم التالي وأخبرني أنّ المحرّك الخاص للبحث صار جاهزاً ومحدّثاً. وقبل أنْ أبدأ في البحث، راجعت بسرعةٍ أنواع السجلات التي يمكن أنْ تكون قد أنشئت في السجل الإلكترونيّ لذلك المريض يومَ أتى للجراحة. توضع لكل مريضٍ جراحيّ جديد مذكرتان إلكترونيّتان منفصلتان (مستقلتان)، واحدة للتقييم والأخرى لتقرير العمل الجراحيّ. وأدركت أنه، حتى ولو مُحيت إحداهما عن طريق الخطأ، فإنّ قاعدة البيانات ستحتوي على صورة المريض الشخصية. وتقريباً يستحيل أنْ تُمحى المذكرات المتعلقة بالمرضى عن طريق الخطأ. وأما فرصة محو سجلين متوازيين للمريض نفسه فهي مستبعدة جداً ولم تحدث قطّ من قبل. فالكومبيوتر ينشئ تلقائياً تاريخاً للزيارة، لذلك لا يمكن أنْ تكون المسألة متعلقة بتاريخٍ خاطئ سجلته إحدى الممرضات.

وأخيراً حان وقت الغداء، وأطلقت البرنامج. بدأت في البحث في اليوم الذي عرفت فيه أنّ المريض كان في العيادة. وامتلأت الشاشة بصور الرأس والكتفين لكل مريض رأيناه في ذلك اليوم. لو لم تُؤخَذ صورة في ذلك اليوم لأظهرت الشاشة منطقة سوداء فوق اسم المريض. راجعت كل صورة، ولم يكن هناك. فحصت كل جدولٍ بدنيّ لكلّ مريض ليست لديه صورة، ولكن لم يكن أي منهم ذلك المريض. بعد ذلك راجعت كل يومٍ من ذلك الأسبوع والأسابيع السابقة واللاحقة، ومع ذلك لم أجده. لقد اختفت جميع سجلات زيارته.

سجلات المختبر

قلت بصوتٍ عالٍ في المختبر، «لا أستطيع أنْ أصدق أنه ليس هناك!» كانت تامي تعمل في مكتبها فجاءت نحوي، وسألتني، «عمّ تتحدث؟»

«الرجل الذي سألني إذا كنت قد نلت الخلاص. لا أستطيع أنْ أعثر على أي سجلٍ عن كونه مريضاً هنا. وحتى اسمه قد اختفى من جدول المواعيد. كان مكتوباً بخط اليد كمريضٍ إضافي لعمليةٍ جراحية. لقد اختفى يا تامي من الجدول الأصلي، ومن قاعدة البيانات، ومن برنامج المواعيد. وهذان نظامان منفصلان، هذا أمر جنونيّ!»

«هل تفقدت سجلات المختبر؟ إذا عملنا له جراحة فلا شكّ أنّ اسمه قد سُجّل في كتاب البيانات، مع مكان الورم ونوعه».

قلت لها متردّداً، «لا» وشعرت بالإحراج لأنني نسيت أنْ أفعل ذلك. ثم تحوّلت عيناي إلى كتاب سجل الجراحة الموجود مقابلي تماماً على الطاولة. تناولته بسرعة، وأمسكته وكأنني

أمسك بذهب. قلبت الصفحات بسرعة حتى وصلت إلى اليوم الذي جاء فيه ذلك المريض إلى العيادة. قارنت القائمة مع ما لديّ من جداول. لقد اختفى اسمه! لا يوجد أي سجلٍ على أنه خضع لجراحةٍ في ذلك اليوم. ولم يوجد في ذلك الأسبوع بأكمله اسم لأي شخصٍ عالجته ولديه نوع السرطان نفسه في ذلك الموضع من بين جميع المرضى الذين أزيل ما لديهم من سرطان المرحلة الأولى. راجعت الأسابيع الأخرى لأتأكد فحسب، ولكن لم أعثر عليه أيضاً.

«انظري يا تاميّ إنه ليس هنا. ألم أقل لكِ؟ إنني لست مجنوناً يا تامي، صدقيني لقد كان هنا! ثم استدركت لحظة وكأن شيئاً ما حدث لي، «انتظري يا تامي، يُعطى مرضى الجراحة أرقاماً متتالية عندما تُرسل أنسجتهم السرطانية إلى المختبر».

أجابتني بنغمةٍ ساخرة ولكن فيها مزح، «أعلم ذلك. وأنا أسجّل أسماءهم يا دكتور ڤيمان».

فواصلت الحديث، «إذا كان المريض هنا في ذلك اليوم فلا بد أنّ اسمه حصل على رقم، أليس كذلك؟»

«نعم بالطبع».

«وقد حصل المرضى المعالجون قبله وبعده في ذلك اليوم على أرقام. ويبدو دفتر تسجيل المرضى متتابعاً يحتوي على الأرقام المتتالية الخاصة بحالات الجراحة للمرضى الآخرين منذ اليوم الذي كان فيه هنا».

«نعم، تابع حديثك»

«حسناً، إذا كان اسمه مفقوداً الآن، فلماذا بقيت كل الأرقام في تسلسل دون مسافات فارغة أو أرقام مفقودة؟ فمن المستحيل أنْ يُزال اسمه من القائمة دون أنْ يترك فجوة أو ثغرة أو لخبطة في أرقام المرضى الآخرين. هل تفهمين ما أقوله؟!»

«نعم. إذا أعطيتُ حالته الرقم ١٠٠، على سبيل المثال، ستصبح أرقام المرضى التالين ١٠١، ١٠٢. وإذا محوتَ اسمه لاحقاً فسوف تكون هناك مساحة مفقودة في دفتر التسجيل. وإذا أزلت جميع الأسماء الأخرى وأعدت كتابة دفتر التسجيل فستختلف أرقام الحالات برقمٍ واحد أو سيوجد رقم مفقود».

«بالضبطّ! كيف يمكن أنْ يكون ذلك؟ إنه فعلاً مثير للسخرية! أشعر وكأنني أفقد عقلي».

قالت لي تامي بابتسامةٍ متكلفة، «ربما ليس من المفترض أنْ تعثر عليه».

ذُهِلت وقلت لها، «ماذا تعنين؟ أرجو ألا تعطيني من جديدٍ جملة تجعلني أفكّر لأسابيع، مثل تلك التي قلتِها عن الروح القدس».

قالت وهي تبتسم، «ربما كان رسولاً».

«ماذا تعنين؟»

قالت لي، «لن تعثر عليه يا دكتور ڤيمان» وغادرت المكان.

«ماذا تعنين؟ ماذا تعنين؟»

اختلسَتْ نظرة إلى الوراء، وابتسمَتْ ابتسامة الفاهمة ولكنها لم تجب. عرفت ما كانت تشير إليه. كان هذا «الرجل» ملاكاً أرسله الله لي لكي يواجهني شخصياً برسالة الإنجيل عن الخلاص. كنت قد قرأت في العهد الجديد عن الملائكة الذين استخدمهم الله كرسلٍ، ولكن لسببٍ ما لم أعتقد أن الله لا يزال يستخدمهم اليوم، أو على الأقل ليس معي. صرت فضولياً بشأن حقيقية احتمال المقابلة مع ملاكٍ ولكنني أردت أنْ أتأكد من أنني فحصت كل شيءٍ بدقة.

قضيت ثلاث أو أربع ساعات في الأيام القليلة التالية في البحث وإعادة التحقق من كل شيء. لم يبقَ شيء أراجعه، صرت منهكاً ومحبطاً، لم أجده وتوقفت عن البحث.

طلبت من إحدى الممرّضات، «هل يمكنك أنْ تعيدي كومة الجداول هذه إلى السجلات الطبية؟» وكانت هي الممرّضة التي غادرت المختبر وهي تقول، «أوه، يا إلهي».

فقالت بتردّد، «د. ڤيمان؟». كنت أعرف أنها تعرف سبب وجود الجداول هناك، فشعرت أنها خشيت أنْ تسأل. وبدا الخوف في صوتها، وانفتحت حدقتا عينيها بأوسع ما يمكن. ثم سألت «ما الذي وجدته؟» وبدت على وجها نظرة الغزلان التي انبهرت من ضوء مصابيح السيارة.

توقفت ونظرت إلى عينيها تماماً وقلت، «لقد ذهب. إنه غير موجود». ابيضّ لون وجهها، وتوقفت والجداول في يدها، وحدّقت في وجهي لبضع ثوانٍ وكأنها تستوعب نتائج الحديث.

ثم قالت ثانية، «أوه، يا إلهي» وغادرت المختبر.

نظرت إلى تامي التي كانت تراقب هذا من الجانب الآخر من الغرفة. كانت على وجهها ابتسامةٌ كبيرة. لقد تلاشت فكرتي عن الواقع عندما اكتشفت أنّ الله يسكن في داخلي دون أنْ أعرف، ولكن الآن صارت حتى تفاصيل واقعي الجديد تتهاوى. كيف يمكن أنْ

يختفي جدول ذلك المريض، وسجلاته الطبية الإلكترونية، وصوره، وجميع سجلات زيارته إلى العيادة؟ كيف يمكن أنْ يختفي اسمه المكتوب بالحبر الأزرق على الجدول المطبوع الذي رأيته ذلك اليوم؟ لم أرد أنْ أواجه الجواب ونتائجه مع أنها كانت واضحة، فالله يسيطر سيطرة مطلقة على جميع التفاصيل، ويوجد في هذا العالم المادي أكثر بكثيرٍ مما أستطيع أنْ أراه.

فكّرت في كل شيءٍ ودُهِشت. هل أحبّني الله إلى هذه الدرجة حتى أنه أرسل ملاكاً لي لكي يؤكّد لي حاجتي للخلاص؟ كان عليّ أنْ أعترف أنّ الجواب هو نعم.

الفصل الرابع والعشرون

التلقيح ضدّ العلاج

صديقي الحميم

عندما عدت من العمل إلى المنزل في تلك الليلة قررت أنْ أتصل بأعزّ صديقٍ لي، وكان يعيش في العاصمة واشنطن. نشأنا سوية منذ المدرسة الابتدائية، وبقينا صديقين حميمين. كان يهودياً، وأما زوجته فكانت مسيحية على حدّ علمي. كنت متحمّساً لكي أخبرهما عما حدث لي. كنت أفترض أنّ هذه هي الفرصة التي تنتظرها زوجته لكي تشارك معه قصة يسوع. توقّعت رداً إيجابياً لأنّ المسيحية قصةٌ يهودية من البداية إلى النهاية، وكنت متأكداً من أنه سيؤمن بيسوع مخلّصاً إنْ لم يكن بواسطتي، فبواسطة زوجتي.

اتصلت برقم هاتفه، وكان قلبي يضرب ضرباتٍ ثقيلة في صدري.

«مرحباً، فِلْ؟»

«نعم، غريغ، كيف أمورك؟»

«لقد حدث معي شيء لا يُصدّق. لقد خلّصني يسوع. إنه أمرٌ رائع يا فِلْ. الله حقيقيّ فعلاً. يمكنك أنْ تعرف بشكل مؤكد الآن أنك ستعيش إلى الأبد، والأروع أنها قصة يهودية بأكملها!»

«ماذا؟ عمّ تتكلم؟ من أين تأتي بهذا؟ هل طار عقلك؟»

«لا، دعني أخبرك القصة بأكملها». أخبرته كل شيء، وكان صامتاً ولم يقل شيئاً حتى النهاية».

«غريغ، هذا عظيم. إنني سعيد لأنك وجدت شيئاً يسعدك».

لا، لا، يا فِلْ. ألم تفهم ما قلته لك؟ أنتَ بحاجةٍ إلى الخلاص، فهذا ليس ديناً قرّرت فكرياً أنْ أقبله، ولكنه حقيقة وجودنا. فالله الذي خلقك وخلقني هو الربّ إله إسرائيل. إنه الله نفسه، وقد جاء إنساناً إلى الأرض، ومات لكي نخلص من خطايانا. أنت تعلم أننا كليْنا خاطئان، أنا وأنت. هيا يا فِلْ، لا تدعني أبدأ بسرد الأمثلة».

«غريغ، تحدّث مع أليسا، فقد نشأت معتادة على الذهاب إلى الكنيسة وإلى مدرسةٍ مسيحية. أخبرها فأنا لا أفهم هذه الأمور على الإطلاق». وسمعته يسلّم الهاتف لزوجته.

«غريغ، كيف أمورك؟»

«أليسا، لقد خلّصني يسوع وأنا مسيحيّ حقيقيّ الآن، والروح القدس يسكن داخلي. هذا كله صحيح، فالمسيح حقيقيّ فعلاً، وفعل ذلك معي، وهو حيّ، ويسمع كل شيء نقوله. إنه لأمرٌ رائع، ساعديني لكي أقنع فِلْ لكي ينال الخلاص».

«ما الخلاص الذي تتحدّث عنه؟ الروح القدس يسكن فيك؟! ماذا يعني ذلك؟ انظر يا غريغ، يؤمن فِلْ بالله وأنا أؤمن به أيضاً. ما خطبك؟»

«أليسا، ينبغي أنْ يولد الإنسان ثانية لكي يذهب إلى السماء. هذا ما قاله يسوع بنفسه. اقرأي ذلك بنفسك في إنجيل يوحنا في الفصل الثالث. ألم يعلّموكِ ذلك في الكنيسة أو المدرسة؟»

«لا، لم يفعلوا. ماذا تعنيه عبارة مولود ثانية؟ لماذا تزعج فِلْ بهذا وتُشعِره وكأن هناك خطأ ما؟» وتغيّر صوتها وقالت متشكّكة، «هل صرتَ أنت متديناً من بين جميع الناس؟»

قلت لها بحماسٍ متزايد، «لا، إنه ليس تديّناً على الإطلاق. المسيحية تغيير في طبيعة وجودك، وهي ليست قبولاً فكرياً لتعليمٍ أخلاقي. فعندما تنالين الخلاص يسكن الله فيك». ولم أعلم لماذا كانت تخاصمني حول هذا الأمر.

«هذا يبدو جنوناً يا غريغ. هذا هو فِلْ من جديد، تحدثْ معه».

«فِلْ، أنا لست مجنوناً. أنت صديقي الحميم وتعرفني. أنا آخر شخصٍ يرجح له أنْ يصبح مسيحياً. لماذا أتصل بك لو لم يكن هذا حقيقياً؟ ينبغي أنْ تصدّقني!»

«ينبغي أنْ أفكّر في الأمر يا غريغ. لقد فاجأْتَني، وهذا ليس ما توقّعته منك».

شعرت بخيبة أملٍ وقلت، «نعم، أفهم ذلك. حسناً سأتصل بكما في الأسبوع القادم. أراكما إنْ شاء الله».

«حسناً، سنتحدث معك لاحقاً».

أقفلت الهاتف وأنا في حالة صدمةٍ وعدم تصديق. كنت أظنّ أنّ جميع الناس يريدون أنْ يعرفوا أنّ الله حقيقيّ والحياة الأبدية ممكنة. *ما الذي يجري في العالم؟* ينبغي *أنْ تعرف أليسا ما أتحدّث عنه، إنها لا تعرف حتى ما هو الخلاص.* كيف يمكن *أنْ يكون هذا؟ لماذا لا تهتم بحاجة زوجها إلى الخلاص؟ إنها* ثالث شخصٍ *أقابله يجهل أهمّ* جانبٍ من جوانب *المسيحية، أي الخلاص.* يبدو *أنها تعتقد أنها بخيرٍ لأنها تؤمن مع زوجها بوجود الله.* صار *يبدو لي وكأنّ بعض أشكال الدين المسيحي حالياً تعطي الناس لقاحاتٍ ضدّ قبول العلاج الحقيقيّ.*

بدأت أصلّي منذ تلك اللحظة من أجل فِلْ وعائلته لكي ينالوا الخلاص. وقد استجيبت صلواتي في نهاية المطاف، ولكن ليس بالطريقة التي كنت أتوقعها. فبعد ست سنواتٍ أصيب فِلْ بسرطان مزمن. وعندما واجهه الموت مواجهة مخيفة رأى أخيراً حاجته إلى الخلاص، ومغفرة الخطايا، والحياة الأبدية. ونال الخلاص هو وزوجته خلال معركته مع السرطان. وهو الآن في السماء مع الرب. وهذه الصلاة المستجابة مذكورة في مفكرتي. وعندما أفكر فيها أندهش، فقد استخدم الله السرطان لتغيير قلب فِلْ، وهكذا نجمت المعجزة عن شيءٍ سيئ، فالله يعمل بطرقٍ غريبة.

شعب الكنيسة

بعد أنْ أنهيت حديثي الهاتفيّ مع فِلْ، شعرت برغبةٍ شديدة في إيجاد شخص آخر يعرف الحقّ، فقرّرت أنْ أتحدّث مع صديقٍ آخر نشأ في الكنيسة. رتّبت لقاءً معه في اليوم التالي. تحدّثنا في مكتبه.

قلت له بإلحاحٍ، «جِمْ، أنا بحاجة إلى التحدّث معك».

«حسناً، اجلس. ماذا يدور في ذهنك؟» جلست على كرسيٍّ من الجلد الأسود مقابل مكتبه. كنت أتكئ نحو الأمام وذراعاي على ركبتيّ، أما هو فجلس متكئاً نحو الخلف في كرسيٍّ كبير من الجلد الأسود.

«لقد خلّصني يسوع، وسكن الروح القدس في داخلي. غيّر الرب حياتي تغييراً جذرياً عندما خلّصني، فبين ليلةٍ وضحاها غيّر شخصيّتي ومشاعري ودوافع قلبي. وأنا مستغرب جداً لأنه يبدو أنه لا يوجد من يعرف عما أتحدث عنه ما عدا اثنين من زملائي في العمل».

راقبته عن كثبٍ بينما كنت أخبره القصة بأكملها. وكلّما تحدّثت أكثر بدا الانزعاج عليه أكثر. كان مرتبكاً يتململ ويتجنّب التواصل بالعينين معي، ويبدو أنّ موضوع حديثي كان يزعجه كثيراً. كدت لا أصدّق أنّ هذا يحدث لي من جديد.

«هذه قصة رائعة يا غريغ. نؤمن أنا وأنت بالأشياء نفسها ولكن بطريقةٍ مختلفة.»

«ما معنى بطريقةٍ مختلفة؟»

«أؤمن أنَّ يسوع مات من أجل خطاياي. أؤمن بالله. أعتقد أنك تستخدم مصطلحاتٍ تختلف عما يستخدمه الآخرون».

«مصطلحات مختلفة؟ أنا أستخدم المصطلحات التي استخدمها يسوع. إذا كان هو الله والمخلص، فلماذا أستخدم أية مصطلحات أخرى غيرها؟»

أجابني وهو يغيّر جلسته على الكرسيّ مرة تلو مرة، «لا يفسّرها كل إنسانٍ بالطريقة نفسها. يسعدني أنك وجدت الله، وقد سمعت تعبير الروح القدس في الكنيسة، ولكنني لا أفهم بالضبط ما تتحدّث عنه. ففي الكنيسة، يقرأون لنا سطوراً من الكتاب المقدس، وقد عُمِّدت عندما كنت طفلاً، وهذا ما اعتادت عليه عائلتي».

وتشدّدتُ في رأيي وقلت، «أنا لا أعتقد ذلك. لا يوجد 'تفسير' هنا. ما الذي يحتاج إلى تفسير؟ الكتاب المقدس واضح. فالإنسان غير مخلّصٍ ما لم ينلِ الروح القدس في داخله. والله يهبك الخلاص عندما تتوب عن خطاياك، وتصرخ إليه طالباً الغفران والتغيير. ليس لذلك أية علاقةٍ بالذهاب إلى الكنيسة أو المعمودية».

«لا تؤمن كنيستي وطائفتي بذلك».

«من أين تستمدّ معتقداتك؟»

أجابني بتردّد، «تعلّمنا الكنيسة ما ينبغي أنْ نؤمن به».

سألته، «هل تقرأ الكتاب المقدس؟» فاتّسعت عيناه.

«في الحقيقة، لا».

«لمَ لا؟»

«لماذا؟ لقد كتب بعض الناس الكتاب المقدس. ولا يمكنك أنْ تأخذ كل شيءٍ في الكتاب المقدس على محمل الجد. فهو مهم، ولكن لا تتّكلْ عليه كثيراً».

كنت شخصياً قد تناولت هذه الأسئلة نفسها خلال بحثي، وصارت لها إجابات في ذهني أكثر من مرضية، ولكنني كنت أعرف أنّ الوقت غير مناسبٍ للتوسّع في هذه الأشياء كلها. قلت له، «جِمْ، ينبغي أنْ أغادر. إنني آسفٌ على إزعاجك، وأشكرك على وقتك».

شعرت أنّ المغادرة أفضل من الدخول في جدال. فوجئت بأجوبته، وشعرت بأنه غير مستريحٍ في محضري، ومنزعجٌ مما أخبرته إياه. لم أفهم، ولكنني استنتجت أنه قد تعلّم أشياء غير كتابية. وصار يقاوم بشكلٍ طبيعي ما قلته له، مع أنني كنت أستخدم كلمات يسوع، عوضاً عن أنْ يعترف بأنه يمكن أنْ يكون على خطأ، الأمر الذي قد يحمل عواقب وخيمة من جهة خلاصه. *لماذا علّموه أشياء كهذه؟ إنه شخصٌ آخر أخذ لقاحاً من الكنيسة ضدّ العلاج!* حزنت في قلبي على هذا الأمر، وصارت الأفكار تتسابق في ذهني.

يسوع حقيقيّ وحيّ! لقد نلت الحياة الأبدية بفضل الروح القدس. وأنا ماضٍ إلى السماء وقد تحرّرت من خوف الموت وجهالة التطور المدمّرة. الله هو أبي الذي خلقني ويحبّني. إذا

كان الحق الذي وجدته رائعاً بهذا الشكل، ومفعماً بالرجاء في عالمٍ بلا رجاء، فلماذا لا يُعلَّم الناس عن قبول العلاج؟ ما هي منفعة زيارة عيادة الطبيب في كلّ أسبوع، والتحدث عن العلاج، إذا كنت لا تتناوله؟ هذا مشابه لقولك للمرضى، «تناولوا الدواء»، وجوابهم، «لقد تناولناه»، في الوقت الذي لا يزال الدواء فيه قابعاً في أيديهم دون أنْ يستخدموه.

رجعت إلى المنزل، وقلت في الطريق بصوتٍ عالٍ، «هذا مثير للسخرية!» إنني في حاجةٍ للتحدث مع قسيس الكنيسة التي أذهب إليها. اتصلت بمكتب الكنيسة، وسألت إذا كان قادراً على زيارتي لاجتماعٍ قصير. فوافق بلطفٍ على اللقاء بي في المنزل في الليلة التالية.

قلت لنفسي، «*ربّما تكمن المشكلة فيّ أنا*». لم أكن أعتقد ذلك، ولكنني كنت حديثاً في الإيمان. لم أخبر روث أو أي شخصٍ آخر بما كان يحدث. كنت بحاجةٍ لجمع مزيدٍ من المعلومات.

شعرت بما يلزم القيام به فصلّيت، «أيها الرب يسوع، أرجوك يا الله أنْ تساعدني لكي أفهم ما يجري. لماذا لا يصدّقني الناس ولا يفهمون ما أخبرهم به. هل أنا على خطأ؟ ما هو هذا الأمر يا رب؟»

القس في العيادة

في اليوم التالي كنت أنتظر نهاية اليوم بفارغ الصبر لكي يأتي القس رودني لزيارتي. ومن المفارقات أنّ أحد مرضى العمليات الجراحية لبعد ظهر ذلك اليوم كان قسيساً في كنيسةٍ قريبة. وقد جاء لإجراء جراحةٍ في جبهته. وبعد إكمال المرحلة الأولى من عمليته الجراحية، كان لدي بعض الوقت، فابتدأت الحديث معه.

«لقد نلت الخلاص، يا قسيس، قبل بضعة أسابيع فقط. في البداية كنت أحاول أنْ أثبت أنّ المسيحيّين منافقون، وصرت أقرأ الكتاب المقدس لأجد أدلة على ريائهم. ولم أكن أعرف أيّ شيء عن الكتاب المقدّس، ولم أكن أهتمّ بالله البتة، ولكن سرعان ما صرت مهتماً في تصريح يسوع بأنه الله، وهكذا باشرت مهمّة البحث في صحة الأمر. وانتهى بي الأمر بأنني خلصت، ولم أدرك في البداية أنني خلصت، أو أنه يوجد شيء اسمه الخلاص. وغيّرني الربّ جذرياً بين عشيةٍ وضحاها. تغيّرت شخصيّتي ودوافعي وطرقي الأنانية جميعها. ظننت أنني مصابٌ بمرضٍ ما! ولم أفهم أنّ الروح القدس كان يسكن داخلي». توقّفت فجأة عن الكلام عندما رأيت نظرة ذعرٍ على وجه القسيس، فقد اتسعت عيناه وحدّق في وجهي باستغراب، وما أذهلني أكثر هو نظرة الخوف في عينيه.

واصلت بصعوبة. «ولكن لدي سؤال، إنني أشارك الكثيرين من الناس بشهادتي، ولكن معظم الناس لا يفهمون ما حدث لي مع أنهم نشأوا في الكنيسة. فهم لا يفهمون أنّ الله يسكن داخلك منذ اللحظة التي تنال فيها الخلاص. المسيحية ليست حضور الكنيسة واتباع المذاهب الأخلاقية، بل هي علاقة حياتية مع الله تنبثق من داخل وجودنا. لماذا هذا؟ فالأمر واضح جداً في الكتاب المقدّس، بالنسبة لي على الأقل. أيها القس، إذا كان الناس الذي يحضرون الكنيسة بصورةٍ منتظمة هم غير مخلّصين في الغالب، فالكنيسة عديمة الفائدة. الجحيم حقيقيّ فلماذا لا يُؤخَذ هذا على محمل الجدّ؟»

كانت هناك وقفة طويلة. كان يحدّق في وجهي فحسب، ثم نظر إلى زوجته وبدت تعابير وجهه عصبية ولكنها لم تقلْ شيئاً. عرفت أنه يوجد خطأ ما، وكان بإمكاني أنْ أشعر به، ثم حلّ على الغرفة صمتٌ بارد.

«نحن نركّز على محبة الله. الله إله المحبة، وهو يحبّنا». انتظرت منه أنْ يقول المزيد، لكنه لم يفعل! تركني مع تلك الكلمات فحسب. لم أجد ما أقوله لأنه، مع أّن عباراته كانت صحيحة، فقد عرفت أنّ هناك خطأ ما بخصوص ما كان يحاول أنْ يقوله.

«ماذا تقصد يا قسيس؟»

«نحن لا نعلّم عن الدينونة والجحيم. إله المحبة لن يرسل أي إنسانٍ إلى الجحيم. يوجد بعض المسيحيّين الأصوليّين الذين يتسبّبون في الكثير من المشاكل والقلق في العالم. يسوع يحبّنا ولا يديننا».

«عفواً يا قسيس، ولكن الخلاص والحياة الأبدية هما أساس المسيحية. إذا كنت لا ألتزم بكلمات يسوع وبهذين المفهومين المقدّمين بوضوحٍ في الكتاب المقدّس فما الذي أفعله؟ الأسس هي كل شيء. إنني أرى إله المحبة أيضاً الّذي نزل من السماء، وصار إنساناً، ومضى إلى الصليب حيث جُلِد وصُلِب لكي يخلّصنا. أجرة الخطية هي موت، موت أبدي. الله يحبّنا كثيراً لدرجة أنه أرسل ابنه الوحيد لكي يموت عوضاً عنا. إنني أرى محبة الله على الصليب، ولكنه أتى لكي يخلّصنا من الانفصال الأبديّ عنه. إذا لم يكن هناك جحيم، فلماذا أتى؟ وممّ يخلّصنا؟

«نعم، الله هو إله المحبة، لكنه بار تماماً. ينبغي أنْ يعاقب الخطيئة. فمحبة الله تريد أن تخلص الخطاة، ولكنها تتطلّب أيضاً التعامل مع الخطيئة. لذلك أكمل يسوع الأمر كله على الصليب. فالله عاقب الخطيئة ووفّر في الوقت نفسه وسيلة ليخلّص الخطاة بنفسه. والمحبة الحقيقية لا تغفل عن الخطيئة. من هو الأب الذي يحب أولاده؟ هل الذي يؤدّبهم أم

الذي يدعهم يفعلون ما يريدون؟»

«لا يؤمن جميع الناس بما تؤمن به يا دكتور ڤيمان. أظنّ أنك ستجد الحياة أسهل بكثيرٍ إذا كنت تهدأ وتدع كل إنسان يقرّر لنفسه ما هو الحق».

«إنني متأسف أيها القس بسبب إثارة الموضوع ولكنني لا أستطيع أنْ أفعل ذلك. أعرف أنّ أمراً ما حدث لي وهو ليس مسألة تفسيرٍ أو اختيار النظر إلى المسيحية بطريقة مختلفة وبسيطة. قلبي يجبرني على المشاركة مع كل إنسان عن يسوع، وكيفية نوال الخلاص».

ولم نتحدّث عن الله لبقية فترة تواجده في العيادة. كان قلبي مثقلاً في داخلي، وشعرت بغثيانٍ واكتئاب. وبينما أنا أسعى لكي أقدّم الحياة الأبدية، تسبّبت في عثرة شخصٍ آخر، وأغضبته وأزعجته، وليس أي شخص بل قسيساً!

قسيس الكنيسة

«روث، وصلت المنزل عائداً من العمل. أين أنت؟»

«أنا في الطابق العلوي. سأنزل في الحال». نزلت إلى الأسفل بينما كنت أفرغ حقيبتي التي أحملها للعمل.

«نسيت أنْ أخبرك أنّ القس رودني من كنيسة كالفري قادمٌ لزيارتنا الليلة. نسيت أنْ أخبرك».

«حسناً، لماذا؟»

«كنت أخبر الكثيرين من الناس عما حدث لي، كيف خلصت وما إلى هنالك. إنه أمرٌ غريب يا روث. تقريباً لا يوجد من يصدّقني أو يفهم عما أتحدّث».

«لا يمكنك يا غريغ أنْ تتوقّع من الناس أنْ يؤمنوا فحسب. تذكّر أين كنت قبل سنةٍ واحدة. هل كنت ستستمع؟»

«معك حق، أنا أوافق، ولكن الذين أُخبِرهم أشخاصٌ يذهبون إلى الكنيسة، ويقولون إنهم مسيحيّون. إنني أخبر الناس الذين ينبغي أنْ يعرفوا عن الخلاص، فهو هدف المسيحية بأكمله. أشعر وكأنني أعيش في حلمٍ مزعج، فهل أنا المجنون؟ كيف يمكن للناس الذين يحضرون الكنيسة ألا يعرفوا عن الخلاص وسكنى الروح القدس داخل الإنسان؟ إنه أمر رائع وليس شيئاً يرفضه المرء أو يتوارى عنه. ألاحظ يا روث كيف يستغرب الناس عندما يستمعون لي، فهم لا يعرفون عما أتحدّث، ولا يريدون أنْ يسمعوني، وهذا واضح من الطريقة

التي يتصّرفون بها».

«حسناً، أستطيع أنْ أخبرك بأنني نشأت معتادة على الذهاب إلى الكنيسة، ولم أسمع أيضاً عن الخلاص البتة. كان الكتاب المقدّس يُقرأ، وكانت قصص يسوع تُعلَّم في مدارس الأحد، ولكن لم يقُدْنا أحدٌ إلى الخلاص. فكل شيءٍ يتعلّق بالكنيسة وأنشطتها، ولكن ليس بيسوع. وأنا لم أقرأ الكتاب المقدس البتة، ولم يقل لي أحدٌ إنني بحاجةٍ لقراءته. وعندما أفكّر في الماضي أرى أنّ أختي «بيكي» قد نالت الخلاص ذات ليلةٍ حين مضت إلى مجموعة شبيبةٍ مختلفة في المدرسة الثانوية. وعادت مندهشة تخبر الناس عن يسوع، وصارت توزّع نبذاً عن الخلاص وهذه الأمور».

ثم توقّفت وبعد ذلك تابعت، «بدأت مؤخراً حضور دراسة للكتاب المقدس، واكتشفت أنّ معظم النساء في المجموعة لم يقرأن الكتاب المقدس بأنفسهن. كنّ يتحدثن كثيراً، ولكن عندما سألتهنّ إذا كنّ قد قرأنه، قلن لا، ولكنني قرّرت أنني سأقرأه».

«هذا شيءٌ من أغرب الأشياء التي اكتشفتها على الإطلاق، وهو بلا معنى، إنه مثير للسخرية. كيف يمكن للأمور أن تجري بهذه الطريقة؟ ولماذا؟»

أجابتني بتمعّن، «لست أدري».

«آمل أنْ يعرف القس رودني ذلك لأنني على استعدادٍ للدخول في مصحٍّ عقليّ. لا أستطيع أنْ أصدق أنّ الناس الذين يذهبون إلى الكنيسة طوال حياتهم لم يسمعوا حتى عن كيفية نوال ما بذل الله حياته من أجله. أنا لم أذهب إلى الكنيسة مطلقاً يا روث. ما الذي يفعلونه في هذه الكنائس إذا لم يأتوا بالناس إلى موضعٍ للتوبة والخلاص يقودهم إلى علاقةٍ شخصية مع يسوع؟»

«إنه لَأمرٌ محزن ولكنه حقيقي، وقد عشته. أخبرْني ما سيقوله لك القس، سوف أهتمّ بالأطفال في الطابق العلوي».

«حسناً».

وأخيراً صارت الساعة السابعة مساءً، ورنّ جرس الباب. استقبلت القس، ونزلنا إلى الطابق السفلي. كنت قد التقيت معه في الأسبوع السابق في الكنيسة وشاركته بشهادتي.

كانت في الغرفة أريكتان من الجلد بنيّتا اللون، الواحدة مقابل الثانية أمام المدفأة. استرخى القسيس في إحداهما بينما جلسْتُ في الثانية متكئاً على ركبتي بانتظار ما سيجري.

«شكراً لك يا رودني لمجيئك إلينا. إنني بحاجةٍ للتحدث إليك عن شيءٍ حدث لتوّه».

«ما الأمر؟ تبدو منزعجاً».

«كنت أخبر الناس عن نوالي الخلاص، وعن ولادتي الثانية، وسكنى الروح القدس في داخلي. شرحت لهم الحقيقة الرائعة عن وجود الله داخلي وحولي من كل جانب، ولكنهم لا يدركون ذلك. هؤلاء الناس الذين أتحدث معهم هم روّاد كنائس يا رودني، وأحدهم قسيس! إنهم يتصرّفون بغرابةٍ وينزعجون، ولا يريدون أنْ يسمعوا ما أحب أنْ أقوله. كنت أتوقّع منهم أنْ يفرحوا لأنني خلصت، ألم يأتِ يسوع لهذا السبب؟ ليخلّص الناس؟ لماذا إذاً يتجنّب العالم رسالة الخلاص ويسيئون فهمها؟ أشعر أنّ هناك خطأ ما، هل المشكلة فيّ؟»

انفجر ضاحكاً بشكل هيستيري وقال، «غريغ، أنت صعب المراس يا أخي. يا إلهي». ولم يتمكّن من التوقف عن الضحك، وأكمل بين القهقهات، «من أين أبدأ معك؟»

ابتدأت أشعر بانزعاجٍ، لماذا لا يتصرّف القس بجدية؟ وقلت له، «رودني، ما المضحك إلى هذه الدرجة؟»

«أنت! أنت مضحك يا غريغ. إنك لا تدرك ما أنتَ تفعله! إنّ شهادتك قويةً، وهي تثبت بشكلٍ لا لبسَ فيه أنّ يسوع حقيقي وحيّ. وما فعله الله معك عظيم حتى إنّه يجبر بعض الناس على مواجهة حقيقة الله والمسيحية. ينبغي أنْ تفهم أنه يوجد الكثير من المرائين في الكنيسة يوم الأحد.

الإنسان متديّن بطبيعته يا غريغ لأنّ الله خلقنا، ولكن الناس لا يريدون أنْ يعترفوا بأنّهم مخلوقون لأنّ هذا يجعلهم عرضة للمساءلة. فهم يريدون أنْ يهدّئوا ضميرهم الدينيّ دون الحاجة للرجوع إلى الله الذي يسكن داخلهم ويعرف أفكارهم بالذات. وقد أُسِّسَتْ كنائس لكي تعطي الناس ما يريدون وتخبرهم ما يودّون أنْ يسمعوه. وأصبحت العديد من الكنائس لقاءاتٍ اجتماعية لأيام الأحد حيث يمكن أنْ يشعر الناس بأنهم متديّنون وهكذا يهدّئون ضمائرهم من أجل تجنّب موضوع المساءلة وتغيير الحياة. وقد حلت التعاليم الكاذبة، والتقاليد البشرية، والطقوس محل العلاقة الشخصية مع المسيح يسوع إلى حدٍّ ضاعت فيه رسالة الخلاص الجميلة في الإنجيل».

«ولكن هذا يعني أنهم لم يخلصوا يا رودني».

«نعم، ولكنهم لا يرون ذلك، بل هم مستريحون حيث هم لأنّ قادتهم الدينيّين يرتدون ثياباً رسمية، ويخبرونهم بأنهم على ما يرام. وعندما يأتي شخصٌ مثلك فإنه يمزّق الحجاب الجاثم على قلوبهم، ويكشف التمثيلية التي يعيشون فيها. أنت تجبرهم على مواجهة حقيقة كون الله خالقهم، وكونه قريباً بحيث يسمع ما يقولون ويعرف قلوبهم. وشهادتك تثبت أنّ

الخلاص أمرٌ حقيقي. كنت أضحك لأنّ الرب كان يستخدمك للوصول إليهم وأنت لم تدرِ بذلك».

وابتدأ يضحك من جديد، ثم صرّح بنوعٍ من الحزم، «أنت تزعجهم بكل تأكيد يا غريغ! إنه لأصعب من التحدث إلى غير مؤمن، فغير المؤمن يعرف على الأقل أنّ يسوع ليس له، وأنّ الروح القدس لا يسكن داخله. وعندما تخبر الناس قصتك، فهم يعرفون في قلوبهم أنهم لا يملكون ما لديك. لا تنسَ أنّ الروح القدس سوف يبكّت قلوبهم بالحق. وما تعنيه الوجوه المستغربة والمقطبة والانزعاج أنهم تحت التبكيت. إنه لأمرٌ مضحك لأنّ الله أرسلك، أنت الذي لم تذهب البتة إلى الكنيسة، لكي تصل إلى الناس الذين نشأوا في الكنيسة، وأنتَ لم تعرف. لا أضحك لأنهم تائهون، أرجو ألا تسيء فهم ضحكي. نحن بحاجةٍ للصلاة من أجل هؤلاء الناس. تابع الصلاة لأجلهم فحسب، لا يمكنك أنْ تقنعهم، فقد أدّيت واجبك، والآن دعِ الله يعمل عمله. أظنّ أنّ الوقت مناسب لنا لكي نصلّي».

صلّينا من أجل الناس الذين تحدّثتُ معهم، ثم تحدثنا لبعض الوقت. أوضح لي أنه حتى بعض كليات اللاهوت التي تعلّم القسس قد تركت الخلاص الكتابيّ وحقيقة يسوع. ومن الواضح أنّ بعضها تنكر أيضاً معجزات يسوع والكتاب المقدّس.

«إذا كانت رسالة المسيحية بأكملها تتوقّف على قيامة يسوع أيها القس رودني، فكيف يمكن لكلية لاهوتٍ أنْ تنكر المعجزات؟ القيامة هي أعظم المعجزات جميعاً. أليس إنكار معجزات يسوع إنكاراً للقيامة بشكل غير مباشر؟»

«نعم، هذا صحيح يا أخي».

«لماذا يفعلون ذلك؟»

«هذا سؤال جيد. لا تنسَ يا غريغ أنّ العدوّ حقيقيّ. هناك الكثير مما يجري، ولا يتوقّف الأمر على قرار كليات اللاهوت والناس بإنكار الخلاص الكتابيّ ومعجزات يسوع». ثم فتح كتابه المقدّس وقرأ لي آية،

«وَلكِنْ إِنْ كَانَ إِنْجِيلُنَا مَكْتُومًا، فَإِنَّمَا هُوَ مَكْتُومٌ فِي الْهَالِكِينَ، الَّذِينَ فِيهِمْ إِلهُ هذَا الدَّهْرِ قَدْ أَعْمَى أَذْهَانَ غَيْرِ الْمُؤْمِنِينَ، لِئَلاَّ تُضِيءَ لَهُمْ إِنَارَةُ إِنْجِيلِ مَجْدِ الْمَسِيحِ، الَّذِي هُوَ صُورَةُ اللهِ» (٢ كورنثوس ٤:٣-٤).

وتابع بقوله، «يظنّ العديد من الناس بأنهم مخلّصون ولكنّهم مخدوعون. يحذّرنا المسيح بشأن هذا عدة مرات». ثم أراني آية ثانية.

«لَيْسَ كُلُّ مَنْ يَقُولُ لِي: يَارَبُّ، يَارَبُّ! يَدْخُلُ مَلَكُوتَ السَّمَاوَاتِ. بَلِ الَّذِي يَفْعَلُ إِرَادَةَ أَبِي

الّذي فِي السَّمَاوَاتِ. كَثِيرُونَ سَيَقُولُونَ لِي فِي ذَلِكَ الْيَوْمِ: يَارَبُّ، يَارَبُّ! أَلَيْسَ بِاسْمِكَ تَنَبَّأْنَا، وَبِاسْمِكَ أَخْرَجْنَا شَيَاطِينَ، وَبِاسْمِكَ صَنَعْنَا قُوَّاتٍ كَثِيرَةً؟ فَحِينَئِذٍ أُصَرِّحُ لَهُمْ: إِنِّي لَمْ أَعْرِفْكُمْ قَطُّ! اذْهَبُوا عَنِّي يَا فَاعِلِي الإِثْمِ!» (متى ٧: ٢١-٢٣).

«هل تسمع ما يقوله يسوع؟ 'إِنِّي لَمْ أَعْرِفْكُمْ قَطُّ' تعني أنه لم تكن هناك علاقة. هؤلاء الناس يا غريغ متديّنون ويظنّون أنهم يعرفون يسوع ولكنهم لا يعرفونه. إنها واحدة من أكثر الآيات المخيفة في الكتاب المقدّس».

«هذا أمرٌ مخيف يا رودني. أريد أنْ أصِل لهؤلاء الناس!»

تناقشنا مطولاً في مسألة الخداع الكبيرة، وأوضح لي أيضاً أنّ هناك العديد من الكنائس الممتازة التي تعلّم الكتاب المقدّس، ويتبع أعضاؤها الله في علاقاتهم الشخصية اليومية. فمع أنه يوجد خداع كبير فإنه لا تزال توجد أعدادٌ ضخمة من الكنائس والمبشّرين وخدّام المسيح في جميع أنحاء العالم يبيّنون محبة الله وسلطانه للخلاص. ثم شجّعني على التحدّث مع المزيد من الناس في الكنيسة. وقال لي، «اسألهم كيف أتوا إلى المسيح. سوف تتعلّم الكثير من شهادات الناس». ثم أضاف بينما كان يغادر، «سوف تعرف من هم المخلّصون فعلاً».

«شكراً يا رودني. أراك يوم الأحد».

شعرت بالصدمة بسبب الأيام القليلة الماضية. لطالما شعرت أنّ في العالم خطأً ما، أما هذا فقد فاق كلّ شيء. أخذت بنصيحة رودني، وابتدأت أتحدّث مع الناس بعد خدمات الكنيسة. كان للعديد منهم «قصص» عن خلاصهم، وتحدّثت مع أكبر عددٍ وجدته من الناس لكي أكتشف ما الذي يتسبّب في الخداع الكبير في كنائس كثيرة. التقيت بأشخاصٍ رائعين، وسأضع إجاباتهم وشهاداتهم في كتابٍ ملحق لهذا الكتاب.

والآن بينما أنظر إلى ماضي حياتي، يبدو من الواضح لي أنّ الله كان يحيط بي من كلّ جانبٍ، حتى في ثقافةٍ حاولت أنْ تمنعه من الدخول. لقد تجاهلتُ ما هو واضح وقاومت الحقيقة عندما سمعتها لأنني كنت مشغولاً بذاتي، ولم أرغب في الخضوع للمساءلة. وقد حصلت على ما أريد عندما تكرّست لفعل الأشياء بطريقتي الخاصة، ولكن انتهى بي الأمر إلى حياةٍ بائسة وفارغة وكئيبة تماماً. أما الآن بعد أنْ سمحت للمسيح بأنْ يقود حياتي فقد صرت أعيش فعلاً. فالعلاقة مع يسوع هي أروع وأسمى طريقة حياةٍ يمكن للإنسان أنْ يحياها، وتفوق جداً ما يمكن أنْ أتخيله. إنها السبب الرئيسيّ الذي من أجله نوجد وتمضي إلى أبعد من الخلاص بكثير. الله هو أبي وربي وخالقي وراعيّ ونوري وصديقي الأفضل وحبي وقوتي الأبدية.

هل تعرف يسوع المسيح مخلّصاً شخصيّاً لك؟ هل لديك الشجاعة لكي تجيب عن أهم سؤالٍ في حياتك من شأنه أنْ يؤثّر على أبديتك؟ قد تكون قراءتك لهذا الكتاب إحدى الطرق التي يستخدمها الله للوصول إليك.

إذا كنت تعتبر نفسك مسيحياً فهل تُبْتَ حقاً عن خطاياك ووثقت بيسوع وحده لكي يخلّصك؟ هل أنتَ متأكد من أنّ الروح القدس يسكن داخلك؟ هل تعلّم كنيستك الكتاب المقدّس بأكمله باعتباره كلمة الله؟ هل تركّز كنيستك على أهمية العلاقة الشخصية مع المسيح؟ هل لديك علاقة شخصية يومية معه؟ هل هو القائد لتفاصيل حياتك؟ هل تعرفه حقاً؟ هل يعرفك حقاً؟

> ***«اَلْكَلِمَةُ قَرِيبَةٌ مِنْكَ، فِي فَمِكَ وَفِي قَلْبِكَ، أَيْ كَلِمَةُ الإِيمَانِ الَّتِي نَكْرِزُ بِهَا: لأَنَّكَ إِنِ اعْتَرَفْتَ بِفَمِكَ بِالرَّبِّ يَسُوعَ، وَآمَنْتَ بِقَلْبِكَ أَنَّ اللهَ أَقَامَهُ مِنَ الأَمْوَاتِ، خَلَصْتَ. لأَنَّ الْقَلْبَ يُؤْمَنُ بِهِ لِلْبِرِّ، وَالْفَمَ يُعْتَرَفُ بِهِ لِلْخَلاَصِ.***
>
> ***«لأَنَّ كُلَّ مَنْ يَدْعُو بِاسْمِ الرَّبِّ يَخْلُصُ» (رومية ١٠:٨-١٠، ١٣)***
>
> ***« أَنَا هُوَ الْقِيَامَةُ وَالْحَيَاةُ. مَنْ آمَنَ بِي وَلَوْ مَاتَ فَسَيَحْيَا، وَكُلُّ مَنْ كَانَ حَيًّا وَآمَنَ بِي فَلَنْ يَمُوتَ إِلَى الأَبَدِ. أَتُؤْمِنِينَ بِهذَا؟» (يوحنا ١١:٢٥-٢٦)***

الملاحظات الختامية

الفصل الثالث: مرحلة البحث الأولى

١. نورمان إل. غايزلر، *موسوعة بيكر للدفاعيات المسيحية*، (غراند رابيدز، ميشيغان: دار نشر بيكر، ١٩٩٩)، ٤-٨، ٤٦-٤٨.

٢. إي. إن. شيرون- وايت، *المجتمع الروماني والقانون الروماني في العهد الجديد*، (غراند رابيدز، ميشيغان: دار نشر بيكر، ١٩٧٨)، ١٦٦-١٧١، ١٨٩.

٣. سير وليم رامزي، (لندن: هودر وستاوتن، ١٩١٥).

٤. سير وليم رامزي، *القديس بولس الرّحّال والمواطن الرومانيّ*، (لندن: هودر وستاوتن، ١٩٠٣)، ٣٨٣-٣٩٠.

٥. ميريل إف. أنغر، *علم الآثار والعهد الجديد*، (غراند رابيدز، ميشيغان: دار زوندرفان للنشر، ١٩٦٢).

٦. كولن جي. هيمر، *سفر أعمال الرسل في بداية التاريخ الهيليني*، (ويونا ليك، إنديانا: إيزنبرانس، ١٩٩٠).

٧. رامزي، *تأثير الاكتشافات الحديثة على مصداقية العهد الجديد*، صفحة ٢٢٢.

الفصل الرابع: مرحلة التحقّق الثانية

٨. جوش ماكدويل، *برهان جديد يتطلّب قراراً* (ناشفل، تينيسي: توماس نلسون، ١٩٩٩).

٩. فرانك موريسون، *من دحرج الحجر؟* (غراند رابيدز، ميشيغان: زوندرفان، ١٩٥٨).

١٠. غايسلر، *موسوعة بيكر للدفاعيات المسيحية*.

١١. سايمون غرينليف، *شهادة المبشّرين*، (غراند رابيدز، ميشيغان، كريغل كلاسيكس، ١٩٩٥).

١٢. ماكدويل، *برهان جديد يتطلّب قراراً*، ص ٢٥٨-٢٦٣.

١٣. د. وليم دي. إدوارذز وآخرون، «*حول الموت الجسديّ ليسوع المسيح*»، جاما ٢٥٥:١٤٥٥-١٤٦٣

١٤. ماكدويل، *برهان جديد يتطلّب قراراً*، ص ٢٢٥-٢٣١.

١٥. المرجع نفسه، ص ٢٤٣-٢٤٨.

١٦. يوسيفس، *تاريخ اليهود*، المجلد الرابع، ١٣.

١٧. جون إي تي. روبنسون، الوجه البشري لله، (فيلادلفيا، بنسلفانيا» وستمينيستر، ١٩٧٣*، ص ١٣١.

١٨. ماكدويل، *برهان جديد يتطلّب قراراً*، ص ٢٤٣.

١٩. المرجع نفسه، ص ٢٦٢-٢٧٢.

٢٠. المرجع نفسه، ص ٢٣٩-٢٤٠، ٢٤٨.

٢١. المرجع نفسه، ص ٢٥٠.
٢٢. المرجع نفسه، ص ٢٥٠-٢٥١.
٢٣. المرجع نفسه، ص ٢٧٢-٢٧٩.
٢٤. المرجع نفسه، ص ٢٥٢-٢٥٣.
٢٥. جوش ماكدويل، *نجار وأعظم*، (ويتن، إيلينوي: تنديل هاوس، ١٩٧٧)، ص ٦٠-٧١.
٢٦. المرجع نفسه.
٢٧. المرجع نفسه.
٢٨. المرجع نفسه.

الفصل الخامس: مرحلة البحث الثالثة

٢٩. ماكدويل، *برهان جديد يتطلّب قراراً*، ص ١٩٧-٢٠١
٣٠. المرجع نفسه، ص ١٦٤، ١٩٣-١٩٤.
٣١. المرجع نفسه، ص ١٩٣-١٩٤.
٣٢. المرجع نفسه.
٣٣. بيتر دبليو. ستونر وروبرت سي. نيومان، *العلم يتكلّم* (شيكاغو، إيلينوي: مودي برس، ١٩٧٦)، ص ١٠٦-١١٢.

الفصل السادس: مرحلة البحث الرابعة

٣٤. ماكدويل، *برهان جديد يتطلّب قراراً*، ص ٣٢-٤٥.
٣٥. المرجع نفسه، ص ٣٣-٤٤.
٣٦. المرجع نفسه، ص ٣٨.
٣٧. المرجع نفسه، ص ٣٣-٤٤.
٣٨. غايسلر، موسوعة بيكر *للدفاعيات المسيحية*، ص ٥٣٢-٥٣٣.
٣٩. إف. إف. بروس، *وثائق العهد الجديد؛ هل هي ذات مصداقية؟* (داونرز غروف، إيلينوي: إنتر فارسيتي برس، ١٩٦٤)، ص ١٦، ٣٣.
٤٠. ماكدويل، *برهان جديد يتطلّب قراراً*، ص ٤٥-٥٣.
٤١. جون دبليو. مونتغومري، «الإنجيليّون وعلم الآثار، كرستشانيتي *توداي*، ١٦ آب/أغسطس، ١٩٦٨، ص ٢٩.
٤٢. نورمان غايسلر وتوماس هاوي، حين *يسأل المتشكّكون: دليل شعبيّ حول الصعوبات الكتابية*، (غراند رابيدز، ميشيغان: كتب بيكر، ١٩٩٢).
٤٣. غرينليف، *شهادة المبشّرين*، (غراند رابيدز، بيكر، ١٩٨٤)، ٧.
٤٤. ماكدويل، *برهان جديد يتطلّب قراراً*، ص ٥٣-٥٤.
٤٥. المرجع نفسه، ص ٢٥-٢٦.

٤٦. وليم كيرك هوبارت، *لغة القديس لوقا الطبية* (دبلن، إيرلندا: دار نشر بيكر، ١٩٥٤).
٤٧. إنجيل يوحنا، الفصل التاسع.
٤٨. يوحنا ٩:١٢-١١
٤٩. أعمال الرسل، الفصل الرابع
٥٠. والتر إي إلول، *القاموس الإنجيلي للاهوت الكتابي*، (غراند رابيدز، ميشيغان: بيكر بوكس ١٩٩٦)، ص ٥٨٢-٥٨٤.
٥١. ماكدويل، *برهان جديد يتطلّب قراراً*، ص ٥٣-٦٨.
٥٢. جون ماكراي، *علم الآثار والعهد الجديد*، (غراند رابيدز، ميشيغان: بيكر أكاديميك ١٩٩١).
٥٣. أنغر، علم الآثار والعهد الجديد.
٥٤. ماكدويل، *برهان جديد يتطلّب قراراً*، ص ٦١.
٥٥. المرجع نفسه، ص ٦١-٦٦.
٥٦. المرجع نفسه.
٥٧. المرجع نفسه، ص ٦٧-٦٨.
٥٨. المرجع نفسه، ص ٥٣-٥٤.
٥٩. المرجع نفسه، ص ٥٣-٥٤.
٦٠. المرجع نفسه، ص ٥٨.
٦١. المرجع نفسه، ص٥٥.
٦٢. المرجع نفسه، ص ٥٥-٥٦.
٦٣. المرجع نفسه، ص ٥٨.
٦٤. المرجع نفسه، ص ٥٨-٥٩.
٦٥. المرجع نفسه، ص ٣٦، ٣٨.
٦٦. المرجع نفسه، ص ٤٢.
٦٧. لي ستروبل، *القضية*، (غراند رابيدز، ميشيغان: زوندرفان، ١٩٩٨).
٦٨. المرجع نفسه، ص ١٤.

الفصل الثاني عشر: مرض الخطيئة
٦٩. بيلي غراهام، *الروح القدس*، (ناشفيل، تينيسي، دبليو ببلشنغ غروب، ١٩٨٨).

الفصل الرابع عشر: علاج الخطيئة
٧٠. المرجع نفسه
٧١. المرجع نفسه

نبذة عن الكاتب

ولد الدكتور ڤيمان ونشأ في ويلمنغتون بولاية ديلاوير. وتخرج بامتيازٍ في جامعة ولاية ديلاوير. درس الدكتور ڤيمان الطب في كلية جيفرسون الطبية في فيلادلفيا، بولاية بنسلفانيا، وتخرّج الأول في دفعته. أكمل زمالته في الطب الباطنيّ في مستشفى جامعة بنسلفانيا في ولاية فيلادلفيا، وأكمل الزمالة في طب الأمراض الجلدية في مركز جامعة دوك الطبيّ حيث كان رئيس الأطباء المقيمين. وأكمل الدكتور ڤيمان أيضاً زمالته في جراحة سرطان الجلد في دوك. شارك الدكتور ڤيمان في تأسيس مركز كاري لسرطان الجلد في كاري بولاية كارولاينا الشمالية، وعمل هناك بين عامي ١٩٩٨ و٢٠٠٨. وهو يمتلك اليوم عيادة خاصة في مركز سي كوست للجراحة الجلدية في ولمنغتون بولاية كارولاينا الشمالية.

ألقى الدكتور ڤيمان محاضرات عن الجراحة الجلدية في شتى أنحاء الولايات المتحدة الأميركية ونشر عدة مقالاتٍ في الأبحاث العلميّة. هواياته متعددة منها الجري، والتمرين، والعمل الإرساليّ مع الأيتام في أوكرانيا مع «خدمات الحياة الجديدة»، وتجميع الكتب المقدّسة النادرة. تضمّ عائلة الدكتور ڤيمان زوجته روث، وابنيهما برندن وكاميرون، وابنتهما هانا وكلباً من فصيلة الكولي اسمه ببير (Pepper).

تفضّل بزيارة موقع الدكتور ڤيمان لمزيدٍ من المعلومات، ومن أجل دليلٍ للدراسة، وتحديثاتٍ بشأن كتابه المقبل، ولقاءاته للتكلم وتوقيع كتبه، ولطلب كتب موقعة منه شخصياً والحصول على معلومات الاتصال www.goddiagnosis.com

إذا كنت تشعر أنّ هذا الكتاب قد يساعد بعض الناس الذين تعرفهم، فالرجاء منك أنْ تطلب ١٠ نسخ لكي توزّعها، وفكّر في استخدام الكتاب في المجموعات الصغيرة لدراسة الكتاب. يمكن أنْ تجد المعلومات المتعلّقة بدليل الدراسة على موقع المؤلف، ونحن بالتأكيد نقدّر رأيك في الكتاب على موقع أمازون.

www.ingramcontent.com/pod-product-compliance
Lightning Source LLC
Chambersburg PA
CBHW071606080526
44588CB00010B/1033
9781937355326